동남아 화교 화인...

트렌스내셔널리즘

이 도서는 2009년도 정부(교육과학기술부)의 재원으로 한국연구재단의 지원을 받아 출판되었음(NRF-2009-362-A00002).

중국관행
연구총서
04

공저자　리궈량(李國梁) 외

편역자　송승석(宋承錫)

學古房

『중국관행연구총서』 간행에 즈음하여

우리가 수행하는 아젠다는 근현대 중국의 사회·경제 관행에 대한 조사와 연구를 매개로 한국의 중국연구와 그 연구기반을 재구성하는 것이다. 이러한 작업은 무엇보다 인문학적 중국연구와 사회과학적 중국연구의 학제적 소통과 통합을 모색하는 과정에서 구체화될 수 있을 것이다. 또한 근현대 중국의 사회·경제관행 조사 및 연구는 중국의 과거와 현재를 모두 잘 살펴볼 수 있는 실사구시적 연구이다. 추상적 담론이 아니라 중층적 역사과정을 거쳐 형성되고 검증되었으며 중국인의 일상생활을 지속적이고 안정적으로 제어하는 무형의 사회운영시스템인 관행을 통하여 중국사회의 통시적 변화와 지속을 조망한다는 점에서 우리의 아젠다는 중국연구의 새로운 지평을 열 수 있는 최적의 소재라 할 수 있을 것이다.

우리 연구의 또 다른 지향은 중국사회의 내적 질서를 규명하는 것으로, 중국의 장기 안정성과 역동성을 유기적으로 파악함으로써 한층 더 깊이 있게 중국을 이해하고자 한다. 이러한 문제의식에서 우리는 중국사회의 다원성과 장기 안정성의 기반이라 할 수 있는 다양한 민간공동체 그리고 그 공동체의 광범위하고 직접적인 운영원리로서 작동했던 관행에 주목한다. 나아가 공동체의 규범원리인 관행을 매개로 개인과 공동체 그리고 국가가 유기적으로 결합됨으로써 중국사회의 장기 안정성이 확보될 수 있었다는 점을 규명하고자 한다.

이러한 문제의식에 기초한 연구는 궁극적으로 제국 운영의 경험과 역사적으로 축적한 사회, 경제, 문화적 자원을 활용하여 만들어가고 있는 중국식 발전 모델의 실체와 그 가능성을 해명하는 데 기여할 것이다.

『중국관행연구총서』는 인천대학교 HK중국관행연구사업단이 수행한 연구의 성과물이다. 이 총서에는 우리 사업단의 연구 성과뿐만 아니라 아젠다와 관련된 해외 주요 저작의 번역물도 포함된다. 앞으로 아젠다와 관련된 연구 및 번역 총서가 지속적으로 발간될 것이다. 그 성과가 차곡차곡 쌓여 한국의 중국연구가 한 단계 도약하는 데 일조할 수 있기를 충심으로 기원한다.

2014년 9월
인천대학교 중국학술원
HK중국관행연구사업단
단장 장정아

옮긴이의 글

한국화교 그 중에서도 주로 인천에 거주하는 화교들의 삶이 궁금해 무작정 차이나타운을 얼쩡거리던 게 벌써 몇 년째인지 모른다. 이제는 그곳을 삶의 터전으로 하는 이들과 가벼운 수인사 정도는 나눌 만큼 안면도 익혔고, 해질 무렵 단골로 찾는 몇몇 중국음식점을 들어갈라치면 술값 계산은커녕 택시비까지 챙겨오는 신세가 된 지 오래다. 무전취식을 일상으로 하는 염치없는 동네 양아치가 따로 없다. 술자리에서 그들이 하는 영웅담과 무용담을 듣다보면, 가끔은 실소를 잣기도 하지만 또 가끔은 그들의 육성에 진하게 배어있는 어떤 파토스가 가슴을 무겁게 짓누를 때도 있다.

한국인들은 차이나타운이란 좁다란 공간을 터전으로 삼고 있는 이들을 보통 화교라고 부른다. 아마도 그 말 속엔 자신과는 다른 국적과 혈통을 지닌 이방인이란 의미가 깊게 배어있을 터이다. 그러나 그들은 스스로를 반(半) 중국인이라고 생각한다. 역으로 말하면, 반 한국인쯤 될 것이다. '반(半)'은 이도 저도 아닌 것일 수도 있지만, 그 모두를 아우르는 것일 수도 있다. 실제로 그들에겐 이 두 가지 의미가 모두 적용될 듯싶다. 스스로는 양자를 아울렀다고 생각하지만, 바깥의 시선은 이를 허용치 않는다. 여기에 그들의 안타까움과 아픔이 있다. 그럼, 한국사회는 그 '반'이란 말 속에 담긴 이 모호함을 얼마나 이해하고 관용하고 있는 것일까? 아직은 모르겠다.

한국과 중국 사이에 가로막혀 있던 높다란 장벽이 무너지고 두 나라의 사람들이 서로의 지역을 무시로 드나들게 된 지도 벌써 20년이 넘었다. 이제는 중국을 가장 많이 찾는 외국인의 맨 앞자리를 한국인이 차지하는 건 당연지사가 되었고, 반대로 한국을 방문하는 최대 고객이 중국인이 아니면 오히려 기이한 일로 받아들여질 만큼 두 나라의 인적 교류는 상상했던 것 이상으로 활발해지고 있다. 앞으로도 그 흐름은 여간해서는 멈추지 않을 것 같다. 그 바람에 유학, 취업, 결혼 등 갖가지 이유로 이 땅에 거주하는 중국인들의 수도 갈수록 늘고 있다. 학생들의 발걸음이 적은 한적한 주말에 학교 연구실에 앉아 있다 보면, 열린 창문 틈사이로 들려오는 소리는 온통 중국학생들의 쉼 없는 재잘거림이다. 내가 지금 중국에 있는 것은 아닐까 하는 착각이 들 정도이다. 중국에서는 이들 유학생을 비롯한 새로운 이민자들을 일컬어 신이민 내지 신화교화인이라 하는 것 같다.

이들은 앞서 말한 화교와는 다소 다르다는 느낌을 받는다. 전자가 한국과 중국(혹은 중국과 타이완) 사이에서 경계의 시선을 거두지 않은 채 끊임없이 '눈치 보기'를 하고 있다면, 후자에게는 그런 게 덜 느껴진다. 물론, 이 또한 피상적인 인상일 터이다. 고향을 떠나 이역만리에서 지낸다는 게 그리 녹록치 않기는 매한가지 아니겠는가! 적어도 이들에게만큼은 과거에 그랬던 것처럼 따가운 시선이 더 이상 내리꽂히지 않기만을 바랄 뿐이다. 장담할 수는 없는 일이다.

인천에 사는 어느 화교 어르신의 말이다. "이제 화교라는 자리는 새로 들어오는 신화교한테 물려줘야 해, 우리는 벌써 한국사람 다 됐다고!" 가능한 일일 수도 있겠다. 그런데 이 말은 의지의 표현이라기보다는 자조 섞인 푸념에 가깝다. 그들은 여전히 자신의 어린 손주손녀들이 화교학교에 다니길 원하고 중국어를 할 수 있기를 바란다. 그리고 자신의 후대가 갈수록 한국화 되어가는 것에 우려를 표한다. 그래 한편으로는 새로운 이민자들과의 교류와 협력을 통해 자신의 중국정체성을 새롭게 다지고 유지하려고 한다. 하지만 이마저도 만만치 않은 일이다. 자식들이 나서준다면, 비교적 젊은 세대라 할 수 있는 이른바 신화교들과의 교류가 보다 원활해질 텐데 어디 부모 맘 같겠는가? 신화교들도 마찬가지이다. 그들이 먼저 선배들에게 다가가도 되련만 생각처럼 쉬운 일이 아닌 성 싶다. 뭔가 모를 장벽이 이 둘 사이에 놓여 있는 느낌이다.

화교커뮤니티 그리고 이를 품에 안고 있는 한국사회 공히 풀어야 할 숙제가 너무도 많다. 화교커뮤니티로서는 먹고 사는 문제가 무엇보다 앞선 일이겠지만 정체성, 문화보존, 세대갈등 그리고 한국주류사회 내지 새로운 동포들과의 관계 등도 간과할 수 없는 문제들이다. 이른바 다문화사회를 지향한다는 한국사회 역시도 화교에 대한 편견과 고정관념을 불식시키는 게 일차적 과제이겠지만, 이들이 한국사회와 원만히 통합되고 나아가 적극적으로 경제활동에 참여할 수 있도록 지원하기 위해서는 보완하고 수정해야 할 법적 · 제도적 문제들이 산적해 있다. 마음먹기에 따라서는 그리 어려운 문제가 아닐 것도 같은데…. 무엇보다 의지가 중요할 것 같다.

다행히 배울 곳이 있다. 앞의 문제를 먼저 경험했고 그로 인해 빚어진 수많은 갈등과 반목을 해결코자 지금도 치열하게 노력 중인 동남아가 바로 그곳이다. 동남아의 중국이민사는 한반도의 그것보다 4백년이 앞서고, 인구나 경제 등의 규모면에서도 압도적이다. 그러나 중국과 거주국의 관계, 중국과 화교화인의 관계, 거주국과 화교커뮤니티의 관계 그리고 커뮤니티 내부의 세대갈등과 신구(新舊) 화교 간의 소원한 관계 등 현실은 다를지라도 당면한 문제는 크게 다르지 않다.

이 책을 내게 된 이유 중의 하나도 여기에 있다. 배워야 한다.

범박하게나마 네 개의 부분으로 나누어보았다. '화교화인의 분포와 국적문제'(제1부), '중국, 동남아, 화교화인의 삼각관계'(제2부), '동남아 화교화인의 경제'(제3부) 그리고 '동남아화교화인의 정체성 및 종교'(제4부). 제1부에는 두 편의 글을 실었다. 좡궈투(莊國土)의 글은 언뜻 간명한 문제인 것 같지만 그 누구도 체계적인 연구를 시도한 적 없던 전 세계 화교화인의 수와 분포에 대해 다루고 있다. 특히, 좡(莊)교수가 이 연구를 통해 얻은 결과는 중국정부에 의해 공식통계로 받아들여졌다는 점에서 매우 의미가 있다 할 수 있다. 세계 각지에 분포되어 있는 화교화인의 국적문제를 다루고 있는 리안산(李安山)의 글은 한국사회에서도 소장기복을 거듭하며 등장하고 있는 이중국적의 문제에 대해 다양한 견해를 제시해주고 있고 아울러 조심스럽게나마 나름의 해결책을 모색하고 있다는 점에서 우리에게도 하나의 참조계가 될 듯하다. 제2부에 실린 세 편의 글은 중국과 동남아 그리고 그 양자 사이에 끼인 존재로서 동시에 양자 간의 교량역도 요구받고 있는 동남아화교화인의 처지와 역할을 역사적 혹은 현실적으로 규명하고 있다. 제2차 세계대전 이후 동남아에서 빈번하게 일어났던 배화사건(排華事件)에 대해 경제적, 문화적, 이데올로기적 차원에서 원인규명을 시도한 좡궈투의 두 번째 글은 이주민과 토착민 사이에 존재하는 위화감과 차별의식의 극복을 공통의 당면과제로 하고 있는 한국사회에 작은 경종을 울려주고 있다. 중국의 급부상이 동남아 화인사회에 미친 영향과 그에 대한 중국과 동남아 각국의 반응 및 입장에 대해 면밀한 고찰을 시도한 류훙(劉宏)의 글과 그가 저우민(周敏)과 함께 미국과 싱가포르의 화인사회를 대상으로 이민사 및 거주국의 구조적 다양성이 빚어낸 차이를 치밀하게 분석한 글은 모두 트랜스내셔널리즘이란 거시적 의제 하에, 세계화 인사회의 월경행위방식의 상이함을 보여주고 있다는 점에서 값지다.

제3부에서는 화인사회의 대명사격인 경제 분야와 관련된 글들을 모아보았다. 우선, 자오즈용(趙自勇)의 글은 화인이 동남아 각국의 경제적 실권을 거의 장악하고 있다는 그간의 통념이 실제로는 거주국 정부의 의도적 곡해와 정치적 왜곡에서 비롯된 오류와 허구의 산물임을 실증적으로 보여주고 있다. 물론, 이를 제대로 판가름하기 위해서는 보다 치밀한 검증과 후속연구가 뒤따라야겠지만, 흥미로운 문제제기만으로도 매우 뜻있는 논문이라 생각된다. 문화인류학적 시각에서 동남아 화인가족기업의 역사와 현상에 대해 분석한 펑자오룽(彭兆榮)의 글은 그동안 화인가족기업의 성장에 있어 핵심적인 요인이라고 인식되어왔던 중국적 경제사회관행이 오늘날에는 오히려 발전의 걸림돌로 작용할 수도 있다는 점을 확인해줌으로써, 중국적 관행에 대한 합리적이고 지혜로운 재구성에 대해 고민할 기회를 갖게 해준다. 왕하오윈(王浩雲)은 거대 가족기업에 편중되어 있던 동남아화인경제연구의 폭을 중소기업 연구로까지 확대했다는 점에서도 뜻 깊고, 더불어 동남아 화상 중소기업을 대하는 중국의 자세와 입장에 보다 개방적이고 전향적인 변화를 촉구하고 있다는 점에서도 새겨볼 만하다. 화교화인연구의 대가 중의한 명이라 할 수 있는 리궈량(李國梁)의 논문은 그동안 다양한 차원에서 진행된 화인경제연구에 대한 정리의 성격을 지닌 글이다. 그는 동남아의 화인 기업과 이를 떠받치고 있는 광대한 화인경제네트워크가 거주국 및 중국에 끼친 영향과 그 중요성에 대한 정확한 인식을 요구하고 있다. 제4부는 해외이주민 특히, 그들의 후대가 거주국에서 겪게 되는 자기정체성의 변화 내지 재구성 그리고 그 정체성 형성에 핵심기반 중의 하나라 할 수 있는 종교에 대한 글들을 정리했다. 전후, 중국 및 동남아의 정치사회적 격변기 속에서 동남아 화교화인이 겪어야 했던 국가정체성의 변화에 주목한 왕푸빙(王付兵)의 글은 기본적으로 화교

화인을 중국적 시각으로 해석하는 것에 대해 일정정도 경계를 표하고 있다는 점에서, 내셔널리즘과 디아스포라의 민감한 관계를 고민케 하고 있다. 차오윈화(曹雲華)는 동남아화교화인의 문화적응과 종교의 상관성을 논하는 가운데, 종교적 차이에 따라 화인들이 거주국에 대한 동화 내지 문화적응의 양태 나아가 그들이 궁극적으로 추구하는 지향에 근본적인 다름이 있다는 점을 친절하게 서술해주고 있다. 끝으로 탄치벵(陳志明)의 글은 중국의 전통적인 토지신 관념이 동남아 현지 화인 사회에서 어떻게 지속되고 변용되는지를 고찰함으로써 중국적 전통의 문화적 연속성과 지역적 재구성에 대한 탁월한 분석력을 보여주고 있다. 특히, 이는 이른바 중국적 관행의 현지화와 재구성을 요체로 화교화인연구를 진행하고 있는 필자에게는 반드시 짚어야 할 지점을 제시해주었다는 면에서 어렴풋하게나마 빛을 제공해준 느낌이다.

책을 내는데 있어 도움을 준 이들이 너무도 많다. 우선, 편역 기획을 처음으로 제안해준 안치영 선생에게 감사를 드린다. 이역만리 미국에서 들려오는 선생의 이런저런 독촉과 잔소리가 없었다면 이즈음의 출판은 기대하기 힘들었을지도 모르겠다. 늘 옆에서 필자를 도와주는 이선애 선생도 고맙다. 이번에는 저자들과의 연락을 나누어서 해주었고 번역상의 어려움에도 많은 도움을 주었다. 그리고 어김없이 책표지의 그림을 맡아주신 강형덕 화백께도 심심한 사의를 표하는 바이다. 곡차라도 단단히 준비해야 할 듯싶다. 끝으로, 자신의 글들을 기꺼이 내어주신 해외 제현들에게 진심어린 감사의 말을 전하련다. 감사합니다.

2014년 9월
松島 新街에서
송승석 씀

12

목 차

1

화교화인의
분포와 국적문제

세계 화교화인의
수량과 분포의 역사적 변화

쫭궈투 (莊國土)

중국인의 대규모 해외이민은 16세기 말부터 시작되었다. 17세기 초까지 해외에 거주하는 화인의 수는 약 10만 명이었다. 이들 가운데 대다수는 주로 동남아 각지에 분포되어 있었다. 19세기 중엽에 이르면, 세계 화인의 수는 약 150만 명으로 증가하게 되지만 분포지역은 여전히 동남아에 한정되어 있었다. 세계 화교화인의 분포상황에 근본적인 변화가 일어난 것은 대규모 화공(華工) 이민이 시작된 19세기 중반 이후였다. 이때부터 북아메리카, 라틴아메리카, 오세아니아, 유럽 등지에는 화공 중심의 화인커뮤니티가 형성되기 시작했다. 1950년대 초까지, 세계 화교화인의 수는 대략 1,200만에서 1,300만 명 정도였다. 화교화인의 대부분이 동남아에 밀집되어 있는 형국을 결정적으로 변화시킨 계기는 1970년대 이후 시작된 중국의 대규모 신이민(新移民)이었다. 2008년 현재, 전 세계 화교화인의 수는 이미 4,500만 명을 넘어서고 있다. 그 중에 동남아 화교화인이 차지하는 비율은 73%로 여전히 압도적이지만 감소추세에 있는 것만은 분명하다. 대신에 북아메리카, 유럽, 오세아니아 그리고 일본이나 한국의 화교화인의 수는 급증하고 있다.

'화교화인(華僑華人)'이라 함은 중국이민자와 그 후예를 가리킨다.[1] 중국의 해외이민은 유구한 역사를 지니고 있다. 그리고 그것은 항시 해외무역과 그 발걸음을 같이 해왔다. 다시 말해, 무역이 있었기에 해외에 거주하는 상인과 선원이 생겨나게 된 것이다. 해외이민이 본격적으로 시작된 것은 16세기 말이다. 이때부터 해외이민의 역사는 크게 네 개의 단계 혹은 네 차례의 절정기를 거치면서 오늘에 이르렀다. 이민을 촉발하게 된 국내외적 요인이나 환경은 시기마다 지역마다 각기 다르기 때문에 단계별로 이민의 목적에도 차이가 있고, 그 수나 구성에서도 상이함을 보인다.

지난 100여 년 동안, 중국의 이민사와 화교화인에 대한 전 세계적 연구 성과는 매우 풍부한 편이다. 그러나 대부분 권역별, 국가별 화인역사에 대한 연구에 치중되어 있어, 전 세계에 흩어져 있는 중국이민자와 그 후예가 수적으로 얼마나 되는지에 대한 총체적 추산을 시도한 경우는 드물다. 심지어 화교화인에 대한 각국의 추정치도 시기마다 커다란 차이를 보이고 있다. 그럴 수밖에 없는 것은, 거주국의 인구통계자료라는 것이 대개는 부정확하기 일쑤였고, 종족의 신분을 가르는 명확한 표준이나 지표도 부재했기 때문이다. 더군다나 화인들은 무슨 이유에서인지 자신의 신분을 밝히는 것을 극도로 꺼려하는 경향이 있다. 이러한

---

1) '화교'(Overseas Chinese)는 시기에 따라 그 의미하는 내용도 다르다. 1955년 이전까지만 해도, '화교'는 중국국적의 유무와는 상관없이 해외에 정착해 살면서(定居), 중국혈통과 일정한 중국문화의 소양을 유지, 간직하고 있는 집단 혹은 개인을 가리키는 의미로 폭넓게 사용되었다. 그러나 이후, '화교'는 중국국적 소지자만을 가리키는 것으로 한정되었다. 한편, '화인'(Chinese, Ethnic Chinese, Chinese overseas)은 법률적 의미에서, 중화문화(혹은 화인문화)와 중국인혈통을 일정정도 보존하고 있는 비(非)중국국민을 가리키는 것이 일반적이다. 그러나 이처럼 법률적 신분을 특별히 강조하지 않을 때에는, 화교까지 포함하는 의미로 사용되기도 한다. 따라서 이 글에서는 편의상, '화교화인'을 '화인'으로 통칭하도록 하겠다.

갖가지 이유로 인해, 21세기 현재에도 화교화인의 수에 대한 추정치는 최소 3,000만에서 최대 8,700만까지 천차만별이다.[2] 중국에서 화교화인의 수를 이야기할 때, 종종 '수천만'이란 모호한 셈법으로 일관하는 것도 바로 이 때문이다. 결과적으로, 이와 관련된 연구에도 많은 난점이 뒤따르는 게 현실이다. 그래도 선진국의 경우에는 인구분류와 출입국통계자료가 비교적 완비되어 있어 조사에 큰 어려움은 없지만, 상황이 그렇지 못한 개발도상국의 경우에는 각종 자료들을 수집해 그것을 근거로 추정할 수밖에 없는 형편이다. 따라서 이 글에서는 거주국정부의 통계수치, 거주국 화교단체 및 중국영사관의 통계, 기타 출생률 등의 요소에 근거하고 여기에 화인정체성의 변동이 인구수에 끼친 영향까지 아울러 고려함으로써, 근 400년에 걸친 화교화인의 수량과 분포의 변화를 고찰하고자 한다. 특히, 최근 30년간 화교화인의 수와 분포가 논의의 중점이 될 것이다.

---

2) 2007년 국가한판(國家漢辦, 中國國家漢語國際推廣領導小組辦公室의 간칭) 주임(主任) 쉬린(許琳)이 발표한 바에 따르면, 해외에는 5,000만 명 이상의 화교화인이 있고, 100만 명이 넘는 유학생이 있다고 한다.(『人民日報』(海外版), 2007.12.10.) ; 화교화인은 8,700만 명에 이른다.(『中國經濟週刊』, 第24期, 2005, 18쪽) ; 런던경제학원(LSE)의 마틴 자크(Martin Jacques) 박사는 『The Guardian』지에 실린 자신의 글에서, 화인의 총수를 대략 4,000만 명으로 추산하고 있다. ; 중국사회과학원에서 발표한 『2007년 세계 정치와 안전에 대한 보고서(2007年全球政治與安全報告)』에 따르면, 2007년 현재 중국대륙의 해외이민 수는 3,500만 명에 달한다고 되어 있다.

1. 최초의 해외이민열풍과 화교화인의 수량에 대한 추정
(17세기~19세기 중엽)

한 나라의 백성이 해외로 거처를 옮기게 되는 것은 재난이나 변고 때문일 수도 있고 전란 때문일 수도 있다. 그러나 20세기 전까지만 해도, 대규모 해외이주의 주원인은 국내의 인구급증으로 인한 생계곤란이나 서구의 식민지개척에 따른 노동력수요 때문이었다. 반면, 중국의 경우에는 해외이민을 가능케 했던 가장 핵심적인 요인은 바로 해외무역의 번성이었다. 대개는 배를 타고 낯선 이역에 가서 장사할 수 있는 기회나 살 궁리를 모색하는 것이 일반적인 현상이었던 것이다. 그러다가 그곳에 아예 정착하게 되면 이번에는 친척이나 지인들을 끌어들이는 방식이었다. 초창기 중국의 이민열풍은 이렇게 형성되었다.

『한서・지리지(漢書・地理志)』에 따르면, 중국의 해상(海商)들은 이미 1세기 초부터 동남아를 왕래했다고 되어 있다. 또 송(宋)나라 때부터는 중국의 발달된 농업과 수공업 그리고 선진적인 항해술과 조선술을 무기로, 무슬림 상인들이 주도하던 인도양과 동아시아 해양의 해상무역패권을 장악해나가기 시작했다. 적어도 이런 상황은 유럽인들이 아시아를 찾기 전까지는 지속되었다. 이렇듯, 중국의 해상들은 일찍부터 동아시아 각국의 통상항구를 비롯해 아시아 전역에 걸쳐 자신의 발자취를 남겼다. 15세기 초부터는 동남아에 이미 중국이민자들의 집단거류지가 형성되고 있었다. 정화의 남해원정(鄭和下西洋)이 시작되기 직전까지만 해도, 자바의 수라바야나 수마트라의 팔렘방 등지에는 수천 명이 집단 거주하는 중국인거류지가 있었고, 이곳에 사는 중국인들은 거의가 무역활동에 종사했다.[3] 그러나 명・청(明・淸) 시기에 이르러 조정은 걸핏하면 해금(海禁) 조치를 단행하기 일쑤였고, 해외 화상(華商) 거류지는 아예 해적의 소굴로 단정해버렸다. 결국, 팔렘방에 있던 해상(海商) 집단거류지는 정화에 의해 완전히 초토화되었고, 수라바야의 화인거류지도 어느새 흔적도 없이 사라지고 말았다. 그럼에도 불구하고 동아시아 해양무역의 주도권은 여전히 화상의 손에 있었고, 이민을 원하는 중국인들은 이러한 해외 화상들의 네트워크 형성과 발전에 기대어 여전히 해외로 빠져나가고 있었다. 명나라 말기 해외무역이 재개되면서, 일시적이나마 중국의 해상들은 다시금 동남아의 각 무역항들에서 활개를 치기 시작했다.

중국 최초의 대규모 해외이민열풍은 서구열강들이 동아시아 식민지 개척에 한창 열을 올리고 있던 16세기 말부터 시작되었다. 이때부터 동아시아는 유럽인들이 주도하는 세계무역네트워크에 편입되었고, 중국의 해외 무역네트워크도 마찬가지였다. 그러나 이는 동시에 동아시아의 상품 특히, 중국의 상품이 대량으로 세계시장에 진출할 수 있는 길을 열어주기도 했다.

17세기 초에 이미 동아시아의 각 무역항 및 그 일대에는 크고 작은 화인거류지가 형성되어 있었다. 당시 해외화인들이 주로 모여 살던 곳은 필리핀의 마닐라, 일본의 나가사키, 자바의 바타비아, 수라바야, 반텐 그리고 말라야의 파타니, 말라카, 끌란딴(kelantan), 샴의 아유타야, 미얀마의 바모 등이었다. 이곳에 거주하는 화인의 수는 많게는 수만 명에 이르렀고, 아무리 적어도 천명은 넘었다. 화인이 가장 많았던 곳은 필리핀이었다. 1571년 스페인이 마닐라를 점령했을 때까지만 해도, 필리

---

3) 馬歡, 『瀛涯勝覽』(爪哇條, 舊港條), 『叢書集成初編』(624), 中華書局, 1983, 17-20쪽, 26쪽.

핀에 거주하는 화교는 불과 150명 남짓이었다.[4] 그러나 1588년이 되면 그 수가 만 명을 넘어서게 되고, 1603년에는 2만 5천명까지 증가했다.[5] 민족(閩族) 출신인 허챠오위엔(何喬遠)도 이와 유사한 기록을 남기고 있다. "그 지역(루손―옮긴이)은 민(閩, 푸젠성―옮긴이)과 가까워, 민의 장인(漳人, 漳州人―옮긴이)들이 그곳에 많이 살고 있다. 가솔을 거느리고 그곳에 거주하는 자들을 일컬어 간내자(澗內者)라 한다. 그 수는 수만을 헤아리는데, 대부분은 현지인과 마찬가지로 삭발을 하고 다녔다. 그들은 오래도록 그곳에서 장사를 하며 자식들을 키우고 있다."[6]

일본도 화상의 또 다른 핵심 거류지 중의 하나였다. 16세기 말까지 나가사키에는 2, 3천 명의 화상이 있었는데, 이 수치는 훗날 만 명까지 늘었다. 일본 전체로 따지면, 당시 대략 2, 3만 명의 화상이 거주하고 있었다.[7] 1625년 푸젠성 순무(巡撫) 난쥐이(南居益)는 다음과 같이 말한 바 있다. "중국의 상인(私商) 가운데 일본으로 간 자들이 많았다. 특히, 민(閩), 월(粵), 삼오(三吳) 지역 출신들이 많았는데, 그 수가 수천 명에 이르렀다. 이들은 대개 일본인과 결혼해 그곳에서 자식을 낳아 기르고 있다. 이들이 모여 사는 지역을 일컬어 '당시(唐市)라 했다."[8]

1619년 네덜란드가 바타비아(자카르타의 당시 명칭―옮긴이)를 점령했을 당시만 해도, 바타비아에는 불과 3, 4백 명의 화인들만이 살고 있었다. 그

---

4) 布萊爾·羅伯孫 编, 『菲律賓群島史料 1493~1898』 第3卷 (Emma Helen Blair and James Alexander Robertson, eds., *The Philippine Islands, 1493~1898*), 克利夫蘭, 1906, 118쪽.
5) 布萊爾/羅伯孫 编, 위의 책(1906), 第14卷, 14쪽.
6) 何喬遠, 『名山藏』, "王亭記三", "呂宋", 明崇禎刊本, 25쪽.
7) 朱國禎, 『涌幢小品』 卷三十, "倭官倭島", 中華書局, 1959, 716쪽.
8) 沈德符, 張燮, 『明季荷蘭人侵據彭湖殘檔』, 『台灣文獻叢刊』(台北), 第154種, 20쪽(電子版).

런데 네덜란드가 바타비아 건설에 화인들을 적극적으로 동원하기 시작하면서, 1627년에는 화인의 수가 3,500명으로 늘었고 1658년에는 약 5,000명에 이르렀다.[9] 서(西) 자바의 반텐은 동남아의 대표적인 향료무역항이었다. 이곳에서도 화인의 위상은 매우 높은 편이었다. 특히, 반텐의 국왕은 "네 명의 화인을 재부(財副)로 삼아" 무역, 징세, 국가전매 등의 사무를 맡기기도 했다. 1609년 독일의 요한 빌킨은 당시 이곳 상황에 대해 아래와 같이 기록하고 있다. "반텐에는 수천 명의 화인들이 거주하고 있다. 그들 대부분은 매우 부자였다."[10]

말레이반도의 파타니는 명나라 때 샴의 속지가 되었다. 이때부터 많은 화인들이 이곳에 들어와 거주하기 시작했다. 1578년 중국 해상무장 집단의 두목 린다오간(林道乾)은 많은 수하들을 거느리고 이곳에 들어와 땅을 개간하며 정착해 살기도 했다.[11] 네덜란드 동인도회사의 문헌자료에 의하면, 1602년 네덜란드 함대가 파타니에 정박했을 때, "성 안에 있는 신체 건장한 남자들 가운데 절반은 화상이었고, 나머지 절반은 샴인과 말레이인이었다."[12]라는 기록이 있다. 명나라 말기까지만 해도 파타니는 동남아의 대표적인 통상항구였다. 당시 파타니의 여왕은 인근 각 번국(藩國)들이 모두 떠받드는 사실상의 이 지역 전체를 지배하는 통치자였다. 파타니의 전체 인구는 만 명은 족히 넘었는데, 그 중에 화인이 3천에서 5천 명을 차지했다. 『동서양고(東西洋考)』의 기록에 따르면, 가정(嘉靖, 1522~1560) 말년, 중국의 해적들이 파타니의 항구인 끌란딴으

---

9) 黃文鷹·陳曾唯·陳安尼, 『荷屬東印度公司統治時期吧城華僑人口分析』, 厦門大學南洋研究所, 1981, 38쪽.

10) 岩生成一, 「下港唐人街盛衰變遷考」, 『東洋學報』 第31卷 第4期.

11) 華僑志編纂委員會, 『馬來亞華僑志』, 1959, 76쪽.

12) 包樂史, 『中荷交往史』(Leonard Blusse, *Tribuut aan China*), 阿姆斯特丹, 1988, 37쪽.

로 피신했을 때 이곳에는 이미 2천여 명의 화인들이 살고 있었다 한다. 샴의 또 다른 도시 아유타야는 중국과의 무역에 있어 매우 오랜 역사를 지니고 있는 곳이다. 아유타야의 "백성들은 다른 이민족에게 대하는 것과는 달리, 화인에게는 훨씬 더 극진한 예로써 대우했다."[13] 미얀마 북부의 쟝터우청(江頭城)은 명나라 때부터 많은 화교들이 장사와 채광 활동에 종사하던 곳이었다. 주명전(朱孟震)의 『서남이풍토기(西南夷風土記)』에는 다음과 같은 기록이 있다. "쟝터우청 외곽에 따밍지에(大明街)라는 곳이 있다. 이곳에는 민(閩, 福建), 광(廣, 廣東), 강(江, 江蘇), 촉(蜀, 四川) 출신의 화인 수만 명이 살았다. 또한 삼선육위(三宣六慰, 雲南 일대)에서 데려온 자들도 수만에 이르렀다." 쟝터우청의 소재지는 지금의 바모라는 설도 있고, 카타라는 설도 있는데, 사실 이 두 지역은 거리상으로 그리 멀지 않다. 미얀마 북부의 화인들은 비교적 편리한 육로를 통해 국경을 자유롭게 넘나들었기 때문에 유동성이 강한 편이었다. 당시 이 지역의 화인들은 대략 2, 3만 명 이상이었을 것으로 추정된다.

이렇게 볼 때, 당시 화인거류지에 살던 화인의 수는 대략 10만 명 정도로 추산할 수 있다. 그러나 이는 추산이 가능한 수치만을 포함시킨 것이기 때문에 기타 추산할 수 없는 수치까지 포함한다면, 화인의 수는 이보다 훨씬 많을 것이다. 캄보디아 프놈펜에는 무역을 하는 화상들이 많았는데, "시내의 길은 매우 평탄했고……숙지화인(熟地華人)은 스스로를 이곳의 주인으로 자처했다."[14] 고 한다. 여기에서 말하는 숙지화인이란 그 지역에 오래 산 화교를 일컫는다. 이들은 프놈펜을 중심으로 일정한 규모를 형성하고 있었다. 수라바야는 명나라 초기에 푸젠(閩)과 광동(粵)

---

13) 張燮, 『東西洋考』 "吉蘭丹條", "暹羅條", 57쪽, 40쪽.
14) 張燮, 『東西洋考』 "柬埔寨條", 55쪽.

화교화인의 분포와 국적문제

의 해상들이 집결하던 거대 항구였다. 1577년 "중국인 대도(大盜) 린차오시(林朝曦)가 삼보자(Samboja)에 점포를 개설하고 스스로 번박장(番舶長)이 되었다. 이는 중국의 시박관(市舶官)과 같은 것이었다."[15] 명나라 말기에는 포르투갈 사람들이 말라카에 이른바 카피탄 치나(Kapitan Cina)를 개설할 정도로, 이 지역에도 일정 규모를 갖춘 화인거류지가 있었다. 이밖에도 동남아 다른 지역의 화인들에 대해 언급한 사료들이 적지 않게 있다. 그러나 이 사료들은 화인의 수가 너무 적거나 혹은 그 규모를 정확하게 파악할 수 없는 것들이 대부분이다.(가령, 안난安南의 경우에는 누대에 걸쳐 지속적으로 중국의 변경에서 노략질을 일삼아왔고, 참파도 중국인들을 수시로 매매했다.)

17세기 중반, 청조가 해금조치를 해제함에 따라 중국의 해외무역은 다시금 부흥기를 맞이하게 되었다. 또한 이 당시는 유럽인들이 동남아에서 식민경제를 개발하기 시작하던 터라, 자영업자나 장인뿐만 아니라 단순노동자 등에 대한 수요도 대량으로 발생하던 시기였다. 더군다나 1639년에는 일본의 바쿠(幕府)가 쇄국정책을 실시해 외국인의 일본거주를 금지함에 따라, 일본 화인사회는 점차 사라지고 대부분 일본사회에 동화되었다. 동남아가 중국 해외이민자의 핵심 거처로 자리매김하기 시작한 것은 바로 이때부터였다. 스페인령 필리핀, 네덜란드령 동인도, 프랑스령 인도차이나, 영국령 말레이시아 등 동남아의 각 유럽인 식민정부는 경쟁적으로 중국의 해상, 장인, 노동자들을 유치하기 시작했다. 샴, 미얀마의 토착정권 또한 화상을 유치해 무역을 활성화하고자 했다. 이에 호응이라도 하듯, 그동안 청나라 초기부터 실시된 해금령과 천계령(遷界令)으로 인해 갖은 고통을 받아왔던 중국의 동남연해지역 주민들은 17세기 후반부터 앞 다투어 해외로 나가기 시작했다. 결국, 이

15) 張燮, 『東西洋考』 "舊港條", 65쪽.

때부터 중국인은 중국 상선(商船)의 가장 중요한 수출상품 중의 하나가 된 것이다. 푸젠성의 수사제독(水師提督)이었던 스랑(施琅)은 상소문에서 당시 상황에 대해 다음과 같이 기술하고 있다. "지난 수년 동안 내지의 여러 성들은 가난에 허덕여왔습니다. 이로 인해 하릴없이 빈둥대는 건달이나 불량배들이 급격히 증가하고 있는 형편입니다. 혹여 이들이 이러한 기회를 틈타 공공연히 바다를 출입하면서 해외에 무리를 결성하는 따위로 갖은 해악과 온갖 패악을 저지르게 될까 심히 우려스러운 바입니다. ……오늘날 바다로 나가 무역을 하는 배들이 부지기수입니다. 허나 이들은 자본에 한계가 있어 거두어들일 수 있는 세금도 많지 않습니다. 또한 공무를 빌미로 사사로이 바다를 출입하는 이들이 적지 않습니다. 이 또한 심히 우려되는 바가 아닐 수 없습니다."[16] 화상의 선박들이 중국인을 해외로 실어 나르는 규모에 대해서는 1727년 민저 (閩浙) 총독 가오치줘(高其倬)의 상소문에서 그 일단을 확인할 수 있다. "종전의 상선들은 바다로 나갈 시에 필히 탑승자 수를 보고하게 되어 있습니다. 그들이 보고한 바에 의하면, 그 수가 많게는 7, 80명 적게는 6,70명 정도입니다. 그런데 실제로 조사해보면, 그 수가 2, 3백 명은 족히 넘는 경우가 다반사입니다. 이렇게 밖으로 빠져나간 사람들은 일단 그곳에 도착하고 나면 대부분 그대로 머물러 돌아오지 않습니다. 뿐만 아니라 사리만을 탐하는 선주들 같은 경우에는 정작 실어야 할 화물은 적게 싣고 대신에 은밀히 4, 5백 명의 불량배들을 태우고 나가기도 합니다."[17]

18세기 중엽 이전에 해외로 나간 중국이민은 주로 동남아 항구 일대

---

16) 施琅, 「論開海禁疏」, 賀長齡 輯, 『皇朝經世文編』 第83卷, "海防上", 上海廣百宋 齋本 第18册, 1887, 14쪽.

17) 郝玉麟 編, 『朱批喻旨』, 上海點石齋本 第46册, 1887, 27쪽.

에서 무역과 관련한 업종에 종사했다. 그러나 18세기 중후반에 이르면, 해외중국이민의 직업과 커뮤니티 분포 상에서 매우 커다란 변화가 일어나게 된다. 18세기 동남아 식민경제의 발전에 따라 대량의 중국이민자들은 주로 광업, 농업, 가공업, 건축업 등에 종사했다. 화인커뮤니티 역시 기존의 동남아 연해의 항구 일대에서 내륙까지 확대되었다. 19세기 초에는 칼리만탄, 말레이반도, 미얀마 북부, 베트남 통킹 일대의 금·은·동·주석 광산 그리고 베트남 땀키, 말레이반도, 서 자바, 샴 남부내륙의 간척지와 대농장에는 크고 작은 화인커뮤니티가 형성되어 있었고, 이 화인커뮤니티는 이후 이 지역으로 이민을 오는 화인들의 기탁지가 되었다.

1830년대 바타비아를 방문한 적이 있던 천룬중(陳倫炯)은 "그곳(바타비아)에서 장사를 하거나 농사를 짓는 중국인이 매우 많았다.……그 수가 하도 많아서 일일이 헤아릴 수는 없겠으나 적어도 10여만 명은 족히 넘으리라."[18]라고 나름의 추정을 내놓았다. 또 19세기 초 자바를 통치하던 영국인 라플스(Thomas Stamford Raffles)는 다음과 같은 기록을 남겼다. "(이러한) 배를 '정크(Junk)'라고 하는데, 매년 열 척 중의 여덟 척은 광저우(廣州)와 샤먼에서 쌀, 차, 도자기를 싣고 출발한다.……이러한 범선들은 매년 아주 귀하디귀한 수입품 즉, 백 명에서 5백 명에 이르는 매우 근면한 동향인을 데려왔다."[19] 라플스는 자바를 통치하던 1815년에 인구조사를 실시한 적이 있는데 이 통계에 따르면, 1815년 현재 바타비아 화인은 52,394명이었고, 자바 전체의 화인은 94,441명이었다.[20] 네덜란드령 동인도정부의 통계에 의하면, 1856년 바타비아의 화인은 40,806명

---

18) 陳倫炯, 「海國見聞錄」, 『昭代叢書』(續編·戊集), 世楷堂本, 1833, 22쪽.
19) 萊佛士, 『爪哇史』(T. SS. raffles, *The History of Java*), 第1卷(倫敦), 1830, 228쪽.
20) 萊佛士, 위의 책(1830), 70쪽.

이고 자바 전체로는 135,749명이었다.[21] 그런데 네덜란드령 동인도의 역대 인구통계에는 상당수의 화인 특히, 현지 출생자나 불법체류자들 같은 경우는 전혀 산입하지 않았기 때문에 실제 화인 수는 그보다 훨씬 많았을 것으로 추정된다. 18세기 중반, 서 보르네오(지금의 인도네시아 칼리만탄)에서 대규모 금광이 발견되면서, 화인들이 금광채굴의 주요 노동력으로 충원되기 시작했다. 그 결과, 18세기 말부터 19세기 초 사이에 이 지역으로 입경한 화인의 수는 매년 3,000명 이상이었다. 19세기 전반만 따져도, 칼리만탄에 거주하는 화인의 수는 총 15만 명에 이르렀다. 이 시기 해외화인사회가 가장 빠르게 발전한 곳은 샴(지금의 타이)이었다. 샴 왕실은 누대에 걸쳐 줄곧 화인에게 호의적이었다. 따라서 화인들은 "상업상의 합리적인 자유를 누렸고, 역대 국왕들은 하나같이 호의적이었다."[22] 18세기 후반에는 차오저우(潮州) 출신의 아버지를 둔 혼혈인 정자오(鄭昭)가 샴의 국왕이 되면서, 화인 그 중에서도 차오저우 출신 화인들이 대거 샴으로 몰려들기 시작했다. 이 흐름은 당분간 지속되었다. 19세기 초, 외교사절 신분으로 샴을 방문했던 영국인 존 크로포드(John Crawford)는 이렇게 말한 바 있다. "이민자는 중국에서 샴으로 오는 가장 중요한 수입품이었다." "방콕을 드나드는 정크선은 한번에 1,200명 가량의 화인을 실어 날랐다." 그의 추정에 따르면, 매년 방콕으로 오는 화인의 수는 아무리 적게 말해도 7,000명은 족히 되었던 것으로 보인다. 또한 그는 1821년 현재 샴에 거주하는 화인은 70만 명으로 추정하고 있다.[23] 18세기 중후반부터 19세기 중엽까지 말레이반도, 베

---

21) 韋思 編, 『荷印地理及統計辭典』(PS. JS. Veth, *Aardrijkskundig en statistisch woordenboek van Nederlandsch Indiĕ*), 阿姆斯特丹, 1869, 612-613쪽.

22) 郡司喜一, 『十七世紀時期의 日暹關係』(東京), 1934, 514-515쪽.

23) 克勞福特, 『荷屬東印度出使暹羅和交趾支那行紀』(John Crawford, *Journal of An*

트남, 캄보디아 등지의 화인 수도 급격히 증가했다. 말레이반도의 조호르, 페낭, 끌란딴, 송클라, 베트남의 트롱키와 메콩강 삼각주 그리고 미얀마의 양곤 등지에는 상당수의 화인이민이 집결해 있었다.

19세기 중반 이전까지만 해도, 중국이민의 절대다수는 동남아에 집중되었다. 물론, 일부가 북아메리카, 아프리카, 인도 등지로 가기는 했지만, 그 수는 무시할 수 있을 정도로 미미했다. 필자가 조사한 바에 따르면, 동남아 화인이 가장 많았던 곳은 샴으로 약 70만 명이 거주하고 있었다. 그밖에 자바가 약 14, 5만 명, 보르네오에 약 15만 명, 말레이반도 각 토후국과 해협식민지에 5만여 명, 베트남에 10여만 명, 미얀마에 11만에서 13만 명, 필리핀에 1만 명 남짓 정도가 있었다. 그 수치가 하도 미미해 통계에 잡히지 않는 지역의 화인까지 모두 더하면, 동남아 전 지역에 거주하는 화인의 수는 대략 150만 정도였다고 할 수 있다.[24]

2. 제2, 제3의 해외이민열풍과 그 수량에 대한 추정
(1850~1950년대)

이 시기 최대의 중국이민열풍은 화공의 대규모 출국에서 비롯되었다. 그 악명 높은 중국쿨리무역이 바로 그것이다. 그 다음은 1920년대부터 나타난 자유이민출국이었다.

17세기 초부터 네덜란드 동인도회사는 인신매매와 같은 각종 약탈적

Embassy from the Governor—General of India to the Courts of Siam and Cochin China), 倫敦, 1828, 138쪽, 239쪽.
24) 莊國土, 『華僑華人與中國的關係』, 廣東高敎出版社, 2001, 168-178쪽.

이고 잔인한 방법으로, 화공을 동남아 각지로 강제 구인해가기 시작했다. 17, 8세기 동남아 각지로 끌려간 화공은 대부분 이런 방식으로 중국을 떠났다. 그러나 정작 화공의 대규모 출국이 이루어진 것은 제2차 아편전쟁(1856~1860—옮긴이) 이후였다. 여기에는 외부적 요인과 내부적 요인이 동시에 존재한다. 우선, 외부적 요인부터 살펴보기로 하자. 19세기 초부터 구미 각국은 노예제도를 잇달아 폐지하게 되면서, 자신들의 식민지와 아메리카 대륙 등지에 널리 퍼져 있는 철도와 광산, 대농장 등에서 일할 수 있는 노동력이 부족하게 되었다. 이에 그들은 중국 연해지역에 위치한 통상항구에서 기존의 흑인노예를 대체할 수 있는 새로운 노동력 즉, 쿨리를 찾아 나서기 시작한 것이다. 화공의 대부분은 유괴나 인신매매의 방법으로 끌려갔다. 세칭, '저자무역(猪仔貿易)'이라 하는 것도 바로 이 때문이다. 국내적으로도 화공의 출국을 유발하는 내재적 요인이 존재했다. 건륭(乾隆)·가경(嘉慶) 연간부터 중국의 인구가 급증하게 되면서 대량의 잉여 노동력이 발생하기 시작하자, 청 조정은 어쩔 수 없이 화공의 출국을 용인했다. 특히, 19세기 중엽 이후 푸젠성(福建省)과 광동성(廣東省)의 인구는 18세기 후반과 비교해 배로 늘어났다. 당시 주영대사(使英大臣)였던 쉐푸청(薛福成)은 다음과 같이 말한 바 있다. "옛날 같으면, 한 사람 분량이었을 의식(衣食)이 지금은 스무 명에게 제공되고 있다. 옛날 같으면 겨우 혼자 거할 수 있는 초옥에 지금은 스무 명이 살고 있다. 상황이 이러한 즉, 산비탈이나 물가는 물론이고 심지어 바다나 하천의 한가운데 있는 모래밭이나 모래톱까지 개간이 안 된 곳이 하나도 없을 지경이다."[25] 그러나 살길을 찾아 해외로 떠나는 것

25) 薛福成, 『庸盦文外編』 第1卷, 『評巴西墨西哥之約招工說』, 『庸盦全集』, 淸光緖二十四年刊本, 台北華文書局影印本, 1971, 202쪽.

이 결코 평탄할 리는 없다. 외려 그것은 고향집에 눌러앉아 굶주림에 허덕이고 추위에 시달리는 것보다 더하면 더했지 못하지는 않았을 것이다. 샤먼(廈門), 산터우(汕頭), 광저우(廣州), 아오먼(澳門, 마카오) 등이 잇달아 쿨리무역의 중심지로 변신하게 된 것은 186, 70년대부터였다. 당시 서구열강들은 저마다 중국의 통상항구에 쿨리관(苦力館)을 설치하고 현지의 커터우(客頭, 일종의 이민중개상—옮긴이)를 고용해 쿨리들을 모집했다. 그들의 쿨리모집방식은 매우 잔악했다. 일반인을 인신매매, 유괴, 납치 등의 갖은 비열한 방법으로 쿨리관까지 끌고 와 강제로 계약서에 사인하도록 한 뒤 배에 태워 내보내는 형식이었다. 대부분의 쿨리들이 팔려 간 곳은 쿠바, 페루, 모리셔스, 르완다, 오스트레일리아, 북아메리카 등지였다. 이로 인해, 해외화인의 분포도 동남아에 집중되던 것에서 벗어나 전 세계 각지로 산재되었다. 그러나 1880년대부터 구미지역과 그 속령에서 각종 배화사건이 잇따르게 되면서, 화공들은 다시 동남아로 모여들게 되었다. 특히, 싱가포르는 동남아로 간 화공들의 주요 집산지가 되었다. 즉, 화공들은 우선 싱가포르로 팔려간 뒤에 다시 동남아 각지에 있는 대농장이나 광산으로 분산되어 보내졌던 것이다. 싱가포르와 페낭에도 전권을 쥔 화인 커터우들이 있어, 이들이 중국의 각 항구에서 화공들을 끌고 갔다. 천저셴(陳澤憲)의 연구에 따르면, 19세기 중반부터 20세기 초반까지 출국한 계약화공의 수는 265만 명을 넘었고,[26] 이중에서 동남아 이외의 지역으로 운송된 자는 90여만 명이었다. 계약화공이 아닌 다른 유형의 화공들에 대해서는 아직 정확한 통계가 나와 있지 않다. 1876년부터 1898년까지 23년에 걸쳐, 샤먼과 산터우에서 동남아 각지로 출국한 화인은 총 285만 명에 달한다.[27]

---

26) 陳澤憲,「十九世紀盛行的契約華工制」,『歷史研究』, 第1期, 1963.

20세기 초 현재, 4, 5백만에 달했던 화인들은 아시아, 아메리카, 아프리카, 오스트레일리아 등에 두루 퍼져 있었지만 역시 90% 정도는 동남아에 집중되어 있었다. 북아메리카, 오스트레일리아, 아프리카, 라틴아메리카 등의 화교들은 대략 40여만 명이었고, 이 가운데 절대다수는 화공이었다. 또한 이들 대부분은 주로 광동성 자오칭(肇慶) 출신이었고, 월동(粵東) 지역이나 푸젠 출신들은 일부였다. 이밖에 조선에도 만여 명의 화인들이 있었고, 일본에도 자영업자, 고용노동자, 유학생 등을 비롯해 약 만 명의 화인들이 있었다. 화인의 수가 가장 많았던 것은 샴으로, 백 수십만 명이 살고 있었다. 이들 대부분은 샴 현지에서 나고 자란 사람들이며, 원적지는 대개 차오저우나 산터우였다. 네덜란드령 동인도(인도네시아)에 거주하는 화인은 백만 명을 헤아리는데, 절반은 현지 출생자들이었다. 원적지별로는 민(閩, 福建) 출신이 가장 많았고, 그 다음이 학카(客家)와 광동 자오칭 출신이었다. 싱가포르와 말레이시아 지역의 화인은 100여만 명으로, 역시 민 출신이 가장 많았고 그 다음으로 많았던 것은 광동 자오칭, 차오저우 출신이었다. 현지 출생자는 약 20% 정도였다. 프랑스령 인도차이나 화인들은 수십만 명 정도였고, 광동 자오칭 출신이 가장 많았다. 다음으로는 차오저우, 학카, 민 출신들이었다. 영국령 미얀마 화인의 경우에는 십여만 명으로, 대부분이 디엔(滇, 雲南), 민, 광동 자오칭 출신이었다. 필리핀에는 약 10만 명의 화인이 살았고, 거의 모두 자영업자였다. 그리고 민난(閩南) 출신이 90%를 차지했다.

중국에서 세 번째로 해외이민 붐이 일었던 것은 제1차 세계대전이 끝난 뒤였다. 이때에도 역시 주요 행선지는 동남아였는데, 그 직접적인 요인은 동남아의 경제번영이었다. 서구 산업혁명이 가져온 신흥 산업

---

27) 陳翰生 主編, 『華工出國史料匯編』第1輯, 中華書局, 1980, 184-185쪽.

의 발전은 20세기 초부터는 동남아의 식민지나 샴까지 파급되기 시작했다. 동남아로 속속 쏟아져 들어오기 시작한 식민종주국의 산업자본이 철도, 항만, 전력, 항운, 제조업, 금융업 등에 대량으로 투자되면서 숙련노동력의 수요를 불러일으켰다. 이외에도 전통적인 채광, 경작, 원료가공, 상업무역 등의 각종 행업도 덩달아 발전하기 시작했다. 그러나 제1차 세계대전이 발발하게 되면서 동남아의 각 식민종주국은 거의가 세계대전에 휘말려 들어갔다. 이로 인해, 각 식민종주국들의 동남아에 대한 투자는 거의 중단되었고, 상품수출도 크게 감소했다. 이 기회를 틈타 동남아 화상자본이 점차 동남아지역에서 두각을 나타내기 시작했다. 이들은 주로 은행, 항운, 금속기계, 천연고무, 농산물가공 등의 현대산업에 대한 투자를 진행했다. 제1차 세계대전 동안, 각 교전국들은 생산재와 소비재 특히, 전쟁과 관련된 고무제품, 주석, 식량, 각종 금속제품, 소형선박 등에 대한 수요가 급증하게 되었는데, 이 역시 동남아 화상기업의 발전을 촉진하는 한 원인이 되었다. 이러한 경제발전은 노동력 수요의 증가를 가져오기 마련인데, 이에 따라 염가의 노동력이 중국 남부지역에서 끊임없이 동남아로 흘러들어갔다. 1922년부터 1939년까지 샤먼, 산터우, 홍콩 등을 통해 해외로 나간 이민은 대략 550만 명에 달했다.[28] 물론 이들 가운데 대다수는 동남아로 떠났다. 1918년부터 1931년까지 산터우, 홍콩 두 지역에서만 해외로 나간 이민자가 380만 명에 달했다.[29] 현지 정부 측 통계에 따르면, 1931년 싱가포르·말레이시아의 1세대 화인은 68.8%를 차지하고[30] 1932년 타이의 1세대

28) 游仲勛 著/郭梁·劉曉民 譯, 『東南亞華僑經濟簡論』, 厦門大學出版社, 1987, 10-11쪽.
29) 福田省三, 『華僑經濟論』(東京), 1939, 70-74쪽.
30) 傅無悶 編, 『南洋年鑑』(丙), 新加坡南洋商報社, 1939, 29-30쪽.

화인은 45.73%를 차지하는[31] 것으로 되어 있다. 1930년부터 전 세계적으로 불어 닥친 경제대공황은 동남아경제라고 해서 피해갈 수는 없었다. 세계경제위기의 여파는 동남아경제를 침체에 빠뜨렸고, 덩달아 화인기업도 불황에 허덕이게 되었다. 이제 화인들은 사업경영은 고사하고 생계마저 걱정해야 하는 상황에 내몰리게 되면서 하나둘 귀국을 선택하는 경우도 늘어났다. 심지어 이 시기에는 귀국자가 출국자보다 많은 기현상이 나타나기도 했다. 샤먼, 산터우, 하이커우(海口) 등 세 개 항구의 출입국자료에 따르면, 1931년부터 1934년까지 화교 귀국자는 출국자보다 35만 4천 명 더 많았다.[32] 1935년부터 동남아경제가 회복되면서, 중국의 동남아 이민열풍도 재개되었다. 1937년에는 싱가포르·말레이시아 입경 중국인이 402,563명, 타이 입경 중국인이 6만 명으로, 역대 최고의 중국인 입경자수를 기록했다.[33] 태평양전쟁이 발발했을 당시, 동남아에는 적어도 700만 이상의 화인이 있었고 이들은 수많은 화인커뮤니티 안에 분포되어 있었다. 제2차 세계대전이 끝나자마자, 화인들은 다시 동남아로 대거 흘러들어갔다. 그러나 제2차 대전 전의 수준을 회복하지는 못했다. 타이로 입경한 중국이민은 비교적 많았지만, 일부 국가의 경우에는 심지어 출경 화인이 입경 화인보다 많기까지 했다. 1947년부터 1949년까지 3년 간, 싱가포르를 떠난 화인은 294,805명이었고, 입경 화인은 248,617명이었다.[34]

20세기 상반기까지만 해도, 동남아 이외의 국가에 중국인들이 이민

---

31) 施堅雅, 『泰國華人社會 : 史的分析』(Skinner, *Chinese Society in Thailand : An Analytical History*), 紐約, 1957, 182쪽.

32) 福田省三, 위의 책(1939), 75-76쪽.

33) 溫雄飛, 『南洋華僑通史』, 上海東方印書館, 1929, 542쪽, 544쪽.

34) 郁樹錕, 『南洋年鑑』(乙), 新加坡南洋商報社, 1951, 21-22쪽.

을 가는 경우는 그리 많지 않았다. 그 이유는, 구미 각국 및 그 속령 공히 배화정책을 실시해 화인의 입경을 제한했기 때문이다. 19세기 말에 형성된 화인커뮤니티의 경우, 그 수량의 변동은 주로 인구증가율에 따라 결정되었다. 또한 화인 대부분이 단신출가형(單身出稼型) 이민이었기 때문에 동남아 이외의 화인사회의 수량은 기본적으로 증가하지 못했다. 미국의 경우, 1890년 화인인구가 107,475명이었는데 공교롭게도 1940년에 106,334명이었다. 그러나 미국은 1943년 배화법령을 폐지하고 재미화인의 미국국적 취득을 허용함과 동시에 화인에게 이민쿼터를 부여했다. 따라서 미국 화인의 수는 1940년 10만 명에서 1950년 15만 명으로 증가했다.35) 라틴아메리카, 오스트레일리아, 아프리카, 유럽 등지에는 화인들이 입경할 수 없었고, 현지 거류자는 귀국이나 병환 혹은 기본적으로 거주국사회에 동화되었기 때문에 화인의 수량은 20세기 초에 비해 오히려 감소했다.

1950년대 초, 세계화인의 수는 약 1,200만에서 1,300만 명이었고, 90%가 동남아에 집중되어 있었다. 네덜란드령 인도네시아는 350만 명 이상이었고, 타이는 약 300만, 영국령 싱가포르와 말레이시아는 도합 310만여 명, 베트남 약 100만 명, 필리핀과 미얀마는 각각 약 35만, 캄보디아 약 42만, 라오스 약 5만, 브루나이 약 1만 명 등이었다. 일본과 조선은 두 지역 합쳐 총 6만여 명이 거주했고 아시아 기타 지역에 약 2만 명이 살았다. 미국은 15만, 캐나다 3만 2천, 라틴아메리카 10여만, 유럽 약 7만에서 8만, 아프리카 5만, 오스트레일리아 약 4만 정도였다.36)

---

35) 賴利克 等 編, 『21世紀亞太裔美國人新貌』(Eric Lai, eds., *The New Face of Asian Pacific America : Number, Diversity & Change in the 21st Century*), 加州貝克萊, 2003, 38쪽.
36) 동남아 화인 수량에 관한 추산은, 莊國土・劉文正, 『東亞華人社會的形成和發展』

3. 제4의 해외이민열풍과 화교화인의 수량에 대한 추정
(1970년대~현재)

300년 넘게 지속되던 중국의 해외이민 열풍은 중화인민공화국 성립 이후 1970년대 말까지에 이르는 기간에 처음으로 중단되었다. 당시 중국정부는 자국민의 해외이주를 엄격히 제한했다. 아마도 이 기간은 적어도 해외관계라는 측면에서는 중국정부의 '오점'으로 기록될 수 있는 시기였다고 할 수 있다. 세계 각국 특히, 새롭게 독립한 동남아국가들도 '공산주의' 국가에 대한 경계 차원에서, 중국대륙의 이민자들을 받아들이지 않기는 매한가지였다. 오히려 이들 나라들은 국가별로 정도의 차이는 있겠지만 자국에 있는 기존 화인사회에 대해 일제히 동화정책을 실시했다. 결과적으로 1950년대부터 1970년 말에 이르는 이 시기에 세계화교화인의 인구수가 증가했다면, 그것은 오로지 화인인구의 자연증가 외에 다른 요인은 없을 것이다. 1980년대 초, 화교화인의 수는 대략 2,000만 명 정도였다고 한다.[37]

세계적 이민열풍의 주요 동인으로 중국이 재차 부상하게 된 것은 1970년대 말 이후이다. 이즈음은 선진 각국의 이민정책이 잇달아 수정되던 시기이기도 했다. 아마도 당시 이민에 대한 세계적 붐이 일어나게 된 결정적 요인은 바로 이것이었을 것이다. 특히, 1965년 미국 이민정

第12章, 廈門大學出版社, 2009 ; 기타 국가의 화인 통계는 潘翎 主編, 『海外華人百科全書』第5章, 香港三聯書店, 1998.

[37] 전국교련교사학회(全國僑聯僑史學會) 회장 홍스스(洪絲絲)의 말에 따르면, 최소 2,000만 명의 화교화인이 있었고, 이 가운데 화교는 약 20%를 차지한다고 했다. 공교롭게도 이 수치는 '타이완교무회(台灣僑務會)'의 추정치와 비슷하다. 洪絲絲, 「華僑歷史研究工作的幾個問題」, 晋江地區僑史學會 編, 『僑史』, 第1期, 1983.1.

책의 변화는 사실상 전 세계 이민열기를 선두에서 이끄는 견인차의 역할을 했다. 1924년 제정된 미국이민법에서 규정한 이민쿼터는 1890년 현재, 미국인구의 출생지 비율에 따라 각국에 부여한 이민 상한선이었다. 사실상 이는 서유럽과 북유럽 출신을 중심으로 한 미국의 종족비율을 유지하는데 그 목적이 있었다. 결과적으로 94%의 이민쿼터가 북유럽과 서유럽 국가들에게 돌아갔다. 그러나 1965년에 개정된 미국의 신(新) 이민법은 종족이나 국적을 불문하고, 서반구를 제외한 동반구에도 국가별로 2만 명의 이민쿼터를 부여한다고 규정했다. 동시에 이민의 전제조건으로 두 개의 우선원칙을 적용했다. 첫째, 미국 내 직계가족이 있는 이들의 가족재결합에 우선권을 부여한다. 둘째, 미국이 필요로 하는 전문적 직능을 소유한 인재들에게 우선권을 부여한다. 일반적으로 1965년부터 실시된 미국의 이 신이민법은 각국에 공평한 기회를 제공하는 것으로 인식되었다. 그러나 정작 그 수혜는 아시아인과 라틴아메리카 그중에서도 특히 중국인들에게 돌아갔다. 그도 그럴 것이, 1960년대 이후 유럽은 경제적 번영을 구가하고 있었기 때문에 굳이 미국으로 이민을 가고자 하는 유럽인들은 상대적으로 그리 많지 않았기 때문이다.

미국이민법의 개정은 제2차 세계대전 이후 선진 각국이 개발도상국 이민을 대량으로 받아들이게 되는 사실상의 효시가 되었다. 이후로, 캐나다, 오스트레일리아, 일본, 한국, 싱가포르 등지에서는 노동력 부족을 메우고 전문적 인재를 영입하기 위해, 민족적·이데올로기적 색채가 비교적 농후했던 기존의 이민정책을 수정, 보완해나가기 시작했다. 특히, 개발도상국 이민에 대한 각종 제한조치를 점차 완화해나감으로써, 개발도상국에서 선진국으로의 이민 붐을 촉진하게 되었다. 경제적 글로벌화도 전에 없는 세계적 이민열풍에 단단히 한 몫을 차지했음은 물론이다. 즉, 이로 인해 전 지구적 차원에서 자본, 정보, 기술, 노동력의 활발한 흐름이 가속화되었던 것이다. 물론, 이러한 흐름의 주류는 개발도상국에서 선진국으로의 대량이동이겠지만, 개발도상국 간의 이민도 갈수록 활발해지고 있다.

중국의 개혁개방으로부터 시작된 이민 붐은 지금까지도 계속되고 있다. 이민목적, 행선지, 직업구조에 따라 중국의 신(新)이민을 분류하면, 대체로 다음 네 가지 유형으로 집약될 수 있다.

첫 번째 유형은 유학생이다. 1960년대 중반부터 1980년대 중반까지, 미국에서 석사 이상의 학위를 취득한 타이완 유학생은 거의 15만 명에 달한다. 타이완 「교무위원회(僑務委員會)」가 2007년에 발표한 조사보고서에 따르면, 해외에 거주하는 타이완인은 약 107만 명이고, 이중에 미국 정착인은 59만여 명에 달한다. 또한 그 가운데 대졸자가 70%를 넘고, 석사나 박사 학위 소지자도 35%를 차지한다는 것이다.[38] 중국대륙의 대규모 유학열풍은 시기적으로는 타이완보다 늦었지만, 수적으로는 이를 훨씬 앞지르고 있다. 2006년 현재, 중국대륙 출신의 해외유학생 수는 거의 100만 명을 넘어서고 있다. 유학생을 따라 함께 출국하는 그 가족들까지 따진다면, 유학이란 방법을 통해 국외로 빠져나가는 중국대륙인의 수는 아마도 100만을 훨씬 상회할 것이다. 이처럼 유학은 중국인이 국외로 이민을 가는 주요 경로 중의 하나가 되고 있다. 중국대륙 출신이든 아니면 타이완이나 홍콩 출신이든지 간에 유학을 가는 학생들은 대부분 선진국 그중에서도 특히, 북아메리카를 최종 행선지로 하는 경우가 가장 많다.

두 번째 유형은 비숙련노동자이다. 이들은 대개 거주국의 친척과 함께 산다는 것을 근거로 영주자격을 신청하기도 하지만, 그 중의 일부는

---

38) 哥斯達黎加台灣商會網站, http://www.cacotacr.com/news.htm.

불법체류자신분으로 거주하고 있기도 하다. 이러한 비숙련노동자의 이민 역시 최종 행선지는 대개 선진국 특히, 미국이다. 푸저우인(福州人)은 미국으로 이민을 가는 중국 비숙련노동자의 대표적인 전형이라 할 수 있다. 최근 20년 동안, 미국으로 이민을 떠난 푸저우인은 거의 60만 명에 달한다. 심지어 2005년까지 인구 60만에 불과했던 푸저우 창러현(長樂縣) 한 곳에서만 미국이민자가 근 20만 명이나 나왔다.[39] 1980년대에는 미국국적의 대륙 출신 화인의 84.5%가 부모의 미국이민을 신청했다.[40] 필자가 푸저우에서 교향(僑鄕) 조사를 실시한 바에 따르면, 1980년대 미국에 정착한 이민자 한 명이 평균 20명 정도의 친척이나 지인들을 중국 밖으로 데리고 나가는 것으로 조사되었다. 또 2002년에는 뉴욕에 있는 푸저우인 집단거주지를 조사한 적도 있는데 이에 따르면, 1970년대에 미국에 정착한 대다수 푸저우 출신 화인들은 1인당 평균 수십 명의 친족을 미국으로 데려간 것으로 나온다. 특히, 이 가운데 친척이나 지인을 가장 많이 미국으로 데려간 화인은 1968년 미국에 정착한 푸칭인(福淸人)으로, 그 수가 무려 100명이 넘었다.[41]

세 번째 유형은 경제이민이다. 여기에는 투자이민, 해외상사주재원, 각종 자영업자 등이 모두 포함된다. 1990년대 이전까지만 해도, 선진국으로 가는 투자이민의 대부분은 주로 홍콩이나 타이완 출신이었다.

39) 莊國土, 「近20年福建長樂人移民美国動機和條件」, 『華僑華人歷史硏究』, 第1期, 2006.
40) 何因堡 等, 「配额外直系親屬移民美国過程」(John D. Heinberg et al, "The Process of Exempt Immediate Relative Immigration to the United States"), 『國際移民評論』(International Migration Review), 第4期, 1989.
41) 필자는 2002년 3월부터 5월에 걸쳐 뉴욕의 차이나타운에 거주하는 푸저우 출신 신이민에 관한 조사를 실시한 바 있다. 이와 관련된 자료는 南洋硏究院, 『2002年 紐約福州籍華人調査資料』에 수록되어 있다.

2000년 현재, 해외이민을 떠난 홍콩인이나 타이완인은 거의 60만에 육박하는데, 모르긴 몰라도 이중 30% 정도는 이러한 경제이민에 해당될 것이다. 중국대륙의 경우에는 1990년대 후반부터 개발도상국 특히, 동남아지역으로 향하는 투자이민이 급증하기 시작했다. 1990년대 이후, 중국대륙이 점차 세계 제조업의 중심지로 떠오르게 되면서, 중국 상품이 개발도상국에서 날개 돋친 듯 팔리고 있고 이들에 대한 투자와 공사수주량도 급격히 늘고 있다. 이에 따라 중국대륙 경제종사자들의 해외진출 특히, 개발도상국으로의 진출도 아울러 급증하고 있다.

네 번째 유형은 해외파견근로자이다. 파견근로자는 일반 이민과는 다르다. 이들 파견근로자들은 계약기간이 만료되면 대부분 귀국을 하는 게 통례이지만 기한이 지나도록 귀국하지 않고 불법체류자도 남는 경우도 일부 있다.[42] 일반적으로 중국 해외파견근로자의 파견연한은 보통 2년으로 되어있는데, 중국의 근로자 해외파견은 해마다 급증하는 추세에 있다. 한마디로, 이들은 매우 특수한 이민 집단이라 할 수 있다.

대체적으로 볼 때, 타이완 출신의 이민은 미국에 집중되어 있고, 그 다음이 캐나다나 오스트레일리아라고 할 수 있다. 홍콩 출신의 이민 역시 주로 캐나다, 미국, 오스트레일리아에 집중되어 있다.

---

42) 유엔인구기금(UNFPA) 및 국제이주기구(IOM)가 매년 예측해서 내놓는 국제이민 총량은, 그해 기준으로 출생지 외의 국가에 거주하는 인구수를 가리킨다. 각국은 해외에 장시간 거주해야만이 이를 이민으로 인정한다. 그러나 그 기준은 국가별로 차이가 있다. 대개는 6개월이나 1년을 기준으로 하고 있다.

|표 1| 1980~2007년 미국이민 수

(단위 : 명)

연도	중국대륙	홍콩	타이완	합계
1980	286,120	80,380	75,353	441,853
1990	529,837	147,131	244,102	921,070
2000	988,857	203,580	326,215	1,518,652
2006	1,551,316	355,025	1,906,341	3,812,682
2007	2,007,000	2,007,000		

주) 1980년과 1990년도는 미국 인구센서스조사국(http://www.census.gov/ population/ www/documentation/twps0029/tab03. html) 통계이고, 2000년부터 2007년 까지의 수치는 이민정책연구소(http://www.migrationinformation.org/ datahub/census2000.cfm) 통계이다.

|표 2| 1991~2006년 캐나다이민 수

(단위 : 명)

연도	중국대륙	홍콩	타이완	마카오
1991	168,355	163,400	19,725	4,430
1996	238,485	249,175	52,480	7,110
2001	345,520	240,045	70,615	6,870
2006	467,000	215,000	65,000	6,000

주) 移民政策研究所 (http://www.migrationinformation.org/datahub/countrydata/data.cfm).
출처) Statistics Canada, Census of Canada, 1991, 1996, 2001 and 2006.

|표 3| 1991~2006년 오스트레일리아이민 수

(단위 : 명)

연도	중국대륙	홍콩	타이완	합계
1991	78,835	58,955	13,025	150,815
1996	111,009	68,430	19,547	198,986
2001	142,781	67,124	22,418	232,323
2006	206,591	71,803	24,368	302,762

주) (http://www.migrationinformation.org/datahub/countrydata/data.cfm).
출처) 오스트레일리아통계국(Australian Bureau of Statistics) 연도별 이민통계

일본과 한국은 지난 20년 동안, 중국 신이민의 증가속도가 가장 빨랐던 지역이다. 특히, 최근에는 유학이나 취직 등의 이유로 일본에 가서 정착을 하는 이들이 급격히 늘고 있다. 그 수는 매년 5만 명 정도에 이른다고 한다. 일본 법무성 출입국관리국 통계에 따르면, 2007년 현재, 화교화인의 수는 60만 명을 넘고 있다. 일본『중문도보(中文導報)』사장이자, 2007년 화상대회(華商大會) 조직위원회 부위원장이었던 뤄이원(羅怡文)의 예측에 따르면, 향후 5년 안에 일본 화교화인의 수는 100만 명에 달할 것이라고 한다.[43] 2009년 말 현재, 재일중국인은 등록자 수만해도 680,518명으로, 2008년에 비해 3.8% 증가했다.[44] 통계에 잡히지않는 일본여권소지자와 수많은 불법체류자까지 포함하면, 일본 화교화인의 수는 더욱 늘어 70만 명을 넘어서고 있다.

|표 4| 재일중국인 총인구수

(단위 : 명)

연도	인구수	연도	인구수	연도	인구수
1950	4,048	2001	381,225	2005	519,561
1980	50,353	2002	424,282	2006	560,741
1990	150,339	2003	462,396	2007	606,889
2000	335,575	2004	487,570	2008	

주)『中文導報』, 日本法務省入國管理局統計(http://www.chinaqw.com.cn/hqhr/hrdt/200806/03/119102.shtml).

출처) 日本法務省入國管理局統計

---

43) 『人民日報』(海外版), 2007.9.11.
44) 日本法務省入國管理局 編, 『2009年出入國管理』(東京), 2010, 19-20쪽.

한중수교 이후, 한국과 중국의 무역은 통상적인 수준을 훨씬 넘어서 급격한 신장세를 보이고 있다. 2006년 현재까지 한국은 중국의 제3대 교역상대국이다. 또한 여섯 번째 수출국이자, 세 번째 수입국으로서, 양국의 교역규모는 1,343억 1천만 달러에 달한다. 이렇듯 한중수교와 양국 간 교역의 급격한 신장세로 인해, 한국에 거주하는 중국인의 수도 급증하고 있다. 한국 법무부 출입국외국인정책본부 통계자료에 따르면, 1985년 현재 화교화인의 수는 25,087명에 지나지 않았고 그것도 대부분은 타이완 '여권'을 소지한 자들이었다. 그러나 2004년 재한중국인은 20만 명으로 증가했고, 2006년에는 30만을 넘어섰다. 그리고 2007년 말에는 그 수가 50만 명에 달하고 있다.[45] 이 가운데 가장 많은 수를 차지하는 것은 주로 동북지역 출신의 조선족으로 재한중국인 수의 약 70%를 점하고 있다. 2009년 말 현재, 재한중국인은 586,662명이고 그 가운데 조선족은 377,560명이다.[46]

개발도상국에 거주하는 중국이민의 대다수는 중국대륙 출신으로, 이들은 주로 자영업에 종사하고 있다. 가령, 동남아의 경우에는 253만에서 288만 명에 이르는 중국 신이민 중에 홍콩이나 타이완의 투자자 및 그 권속은 3%에도 미치지 못하고 있다.

45) 韓國出入國管理局 編,『出入國管理統計年鑑』, 1985 ;「韓國境內中國人劇增共達 50萬人」,『朝鮮日報』, 2008. 5. 6.
46) 韓國移民局 編, 『2009年韓國入境統計年鑑』(Korea Immigration Service, KIS Statistics, 2009), 2010, 264쪽.

|표 5| 2007~2008년 동남아 중국신이민의 수(추정치), 분포, 직업구성

(단위 : 만 명)

국가	인구수	주요직업	비고
미얀마	100-110	자영업, 관리직, 기술직, 노동자, 농민	상당수의 유동인원과 불법체류자
타이	35-40	자영업, 관리직, 기술직, 자유업, 회사원	상당수의 유동인원과 불법체류자
싱가포르	35	유학생, 전문직, 회사원, 상인, 파견 근로자	
필리핀	20	자영업, 회사원	상당수의 불법체류자
말레이시아	10-15	자영업, 노동자, 학생, 중국결혼 이주여성, 퇴직자	상당수의 유동인원
베트남	10-15	자영업, 투자자, 관리직, 기술직	타이완 기업가와 그 권속 2만 명
인도네시아	10	투자자, 관리직, 자영업, 기술직	타이완 기업가와 그 권속 2만-3만 명
라오스	13	자영업, 관리직, 기술직, 노동자, 농민	일정수의 유동인원
캄보디아	20-30	자영업, 관리직, 기술직, 노동자	일정수의 유동인원
총계	253-288	정치를 제외한 모든 직업분야 종사자(자영업이 가장 많다)	상당수의 유동인원

출처) 말레이시아, 싱가포르의 연도별 인구통계, 기타 각국 인구통계, 인구자연증가율,
거주국화인사회 추산치. 莊國土, 『東亞華人社會形成與發展』, 402-403쪽.

1970년대부터 2008년까지 중국에서 해외로 나간 이민은 1,000만 명을 넘었다. 그중에 홍콩이나 타이완 출신은 약 160만에서 170만 명이고, 나머지 800만 명 정도는 모두 중국대륙 출신이다. 선진국으로 간 중국이민은 약 700만 명이고, 개발도상국으로 간 이민은 300여만 명이다. 그런데 선진국이민이든 개발도상국이민이든, 이 가운데 상당수는 비공식적 통로를 통한 이민이었다.

|표 6| 2007~2008년 중국신이민의 수(추정치), 분포, 직업구성

(단위 : 만 명)

국가	인구수	주요직업	비고
미국	190	유학생, 전문직, 비숙련노동자	상당수의 타이완·홍콩 출신, 소수의 불법체류자
캐나다	85	유학생, 전문직, 비숙련노동자	상당수의 타이완·홍콩 출신
유럽	170	자영업, 노동자	상당수의 불법체류자, 유동성 큼.
오스트레일리아	60	유학생, 전문직, 노동자, 상인	상당수의 타이완·홍콩 출신
일본	60	유학생, 전문직, 노동자	대부분 유학생 → 전문직 → 정착
아프리카	45	자영업, 기술직, 파견근로자	대부분 남아프리카에 집중
라틴 아메리카	75	자영업	아르헨티나와 그 인접국에 집중
러시아	20	자영업	유동성이 큼, 수량변동 큼
동남아	253	자영업, 기술직, 기업가, 노동자, 파견근로자, 유학생	일정수의 유동인원
총계	1,030		

출처) 미국, 캐나다, 유럽의 각 관련국, 일본 등의 인구통계와 출입국자료, 각국 인구통계와 화인사회 정보, 국내외언론의 관련보도

옮긴이) 본 표의 인구수를 합산하면 총계는 958이 맞다.

　　신이민의 대량 유입과 화교화인사회 자체의 인구자연증가율로 인해, 2007년부터 2008년까지 세계화교화인의 수는 대략 4,543만 명에 달하고 있다. 이 가운데 동남에 거주하고 있는 화교화인은 3,348만 6천 명으로, 전 세계 화교화인인구의 73.5%를 차지하고 있다.

|표 7| 2006~2007년 대륙별 화교화인의 수량·분포 통계표

(단위 : 만 명)

대륙	인구수(%*)	신이민(%**)
총계	4,543(100.00)	1,030(22.6)
아시아	3,538(78)	400(11.12)
아메리카	630(13.87)	350(56)
유럽	215(4.7)	170(79)
오스트레일리아	95(2)	60(63)
아프리카	55(1.2)	50(90)

* 전 세계 화교화인 인구수 대비 %

** 대륙별 화교화인 인구수 대비 %

맺음말

17세기 초, 세계화인의 수는 대략 10여만 명 정도였다. 그리고 이들은 대부분 동남아에 집중적으로 분포되어 있었다. 중국과 동남아 간의 무역관계 발전에 따라, 19세기 중엽에는 세계화인의 수가 약 150만 명으로 증가했다. 그러나 이들의 주요 분포지역은 여전히 동남아였다. 세계화교화인의 분포상황에 근본적인 변화가 발생한 것은 대규모 화공들이 해외로 출국하던 19세기 중엽 이후였다. 이때부터 대륙별로 정도의 차이가 있기는 하지만, 북아메리카, 라틴아메리카, 오스트레일리아, 유럽 등지에 화공 중심의 화인커뮤니티가 형성되기 시작했다. 그러나 19세기 후반부터 동남아 이외의 국가나 지역에서 화공을 배척하는 움직임이 일기 시작하면서 20세기 초에도 여전히 화인은 동남아에 고도로 집중되는 양상을 보이고 있다. 1950년대 초에 이르면, 세계화인의 수는 대략 1,200만에서 1,300만을 기록하게 되는데, 이중 동남아 화인이 90%

를 넘고 있다. 세계화교화인이 동남아에 집중되는 현상에 결정적인 변화를 가져다준 것은 대규모 중국 신이민이 등장하기 시작하던 1970년대부터였다. 2008년 현재, 세계화교화인의 수는 4,500만을 넘고 있다. 이 가운데 동남아 화인이 73%로 여전히 높은 비율을 차지하고 있지만, 상대적으로 선진국의 화교화인 수도 점차 증가하는 양상을 띠고 있고 특히, 일본이나 한국의 화교화인 수의 급증과 그 성장세는 세계 어느 지역이나 국가보다도 두드러진다. 북아메리카에 거주하는 화교화인은 2007년 현재 530만 명 이상이다. 1980년대 이전까지만 해도 세계화교화인 수의 4%에 불과했던 것이, 이 해에는 거의 12%로 증가하고 있는 것이다. 유럽의 화교화인은 1980년대 이전에는 세계 화교화인의 1%에도 미치지 못했지만, 2007년에는 거의 5%까지 증가하고 있다.[47] 화교화인의 집단거류지는 전 세계 각 대륙, 각 국가에 두루 형성되어 있다. 특히, 지난 백 년 동안에는 그다지 많지 않았던 라틴아메리카, 아프리카 심지어 중동지역에까지도 수많은 화교화인들의 집단거류지가 등장하고 있는 것은 매우 특기할 만한 일이다.

● 원제/출처 : 「世界華僑華人數量和分布的歷史變化」, 『世界歷史』, 第5期, 2011

47) 최근 세계 화교화인의 수량과 분포에 관한 필자의 연구 성과는 국무원교무판공실 (國務院僑務辦公室, 國務院僑辦)에서 이미 공식통계로 수용하여 발표한 바 있다. 또한 2010년 전 세계 화교화인 10대 뉴스 가운데 1위로 평가되었다. 『歐洲時報』, 2011.1.5.

화교화인의 국적문제 추의(芻議)*

리안산(李安山)

국적충돌은 국제관계 및 국제법 연구의 핵심내용이다. 이 글은 현존하는 화교화인의 국적문제를 고찰하고, 동시에 이 문제가 발생하게 된 현실적 원인, 법리적 근거, 쟁점 등에 대한 서술을 통해 궁극적으로 이에 대한 나름의 해결책을 제시하고자 한다. 국적법 제정의 원칙이 일관되지 못한 탓에, 많은 중국계 신이민은 이중국적을 소유하고 있는 게 현실이다. 한마디로 말해, 지금의 중국국적법으로는 더 이상 시대적 변화와 현실적 수요에 적응하기 힘든 상황에 와 있다는 말이다. 더군다나 최근 들어 각국의 국적정책도 수시로 변화하고 있다. 이에 중국은 주권원칙과 평등원칙을 견지하는 가운데 점진적 개혁과 융통성을 발휘해 관련 법규를 제정 혹은 개정해야 할 것으로 믿는다. 그래야만이 해외화교화인의 적극적이고 긍정적인 요소들을 가장 효과적으로 살릴 수 있고, 개인과 국가 혹은 중국과 거주국이 상호 윈-윈 할 수 있는 길을 마련할 수 있다.

* 이 글은 2002~2003년 중국교육부 중점과제 "화교화인학과조사보고프로젝트"의 단계별 성과이다. 필자는 관련 자료 및 정보를 제공해준 베이징대학(北京大學) 법학원의 장치(張騏)교수와 류취엔(劉泉) 동학에게 이 기회를 빌려 심심한 사의를 표하는 바이다. 본문에서 말하는 '화교'는 해외에 거주하고 있는 중국국적 교민을 의미하고, '화인'은 거주국국적을 취득한 원(原)화교 혹은 화예(華裔)를 가리킴을 미리 밝혀둔다.

'국적충돌'(conflict of nationalities 혹은 '국적저촉國籍抵觸')은 국제관계 및 국적법 연구의 핵심내용이다. 각국의 국적법은 출생을 근거로 국적을 취득하는 것을 기본원칙으로 하고 있다. 따라서 국적을 부여하는 조건에 있어서도 다음과 같은 두 가지 입법원칙을 견지하고 있다. 하나는 혈통주의(jus sanguinis) 즉, '속혈(屬血)'원칙이다. 이는 자녀가 출생했을 때, 부모의 혈통에 근거해 부모와 동일한 국적을 취득할 수 있도록 하는 원칙을 말한다. 다른 하나는 출생지주의(jus soli) 즉, '속지(屬地)'원칙이다. 이것은 자녀가 출생과 동시에 출생지 국적을 취득할 수 있는 것을 뜻한다. 물론, 국적법의 제정과 국적의 확정은 전적으로 국내문제에 속하는 것이다. 그렇지만 국가별로 국적법을 제정하는 원칙이 상이하기 때문에 국제법상으로 정의되는 이른바 '국적충돌' 특히, 이중국적 현상이 출현하게 된다. 최근 들어 화교화인의 국적에 대해서도 일정한 논의가 이루어지고 있기는 하지만, 관점이 지나치게 편향되어 있다는 게 단점으로 지적되고 있다.[1] 이 글에서는 화교화인 국적문제의 현실적 원인, 법리적 근거, 논의의 쟁점, 해결방안 등 크게 네 부분으로 나누어 나름의 견해를 밝히도록 하겠다.

---

1)　이와 관련한 학술논문은 그리 많은 편이 아니다. 楊玉斌, 「論國籍唯一原則」, 『河北法學』, 第5期, 1997 ; 盧以品, 「一人一籍原則的再論證」, 『湖北三峽學院學報』, 第22卷 增刊, 2000.8 참조.

1. 문제의 현실적 원인

1955년 〈중화인민공화국과 인도네시아공화국의 이중국적문제에 관한 조약〉이 체결되면서, 중국정부는 이중국적을 인정하지 않는 정책을 채택하게 되었다.[2] 이후, 중국정부는 이 정책에 근거해 네팔(1956년), 몽골(1957년), 말레이시아(1974년), 필리핀(1975년), 타이(1975년) 등 인접국과 이중국적문제를 해결했다. 이 정책은 1980년 〈중화인민공화국국적법〉에서 법률형식으로 공식 확정되었다.

최근 중국인의 해외이민이 급증하게 되면서 다중(이중 포함)국적이 다시금 문제가 되고 있다. 1999년 전국정치협상회의 제9기 제2차 회의에서, 정협(政協) 대표 천뚜어(陳鐸) 등 12명은 「중국 공민(公民)의 이중국적 소유를 인정하지 않는' 규정 철회 건의안」이란 제목의 제2172호 안건을 공동으로 제출했다. 건의안 내용의 대강은 이렇다.

> 중국공민의 이중국적을 허용하지 않는 중국정부의 정책은 그동안 국가 존엄, 외교사무, 교무(僑務), 국가안전 등의 차원에서 매우 중요한 역할을 해온 게 사실이다. 그러나 오늘날은 중국계 신이민의 수가 해마다 증가하고 있는 추세이다. 따라서 이들이 거주국에서 생존과 발전을 기하기 위해서는 "부득이 거주국의 신분 나아가 국적을" 취득하지 않을 수 없는 상황에 이르렀다. 결과적으로 이는 해외화인들이 이중적 신분을 갖게 되는 것을 의미한다. 이에 대해 "우리 영사관에서는 알고도 모르는 척 묵인하고 넘어

---

2) 이 문제에 관한 중국학자들의 대표적인 연구로는 다음과 같은 것이 있다. 周南京・梁英明,「略論中國血統主義的歷史作俑」,『華僑歷史』, 第4期, 1986 ; 蔡仁龍,「印度尼西亞華僑國籍問題的産生及其演變」, 福建省華僑歷史會 編,『華僑歷史論叢』, 第2輯, 1985 ; 吳前進,『國家關係中的華僑華人和華族』, 新華出版社, 2003, 126-154쪽 ; 劉華,『華僑國籍問題與中國國籍立法』, 廣東人民出版社, 2004, 160-92쪽 ; 程希,「從雙重國籍的放棄看中國僑務與外交的關係」,『東南亞研究』, 第3期, 2004.

가는 것이 그간의 통례였다." 이에 우리는 세계화인의 조국에 대한 적극적인 애국심과 보다 강고한 충성심을 고취하기 위해 다음과 같이 정중하게 건의하는 바이다. "중국공민의 이중국적을 인정하지 않는" 규정을 하루속히 철회함으로써, 국가와 정부가 해외에 있는 화인들의 믿음직한 후원자임을 진정으로 느낄 수 있도록 해야 할 것이다.

결국 이 제안은 국무원의 관련부서에서 공안부(公安部)로 이관되어 보다 합리적인 방안을 강구하도록 조치되었다. 그러나 1999년 6월 25일 공안부가 발표한 내용은 그 기대에 부응하지 못하는 것이었다. "〈국적법〉이 반포, 시행된 지 20년 가까이 되었다. 그동안 이중국적을 허용하지 않는 우리의 원칙은 국적충돌 문제를 처리함에 있어 매우 중요한 역할을 해왔다고 자부한다. 또한 이 원칙은 오늘날 우리의 국가정세와 국가근본이익에도 부합하는 것이었다. 이는 그동안의 구체적 실천에서 충분히 증명되었다고 생각한다." 이에 덧붙여 공안부의 설명은 이랬다. "중국정부는 친척방문, 사업, 관광 등 외적화인(外籍華人)의 실제적 수요를 충분히 고려해 그들의 출입국, 거주, 여행 등에 있어 각종 편의를 제공하고 있다."[3] 이때까지만 해도, 공안부는 이것이 얼마나 중대한 문제인지 그 사안의 심각성을 충분히 인식하지 못했던 것으로 보인다. 그래서 정식 의사일정에도 포함시키지 않았던 것이다. 그러나 화인의 이중국적 문제는 이후 국내외적으로 학계뿐만 아니라 사회 전반의 주요 관심사로 부상하기 시작했다.

---

3) 〈(政治法律270) 政協九屆二次會議提案第2172號〉〈中華人民共和國公安部公提字(1999)104號 : 對政協九屆二次會議第2172號提案的答復〉, 全國政協提案委員會, 『把握人民的意願』, 新世界出版社, 2003 발췌.

캐나다 중국상회(中國商會)와 『중화도보(中華導報)』는 2000년 5월과 6월 두 달에 걸쳐, "대륙이민자는 이중국적을 회복할 수 있을까?"에 대한 설문조사를 공동으로 진행한 바 있다. 그리고 그 결과는 같은 해 6월 9일자 『중화도보』에 발표되었다. 이번 조사는 102통의 팩시밀리를 통해 이루어졌는데, 결과는 100% 답변에 100% 찬성이었다. 구체적으로 보면, "매우 필요하다"는 답변은 20세에서 30세 미만의 연령층에서 12명(12%)이 나왔고, 30세에서 45세 미만의 연령층에서 60명(59%), 45세 이상에서는 30명(29%)이 나왔다.[4] 2002년 4월 19일, 캐나다 화인 인터넷 사이트 『성망(星網)』(www.newstarweekly.com 현재는 http://newstarnet.com으로 바뀌었음.—옮긴이)에서는 『성성생활보(星星生活報)』에 「조국의 품에 안기기를 갈망한다」란 제목의 글 한 편을 게재함으로써, 이중국적에 대한 화인들의 입장을 대변하기도 했다. 『성망』은 2003년 6월에는 중국학자 차오스웬(曹思源)의 글을 싣기도 했다. 내용인즉슨 이렇다.

　　국적은 공민권의 전제이자 공민이 누려야 할 가장 중요한 권리이다. 어느 한 개인이 외국국적을 취득하는 것은 결코 범죄가 아니다. 조국의 국적을 계속해서 유지할 것이냐의 문제는 전적으로 개인의 자주적인 선택에 달려있는 것이다. 그리고 그는 그것을 결정할 수 있는 충분한 자격을 갖추고 있다. 그런데 중국국적법에 따르면, 이 경우에 즉시 중국국적을 상실하게 되어 있다. 이는 사실상 중국국적을 강제로 박탈하는 것이나 진배없는데, 중국의 해외동포들에게 있어서는 이보다 더한 형벌은 없을 것이다. 이러한 처벌은 근거도 없고 이득도 없다. 중국정부가 항시 강조하는 것은 "살릴 수 있는 모든 긍정적이고 적극적인 요소는 최대한 살리자."이다. 그렇다면, 이

─────────────

4) 「加拿大中國商會關於恢復雙重國籍的討論綜述」의 부록, 『加拿大-中國商會網站』(Canada-China Business Association), 2000.5 참조. 중국국내와 홍콩의 일부 언론매체에서는, 이번 설문조사를 2003년 10월에 진행한 조사와 혼동해 보도한 경우도 있었다. 「華人渴望中國承認雙重國籍」, 『鏡報月刊』, 2004.11 참조.

중국적의 허용만큼 해외동포의 긍정적 요소들을 가장 광범위하고 가장 충분하게 살릴 수 있는 방안은 없을 것이다.[5]

　　2003년 7월, 캐나다 화인 루빙슝(陸炳雄)은 『명보(明報)』에 화인의 국적 문제를 논한 글을 게재한 적이 있는데, 여기에서 그는 이중국적에 대한 허용을 강력하게 호소하고 있다. 또한 같은 해 10월에는 캐나다 보통화 화인연합회(普通話華人聯合會)와 화인 인터넷포탈 토론토서비스(多倫多信息港)가 이중국적에 관한 인터넷 여론조사를 공동으로 진행한 바가 있다. 16일 간 진행된 이번 조사에는 총 1,888명의 화교화인이 참여했다. 그런데 조사대상자의 92.6%는 중국이민자가 이중국적을 허용하는 국가의 국적을 취득한 경우에는 중국국적을 유지할 수 있어야 한다고 답했다. 다시 말해, 중국정부가 이중국적을 허용해야 한다는 말이다.[6] 이번 조사결과는 캐나다의 중국이민자들이 중국국적 유지에 얼마나 관심을 기울이고 있으며 또 얼마나 기대하고 있는지를 잘 보여준다. 그해 10월부터 11월 사이에 중국국무원 교무판공실(僑務辦公室, 僑辦) 주임 천위지에(陳玉杰) 여사가 캐나다를 방문했다. 당시 토론토 각계 화인 지도자(僑領)들이 모두 모인 좌담회에서, 자오하이타오(矯海濤), 웬즈치앙(袁志强), 루빙슝 등 캐나다의 이름 있는 화인 인사들은 그녀에게 캐나다 화인의 이러한 뜻을 전달했다. 천위지에는 이 자리에서 캐나다보통화화인연합회의 이중국적에 관한 여론조사에 대해 보고를 받고 이에 대해 깊은 관심을

동남아화교화인과 트랜스내셔널리즘

---

5) 차오스웬(曹思源)의 관점에 대해서는, 石具, 「承認雙重國籍, 容納海外華僑」, 辣椒城(www.chilicity.com), 2004.3.12 참조.

6) 그런데 여기서 주의해야 할 대목은, 해외화교화인들이 중국정부에 무차별적으로 이중국적 허용을 요구하는 것이 아니라는 점이다. 만일 그렇게 생각한다면 이는 일종의 곡해이다. 그들은 다만, 이중국적을 허용하는 국가의 국적을 취득하는 경우에만 이중국적을 허용해야 한다는 것이다.

표명했다. 또한 그녀는 좌담회 말미의 마무리 발언에서, 상당시간을 할애해 이중국적문제를 중점적으로 거론했다. 그녀의 발언내용은 대강 이런 것이었다. 이중국적 허용은 매우 중요하면서도 민감한 문제이다. 그럼에도 불구하고 국무원 교무판공실 입장에서는 중국교민의 뜻과 염원을 충분히 이해했으니 앞으로 이에 대해 진지한 논의를 거쳐 적극적으로 대처하겠다는 것이었다. 실제로 그녀는 전국인민대표대회와 전국정치협상회의에 올린 조사보고서에서, 이중국적 허용은 조국의 국가이익뿐만 아니라 해외화인들의 이익에도 부합하는 것이라는 점을 강조했다. 대부분의 중국이민자나 유학생들은 캐나다 국적을 취득할 때, 중국국적을 포기하기를 원치 않는다. 따라서 그들은 중국정부가 이중국적을 허용해주기를 원하고 있다. 이는 민족적 감정의 차원에서 그렇기도 하지만 보다 중요한 것은 현실적 필요성 때문이다.

결론적으로 말해, 이중국적의 허용은 다음과 같은 장점이 있다. 첫째, 해외화인사회의 인재, 기술, 자금, 경영노하우를 대량으로 유치, 도입할 수 있다. 둘째, 중화민족의 응집력을 제고할 수 있다. 셋째, 중국정부가 국내법에 의거해 귀국화인을 관리할 수 있다. 마지막으로 국제경쟁에서 중국과 화인 모두 윈-윈 할 수 있는 환경을 조성할 수 있다.[7]

이후에도 해외화인들은 다양한 방식으로 동일한 요구를 전했다. 가령, 2004년 6월 "21세기 중국, 유학생과 중외교류"란 주제로 프랑스 파리에서 열린 심포지엄에서, 회의에 참석한 유럽의 유학생 대표들은 심포지엄에 참석한 전인대상무위원회(全人大常務委員會) 부위원장 한치더(韓啓

---

7) 矯海濤, 「海外華人是民族復興的偉大力量 : 紀念祖國國慶55周年兼談承認雙重國籍國策」, BeiFang. ca(North Chinese Community) ; 矯海濤, 「談雙重國籍─寫在國慶55周年之際」, http://creaders.net, 萬維讀者網, 2004.9.29.

德), 중화해외연의회(中華海外聯誼會) 부회장 천시칭(陳喜慶) 앞에서, 이중국적 문제를 제기하며 중국정부가 해외에서 공부하는 사람들의 중국국적을 인정해줄 것을 요청했다.[8] 전국정치협상회의 부주석이자 중국 치공당(致公黨) 중앙주석인 뤄하오차이(羅豪才)는 2004년 11월 상순에 뉴질랜드를 방문한 바 있다. 방문기간 중에 현지 교포들이 마련한 좌담회 석상에서, 그는 웰링턴, 와이카토, 사우스 아일랜드 세 지역의 중국평화통일촉진회(中國和平統一促進會)가 공동 서명한 「우리는 조국이 하루속히 〈국적법〉을 개정해 이중국적을 허용하기를 간절히 염원한다.」라는 건의서를 받았다. 웰링턴의 신화인연의회(新華人聯誼會)에서도, 뉴질랜드 대부분의 교포들은 중국정부가 이중국적을 허용해 줄 것을 강력히 희망한다는 내용의 '호소문'을 그에게 전달했다.[9] 베네수엘라 등의 화인들도 이와 유사한 바람을 피력한 적이 있다.[10] 전국정치협상회의 제10기 제2차 회의에서, 황인훼이(黃因慧)는 「〈중화인민공화국국적법〉 관련 조항을 개정해 이중국적을 선택적으로 허용할 수 있도록 하는 것에 관한 건의」(제안 제0222호)를 제출하기도 했다. 이 건의서의 구체적인 내용은, 〈국적법〉 제3조, 제5조, 제9조를 개정해 외국국적을 취득한 중국공민이 본인 의사에 따라 중국국적을 유지하거나 포기할 수 있도록 하자는 것이었다. 이에 대해 공안부는 다음과 같은 답변을 내놓았다. "〈국적법〉을 완비하고 수정하는 일은 이미 공안부의 '15' 입법계획 안에 편성되어 있고, 현재는 이와 관련되어 구체적으로 업무를 진행하고 있는 중이다."[11]

---

8) 王輝耀, 『海歸時代』, 中央編譯出版社, 2004.
9) 「新西蘭僑胞陳書呼求雙重國籍」, 『國際先驅導報』, 2004.12.2.
10) 「委內瑞拉總統頒布大赦, 六萬中國人受益」, http://www.sina.com.cn, 浙江在線, 2004.12.24.
11) 「全國政協十屆二次會議提案第0222號」, 「中華人民共和國公安部2004年5月10日公提字200468號函復」, 全國政協提案委員會, 『把握人民的意願』, 新世界出版社,

이상의 요구에 대해, 중국정부도 그에 상응하는 조치를 취했다. 영주권제도가 바로 그 대책 중의 하나이다. 2004년 8월 15일 공안부와 외교부는 공동으로 〈외국인의 중국 영구거류 심사비준 관리방법(外國人在中國永久居留審批管理辦法)〉을 공포했다. 이에 따라 조건에 부합되기만 하면 외적화인을 포함한 모든 외국인은 중국의 '그린카드' 즉, 영구거류자격을 취득할 수 있게 되었다. 새로 반포한 이 〈심사비준 관리방법〉에 따르면, 신청인은 중국에서 일을 하고 있거나 중국이 주요 거주지여야만 했다. 또 직접투자를 기준으로 하면, 다음 조건 중의 하나를 만족시켜야 했다. ① 국가가 반포한 〈외국인투자 산업 지도목록(外商投資産業指導目錄)〉에서 지정한 국가 권장산업(鼓勵類産業)에 대한 투자총액이 50만 달러 이상이어야 한다. ② 중국 서부지역과 국가빈곤퇴치사업(國家扶貧開發工作) 중점 현(縣)에 대한 투자총액이 50만 달러 이상이어야 한다. ③ 중국 중부지역 투자총액이 100만 달러 이상이어야 한다. ④ 중국 투자총액이 200만 달러 이상이어야 한다. 이상의 조건에 대한 국내외여론의 일반적인 평가는 "문턱이 너무 높다."라는 것이었다. 그러나 그나마 이 정도 수준의 조치라도 마련될 수 있었다는 것은 국적관리제도가 과거보다는 한결 느슨해지고 완화되었음을 보여주는 것이라 할 수 있다.

　　이중국적 허용에 대한 호소에 중국정부 관련부서의 반응은 매우 신중했다. 2004년 12월 23일자 보도에 따르면, 국무원 교무판공실 정책연구사(政策研究司) 관리는 다음과 같이 말하고 있다. "중국은 현재 이중국적을 실시하기에는 아직 조건이 성숙되지 못했다. 그러나 이중국적이 허용되지 않는 상황 하에서, 우리는 다른 방법으로 해결할 수 있다고 생각한다. 가령, 최근에 공안부와 외교부가 공포한 '그린카드'제도가 그

것이다. 이로 말미암아 화인들도 중국영주권을 취득할 수 있도록 허용되었다."[12) 국가 과학기술부 부부장 류옌화(劉燕華)는 12월 29일 유학생 대표자 좌담회에서 다음과 같은 내용의 발언을 한 적이 있다. "해외의 보다 많은 우수한 인재를 영입하기 위해, 중국도 인도처럼 해외 전문 인력에 대한 각종 우대정책을 실시할 것을 적극 고려하고 있다. 또한 국가과학기술의 중장기발전계획에 입각해 해외의 우수한 인재에 대해 정책적으로 보다 많은 특혜를 제공하려 하고 있다. 이에 대해서는 이미 정책적 규정이 마련되어 있는 상태이다. 더불어 앞으로는 '863', '973'과 같은 국가차원의 과학기술 중점프로젝트에 유학생들도 참여할 수 있는 길을 모색하고 이를 위해 구체적인 방안을 마련 중에 있다. 뿐만 아니라, 국내에서는 아직 인식이 부족해 생소한 분야로 남아 있는 일부 '미개척 프로젝트'에 대해서도 특별지원을 할 생각이다."[13)

---

12) 「國務院僑辦 : 實施雙重國籍條件還不成熟」, http://www.sina.com.cn, 新華網, 2004.12.23.

13) 「中國官員 : 中國擬實行'雙重國籍'吸引海外優才」, http://www.sina.com.cn, 華夏經緯網, 2004.12.29. 그런데 상당수의 언론매체들이 이 소식을 전하면서, '이중국적 허용'이란 논조로 보도하게 되자, 중국과학기술부는 서둘러 해명에 나서지 않을 수 없었다. "류(劉) 부부장의 발언 취지는 다음과 같다. 현재 국제적으로 많은 국가들이 해외유학생 영입을 매우 중시하고 있다. 가령, 인도는 '이중국적'의 방식을 채용하고 있지만, 우리나라는 '영주권' 방식을 채택하고 있다. 이른바 '그린카드'제도이다. 류 부부장은 당시 좌담회에서 중국이 '이중국적' 문제를 고려하고 있다는 언급을 결코 한 바가 없다.", 『竟報』, 2004.12.30.

2. 문제의 법리적 근거

국적은 개인은 물론 국가에게도 매우 중요하다. 국적이란 국가가 개인을 국민으로 확정하는 근거이자, 개인의 법률적 지위를 규정하는 핵심 기준이다. 이처럼 국적은 개인과 국가의 법률적 관계를 구체화하며 나아가 국제법적으로도 개인을 규정짓는 핵심 고리이다. 이외에도 국적은 국가의 관할권 행사에 있어서도 매우 중요한 의미를 띠고 있다.[14] 국적법이 근거로 하는 원칙은 국가별로 차이가 있다. 국적충돌 현상이 나타나는 것도 바로 이 때문이다. 1970년대 말, 중국의 저명한 국제법학자 리하오페이(李浩培)는 99개국 국적법에 대해 분류를 진행한 바 있다. 그에 따르면, 100% 혈통주의를 채택하고 있는 국가는 오스트리아, 에티오피아, 리히텐슈타인, 수단, 스리랑카 등 5개국이다. 혈통주의를 중심으로 하되, 출생지주의를 일부 보완책으로 채택하고 있는 국가는 45개국이고 반대로, 출생지주의를 중심으로 하고 혈통주의를 그 보완책으로 채택하고 있는 국가는 28개국이다. 그리고 혈통주의와 출생지주의를 동일하게 적용하는 국가는 21개국이다. 100% 출생지주의만 적용하는 국가는 세상 어디에 없다.[15]

국적법의 제정과 국적의 확정은 전적으로 국내문제에 속하는 것이다. 그러나 이처럼 국적법이 근거하는 원칙이 국가별로 차이가 있기 때

---

14) 李雙元·蔣新苗 主編, 『現代國籍法』, 湖南人民出版社, 1999, 5-7쪽 ; 金生·柴發邦, 『中華人民共和國國籍法講話』, 群衆出版社, 1981, 1-4쪽.

15) 李浩培, 『國籍問題的比較研究』, 商務印書館, 1979, 49-50쪽 참조. 개별국가의 국적법 원칙에 대해 학자마다 견해를 달리하는 경우도 있다. 리하오페이는 이 책에서, 아르헨티나를 출생지주의가 중심이고 혈통주의가 보완책인 국가로 분류했지만, 아르헨티나가 채택한 것은 출생지주의 원칙이라고 주장하는 학자도 있다. 이에 대해서는, 金生·柴發邦, 위의 책(1981), 6쪽 참조.

문에 국적충돌은 불가피한 현상이 되고 말았다. 국적충돌의 유형은 크게 두 가지로 나눌 수 있다. 하나는 한 사람이 동시에 둘 이상의 국적을 소지하는 것이다. 이를 '적극적 충돌'이라 한다. 다른 하나는 어떠한 국적도 소지하지 않는 것이다. 이를 '소극적 충돌'이라 한다. 이 글에서 필자가 주로 논의하고자 하는 것은 전자 즉, 이중국적의 문제이다. 국적충돌이 이중국적의 형식으로 나타나는 것은 적어도 다음의 몇 가지 정황에서 비롯된다. 이러한 정황은 화교화인에게도 분명히 존재한다.

첫째, 국적국가의 법률은 혈통주의 원칙을 채택하고 있는데 반해, 거주국의 법률은 출생지주의 원칙을 채택하고 있는 경우이다. 이 경우에는 거주국에서 출생한 자녀는 출생과 동시에 이중국적을 갖게 된다.(물론, 출생지 국가가 이를 승인한다 해도 중국은 인정하지 않는다.) 북아메리카나 유럽의 일부 국가에서 유학을 하고 있는 상당수 중국유학생의 자녀들이 이에 속한다. 이들 유학생들은 일단 학업을 마치면 대개 본국으로 돌아오기 마련인데 이럴 경우, 그들(특히, 그 자녀들)은 곧바로 국적문제 때문에 매우 난감한 상황에 처하게 된다.

둘째, 국적국가와 거주국 공히 혈통주의 원칙을 채택하고 있다 하더라도 이중국적 문제는 발생할 수 있다. 가령, 국적이 서로 다른 갑과 을이 결혼해 자녀를 출생하게 되면, 그 자녀는 태어나자마자 갑, 을 양국의 국적을 동시에 취득하게 된다. 만일, 부모가 속한 국가가 각기 다른 원칙에 의거해 국적정책을 시행하고 있다면, 문제는 더욱 복잡해진다.

셋째, 역시 국제결혼을 했을 때 나타나는 현상이다. 남성이 속한 국가의 국적법에는 결혼으로 인해 외국여성에게 그 나라의 국적을 부여한다고 규정되어 있는데, 그 여성이 속한 국가의 법률에는 결혼한다고 해서 원래의 국적을 상실하지 않는다고 규정되어 있는 경우이다. 이럴 경우, 그 여성은 본래의 국적뿐만 아니라 남편의 국적까지 취득하게 된다.

넷째, 국제입양으로 인해 이중국적의 문제가 발생할 수 있다.

다섯째, 외국국적을 취득하고자 하나 동시에 원래 국적도 잃고 싶지 않은 자가 있을 수 있다.

〈중화인민공화국국적법〉(1980년)에는 다음과 같이 규정되어 있다. "중화인민공화국은 중국공민이 이중국적을 소유하는 것을 인정하지 않는다."(제3조) 또 현재의 국적법에는 다음과 같은 조항도 있다. "부모의 쌍방 혹은 일방이 중국공민이면서 외국에 거주하는 경우, 본인이 출생과 동시에 외국국적을 갖게 되면 중국국적은 갖지 못한다."(제5조) 이 조항에 근거하면, 앞서 언급한 첫 번째 정황 하에서 출생한 자녀는 자연적으로 출생지 국가의 공민이 된다. 설사 그 부모가 곧바로 학업을 마치고 귀국을 한다 해도 상황은 마찬가지이다. 한마디로, 한 가정에 각기 다른 국적을 지닌 가족이 있게 되는 셈이다. 이는 비록 법률에 합치될지는 모르나 매우 불합리한 경우라 할 수 있다. 마찬가지로 이 경우라면, 두 번째 정황도 제대로 처리할 방법이 없게 된다. 왜냐하면, 자녀가 한 나라의 공민이 되는 것은 일반적으로 그가 성년이 된 연후에 비로소 확정될 수 있는 것이기 때문이다.

세 번째 정황 즉, 외국에 거주하는 중국인이 외국인 배우자와 결혼을 했는데, "중국국적 포기허가 신청"(제10조)을 원하지 않는다면, 그 혹은 그녀는 여전히 중국국적을 보유하게 된다. 그런데 외국인 배우자가 속한 국가의 국적법에 결혼을 할 경우 외국인 배우자에게도 그 나라 국적을 부여한다고 규정되어 있다면, 그 중국인은 동시에 이중국적을 소유하게 되는 것이다. 실례로, 일부 유명한 중국여성들 중에 외국남성과 결혼한 후에도 중국국적 포기를 신청하지 않은 이들이 있었다. 이럴 경우, 이러한 현상이 나타난다.

네 번째 정황 즉, 중국에서 출생한 아동이 국외에서 거주하는 동안 그 나라 공민에 의해 입양이 될 경우, 그(그녀)는 자기도 모르는 사이에 이중국적을 보유하게 될 수 있다. 물론 자기 의지와는 상관없이 입양부모가 중국에서 중국국적상실을 신청할 수도 있다.(제14조) 어느 학자가 말한 것처럼, 이러한 이중국적의 정황은 "완전히 본인의 의지와는 무관하게 단순히 법률규정에 근거해 발생한 것이다."[16]

다섯 번째 정황은 비교적 보편적이다. 〈중국국적법〉 제9조에는 "외국에 거주하는 중국공민이 자발적으로 외국국적을 취득할 경우에는 자동적으로 중국국적은 상실하게 된다."고 규정되어 있다. 최근 들어, 상당수의 중국 신이민이 각종 다양한 방식을 통해 국내와 국외에서 외국국적을 취득하고 있다. 이들 나라들은 그가 국적을 취득할 때 별도로 원래의 국적을 포기하도록 요구하지 않는다. 따라서 이들은 자연이 이중국적을 보유하게 되는 것이다. 그러나 이러한 이중국적자들은 자기 정체성 면에서 다음과 같은 두 가지 난관에 봉착해 있다.

첫째, 공안부는 그들이 취득한 또 다른 국적에 대해 인정하지 않겠다는 방침을 공개적으로 천명하기는 했으나 한편으로는 이러한 현상을 마땅히 제지할 수 있는 효과적인 방법을 가지고 있지 못하다는 사실이다. 최근 중국에서는 단순히 편의를 위해 각종 방법으로 다른 나라의 여권을 소지하는 사람들이 늘고 있다. 이러한 외국여권 소지 현상을 근절하기 위해, 공안부 출입경관리국(出入境管理局)에서는 1990년 2월 『인민일보(해외판)』 등에 다음과 같은 성명을 발표했다. "중국공민이 단기간

---

16) 金生・柴發邦, 위의 책(1981), 33쪽. 입양으로 인해 발생한 이중국적문제에 대해서는, 李雙元・蔣新苗 主編, 위의 책(1999), 108-109쪽 참조. 현재 중국에서 반포된 입양 관련 법률규정에는, 〈收養法〉(1991년), 〈關於外國人在中華人民共和國辦理收養登記若干問題的通知〉(1992년), 〈外國人在中華人民共和國收養子女實施辦法〉(1993) 등이 있다. 외국인의 중국인 자녀입양에 관한 법률적 문제는 梁淑英 主編, 『外國人在華待遇』, 中國政法大學出版社, 1997, 409-413쪽 참조.

출국해 외국여권을 매입하거나 국내에서 외국여권을 매입할 경우, 중국정부는 그들이 외국국적을 보유한 것으로도 인정하지 않을 것이며, 이중국적을 보유하지 않은 것으로도 인정하지 않을 것이다." 그러나 이렇듯 돈을 주고 여권을 매입하는 현상은 공안부의 성명이 있었음에도 불구하고 여전히 계속되고 있다. 오히려 국제교류가 빈번해지면서 끊임없이 늘고 있는 추세이다. 1993년 1월 18일, 공안부는 재차 성명을 발표해, 이러한 입장과 정책을 재천명했다. 그러나 이러한 방법으로는 사실상 실효를 거두지 못하고 있는 게 현실이다.

둘째, 이러한 사람들은 중국국적 상실을 원치도 않으며, 새로 국적을 신청한 나라들도 그들에게 본래의 국적을 포기하도록 요구하지도 않는다는 것이다. 이들에게 여권을 발급해주는 나라들은 대부분 경제적으로 약소국들이다. 따라서 이들이 여권을 발급해주는 것은 주로 경제적 이유 때문이라고 할 수 있다. 가령, 벨리즈, 레소토, 모리셔스, 시에라리온, 통가 등 일부국가에서는 외화를 벌어들일 목적으로, 일정액의 외화를 납부 혹은 입금하기만 하면, '투자여권'이나 '국민여권' 혹은 '보호자여권'을 취득할 수 있다고 명문화하고 있다. 이러한 여권 중에는 일반여권과 동일한 효력을 갖는 것도 있지만, 개중에는 기본적으로 여권으로서의 법률적 효력을 전혀 구비하지 못한 것도 있다.[17] 중국공민

---

17) 통가 정부에서는 특별히 '보호자여권'이라는 규정을 마련해두고 있다. 그러나 이 규정에서는 보호자여권은 "단지 여행증명서일 뿐, 국민여권은 아니다."라고 명확하게 밝히고 있다. 이 여권의 구입비용은 10,000달러에서 20,000달러 사이이다. 통가 정부는 이러한 규정을 통해 1억 달러를 벌어들일 수 있을 것으로 기대하고 있다. 서사모아의 언론에서는 1996년부터 1997년에 걸쳐 통가에서 발생한 여권 불법매매에 대해 폭로한 적이 있다. 이에 대해서는, Graham Hassall, "Citizenship in the Asia-Pacific : a Survey of Contemporary Issues", Alastair Davidson and Kathleen Weekley, eds, *Globalization and Citizenship in the Asia-Pacific*, Macmillan Press, 1999, p.61 참조.

중에는 불법적인 경로(증명서류 위조나 영사관원 매수 등)를 통해, 해당국가(베네수엘라, 파나마, 볼리비아 등)의 여권을 취득하는 경우도 있다.[18] 물론 이들은 중국국적법에 따라 이미 중국국적을 상실했지만, 그들의 이중국적 신분은 공개되지 않았다. 이 때문에 제2172호 제안에서 말한 "우리 영사관에서는 이들에 대해 알고도 모르는 척 묵인하고 넘어가는 것이 그간의 통례였다."와 같은 상황이 연출되기에 이른 것이다. 한마디로, 국가법률의 권위가 땅에 떨어진 격이라 할 수 있다.

국제사회는 이미 오래전부터 국적충돌의 문제에 주목해왔다. 그러나 정식으로 국제입법화된 것은 1930년 헤이그에서 개최된 국제연맹 국제법전국제회의에서 통과된 〈국적법 충돌의 몇 가지 문제에 관한 공약〉(1930년 4월 12일)이 시초였다.[19] 이 공약에는 국적충돌을 방지하고 해소하는 조항이 포함되어 있다. 중국정부는 지금까지 이 공약에 동의하지 않고 있다. 1948년의 〈세계인권선언〉 제15조 제2항에는 다음과 같이 규정되어 있다. "모든 개인의 국적은 정당한 사유 없이 박탈될 수 없으며, 개인의 국적변경권리도 부인될 수 없다." 중국은 일찍이 유엔 〈세계인권선언〉에서 인정한 인권준칙을 존중하고 받아들인다고 밝힌 바 있다. 그렇다면, 이 세계인권선언에서 인정한 개인의 공민으로서의

---

18) 베네수엘라 홍콩 주재 총영사가 여권을 불법적으로 판매한 혐의로 구속된 적이 있다. 高琳, 「論中國國籍的自動喪失」, 『公安大學學報』, 第6期, 1996, 28쪽 참조.
19) 이 공약과 두 개의 의정서(〈무국적상황에 관한 의정서〉와 〈이중국적 상황에서의 병역의무에 관한 의정서〉)가 발효된 것은 1937년 7월 1일이었다. 중화민국정부는 1934년 12월 18일, 이 공약을 비준하고(단, "국가는 다른 나라의 국적을 동시에 보유하고 있는 본국 국민에 대해 그 나라의 의사에 반해 외교적 보호를 실시할 수 없다."라고 규정한 제4조에 대해서는 그 시행을 유보하겠다고 밝혔다.), 1935년 2월 14일 비준서를 기탁했다. 중화인민공화국정부는 지금까지 이 공약을 승인하지 않고 있다. 이 공약과 두 개의 의정서에 대해서는, 『國際條約集(1924~1933)』, 世界知識出版社, 1961, 454-465쪽 참조.

법률적 권리에 대해서도 명확히 인정해야 하는 것이 아닐까?

이상에서 볼 때, 이중국적의 문제는 결코 공민 개인에 의해 일방적으로 발생하는 것은 아니다. 그것은 시대를 따라가지 못하는 기존 법률과도 관계가 있다. 가령, 어느 중국공민이 자신은 결코 중국국적 포기를 원하지 않음에도 불구하고 외국국적을 취득했다는 이유로 '자동적으로' 중국국적을 상실하게 되었다면, 그는 이렇게 문제제기를 할 수 있다. "내가 도대체 무슨 죄를 저질렀기에 중국국적을 박탈한다는 말인가?" 실제로 화교화인의 국적문제는 법률의 제정 및 개정과 관련되어 있다.

우선, 우리는 법률의 안정성과 시의성의 통일에 주목할 필요가 있다. 법률은 상당히 오랜 기간 동안 불변성을 유지함으로써 안정성을 확보하고자 하는 것이 일반적인 통례이다. 그렇지만 법률이란 궁극적으로 현실에 복무하는 것이다. 현실은 끊임없이 변화하고 있는데, 법률정책이라고 해서 고정불변할 수만은 없다. 법률 역시 시대의 변화에 적응해야 하는 것이다. 그렇지 않으면, 법률은 시대정신을 구현하기 어렵고, 법률 본연의 기능을 체현하기도 어렵게 된다. 외국에서는 일종의 수정안 형식으로 법률을 개정하는 경우가 종종 있다. 이 역시 방법 중의 하나일 것이다. 오늘날 자본, 기술, 노동력의 월경(越境) 현상은 이미 세계적 대세로 자리 잡았다. 각국 정부는 구법(舊法)을 개정하거나 새로운 정책법률(이민법, 투자법, 국적법 등)을 제정함으로써 이러한 변화에 대처하고 있다.

둘째로, 우리는 법률의 권위성과 신축성의 통일에 주목해야 한다. 법은 반드시 지켜져야 한다. 이것이야말로 법률의 권위성을 체현하는 길이다. 그러나 한편으로 몇몇 특수한 상황에서는 어느 정도 융통성을 발휘해야 할 필요가 있다. 만일 법이 있는데도 습관적으로 지켜지지 않는다면, 그건 법률 자체에 문제가 있는 것이 아니라 법률을 집행하는 사람에게 문제가 있는 것이다. 중국의 영사관원들은 중국의 국적법에 대해 특별한 관심을 기울이지 않는다. 이중국적을 보유한 화인에 대해 알고도 모르는 척 묵인하고 넘어가는 것도 그 때문이다. 도대체 무엇이 문제일까? 물론 융통성이란 차원에서 이 비정상적인 상황을 해석할 수는 있다. 그러나 이러한 융통성이 일종의 관행처럼 보편화된다면, 그때는 법률 자체의 타당성 여부에 대해 고민해봐야 할 것이다.

셋째로, 우리는 법률이 사람을 위해 존재한다(국내법은 공민을 위해 존재한다.)는 이 기본원칙을 재확인할 필요가 있다. 법률의 제정은 통치의 편의성과도 관련되어 있지만 동시에 공민의 권익과도 관계가 있다. 그리고 이 양자 간에 충돌이 발생할 경우에는 무엇보다 공민의 권익을 우선시해야 한다. "쓸데없이 일을 벌이는 것보다는 되도록 일을 만들지 않는 편이 낫다."와 같은 태도로는 인간을 근본으로 하는 '이인위본(以人爲本)'의 통치이념을 강조하고 있는 오늘날의 중국에 제대로 적용할 수 없다. 공민에게 안정적인 질서를 제공하고 확고한 권익을 보장할 수 있을 때, 비로소 법률은 법률로써의 가치를 제대로 구현할 수 있게 되는 것이다. 국가가 법률정책을 제정할 때, 국가 전체의 이익을 고려해야 함은 두말할 나위가 없다. 물론, 국가 전체 이익을 위해 부득이 일부 개인이나 사회집단의 이익을 희생하지 않을 수 없는 경우도 있다. 그러나 그럼에도 불구하고 분명한 사실은, 공민 개인의 이익이 국가 전체 이익의 기반이 된다는 점이다.

그렇다면, 중국국적법에서 이중국적을 허용하지 않는 것을 두고, 학자들 간에 찬반이 갈리는 것은 무엇 때문인가? 그 차이는 무엇이고, 각각의 논거는 과연 무엇인가?

3. 문제의 쟁점

이중국적을 반대하는 사람들은, 국적유일원칙(國籍唯一原則, 1인 1국적의 원칙)은 역사적 추세이고 중국도 이러한 역사발전을 거스를 수 없기 때문에 "이중국적을 방지하고 해소하는데 진력해야 한다."고 주장한다. 즉, "1인 1국적의 원칙은 이미 국제적인 국적제도가 지향하는 원칙이자 목표가 되고 있기 때문에 이러한 상황 하에서, 중국국적법이 이중국적 허용으로 개정된다면 이야말로 시대를 역행하는 짓"[20]이라는 것이다. 반면, 이중국적을 찬성하는 사람들은 이렇게 생각한다. "이중 혹은 그 이상의 국적을 허용하는 것은 세계적 조류이다. 대외개방을 실시하고 있는 중국으로서는 〈국적법〉도 이러한 현실적 흐름에 맞게 개정함으로써 세계와 어깨를 나란히 해야 한다. 이는 중국의 국가이익에도 해가 되지 않으며 오히려 상호 윈-윈 할 수 있는 방책이라 할 수 있다." 사실, 세계적으로 이중국적을 실시하는 국가는 매우 많다. "중국의 현행 국적법은, 본국 공민의 권익은 축소하고 전적으로 외국인에게만 이익을 몰아주는 이른바 '위연구어(爲淵驅魚)'나 다름이 없는 것 같다. 참으로 아이러니한 일이 아닐 수 없다."[21]

이상 두 가지 상반된 입장은 결국 하나의 쟁점에서 부딪히고 있다. 즉, 이중국적이 국가와 국민에게 해가 되는지 아니면 득이 되는지 하는

---

20) 楊玉斌, 위의 논문(1997), 23쪽 ; 盧以品, 위의 논문(2000), 139쪽.

21) 「中國反思'單一國籍'應否改行'雙重國籍'制」, 『國際先驅導報』, 2004.12.2 ; 「中國雙重國籍問題探索」, http://www.51ielts.com, 無憂雅思網, 2002.7.18. 전통적인 편견과 선입견 때문인지 이중국적을 허용하지 않는 중국정부의 정책에 대한 반대의견은 아직 중국국내의 학술간행물에서는 볼 수 없었다. 대신에 이러한 관점은 대개 홍콩의 간행물과 인터넷상에서 보인다. 최근에는 2004년 12월 2일자 『國際先驅導報』에, 이중국적에 찬성하는 입장이 보도형식으로 등장한 바 있다.

것이다.

　이중국적 허용을 반대하는 사람들은 이중국적이 개인이나 국가는 물론 국제관계에 있어서도 해가 된다고 주장한다. 그들이 내세우는 해악은 다음의 몇 가지로 정리해 볼 수 있다. 첫째, 중국과 우호국 간의 관계에 이롭지 못하다. 둘째, 해외화인의 거주국에서의 생존에 불리하다. 특히, 이것은 주로 권리 및 의무와 관련되어 있는 문제라고 볼 수 있다. 가령, 그들은 어느 일국의 차별을 받더라도 또 다른 일국에 외교상의 보호를 요청할 권리가 없게 된다. 반면에 그들은 양국 모두에 충성을 다할 의무를 지게 된다. 그런데 만일 이 양국 간에 충돌이 발생한다면, 양국 모두에 충성의 의무를 이행해야 하는 그들로서는 매우 난감한 입장에 처하지 않을 수 없게 되는 것이다. 또한 이러한 이중국적의 문제는 외교적 분쟁을 촉발할 우려가 있다. 만일 이중국적을 소유한 사람이 어느 일국에서 죄를 짓고 이에 대한 법적 제재를 피하기 위해 다른 일국으로 피신하는 경우가 발생할 수 있다. 더군다나 해외화인들은 그 수가 워낙 많기 때문에, 이중국적 신분으로 인해 외교문제를 초래할 가능성이 훨씬 많다고 볼 수 있다. 또 만일 여기에 제3국이 개입되기라도 한다면, 문제는 더욱 더 복잡한 형국으로 빠져들게 된다. 결국 이들의 주장을 정리해보면, 이중국적은 의무와 권한의 충돌, 관할 주체의 불분명뿐만 아니라 외교문제까지 초래할 수 있다는 것이다. 그런데 사실 이러한 주장은 그다지 설득력이 없어 보인다. 가령, 중국이 이중국적을 허용하지 않는 정책을 견지하고 있음에도 불구하고, 일부 국가에서는 여러 차례 배화사건(排華事件)이 발생했다. 결론적으로 말해, 한 국가의 법률과 이민정책의 근본은 국가이익(후자는 주로 인력자원의 쟁탈에 그 목적이 있다.)에 있기 때문에, 어느 한 국가가 이중국적을 실시한다고 해서 변화될 수 있는 것이 결코 아니다.[22]

한편, 이중국적 허용을 찬성하는 쪽에서는 이중국적정책이 여러 가지 장점을 가지고 있다고 주장한다. 그들의 주장을 개괄하면 아래와 같다. 우선, 해외인재의 영입과 자본의 유치, 그리고 기술 및 경영노하우의 도입에 도움이 된다. 이중국적을 가지고 있는 화인은 공민 신분으로 자유롭게 왕래할 수 있기 때문에 외화나 세금뿐만 아니라 보다 많은 사업아이템을 중국에 제공할 수 있다. 둘째, 민족적 응집력을 강화할 수 있다. 이중국적을 허용하게 되면, 해외에 거주하면서도 언제나 조국을 가슴에 품고 있는 화인들은 스스로 주체가 되어 조국의 이익을 수호하는데 앞장설 것이다. 또한 그들이 공민 신분으로 인민대표대회에 참가해 국가대사와 관련해 적극적으로 의견을 개진한다면, 민족발전에도 큰 힘이 될 것이다. 셋째, 조국통일에 이바지할 수 있다. 독립을 반대하고 통일을 촉진하는데 있어서 해외화인의 역량은 결코 무시할 수 없다. 따라서 그들에게 공민 신분이 주어지게 되면, 지금보다도 훨씬 통일대업에 대한 그들의 지지를 확고하게 이끌어낼 수 있다.[23] 마지막

---

22) 예를 들어, 타오정화(陶正華) 교수 같은 경우에는 다음과 같이 주장한 바 있다. "중국정부가 만일 이중국적을 허용한다면, 거주국정부는 중국인이 자기 나라로 귀화하는 것에 대해 그 동기의 순수성을 의심할 가능성이 있다. 또한 국적신청 제한 등과 같은 중국인에 대한 차별을 강화할 우려가 있다. 뿐만 아니라 법률적 분쟁이라도 발생한다면, 이중국적과 이중관할이라는 문제와 관련되어 있기 때문에 소송안건을 처리하는데 어려움이 가중될 수도 있다." 「中國不承認雙重國籍政策 對海外華人華僑有利」, 國際在線, 2004.12.17 참조. 실제로, 중국이 이중국적을 허용하지 않는다 하더라도 거주국은 중국인의 귀화신청의 동기에 대해 여전히 회의적인 시선을 거두지 않고 있다. 또 중국인에 대한 차별도 마찬가지이다.(가령, 1955년 중국이 이중국적을 폐지한 이후에도 인도네시아 등지에서는 여러 차례 배화운동이 발생했다.) 중국인이 귀화신청 시 어려움을 겪는 것도 이중국적과는 직접적인 관련성이 없다. 이것은 해당국가가 인력자원에 대한 수요(첨단기술 분야의 고급인재나 투자자 등)와 국내 정치적 요인(정권획득을 위해 대사면을 실시하는 것과 같은 경우) 등에 근거해 결정하는 것이다.

23) 타이완 당국의 국적정책은 여전히 혈통주의 원칙을 고수하고 있다. 따라서 그들

으로, 중국정부가 법률에 의거해 그들을 관리할 수 있다. 만일 그들이 중국에서 범죄를 저지르게 되면, 중국공민 신분이기 때문에 국내법에 따라 처리할 수 있다. 이는 국가안전에도 도움이 된다. 결과적으로, 이러한 정책은 국가에게도 이익이 되고, 해외화인에게도 이익이 되는 길이다. 게다가 이는 화인들의 민족감정을 충족시켜줄 수도 있다.

그럼, 이상 두 가지 상반된 관점 중에서 과연 어느 쪽이 보다 타당할까? 이에 대해서는 보는 시각에 따라 견해를 달리 할 수 있다. 왜냐하면, 이중국적문제는 법리적으로는 부합하지 않지만, 현실적으로는 매우 자연스러운 현상이기 때문이다. 이처럼 국적법을 개정해 이중국적을 회복할 수 있도록 하는 것은 자칫 잘못 건드렸다가는 전체를 그르칠 수 있는 매우 민감하고 예민한 문제이다.

1930년 헤이그 국제법전국제회의에서 통과된 〈국적법 충돌의 몇 가지 문제에 관한 공약〉에는 다음과 같이 규정되어 있다. "각국이 공인하는 개인 누구라도 국적을 가질 수 있도록 하고, 그것도 오직 하나의 국적만을 가질 수 있도록 하는 것은 국제사회 공동의 관심사임을 확신한다. 따라서 인류가 이 분야에서 공동으로 노력하고 지향해야 할 바는 일체의 무국적 내지 이중국적 현상을 소멸하는 것임을 인정한다."[24] 1948년 유엔총회에서 통과된 〈세계인권선언〉에도, 국적유일(國籍唯一)은

에게 있어 해외화인은 모두 화교인 셈이다. '하나의 중국'을 지지하고 '타이완 독립'을 반대하는 화인들은 자신이 중국국적을 가지고 있지 못하다는 이유로, 거주국 내에서 종종 난감한 문제에 직면하게 된다. 즉, "너희들은 이미 중국국적을 상실한 외국인이다. 그런데 대관절 무슨 자격으로 중국의 통일을 떠벌리고 다니는 거냐?" 만일 그들이 중국국적을 가지고 있었다면, 법리적으로 인정된 중국인이 되는 것이기 때문에 보다 당당하게 말할 수 있었을 것이다. 「新西蘭僑胞陳書呼求雙重國籍」, 『國際先驅導報』, 2004.12.2 참조.

24) 〈關於國籍法衝突的若干問題的公約〉, 『國際條約集(1924~1933)』, 455쪽.

근본원칙의 하나로 들어가 있다. 따라서 국적유일의 원칙은 국적문제에 관한 국제사회의 기본원칙임을 부정할 수는 없다. 그러나 이는 일종의 바람이자 목표를 상징적으로 표명한 것에 지나지 않는다. 국적과 관련된 입법에서 사실상 주도적 지위를 차지하고 있는 것은 각국의 국내법이다. 그런데 이 각국의 국내법이 의거하는 원칙은 역사, 문화, 입법정책의 차이로 인해 국가별로 각기 다른 양상을 띠고 있기 때문에 결과적으로 국적충돌 현상은 피할 수 없게 되는 것이다. 이렇게 볼 때, 이중국적 현상이 장기간 존재할 수 있었던 것은 어쩌면 당연한 일이라고 할 수 있다.

중국정부가 이중국적을 인정하지 않는 것은 주로 "이중국적이 국가나 개인은 물론 국제관계에 있어서도 결코 도움이 되지 않는다."[25]는 인식 때문이다. 그런데 이중국적이 이처럼 심각한 후과를 야기할 수 있음에도 불구하고, 상당수의 국가는 여전히 이중국적 정책을 실시하고 있다.[26] 아마도 이러한 경향은 앞으로도 증가추세를 보일 것이다. 일부 선진국에서 이중국적을 허용하고 있는 것 외에도, 1950년대부터 꽤 많은 국가들이 이중국적 정책으로 전향하고 있다. 특히, 스페인과 라틴아메리카 국가들 간의 상호 이중국적 허용은 가장 대표적인 예라 할 수 있다. 최근에도 일부 국가에서 기존 법률을 개정해 이중국적을 인정하는 방향으로 정책적 전환을 꾀하고 있다. 물론 여기에는 국가별로 그 추구하는 목표나 목적이 다를 수는 있다. 가령, 키리바시(1975년 내부자치,

25) 金生・柴發邦, 위의 책(1981), 34쪽.
26) 일설에는 70여개 국가가 이중국적 정책을 실시하고 있다고 한다. 「中國不承認雙重國籍政策 對海外華人華僑有利」, 國際在線, 2004.12.17. 참조. 또 90여개 국가가 실시하고 있다는 설도 있다. 「菲律賓總統簽署了雙重國籍法案」, http://www.sina.com.cn, 新華網, 2003.8.29 참조. 또 150여개 국가라는 견해도 있다. 「全國政協十屆二次會議提案第0222號」, 615쪽 참조.

1979년 정식독립)의 경우, 1971년 제헌대회를 통해 키리바시 국민이 다른 나라의 국적을 취득하는 것을 인정한 바 있는데, 그 이유는 상당수의 키리바시 국민들이 해외로 이민을 떠난 상황이었기 때문이다. 타이의 경우에는 외자도입이 이중국적 허용의 주요 이유가 되었다. 이러한 이유로, 타이는 외국인 투자자 및 과거에 이미 타이국적을 포기한 타이 출신 이민자들에게도 영주권을 부여하고 있다. 통가정부도 외국투자자를 우대하는 차원에서, 1996년 〈국적 및 귀화법〉을 개정했다. 이 개정 법률에 따르면, 통가정부가 발급한 '보호자여권'을 소지한 외국인은 통가의 국왕에게 인도주의적 차원에서 귀화를 신청할 수 있다고 규정되어 있다.[27] 캄보디아는 1995년부터 캄보디아에 투자하는 일부 중국공민에게 임시국적을 부여하기 시작했다. 캄보디아정부는 새롭게 통과된 국적법(1996년)에서 이중국적을 금지하지 않는다고 규정했다. 여기에는 그럴 수밖에 없는 이유가 하나 있었다. 1970년대에 25명에 달하는 정부 관리들이 해외망명을 신청해 타국의 국적을 취득하는 일이 있었던 것이다.[28] 방글라데시는 1998년부터 이미 이중국적 정책을 실시하고 있다.[29] 파키스탄은 2002년 8월 29일에, 이미 미국과 스웨덴 국적을 취득한 파키스탄 사람에게 이중국적을 허용하는 정책을 실시한다고 선포했다.[30] 필리핀의 경우에는 2003년 8월 29일 아로요 대통령이 이중국

---

27) Graham Hassall, "Citizenship in the Asia-Pacific : a Survey of Contemporary Issues", p.61.

28) Graham Hassall, "Citizenship in the Asia-Pacific : a Survey of Contemporary Issues", p.66.

29) "Instruction regarding submission of application of dual nationality, July 1, 1998", http://www.Bagladesh ConsulateLA. com.

30) "Dual nationality allowed", "Notifications", Embassy of the Islamic Republic of Pakistan, Washington, D. C. August 29, 2002.

적 법안에 서명함에 따라, 수백만에 달하는 외국국적의 해외 필리핀인들이 혜택을 보았다. 인도정부는 1955년부터 실시해온 이중국적 불가 정책을 개정해, 이미 외국국적을 취득한 인도인에게 점차 이중국적을 허용하는 쪽으로 정책적 전환을 시도함으로써 유연성을 발휘하고 있다. 멕시코를 비롯한 라틴아메리카의 많은 국가들도 이중국적 정책을 실시하고 있다. 오스트레일리아는 2001년 5월에 전 국민을 대상으로 한 여론조사를 거쳐, 같은 해 8월 법률을 개정해 이중국적을 허용하기로 방침을 정했다. 러시아와 우크라이나는 현재 양국 간에 이중국적을 상호 인정하는 정책을 추진하고 있다.

　이상의 국가들이 새로운 정책을 실시하고 추진하는 동기나 그 상황을 볼 때, 이중국적은 국가와 개인에게 실보다는 득이 훨씬 많은 것 같다. 1950년대부터 줄곧 이중국적장려정책을 실시해왔던 스페인은 라틴아메리카 국가들과 이중국적을 상호 인정하는 협정을 잇달아 체결했다. 특히, 1950년대 말부터 스페인은 칠레(1958년 5월 24일), 페루(1959년 5월 16일), 파라과이(1959년 6월 25일) 등과 이중국적을 상호 인정하는 양자협정을 체결했다. 또 1960년대에는 볼리비아(1961년), 과테말라(1961년), 니카라과(1961년), 코스타리카(1964년), 에콰도르(1964년), 온두라스(1966년), 도미니카공화국(1968년), 아르헨티나(1969년)와 콜롬비아(1979년)와 유사한 협정을 체결했다. 이들 국가는 모두 과거 스페인의 식민지였다. 따라서 이곳에는 적지 않은 스페인 사람들이 장기 거주하고 있고, 이들 국가의 공용어도 스페인어이다. 결과적으로 이러한 이중국적 정책은 쌍방의 거주민들에게 공히 이득이 되었다고 볼 수 있다. 특히 여기서 주목해야 할 점은, 스페인이 1978년 12월 29일에 통과된 신헌법 제1부 제1장 제10(3)조에서, 스페인과 라틴아메리카 국민들에게 이중국적의 편의를 제공하는 정책을 재차 확정했다는 것이다.[31]

해외에 거주하는 인도인은 110개 국가에 약 2,000만 명이 분포되어
있다. 이들이 벌어들이는 총수입은 1,600억 달러로, 인도 GNP의 3분의
1에 해당한다. 그리고 이들이 매년 고국으로 송금하는 평균 100억 달
러의 외화는 인도 최대의 외화수입원이다.[32] 결과적으로 해외 인도인
의 성공은 인도에 막대한 재부를 가져다주었음은 물론, 인도의 자랑이
자 긍지이기도 하다. 이들 중의 상당수는 스스로를 인도인이라 생각하
는 이른바 인도 정체성이 매우 강한 사람들이고, 그 누구보다도 인도국
적 보유를 강력히 희망하는 사람들이다. 따라서 이러한 사람들과의 관
계를 강화하는 것은 최근 인도정부가 역점을 두고 있는 전략목표 중의
하나이다. 1999년 3월부터 인도 내무부에서는 이른바 '인디안 카드'제
도를 실시함으로써, 해외 인도인의 비자, 국내체류, 국내소유재산 및
자녀교육 등에서 각종 편의를 제공하고 있다.[33] 또한 인도정부는 실제
로 실행 가능한 방안들을 마련하기 위해, 2000년에 전 영국 주재 고위
관료이자 현 국회의원인 싱그비(L. M. Singhvi)를 위원장으로 하는 특별위
원회를 출범시켰다. 이 위원회를 통해, 정부는 최대한 헌법을 건드리지
않는 범위 내에서 이중국적을 허용하는 방안을 강구해나갔다. 싱그비
위원회는 결국 2년여에 걸친 조사연구를 통해, 비교적 완정된 방안을
마련할 수 있었다. 또한 위원회에서는, 1월 9일을 '해외 인도인의 날'로
지정하고 매년 정부차원의 경축식을 거행하며 동시에 탁월한 활동을
펼친 해외 인도인을 선정해 포상할 것을 정부에 건의했다.[34] 결국,

31) Ruth Donner, *The Regulation of Nationality in Inter national Law*, New York :
　　Transnational Publishers, second edition, 1994, pp.203-204.
32) 丘立本, 「從國際僑滙新動向看我國僑滙政策」, 『華僑華人歷史研究』, 第2期, 2004,
　　9쪽 참조.
33) 張應龍·黃朝暉, 「印度僑民政策研究」, 『僑務工作研究』, 第6期, 2004, 23쪽.
34) 賈海濤, 「印度的雙重國籍計劃 : 背景, 內容, 前景」, 『學術研究』, 第9期, 2003,

2003년 1월 9일에 제1회 '해외 인도인의 날' 경축식이 거행되었다. 이 자리에서, 인도 바지파이(Atal Bihari Vajapayee) 총리는 이중국적 정책을 실시할 것을 공개적으로 천명했다. 같은 해 5월 9일, 인도의회는 1955년 국적법 수정안을 통과시키고 이중국적의 조건부 실시를 인가했다. 이중국적에 관한 의안이 인도의회와 인도총리의 정식 비준을 통해 최종 확정된 것은 2003년 12월 23일이었다. 현재 이 정책의 적용을 받는 국가는 총 16개국이다.[35]

오스트레일리아의 정책변화도 이 문제를 설명하는데 좋은 예라 할 수 있다. 오스트레일리아 국민 가운데에는 북아메리카나 유럽 등지에서 취업하고 있는 이들이 매우 많다. 이들 대부분은 첨단과학기술 분야에 종사하는 엘리트들이다. 오스트레일리아 국내에서는 일찍부터 이중국적을 실시하자는 목소리가 비등했고 국적법을 개정해 이중국적을 허용해 달라는 정부청원도 잇달았다. 이에 2001년 5월부터 오스트레일리아연방정부는 전 사회적으로 이에 대한 의견을 청취하기 시작했다. 의견수렴 결과, 대다수 국민이 이중국적 허용을 지지하는 것으로 나타나자, 오스트레일리아연방 이민성 장관인 필립 러독은 성명을 발표해 오

148-151쪽. 1월 9일은 간디가 1915년 남아프리카에서 귀국해 인도의 독립운동을 지도하기 시작한 바로 그 날이다. 따라서 이날을 해외 인도인의 날로 지정했다는 것은 매우 의미심장한 일이라 할 수 있다.

35) 16개 국가는 미국, 캐나다, 영국, 오스트레일리아, 키프로스, 핀란드, 프랑스, 그리스, 아일랜드, 이스라엘, 이탈리아, 네덜란드, 포르투갈, 뉴질랜드, 스웨덴, 스위스이다. "Latest update on dual nationality(overseas Indian citizenship), December 23, 2003", Consulate General of India, New York, U. S. A. ; 이와 관련된 정보는 인터넷웹사이트 Immihelp.com에서도 확인할 수 있는데, 이중에는 "인도정부는 단 7개국의 해외 인도인에게만 인도국적을 신청할 수 있도록 동의했다. 이 7개국은 미국, 영국, 캐나다, 오스트레일리아, 싱가포르, 뉴질랜드, 말레이시아이다."라고 주장한 글도 있다. 그러나 이 견해는 분명 잘못된 것이다. 賈海濤, 위의 논문 (2003), 150쪽 참조.

스트레일리아연방정부는 국적법을 개정해 본국 국민이 이중국적을 가질 수 있도록 허용하겠다고 선언했다. 아울러 러독 장관은 이러한 결정이 보다 많은 오스트레일리아 국민이 해외로 나갈 수 있는 계기가 되고 나아가 그들이 훗날 귀국해 조국에 헌신하는데 이바지할 수 있기를 희망한다고 밝혔다.[36] 필리핀의 경우에는 2003년 이중국적 법안이 통과되었다. 이로 인해, 필리핀 본토에서 출생했으나 이미 다른 나라의 국적을 취득한 필리핀의 경우에는 필리핀에 충성을 맹세하면 곧바로 필리핀 국적을 유지하거나 재취득할 수 있고 나아가 투표건과 재산소유권도 획득할 수 있게 되었다. 게다가 해외 필리핀인에게는 소득세도 면제되었다. 필리핀이 이처럼 67년간 실시해온 국적정책을 개정해 이중국적법을 확립하게 된 데에는 나름의 이유가 있다. 그것은 바로 필리핀의 정치, 사회, 경제에 대한 해외 필리핀인의 관심을 촉발시켜 투자 촉진과 국내관광산업의 부흥을 꾀함으로써 장기적으로 국가경제발전에 도움이 될 수 있기를 희망했기 때문이다.[37] 러시아와 우크라이나가 이중국적 협정에 대해 협상하고 있는 데에는 선거와 동맹관계라는 이유도 있지만 쌍방의 경제교류와 지정학적 관계도 내재해 있다.[38]

---

36) 「澳大利亞修改法案, 將允許其公民擁有雙重國籍」, http://www.sina.com.cn, 中國新聞網, 2001.8.3.

37) 「菲律賓總統簽署雙重國籍法案」, http://www.sina.com.cn, 新華網, 2003.8.29.

38) 푸틴이 우크라이나를 방문했을 때, 우크라이나 대통령과 총리뿐만 아니라 우크라이나 국민들까지 나서 양국의 이중국적문제를 제기했다. 이에 푸틴은 러시아연방위원회(의회 상원) 의장 세르게이 미로노프와 국가두마(의회 하원) 의장 보리스 그리즐로프에게 우크라이나 의회지도자들과 양국 간의 이중국적문제에 대해 논의를 진행할 것을 지시했다. 더불어 이 문제에 대해 양국국민들도 광범위한 토론을 전개해줄 것을 권했다. 「從烏克蘭大選看俄烏關係重的雙重國籍問題」, http://jczs. sina.com.cn, 光明日報, 2004.11.26. 러시아는 일찍이 투르크메니스탄과 이중국적을 허용하는 양자협정을 맺은 바 있으나 2003년 1월 13일 투르크메니스탄이 일방적으로 이 협정을 파기한 전례가 있다. 지금까지 독립국가연합 중에서, 러시아와

이렇게 볼 때, 제2차 대전 이후 상당수의 국가에서 이중국적 정책을 실시하고 있음을 확인할 수 있다. 여기에는 선진국뿐만 아니라 개발도상국도 상당수 포함되어 있다. 국제이민열풍과 글로벌화가 거스를 수 없는 세계적 대세가 되고 있는 오늘날, 이중국적허용정책은 각국이 취할 수 있는 일종의 적절한 대응조치라고 할 수 있다. 지난 30년 간 국제이민문제에 대해 연구를 진행해온 사회학자 스테판 캐슬은, 이중국적 혹은 다중국적은 이미 대세가 되었다고 주장한 바 있다.[39] 이중국적 정책은 국가와 개인에게 득이 될 수도 있고 실이 될 수도 있다. 관건은 각국이 자신의 국가상황, 국민적 요구, 이민자 수, 인접국과의 관계, 국가발전전략 등 제반 요소를 충분히 고려한 끝에, 이해득실의 균형을 맞춤으로써 국가와 국민에 이익이 되는 국적정책을 채택하는 일이 될 것이다.

4. 문제의 해결방법

현재 중국의 입장에서 볼 때, 이와 관련된 문제는 크게 네 가지로 정리해 볼 수 있다. 첫째, 중국인의 해외이민은 매우 보편화되어 있다. 이민자 수도 많고 이에 따른 중국정부의 관심도 매우 높은 편이다. 만

이중국적을 상호 인정하는 양자협정을 맺은 국가는 타지키스탄이 유일하다. 현재는 우크라이나 외에도 벨로루시, 카자흐스탄 등에서 러시아에 이중국적을 허용해 줄 것을 호소하는 목소리가 높은 편이다. 이는 노동력, 자본, 상품, 서비스 등의 자유로운 유통에 그 목적이 있다.

39) Stephen Castle, "Citizenship and the Other in the Age of Mig ration", Alastair Davidson and Kathleen Weekley, ed, *Globalization and Citizenship in the Asia-Pacific*, p.35.

일 그렇지 않다면, 화교화인의 문제를 전문적으로 취급하는 각종 교무기구(僑務機構)를 설치하는 일도 없었을 것이다.[40] 둘째, 최근 들어 해외이민이 급증하고 있다. 이른바 신이민으로 불리는 이들의 상당수는 거주국에서의 생존과 발전을 위한 보다 나은 환경을 위해 거주국 귀화를 희망하고 있다. 그러면서도 그들은 여전히 중국국적을 포기하고 싶어하지도 않는다. 게다가 대부분의 거주국에서는 귀화자에게 본래의 국적을 포기하도록 요구하지도 않는다. 따라서 상당수의 화교화인은 현재 이중국적을 보유하고 있는 상황이다. 만일 그렇지 않다면, 영사관의 '알고도 모르는 척 묵인하고 넘어가는' 현상도 더는 일어나지 않았을 것이다. 셋째, 현존 중국의 관련 법률로는 시대적 변화와 국가발전전략의 수요에 더 이상 제대로 대응하기 힘들다. 만일 그렇지 않다면, 중국정부가 '그린카드'와 같은 제도를 도입해 해외인재(주로 화인)를 영입하려하지도 않았을 것이다.[41] 넷째, 이미 거주국 국적을 취득한 일부 화인들은 낙엽귀근(落葉歸根) 즉, 조국으로 돌아오기를 희망한다.

이에 대한 필자의 관점을 간단히 정리하면 다음과 같다. 중국국적법은 이제 더 이상 지난 20년간의 급격한 변화에 대응하기 힘든 상황이니 마땅히 개정되어야 한다.[42] 만일 이중국적 회복이 어렵다면, 국가별

---

40) 중국의 교무(僑務) 체계는 이른바 '오교(五僑)'로 통칭되는 다음의 다섯 개 기관으로 구성되어 있다. 즉, 全國人大華僑委員會, 全國政協港澳台僑委員會, 致公黨, 國務院僑辦, 中國僑聯이다.

41) 홍콩 주민의 이중국적문제를 처리하는 과정에서, 중국정부는 이전과는 달리 비교적 느슨하면서도 실속은 있는 정책을 채택했다. 또한 당사자들에게 직접 국적을 선택하도록 요구하지도 않고 있다. 이로써 〈중국국적법〉 제9조 중의 중국국적 상실과 관련된 규정은 사실상 약화되었다고 볼 수 있다. 「全國人大常委會關於〈中華人民共和國國籍法〉在香港特別行政區實施的幾個解釋」, 張勇·陳玉田, 『香港居民的國籍問題』, 法律出版社, 2001, 180—181쪽 참조.

42) 각국은 국적이나 국민에 관한 법률을 수시로 개정함으로써 변화와 수요에 적응하

로 그에 상응하는 법률을 제정해야 한다.[43] 외국에는 이민자의 국적
및 이중국적 문제에 관한 법률이 있다. 심지어 홍콩이나 마카오마저도
이와 관련된 정책을 시행하고 있다. 따라서 화교화인에 대한 관련 법률
을 제정할 때에는 타국의 경험을 참고할 수도 있을 것이다. 단, 관련
법률을 수정하는 데에는 다음의 네 가지 원칙 즉, 주권의 원칙, 평등의
원칙, 융통성의 원칙, 점진개혁의 원칙은 반드시 준수되어야 한다.

화교화인의 국적문제는 중국입장에서는 새롭게 등장한 문제이다. 따
라서 관련 정책이나 법률을 제정할 때에는 외국의 경험이나 홍콩, 마카
오의 유사한 처리방법 등을 참고할 필요가 있다. 이중국적 정책을 실시
하고 있는 국가들은 거의 모두가 이중국적으로 야기되는 정치적 충성
(특히, 전쟁 상황 하에서), 의무병역, 법률권한 등의 관련문제들을 처리할 수
있는 다양한 방법들을 이미 마련해놓고 있다. 루스 도너는 자신의 대표
적인 법학저작 『국제법 중의 국적규정』에서 이와 관련된 많은 사례들
을 열거하고 있다.[44]

고 있다. 미국 공민법의 경우, 수년마다 한 번씩 수정과 보완을 거치고 있다. 최근
에도 이미 네 차례의 수정을 거친 바 있다. 즉, 1978년 공민법수정안(Pub. L. 95-
432) ; 1986년 공민법수정안(Pub. L. 99-653) ; 1994년 공민법수정안(Pub. L. 103-
416), 2000년 공민법수정안(Pub. L. 106-395)이 그것이다.

43) 미국은 개별 국가(푸에르토리코, 파나마 등)의 특수한 상황에 따라 출생지원칙에
근거한 특별한 법률규정을 마련해두고 있다. 귀화신청자에게도 명확한 제한규정
이 있다. 가령, 독재정권을 지지하는 자나 미국에서 탈영 전력이 있는 자는 귀화
할 수 없다는 규정이 그 일례이다. T. Alexander Aleinikoff and David A. Martin,
*Immigration and Nationality Laws of the United States, Selected Statutes,
Regulations and Forms*(West Publishing, 1992), pp.279, 287-289 참조.

44) 유럽연합(EU)의 국적문제에 관해서는, Stephen Hall, *Nationality, Migration Rights
and Citizenship of the Union*, Martinus Nijhoff, Publishers, 1995 참조. 유럽연합
은 상황이 매우 복잡하다. 유럽연합 가입국의 국적을 갖고 있기만 하면, 누구라도
유럽연합의 공민이 될 수 있다. 따라서 과거 식민지나 해외 속령, 가입국 등과 유
럽연합 이외의 기타 국가와의 국적관계는 모두 개별적으로 처리할 필요가 있다.

우선, 이중국적자의 충성문제에 관한 것이다.

이 문제를 대하는 영국정부의 태도는 명확하다. 즉, 이중국적 보유자는 오로지 국적국가에 충성을 다해야 한다는 것이다. 양국 모두에 반반씩 충성을 하는 것은 허용되지 않는다. 1923년 헤일샴 경(Lord Hailsham)은 '크레이머 대 검찰총장(Kramer vs. Attorney- General)'의 사건사례는 우리에게 하나의 사실 즉, 개인은 얼마든지 영국과 적국 쌍방의 국적을 동시에 가질 수 있다는 것을 명확히 보여준다고 했다. 크로스 경(Lord Cross) 같은 경우에는, 외국국적을 보유하고 있다는 것과 영국의 신민이 영국정부에 충성을 다하는 것과는 하등의 상관이 없다고 주장했다. 또 1975년의 오펜하이머 대 캐터몰(Oppenheimer vs. Cattermole) 사건의 상소심 법원에서, 톰슨 경(Alfred Thompson Denning)은 일개인이 영국국적을 취득하면 영국과 전쟁 상태에 있는 국가의 국적은 자동적으로 상실된다고 판결했다.[45] 미국정부도 미국공민의 국적에 대해 엄격히 규정하고 있다. 미국은 〈이민과 국적법(Immigration and Nationality Act, 약칭 INA)과 같은 관련 법률이나 국민여권 상에서 이와 관련된 규정을 마련해놓고 있다. 즉, '해외에서 공민 신분을 상실할 수 있는' 규정에는 다섯 가지 조항이 있는데, 이것들 모두 국적문제와 관련이 있다. ① 외국귀화자 ② 외국에 선서를 했거나 성명을 발표한 자 ③ 외국군대에서 복역한 자 ④ 외국정부에 의해 고용된 자 ⑤ 미국영사관원 앞에서 미국공민신분을 포기한다고 밝힌 자[46] 등이 그것이다.

둘째는 이중국적자의 관할권 문제에 관한 것이다.

프랑스의 이중국적 정책에 따르면, 프랑스국적과 다른 나라의 국적

45) Ruth Donner, *The Regulation of Nationality in Inter national Law*, p.206.
46) 이상은 모두 미국여권에 명확하게 규정되어 있다.

을 동시에 보유한 자가 프랑스에 살고 있는 경우, 프랑스 행정당국과 사법당국은 그를 프랑스인으로만 간주한다. 이는 주로 〈민법〉 제15조에서 규정한 관할권에 따르고 있기 때문이다. 프랑스 외교부는 1972년 의회 대정부 질의에서 이중국적의 관할권에 대한 답변을 통해, 국적충돌로 인해 충성 선택 문제가 불거지면, 당사자가 거주하고 있는 국가가 우선되는 것이 일반적이라고 분명하게 명시한 바 있다.[47] 이는 영국의 태도와는 분명 차이가 있는 것이다. 앞서 언급한 스페인과 라틴아메리카 국가들 간의 대등한 이중국적 정책도 양국의 국적을 동등한 것으로 보지는 않았다. 즉, 경중의 차이를 두어 '완전 국적'('full' nationality)과 '휴면 국적'('dormant' nationality)으로 구분하고 이 양자가 공존하는 것이라 생각했던 것이다. 따라서 이중국적을 보유한 자의 경우에는 일단 거주하는 국가의 국적이 우선하며, 그가 출생지 국가로 돌아가 완전 정착하게 되면 그때 출생지 국가의 국적이 주요 국적이 되는 것이다.[48]

다음은 이중국적자의 병역의무에 관한 것이다.

1956년 3월 3일, 노르웨이, 덴마크, 스웨덴 세 나라는 〈의무병역과 국적 간의 관계에 관한 협정〉 체결을 통해, '국민'의 범주를 확정함과

---

47) Ruth Donner, *The Regulation of Nationality in International Law*, p.105. 영국은 1977년에 영국 및 그 식민지의 이중국적자에 대한 통계조사를 진행한 적이 있는데, 당시 조사된 수는 약 300만 명이었다. 1980년 3월, 내무장관 윌리엄 화이트로 (William Whitelaw)는 하원에서, 영국정부는 심사숙고 끝에 영국에 와서 귀화나 등록의 방식으로 영국국적을 취득한 이중국적자에 대해 어떠한 제한도 하지 않기로 결정했다고 밝혔다. *House of Commons Debates*, Vol.989, cols. 1516-1518, July 30, 1980 ; Ruth Donner, *The Regulation of Nationality in International Law*, p.205. 영국은 악명이 높은 식민제국이었고, 영미법의 발원지이다. 따라서 법률적 측면이나 국제관계에서 매우 풍부한 경험을 가진 국가라고 할 수 있다. 그런 영국이 이중국적을 허용하는 정책을 견지하고 있다면, 이는 그 나름의 생각과 고려가 있었기 때문일 것이다.

48) Ruth Donner, *The Regulation of Nationality in International Law*, p.204.

동시에 병역 사안에 대해서도 규정했다. 또 1959년에는 이스라엘과 프랑스가 이중국적자의 군복무에 관한 조약을 체결했다. 이 조약이 정식으로 발효된 것은 1962년 5월 7일이었다. 이 조약의 제2(1)조에 다음과 같이 규정되어 있다. "체약국 중 어느 한 나라에 거주하는 이중국적 보유자는, 18세가 되면 영주권을 가진 국가에서 병역을 필해야 한다." 1977년 7월 12일 프랑스 외무부가 발표한 성명에 따르면, 프랑스는 이미 13개국과 이와 유사한 양자조약을 체결하고 있었다. 네덜란드와 이탈리아도 동일한 사유로 1962년 〈이중국적자의 병역에 관한 조약〉을 체결했다. 이 조약 제2조에는 다음과 같이 규정되어 있었다. "이중국적자는 상주하고 있는 국가에서 자신의 병역의무를 이행해야 한다."[49] 미국공민의 여권에는, "미국공민이 이중국적을 소유한 상황에서 해당 국가에 거주할 시, 그 나라가 그에게 관련 법률(병역의무 등)을 적용하려고 한다면, 이중국적은 미국이 그에게 영사보호를 제공하는데 '방해가 될 가능성이' 있다"고 명기되어 있다.

이상과 같은 외국의 사례에서 배울 수도 있겠지만, 중국정부는 홍콩과 마카오 거주민의 국적에 대한 관련규정에서도 입법에 참고가 될 만한 것들을 찾을 수도 있다. 홍콩과 마카오 주민의 이중국적 문제를 처리하면서 중국은 상당한 지혜를 발휘했다. 구체적으로 말해, 현지 거주민이 소지한 영국이나 포르투갈 여권의 중국본토에서의 효력을 인정하지 않음으로써 주권의 존엄을 수호하면서도, 현지 거주민이 소지한 여권의 여행증명서로서의 효력에 대해서는 인정함으로써 출입을 용이하게 했다. 가령 홍콩의 경우에는, "홍콩의 모든 중국동포는 '영국령 공민여권'을 소지하고 있든 '영국국민(해외)여권'을 소지하고 있든지 간에" 모

세로 글씨: 동남아화교화인과 트랜스내셔널리즘

---

49) Ruth Donner, *The Regulation of Nationality in International Law*, pp.108-109.

두 중국공민으로 간주한다고 규정하는 동시에 "외국거주권을 가진 홍콩특별행정구역의 중국공민은 외국정부가 발급한 관련 증명서만으로도 다른 나라나 지역을 여행할 수 있다."라고 하면서도 다만, "홍콩특별행정구역과 중화인민공화국의 기타 지역에서는 상술한 증명서를 가지고 있는 것만으로는 외국영사의 보호를 받을 수 있는 권리는 얻을 수 없다."라고 규정했다.[50] 아마도 이러한 주권원칙이나 융통성 있는 처리방식은 관련 국가와 화교화인에 관한 협정을 체결할 때 중요한 참고가 될 수 있을 것이다.[51]

화교화인의 국적문제를 다룰 때는 다음의 네 가지 원칙에 주목해야 한다.

① 주권의 원칙

이는 국가가 대외관계 정책 및 법률을 제정할 때 우선적으로 고려해야 하는 문제이다. 주권은 국제법상 국가가 갖는 기본적인 지위이다. 유엔헌장에서는 주권평등의 원칙을 가장 중요한 항목 중의 하나로 간주하고 있다. 홍콩과 마카오의 관련 법률을 제정할 때, 중국정부는 당당한 태도를 취할 수 있었다. 왜냐하면, 홍콩과 마카오는 중국의 영토이고, 이곳에 거주하는 사람들은 중국법의 적용을 받는 중국공민이기 때문이었다. 이는 해외화인과는 그 경우가 다른 것이다. 그들의 국적이 이미 확정되었다는 사실은 누구도 부인할 수 없는 것이었다. 그런데 화인들의 중국국적문제를 처리할 때 문제가 되는 것은, 반드시 거주국의 이익을

---

50) 「全國人大常委會關於〈中華人民共和國國籍法〉在香港特別行政區實施的幾個解釋」, 張勇·陳玉田, 『香港居民的國籍問題』, 法律出版社, 2001, 180-181쪽 참조.
51) 마카오 거주민의 국적문제에 관해서는, 宋錫祥, 「澳門居民構成及其國籍問題」, 『上海大學學報』(社會科學版), 第6卷 第5號, 1999 ; 吳卓强, 「澳門回歸後居民國籍定位衝突評析」, 『五邑大學學報』, 第1卷 第4號, 1999.

함께 고려해야 한다는 점이다. 이는 주권국가 간의 관계와도 관련이 있는 것이다. 따라서 관련 법률을 제정할 때는 중국의 주권을 우선적으로 고려하되 동시에 거주국의 주권도 존중해야 한다. 실제로 주권원칙의 구현 여부는 국가 간 상호존중의 문제에 달려 있다고 할 수 있다.

② 평등의 원칙

상대방 국가가 이중국적을 인정하거나 허용하고 동시에 대다수 현지 화인들이 이를 원하고 있다면, 중국정부는 상대국과의 양자협정을 통해 이중국적을 인정할 수 있다. 지금도 일부 국가의 화인(캐나다, 뉴질랜드 등)은 이에 대해 매우 강력하게 요구하고 있다. 따라서 중국이 다양한 외교경로를 통해 선행적으로 담판을 벌일 수도 있는 일이다. 그러나 지금까지는 국제법과 국내법의 미비로 인해 이중국적문제를 제대로 해결할 수 있는 길이 없는 상황이다. 따라서 대다수의 국가에서는 양자협정을 통해 이 문제를 해결하려 하고 있고 또 그렇게 하고 있다. 평등의 원칙은 이처럼 상대국과 동시에 관련 정책을 마련하거나 양자협정을 통해 문제를 해결하는 것이다. 동남아국가들은 국적정책, 화인 인구수, 중국과의 관계 등에서 캐나다 등과는 매우 커다란 차이를 보이고 있다. 사실, 모든 국가가 화인에 대해 동일한 정책을 시행한다면 그것만큼 불합리한 일도 없을 것이다. 오히려 그것은 더 큰 혼란을 부추길 수도 있는 일이다.

③ 융통성의 원칙

이에 대해서는 다음 두 가지 측면에서 생각해 볼 수 있다. 첫째, 이중국적을 인정하느냐 인정하지 않느냐 하는 것 사이에는 이도 저도 아닌 수많은 공간이 존재한다. 각종 다양한 정책과 조치가 개입될 수 있는 것도 바로 이 때문이다. 그런 의미에서 최근 인도의 관련 정책들은 충분히 참고가 될 만하다. 이에 대해서는 이미 상술한 바 있다. 이밖에 능력이 탁월한 화인에 대한 정기적 포상이나 '해외화인귀향증명서'나 '중화인민공화국(해외)여권' 등을 발급하는 정책을 채택할 수도 있을 것이다. 둘째, 화인에 대한 정책은 국가별로 시대별로 다르게 시행되어야 한다. 캐나다 화인과 싱가포르 화인의 요구가 다르고, 중화민국 시기의 화인과 1950년대 후반에 해외에 정착한 화인 또는 개혁개방 이후 출국한 화인들의 요구도 다른 법이다. 또한 기존 화인과 신이민이 중국정부에 바라는 기대치도 서로 다르다. 따라서 중국의 정책도 그에 따라 천편일률적일 수는 없는 것이다. 이에 덧붙여 또 하나 유의해야 할 점은, 법률조문에는 가능한 한 유연하고 온건한 용어들을 많이 사용함으로써, 최대한 탄력적이고 신축적인 규정이 되도록 해야 한다는 것이다.[52] 홍콩과 마카오의 국적문제에 대한 중국의 처리방식은 이러한 융통성의 원칙을 최대로 발휘한 대표적인 사례라고 할 수 있다.

④ 점진적 개혁의 원칙

이는 주로 상황에 따라 상이한 정책을 제정하고 추진시기도 달리하는 것을 의미한다. 국내법의 경우에는 처음에는 쉬운 것부터 하고 어려운 것은 후에 제정하는 것이 좋을 듯하다. 다시 말해, 관련 규칙을 먼저 제정하고 정작 법률은 나중에 제정한다는 말이다. 실제로 상대적으

---

52) 미국이나 영국의 관련 법률을 보면, '가능(may)'이란 단어들이 자주 등장하는 것을 볼 수 있다. 이는 국가의 행위에 항시 융통성과 변주의 가능성을 열어놓기 위함이다.

로 조건이 성숙된 것부터 선행적으로 입법을 하는 것은 일반적인 통례라고 할 수 있다. 가령, 특정집단(가령, 유학생)에 대한 규정부터 먼저 제정하고 난 다음에 다수인(가령, 신이민)에 대한 법률을 제정하고 종국에는 이를 점차 화교화인 전체로 확대해가는 것이 그 예이다. 양자협정의 경우에도, 상대방 국가가 호의적 반응을 보이면 중국입장에서는 적극적으로 나설 수 있는 것이고, 상대국 반응이 여의치 않다 생각되면 잠시 한 걸음 뒤로 물러날 수도 있는 것이다. 또 상대방이 이행을 서두르면, 그에 발맞춰 행동에 나설 수 있는 것이다. 결국 한마디로 정리하면, 화교화인 관련 정책의 제정은 시기와 역량에 따라 점진적 수순을 밟아가는 게 좋다는 것이다.

맺음말

오늘날 중국학생들에게 있어 해외유학은 하나의 꿈이다. 특별한 경우가 아니라면, 다른 나라의 인적 자원을 최대한 활용하고자 하는 서방의 국가들로서도 이미 상당한 교육수준을 지닌 중국의 인재들에게 문호를 닫는 일은 앞으로도 없을 것이다. 과거 중국의 유학생들이 지녔던 '중국 정서', '나그네 심리', '철새 유형', '쉼 없는 유랑'과 같은 생활방식은 오늘날 그들의 후배들에게도 그대로 이어져 내려오고 있다. 미국학자 조지프 나이(Joseph S, Nye, Jr.)는 1990년에 이른바 '소프트파워'란 개념을 처음으로 제출한 바 있다. 그가 말하는 '소프트파워'란 "미국정책의 합법성과 그 기반을 구성하는 가치관을 통해, 타인의 능력을 흡수하는 것"[53]을 의미한다. 만일 이 개념을 차용한다면, 중국정부가 제정한 정

동남아화교화인과 트랜스내셔널리즘

86

책과 인본주의는 중국의 '소프트파워'를 구성하는 핵심요소라 할 수 있다. 어떻게 하면 이 '소프트파워'를 활용해 5,000만에 달하는 전 세계 화교화인을 움직이게 할 것인가는 매우 중요한 전략적 문제이다. '소프트파워'의 성공적 운용은 중국의 발전과도 밀접한 관계를 가지고 있고, 국제사회에서의 중국의 위상에도 직접적인 영향을 미친다. 오늘날의 세계는 갈수록 개방화되어가는 세상이고, 지금의 시대는 국가정체성과 세계정체성이 점차 병존해 가고 있는 시기이다. 지난 25년 동안, 전 세계 이민자의 수는 갑절로 늘었다. 유엔 통계에 따르면, 2002년 현재 전 세계 이민자 수는 1억 7천 5백만 명에 달한다고 한다. 이민은 이제 세계적 대세가 되었다. 이에 중국정부는 그에 걸맞은 대안과 대책을 마련해야 할 때이다. 아니 반드시 그렇게 해야 만이 개인과 국가 나아가 중국과 거주국이 상호 원-원 할 수 있는 환경이 조성될 수 있을 것이다. 결론적으로 말해, 무엇보다 사람을 우선하는 인본주의 원칙하에, 시대적 요구를 반영해 관련 법률을 제때에 개정하는 것만이 중국국민들에게 보다 나은 서비스를 제공하고 중국의 평화적 발전에 보다 유리한 조건을 마련해주는 길이 될 것이다.

• 원제/출처 : 「華僑華人國籍問題芻議」, 『國際政治研究』, 第2期, 2005

53) Joseph S. Nye, Jr., "The Decline of America's Soft Power", *Foreign Affairs*, May/June 2004, p.16. 그는 1990년에 『Foreign Policy』에 '소프트파워'란 글을 발표한 적이 있다. 그러나 그의 저작이 출판된 것은 2004년이었다. Joseph S. Nye, Jr., *Soft Power* : The Means to Success in World Politics, New York : Public Affairs, 2004 참조.

2

중국, 동남아,
화교화인의 삼각관계

문명충돌 혹은 사회모순

: 제2차 세계대전 이후, 동남아화인과 거주국종족의 관계

쫭궈투(莊國土)

제2차 세계대전 이후, 동남아 각지에서는 종족간의 충돌과 각종 배화사건(排華事件)이 연이어 발생했다. 특히, 배화사건을 촉발한 가장 주된 원인은 화인과 토착민의 경제적 위상의 차이였다. 더불어 종교, 문화, 관습의 차이 그리고 공산주의운동과 중국─동남아의 관계 역시도 종족 분규에 심각한 영향을 끼쳤다. 그러나 종족분규를 촉발했던 원인들이 1980년대 이후 점차 해소되기 시작하면서 화인사회와 토착사회의 관계 역시도 점차 개선되었다. 기본적으로 현재 동남아 종족관계는 비교적 안정적이고 평화적인 발전단계에 접어들었다고 할 수 있다.

1998년 5월, 전 세계를 경악케 한 배화폭동이 인도네시아에서 일어났다. 그러나 이것은 전후 동남아에서 발생한 일련의 배화사건 가운데 단지 하나에 불과했다. 사실, 전후 동남아 각지에서는 종족간의 충돌로 빚어진 크고 작은 배화사건이 끊이지 않았다. 제2차 세계대전 이후, 동남아화인은 정치정체성의 전환을 일정정도 매듭짓고, 거주국 구성원의 일원으로서 국가에 충성을 다했다. 또한 혈연, 종족 등의 방면에서도 거주국의 주류 종족집단(族群, ethnic group)과 점차 동질감을 확보해나가고 있었다. 그러나 '화인'이란 신분은 마치 그 자체로 하나의 '원죄'인 양, 사회적 충돌이 빚어질 때마다 화인은 언제나 희생양이 되어야 했다. 새 뮤얼 헌팅턴은 문명의 차이를 전 세계 각지의 정치적 충돌의 근원으로 해석하면서, 문명단층선 일대의 충돌은 앞으로도 계속될 것이라고 예언했다.[1] 그렇다면, 화인과 동남아 토착민의 문명차이도 끊임없는 충돌을 야기할 것인가? 또 문화가 다른 종족집단이 한 국가 안에서 조화롭게 공존할 수는 없는 것인가? 이 글에서는 전후 동남아에서 일어난 배화사건의 근본원인을 분석하고 이를 통해, 동남아 화인과 거주국 종족 사이의 미래 관계를 전망해보고자 한다.

1. 전후 동남아의 배화사건

명대 초기부터 역산하더라도, 비교적 규모가 큰 화인커뮤니티가 동남아에 등장한 것은 이미 600년을 넘었다. 그런데 동남아에서 대규모

---

1) 享廷頓, 『文明的衝突與世界秩序的重建』(第三版), 新華出版社(北京), 2002, 283-284쪽.

배화폭동이 일어난 것은 서구제국주의가 아시아에 발을 디딘 이후이다. 17, 18세기에 필리핀의 스페인 식민정부는 무려 다섯 차례나 화인을 학살한 바 있다. 또 1740년 네덜란드 식민정부는 바타비아(자카르타의 옛 이름－옮긴이)에 거주하는 1만여 명의 화인들을 모조리 도살했다. 제2차 대전 이후, 동남아지역에 국민국가가 연이어 건립되면서 싱가포르정부를 제외한 여타 정부들은 그 정도의 차이는 있지만 거의 모두 화인을 동화시키는 정책을 추진했다. 당시의 동화정책은 매우 강력하고 억압적이었다. 가령, 거주국국적의 취득을 강요하고 토착민의 특권적 지위를 확립한다거나, 중국어출판물과 중국어교육을 금지하고 화인들이 핵심 상공업 업종에 종사하는 것을 금지 또는 제한한다거나 혹은 화교화인을 강제 추방한다거나 하는 등등이었다. 물론, 이러한 일련의 배화조치는 거주국의 정치, 경제, 문화 발전에도 도움이 되지 않았을 뿐 아니라 현지 화인사회에도 심각한 타격을 주었다. 그야말로 화인에게는 치명적인 재난이었다.

동남아국가 중에서도 인도네시아 화인들이 가장 큰 피해와 박해를 받았다. 인도네시아 배화세력은 배화의 원인 가운데 찾을 수 있는 모든 것을 적용했다. 제2차 대전이 끝나자마자, 인도네시아의 극단적 민족주의자들은 크고 작은 배화폭동을 10여 차례나 일으켰다. 그중에서도 화인 사상자가 가장 많았던 것은 1946년의 반둥폭동과 탕가랑폭동 그리고 1947년의 팔렘방폭동이었다. 인도네시아 독립 이후, 수카르노정부는 이른바 '민족화'란 이름하에 1952년부터 1959년 사이에 각종 법규를 제정 반포하고, 경제 분야에서도 전면적인 배화정책을 실시했다. 이는 화교들이 경영하는 전통적인 경제행업(무역업, 소매업 등)을 엄격히 제한하고 배척하는 정책이었다. 특히, 1959년에 공포한 '10호 법령'은 현(縣)이나 시(市) 이하의 지역단위에서 화인들의 소매업 경영을 금지하도록 함으로써, 30여만 명에 달하는 농촌 화인소매상이 도산하는 결과를 낳았다. 1957년 당시, 인도네시아에는 1,669개의 화교학교와 45만 명의 학생이 있었다. 그러나 1960년에 이르러 72%에 달하는 화교학교가 강압에 못 이겨 문을 닫고 말았다.[2] 1960년에는 화인상점이 중국어 간판을 내거는 것이 금지되었고, 1965년에는 신문, 잡지 등 모든 중국어출판물의 발행이 금지되었다. 가장 끔직한 일은 1965년 인도네시아에서 발생한 '9·13정변'이었다. 극단적 민족주의 정치인들이 반공을 빌미로 화인들에 대한 대학살을 자행함으로써, 40만에 달하는 화인들이 죽임을 당한 것이다.[3] 집권 이후, 수하르토는 모든 인도네시아 화교학교를 강제 폐쇄하고, 1967년에는 〈화인문제 해결을 위한 기본정책〉을 반포해 화인에 대한 전면적인 강제동화정책을 실시했다. 1994년에는 메단(Medan)에서 배화폭동이 일어났다. 또 1998년 5월에는 화인들이 인도네시아 사회모순 격화의 희생양이 되고 마는 사건이 재차 일어났다. 이 사건으로 인해, 수천의 화인상점들이 약탈을 당했고 수많은 화인여성들이 폭도들에 의해 강간을 당했다. 그 결과, 십만을 헤아리는 화인들이 인도네시아를 떠날 수밖에 없었다.

제2차 대전 이후, 필리핀정부도 장기간에 걸쳐 화교를 억압하고 배척하는 정책을 실시했고 그와 동시에 화교들의 국적취득도 엄격히 제한했다. 좀 더 구체적으로 말하면, 1945년에서 1965년 사이에 필리핀정부는 각종 입법조치를 통해, 화교의 '필리핀화' 정책을 강력히 추진했고 특히, 경제 분야에서 화교의 기업과 자본을 제한 혹은 배제하는 일련의 조치들을 취했다. 중국대륙에서 온 이민자들에 대한 제한은 특히 심해,

---

2) 暨南大學東南亞研究所, 『戰後東南亞國家的華僑華人政策』, 暨南大學出版社(廣州), 1989, 15쪽.
3) NAWAZ.B. MODY, 『Indonesia Under Suharto』, Sterling, New Delhi, 1987, p.46.

1949년에 입국이 허락된 중국이민자들의 수는 예년에 비해 90%나 줄었고, 1950년에는 중국이민자들의 입경이 전면 금지되었다. 또 국적취득을 신청한 화교에게는 귀화조건이 유달리 까다로웠고, 고액의 수수료, 복잡하고 번거로운 수속 절차, 시일 지연 등의 방법으로 각종 제한을 가했다. 필리핀정부가 이렇듯 화교의 귀화를 제한한 것은, 화교가 필리핀 국민이 되면 필리핀 토착민과 동등한 투자, 경영, 취업의 권리를 누리게 될 것이고, 반면에 더 이상 '필리핀화' 법률의 제한을 받지 않게 되어 경제 분야 특히, 취업이나 창업 등의 방면에서 토착민보다 경쟁우위에 서게 될 것을 우려했기 때문이다.

1942년 타이정부는, 그동안 대부분의 화교들이 종사하던 27개 업종에 대해 앞으로는 타이인만 종사할 수 있게 하는 규정인 〈직업제한법〉을 제정 공포했다. 특히, 1947년 이후 집권한 루앙 피분송코람(Luang Phibunsongkhram)정부는 화교를 대상으로 이른바 '경제 총공세'를 발동해, 각종 입법을 통해 화교의 경제활동을 제한했다. 가령, 1949년부터 1956년에 걸쳐, 〈직업보존법령〉, 〈과도한 사익추구 방지조례〉, 〈일부 상품 수출 통제조례〉 등을 잇달아 반포해, 취업, 경영, 수출무역 등의 분야에서 화교들에게 막대한 손해를 입혔다.

남베트남정권 또한 집권기간인 1954년부터 1975년 사이에 지속적으로 경제민족주의와 화교강제귀화운동을 추진했다. 남베트남정권은 강제동화를 목적으로 1955, 56, 57년 세 차례에 걸쳐 국적법을 개정해, 화교들에게 중국국적을 포기하고 베트남국적을 취득하도록 강제했다. 또한 베트남이 통일된 1975년 이후 등장한 하노이정권은 점진적이고 체계적인 배화정책을 추진하기 시작했다. 하노이정권이 남베트남 지역에서 실시한 '경제국유화'와 '사회주의개조' 정책은 명목상으로는 '자산계급'을 대상으로 한 것이었지만, 이로 인해 직접적인 타격을 받은 것은 주로 화인들이었다. 실제로 남베트남에 거주하는 화인들은 이상과 같은 조치들을 통해, 지난 수백 년 동안 자신들이 쌓아온 경제기반을 하루아침에 잃어버렸다. 1978년 이후, 베트남은 배화운동과 화교화인 강제추방운동을 공개적이고 대대적으로 전개했다. 특히, 1979년 2월 중국과 베트남 간에 전면전이 개시되면서부터는 화교화인 추방운동이 훨씬 더 강력하게 진행되었다 그 결과, 80년대 초에 이르면 베트남 당국에 의해 양산된 난민이 100만 명이 넘었고, 그 가운데 절반 이상이 화인이었다. 이러한 과정 속에서, 베트남 당국은 약 30억 달러에 달하는 화인들의 재산을 강제 몰수했고, 수십만에 달하는 화인들을 바다에 수장했다. 1978년 당시, 베트남의 화교화인은 약 180만 명이었는데, 이러한 일련의 추방조치로 인해 오늘날 베트남에 거주하는 화인의 수는 100만 명이 채 되지 않는다.[4]

장기간에 걸쳐 베트남의 영향을 받았던 라오스정부는 화교화인정책에 있어서도 일정정도 베트남정부를 모방했다. 1976년 라오스정부는 사인기업 개조정책을 실시했다. 이로 인해, 주로 상공업에 종사하던 화인들은 억압을 피해 대부분 타이로 이주했다. 그 결과, 1980년 당시 라오스에 남아있던 화인들은 불과 1만 명 남짓밖에는 되지 않았다.

캄보디아정부는 1956년 〈신이민법〉 제26조를 반포했다. 이 규정은 18개 업종에는 외국인의 참여를 불허한다는 내용이었다. 1957년에는 외국인의 송금액을 월수입의 30%로 제한하는 조치를 내렸고, 1958년에는 외국인이 소유한 부동산의 보유기간은 99년을 초과할 수 없다는 규정을 마련함과 동시에 화인회관(華人會館)의 해산을 명령했다. 그러나 이

4) 劉笑盈/于向東,「戰後越南華人四十年歷史之變遷」,『華僑華人歷史研究』, 1993(1), 45쪽.

러한 규정과 조치는 궁극적으로 화교들의 국적취득을 유도하는데 그 목적이 있었기 때문에 비교적 평화로운 방법으로 시행되었고 점진적으로 제도권 안에 편입시키는 방식으로 진행되었다. 따라서 화교들이 받는 충격도 그리 크지 않았다. 그러나 1970년 캄보디아의 론 놀(Lon Nol) 수상이 쿠데타를 일으켜 시아누크 왕을 몰아내고 공화국 대통령이 되면서, 화인들은 전에 없는 박해를 받았다. 화인들이 시아누크와 베트남 공산당의 지지자라는 이유에서였다. 1976년에 등장한 크메르루즈정권 역시 집권하자마자, 개인상공업에 대한 단속, 도시민의 농촌 강제이주, 화폐의 유통 및 사용 금지 등의 일련의 조치들을 실시함으로써, 화교화인을 도시 밖으로 내몰고 그들의 경제기반을 송두리째 앗아가는 결과를 낳고 말았다. 1979년 12월, 베트남이 캄보디아를 침공해 크메르루즈 정권을 전복시킨 후에도 배화정책에는 변함이 없었다. 결국, 그 11년 사이에 캄보디아를 떠난 화교화인의 수는 무려 10만여 명에 달했다.

말라야(1964년 이후, 말레이시아가 되었다.) 독립 이후, '말레이인의 말레이시아'는 말레이인이 주도한 역대 정부의 일관된 통치이념이 되었다. 말레이시아는 말레이인의 정치적 특권을 헌법으로 명문화한 유일한 동남아 국가였다. 따라서 총인구의 28%를 차지하고 있는 화인들은 정치적으로 이등국민일 수밖에 없었다. 더욱이 1969년의 '5・13 인종폭동사건'으로 인해, 화인들은 143명의 사망자를 낳았고, 여러 명의 화인 정당지도자가 체포되었다. 그 사이, 말레이인 사망자는 불과 25명에 지나지 않았다.[5] 결국, 말레이인들은 정치적 평등을 쟁취하고자 떨쳐 일어난 화인들에게 다시는 말레이인의 정치적 특권에 도전할 수 없도록 치명적 타격을 가했다. 1971년 이후, 말레이시아정부는 말레이인을 최우선으로

---

5) 王國璋, 『馬來西亞的族群政黨政治』, 唐山出版社(台北), 1997, 106쪽.

하는 신경제정책을 실시함으로써, 화인기업의 희생을 담보로 말레이인 기업의 부흥을 꾀하는 일련의 법적 조치들을 강행했다.[6]

2. 전후, 동남아 배화의 구실과 원인 분석

화인이 동남아에 정착한 지는 이미 수백 년이 지났다. 그동안 토착민과의 통혼, 생활습관 및 종교신앙의 변화 등을 통해, 화인들은 상당한 정도로 거주국사회와 융화되었고, 거주국언어를 구사하는 방대한 현지 출신 화인집단을 형성했다.[7] 1940년대에 이르면, 동남아에서 출생한 화인은 전체 화인인구의 절반 이상을 차지하게 된다.[8] 당시 동남아에서 화인이 가장 많이 집중되어 있던 자바의 경우만 보더라도, 현지 출신 화인이 70%나 되었다.[9] 1950년대 이후, 중국은 기본적으로 동남아 이민을 금지했다. 따라서 오늘날 현지 태생 동남아 화인은 전체 화인인구의 90% 이상을 차지하고 있다. 이렇듯 동남아 화인들은 혈연, 언어, 관습 등에서 이미 상당한 정도로 거주국에 동화되고 있지만 한편으로는, 배화로 인한 고난 역시 여전히 계속되고 있는 게 현실이다. 거

---

6) 말레이시아 신경제정책이 화인에 미친 영향에 대해서는, 郭梁, 『東南亞華僑華人 經濟簡史』, 經濟科學出版社, 1998, 175-180쪽 참조.
7) 인도네시아의 페라나칸(Peranakan), 싱가포르・말레이시아 지역의 바바(Baba), 필리핀의 차이니즈 메스티조(Chinese Mestizo), 타일랜드의 룩친(Luck Chin)이 그 예이다. 동남아 화인과 거주국 토착민의 융화문제에 관해서는, 吳鳳斌, 『東南亞華僑通史』 第6章 「逐漸融合于當地民族的東南亞華僑」, 福建人民出版社, 1994 참조.
8) 華僑問題研究會 編, 『華僑人口參考資料』(北京), 1956, 23쪽.
9) 傅无悶, 『南洋年鑒 : 癸』, 新加坡南洋商報社(新加坡), 1951, 140쪽.

주국 토착민과 정부가 동남아화인을 배척하는 구실과 원인은 크게 다음의 몇 가지로 정리해볼 수 있다. 첫째, 화인과 토착민의 경제적 격차이다. 화인과 현지 토착민의 경제적 위상의 차이는 줄곧 동남아국가들이 화교를 배척하는 주요 원인 중의 하나로 작용했다. 지난 수백 년 동안 화인 대부분은 무역에 종사했기 때문에 상품유통 분야에서 확실한 우위를 점하고 있었고, 그러한 유통 분야의 유리한 지위를 활용해 금융업이나 제조업 분야에까지 자신의 영역을 넓힐 수 있었다. 심지어 전문가들 중에는 해외화인이 동남아 경제를 좌지우지하고 있다고 주장하는 이들까지 생겨났다. 이들은 화인이 인도네시아 기업자산의 80%, 타이 제조업의 90%와 서비스업의 50%, 필리핀의 1,000개 대형기업 가운데 3분의 1 이상, 말레이시아 자본시장의 60%를 각각 장악하고 있다는 사실을 그 근거로 제시하고 있다.[10] 물론, 이러한 주장들은 해외화인의 경제력을 지나치게 과대평가한 측면이 있고, 더욱이 화인들이 동남아 경제를 장악하고 있다는 부정적인 인상을 거주국에 심어줄 우려가 있다. 그러나 전체적으로 볼 때, 동남아화인이 거주국토착민보다 경제적으로 우월하다는 것은 의심의 여지가 없는 사실이다. 일본에서 출판된 『동남아요람(東南亞要覽)』 1972년도 자료에 따르면, 화인인구의 비율이 가장 낮은 필리핀의 경우만 보더라도 상업시장점유율의 40%, 금융업의 30%를 화인이 장악하고 있다.[11] 1970년 이후, 말레이시아정부는 말레인의 경제적 위상을 제고하기 위한 '신경제정책'을 실시했다. 그 때문인지 동남아국가 중에서 화인과 토착민의 경제적 지위의 격차가 가장 적

10) JOHN MICKETHNAIT, 「A Survey of Business in Asia」, Economist, 9th March 1996, p.4.
11) 李國卿, 『華僑資本的形成和發展』, 郭梁/金永勛 譯, 香港社科出版社(香港), 2000, 201쪽.

은 곳이 말레이시아이다. 그러나 그런 말레이시아조차도 1995년 현재, 화인가정의 평균소득은 말레이가정의 그것보다 배 이상 높다.[12] 1996년 현재, 동남아 5개국의 30대 상장기업을 자본소유형태로 구분하면, 정부자본이 10개, 토착민자본이 7개, 화인자본이 11개, 외국자본이 2개로, 화인자본의 기업이 전체의 36.7%를 차지하고 있다. 또 이를 시가총액으로 계산하면, 정부자본이 51.7%, 토착민자본이 11.2%, 화인자본이 28.3%, 외국자본이 4.5%이다.[13]

상대적으로 경제적 약자라 할 수 있는 토착민에 대한 지원은 그동안 동남아 각국정부가 경제적으로 화인을 억압 통제하기 위한 가장 좋은 구실이었다. 인도네시아, 말레이시아, 미얀마, 필리핀 등의 정부는 1950년대 이후 화인경제의 희생을 대가로 토착민을 육성하는 각종 법규를 잇달아 제정, 반포했다.[14] 심지어는 화인의 자산을 강제 몰수하는 등의 극단적인 조치를 취한 국가들도 있었다.[15] 1970년대 후반, 베트남과 캄보디아 당국은 화인기업에 대한 전면적 탄압을 감행했다. 이는 '사회주의개조'란 이름하에, 사실상 경제적 우위에 있는 화인경제를 근저에서부터 무너뜨리겠다는 의도였다. 뿐만 아니라 배화를 주장하는 정치세력에게는, 화인과 거주국 토착민의 경제적 격차 역시도 '부자 화

---

12) 화인가정의 소득은 1,974링기트이고 말레인의 그것은 923링기트이다. 이에 대해서는, 林水 等 編, 『馬來西亞華人史新編』, 吉隆坡, 第2冊, 1998, 329쪽 참조.
13) 莊國土, 『華僑華人與中國的關係』, 廣東高敎出版社(廣州), 2001, 347-348쪽.
14) 필리핀의 경우에는, 1954년의 〈零售商菲化律〉, 1960년의 〈米黍業菲化律〉 등이 있고, 인도네시아의 경우에는 1954년의 〈碾米企業條例〉, 1959년의 현(縣)이나 시(市) 이하의 지역단위에서 화인들의 소매업 경영을 금지하는 〈第10號法令〉 등이 있다. 그리고 말레이시아의 경우에는 1971년의 〈新經濟政策〉이 대표적이다.
15) 1970년대 말, 베트남정부는 '사회주의개조'라는 미명 하에, 남베트남에 거주하는 화인의 재산을 몰수했고, 캄보디아정부는 '자산계급소멸'이란 이름하에, 도시에 거주하는 화인 전체를 시골로 내쫓고, 그 재산을 전부 몰수했다.

인'에 대한 가난한 토착민의 보편적인 반대정서를 선동하고 부추기는데 유리한 지점으로 작용했다. 실제로 일부 부유층 화상들의 사치스러운 생활방식이 화인에 대한 토착민의 강한 반발과 반감을 조장해왔던 게 사실이다. 결국, 이러한 등등이 당국의 배화조치에 일정한 사회적 근거가 되어준 셈이다. 사실, 일부 부유층 화인들은 지나치게 호화로운 결혼식이나 장례식뿐만 아니라 과도한 유흥과 향락 등으로 위화감을 조성하기 일쑤였다. 마닐라나 자카르타에 있는 화인의장지(화인공동묘역)를 본 적이 있는 사람이라면, 그 호화로운 화인공동묘지와 인근에 있는 초라한 토착민 판자촌의 선명한 대비에 놀라지 않을 수 없을 것이다.16) 일단 사회적 충돌이 격화되면 이러한 반발 심리는 일거에 증오심으로 폭발하기 마련이다. 결국, 토착민들이 화인을 습격하고, 화인상점을 약탈하는 일은 동남아 배화폭동의 일반적 행위가 되어버렸다. 1969년에 일어난 말레이시아 '5·13 종족충돌'과 1998년 인도네시아 배화폭동이 그 대표적인 예이다. 왕경우(王賡武) 교수는 1974년에 다음과 같이 지적한 바 있다. "화인과 본지인 간의 경제격차는 오늘날 여전히 쌍방의 관계에 걸림돌로 작용하고 있고, 언제든 충돌이 발생할 수 있는 잠재적 근원이 되고 있다." "쌍방의 관계가 첨예한 긴장상태에 있는 곳 가령, 인도네시아, 필리핀, 말레이시아의 일부 도시에서는, 경제적 차이 때문에 화인들이 남의 신경을 건드리고 남의 이목을 끌게 되는 일이 발생할 때에야 비로소 종족적 차이가 부각된다."17) 화인이 경쟁을 통해 경제적 우위를 확보할 수 있었던 데에는 그들이 본래 지닌 근면성, 투철한 직업의식, 탁월한 경영능력이 큰 역할을 했음은 당연하다. 또 동남아의

16) 戴國輝, 『東南亞華人社會的硏究』(下冊), 亞洲經濟硏究所(東京), 1974, 112-113쪽.
17) 王賡武, 『東南亞與華人』, 姚楠 譯, 中國友誼出版公司(北京), 1987, 205쪽.

각종 배화운동의 주요인 가운데 경제적 원인만 있는 것도 물론 아니다. 그러나 일반적으로 화인과 토착민의 빈부격차가 심하면 심할수록, 이러한 계층적 위화감과 이로 인해 발생하는 각종 모순들이 상호 이질적인 문화를 지닌 종족간의 충돌로 비화되는 것은 극히 쉬운 일이다.

둘째는 종교의 차이이다. 동남아국가에서 화인과 토착민의 종교적 차이는 국가별로 그 정도가 다르다. 대체적으로, 타이, 미얀마, 캄보디아, 라오스 등의 불교국가에서는 화인과 토착민의 종교와 관습에는 큰 차이가 없어 상대적으로 융화되기도 쉽고 종족간의 충돌도 거의 없는 편이다. 따라서 이들 국가에서 배화의 흐름이 나타난다면, 그 주된 이유는 이데올로기상의 차이와 화인의 경제적 우위성이다. 그러나 이슬람세력이 주도하는 인도네시아나 말레이시아 같은 경우에는 종교적 차이로 인한 종족충돌이 빈번하게 일어나고 있다. 또 그 충돌의 수준도 비교적 격렬한 편이다. 극단적인 무슬림들은 화인을 '별개의 종족'으로 분류해 배척하고 있고, 정부 또한 화인들에 대한 강제 동화를 시도하고 있다. 말레이시아대학 동아시아학과 주임교수인 허궈중(何國忠)의 말에 따르면, 이슬람교는 말레이인의 공통신앙이고, 따라서 사람들 대다수는 종교에 따라 말레인과 화인을 구별하는 경향이 있다고 한다. 그는 또 "일반 화인의 관점에 볼 때, 이슬람교와 중화문화는 완전히 다르다. 예를 들어, 이슬람 교리에서는 신도들에게 돼지고기 먹는 것을 금하고 있지만, 화인들에게 있어 돼지고기는 매우 중요한 식량이다."[18] 더욱이 1970년대 이후, 이슬람세계에서 정교일치를 주장하는 원리주의세력의 영향력이 급속히 확장되면서, 동남아 무슬림들은 보다 많은 이슬람화

18) 何國忠, 「政治和文化語境下的 '馬來西亞華人'語義辨析」, 李元謹, 「新馬華人 : 傳統與現代的對話」, 南洋理工大學中華語言文化中心, 2002, 48쪽.

정책을 추진할 것을 정부에 요구하기 시작했다. 물론 이것이 화인들의 반발을 불러왔음은 자명한 사실이다. 특히, 말레이시아의 제1야당인 이슬람교당(回敎黨)이 이슬람국가 건립을 주장하게 되면서 화인들을 더욱 공황상태로 내몰았다. 결국, 이 때문에 2001년 9월 말레이시아의 야당이자 화인정당인 행동당(行動黨)은 이슬람교당과의 공조를 파기했다.

셋째는 동남아와 중국의 관계이다. 냉전시기, 미국이 주도하는 서방세계는 중국을 고립, 봉쇄할 목적으로 동남아국가를 끌어들여 이른바 대(對)중국 포위노선을 구축했다. 서방국가들은 과거 자신이 동남아의 식민종주국이었다는 사실과 그로 인한 영향력을 이용해, 동남아 토착정부와 토착민들이 중국과 화인에게 반감을 갖도록 선동하고 부추겼다. 가령, 화인들은 거주국에 대한 충성심이 없다고 선전한다든지, 동남아 화인들은 중국의 '스파이'라는 근거 없는 낭설을 퍼뜨린다든지 하는 등등이다. 1954년 인도네시아 알리(Ali Sastroamijoyo) 총리는 인도의 네루 수상을 방문해, 중국정부가 해외대표의 전국인민대표대회 참석을 허용한 것을 두고 화인의 중국에 대한 변함없는 충성에 우려를 표하는 동시에, 네루 수상이 베이징을 방문하게 되면 저우언라이(周恩來) 총리와 이 화교문제에 대해 논의해 줄 것을 요청했다.[19] 네루는 이 요청에 응해 저우언라이를 만났을 때, 화교문제는 비록 인도와는 직접적인 관계는 없으나 일부 동남아국가들이 이 문제에 대해 갖고 있는 우려를 충분히 이해하고 있음을 공개적으로 표명했다. 당시 외신보도에 따르면, 1954년 저우언라이가 인도를 답방했을 때, 네루 수상에게 중국은 해외에 거주하는 교민들이 필히 거주국 국민이 되어야 한다는 점에서 인도

---

19) DONALD E. WILLMOTT, "The National Status of the Chinese in Indonesia, 1900 ~1958", New York, 1961, p.45.

와 같은 입장임을 밝혔다고 한다.

이외에도 중국정부는 동남아 화교들이 거주국 국적을 취득하고 거주국에 충성하는 것을 지지한다고 여러 차례에 걸쳐 천명했다. 그러나 이후에도 동남아 화인과 중국의 전통적 관계는 여전히 배화의 구실이 되었다. 1965년 인도네시아에서는 대규모 화인학살사건이 발생했다. 이 사건의 배경에는 화인의 인도네시아정부에 대한 충성심이 여전히 의심스럽고, 화인이 중국의 '스파이'로서 인도네시아정부의 전복을 기도하는 것이 아니냐는 의구심이 짙게 깔려 있었다.[20] 1974년 말레이시아가 중국과 외교관계를 수립할 당시에도 최우선적으로 고려되었던 것은, 중국이 대사관을 통해 말레이시아 화인들의 국가에 대한 충성에 일정한 영향력을 발휘하지 않을까 하는 걱정과 우려였다.[21] 따라서 쌍방이 공동으로 발표한 외교성명서에는, 중국은 이중국적을 허용하지 않을 것이며, 말레이시아 화교들에게 거주국 법률을 준수하고 거주국의 관습을 존중할 것을 특별히 강조하는 내용이 담겼다. 싱가포르 난양대학(南洋大學)은 당시로서는 동남아 유일의 중국계 대학이었는데, 싱가포르의 교육정책담당자들 중에는 난양대학의 중국식 교육이 중국에 대한 정치정체성을 배양할 가능성이 있다고 염려하는 이들이 존재했다. 결국, 난양대학이 합병되는 데에는 이러한 우려 섞인 입장이 중요한 원인의 하나로 작용했다.[22] 이렇듯 화인 주류의 싱가포르마저도 기타 인접국이 혹여 자신을 '제3의 중국'으로 인식하게 될까봐 걱정한 나머지 의

20) F. B. WEINSTEIN, "Indonesian Foreign Policy and the Dilemma of Dependence : From Sukarno to Soeharto", Cornell University, New York, 1976, p.121.
21) 陳鴻瑜, 『東南亞各國的政治與外交政策』, 渤海堂文化事業有限公司(台北), 1992, 198쪽.
22) 古鴻廷, 『東南亞華僑的認同問題 ; 馬來亞篇』, 聯經出版公司, 1994, 188쪽.

중국, 동남아, 화교화인의 삼각관계

도적으로 중국과 거리를 유지하려고 했다. 리콴유(李光耀)는, 중국과 싱가포르의 수교문제는 모든 아세안 국가가 중국과 정식외교관계를 수립한 이후에나 고려해 볼 수 있는 문제라는 점을 여러 차례 천명한 바 있고, 동시에 중국이 싱가포르 화인에게 압력을 행사해 싱가포르정부의 입장변화를 강요한다면 이는 싱가포르정부를 무시하는 처사라는 점을 누차 강조하기도 했다.23) 중국은 새롭게 부상하는 강대국이자 동남아의 인접국으로서, 아태지역 특히, 동남아지역에 끼치는 영향이 갈수록 증대되고 있다. 더구나 중국의 개혁개방정책은 동남아 화인들의 중국투자를 견인함으로써, 동남아국가의 지도자들로부터 화인들의 정체성과 정치적 충성도에 있어 갖가지 우려와 의문을 사고 있다. 심지어 개중에는 동남아 화인들이 여전히 "그들의 조국을 사랑하고 있는"24) 것이 아닌가 하는 의구심마저 품는 이들도 있다. 중국과 동남아국가 간의 관계가 날로 개선되면서, 동남아국가들 사이에서 중국이 동남아 화인의 정치정체성에 끼치는 영향에 대해 우려하는 경우는 점차 줄어들고 있기는 하지만, 여전히 강대국 중국이 지정학적 환경에 기대어 인접국 화인에 미치게 될 잠재적 영향력에 대한 우려는 앞으로도 토착민 중심의 동남아 각국 정부나 국민들에게 상당기간 남아있을 것으로 생각된다.

넷째는 동남아공산당의 문제이다. 주지하다시피, 인도차이나반도를 제외한 동남아 각국의 공산당원 중에는 화인이 적지 않다. 더군다나 태평양전쟁 기간 중에, 강고한 항일노선을 견지하며 각지에서 항일무장투쟁을 전개했던 화인들은 대부분 공산당원들이었다. 말라야공산당의 경우, 대일항전에서 승리했을 당시에는 국내에서 가장 영향력이 있던

---

23) 張錫鎭, 『當代東南亞政治』, 廣西人民出版社(南寧), 1994, 470-471쪽.
24) LEO SURYADINATA, ed. "Ethnic Chinese as Southeast Asians", Institute of Southeast Asian Studies, Singapore, 1997, pp.16-17.

정치집단 중의 하나였다. 싱가포르 인민행동당(人民行動黨) 내부에도 심정적으로 공산당을 지지하는 좌파세력이 상당수 있었다. 1946년 필리핀 총선에서는 공산당을 핵심으로 한 민주동맹(民主同盟)이 6석의 의회의석을 차지하자, 새로 당선된 반공 성향의 대통령이 당선무효를 선언했던 경우도 있었다. 전후 초기에 상당한 활약을 했던 인도네시아공산당도 1955년 인도네시아 총선에서 의회 내 제4당으로 등극했다. 냉전시기, 다수의 동남아국가 정부는 서방의 반공행렬에 동참해 자국 내 공산당에 대한 엄혹한 탄압을 가했다. 공산당 활동에 참여한 화인들은 사실 동남아 화인 중에도 소수에 해당했다. 그렇지만 반공의 창끝은 언제나 화인집단 전체를 겨냥했다. 뿐만 아니라 전후 초기 동남아 집권자들의 반공적 성향과 중국이 동남아에 미치게 될 영향력에 대한 그들의 우려가 교차되면서, 동남아 화인은 전후에도 상당기간 안팎으로 어려운 처지에 놓여 있었다. 타이, 남베트남, 필리핀 등의 국가는 전후 초기에 이른바 신(新)중국정부를 적대시했다. 이로 인해, 이 나라에 거주하는 화인들도 언제나 거주국 당국이 '반공'이란 이름하에 자행하는 온갖 박해와 탄압을 감내해야 했다. 어느 필리핀의회 의장은 필리핀 화교의 90%가 잠정적 공산분자라는 근거 없는 망언을 늘어놓기도 했고, 남베트남의 프랑스 식민당국은 화교들에게 '월맹(越盟, 베트남민주동맹)을 지지한다는' 혐의를 씌워 수시로 탄압을 가하기도 했다.[25] 심지어 타이정부는 1951년에 "공산당 선전활동을 벌임으로써, 타이의 기본정책을 위반하고 국가의 안전에 위해를 가하는 좌경·친공분자"[26]를 타이완으로 압송할 계획까지 꾸미기도 했다. 사실, 반공을 빌미로 배화조치를 취하는 것은

25) 費振東, 『海外華僑的處境』, 『厦門日報』, 1950.10.15.
26) 「暹華僑親共左傾分子当局將遣配台府」, 『南洋商報』, 1951.9.22.

동남아 정치인들이 즐겨 사용하는 관용적인 술책이었다. 말레이시아정부는 1969년 '5·13 종족충돌'을 비난하면서, 이 사건을 장본인인 화인, 말레이시아공산당, 화인사회당 등이 협잡을 하여 벌인 반란으로 규정했다.[27] 싱가포르당국은 196, 70년대에 중국어교육을 탄압하면서 중국어교육은 그 자체로 싱가포르와 말레이시아 화인들의 중국정체성을 촉발하는 것이라 주장했다. 그러나 공산주의가 동남아에서 점차 세력을 잃어가고 반면에 중국과 동남아의 관계가 점차 개선되어가면서, 공산당문제가 배화의 구실로 작용하는 경우는 거의 없어졌다.

앞서도 말했듯이, 전후 동남아 배화사건은 꼬리를 물 듯 끊임없이 일어났다. 물론, 그 배화의 원인은 나라별로 혹은 시기별로 다양했다. 그럼에도 불구하고 그 주요원인을 따지자면 우선 경제적 격차의 문제를 들 수 있을 것이다. 그러나 전후 초기부터 1970년대까지 화인과 동남아 공산당의 갈등 그리고 중국과 동남아의 긴장관계 역시 거주국의 정계요인이나 토착민들이 배화운동을 벌이는데 늘 중요한 구실이 되어주었다. 이밖에 종교적 차이에서 비롯된 종족충돌도 있었다. 이는 주로 이슬람교가 주도하는 인도네시아나 말레이시아에서 발생했다. 그러나 이 두 나라에서도 종교적 대립으로 인한 직접적인 종족충돌은 아직 일어난 적이 없다.

---

27) 王國璋, 위의 책(1997), 117쪽.

3. 화인과 거주국 토착민 관계의 현상과 발전전망

1980년대 이후, 동남아 각국의 배화운동은 현저히 감소했고 화인의 처우도 많이 개선되었다.

우선, 화인과 토착민의 경제적 격차가 줄어들었다. 1970년대 이후, 동남아 각국은 화인에 대해 상대적으로 관용적인 자세를 취하는 조치를 잇달아 마련하기 시작했고, 국가경제건설에 화인의 경제력을 참여시키는 방향으로 경제정책을 수정했다. 동남아국가들이 경제적으로 고도성장을 이룩했던 1970년대부터 1990년대 중반 사이에는 토착민의 경제적 위상도 현저히 높아졌다. 특히, 그동안 상공업 종사자가 극히 적었던 토착민과 그들이 중심이 된 거주국정부가 90년대에는 국가의 핵심적인 경제 분야 대부분에서 우위를 점하게 되었다. 물론, 토착민 간의 빈부격차는 여전히 심각했지만 전체적인 시장점유율에서 보면, 화인은 확실히 한 발 물러나 있는 상황이었다.[28] 이렇듯 경제적 위상이 높아지면서 토착민의 자신감은 자연히 증가했고, 그에 반비례해 화인을 대하는 그들의 태도는 상대적으로 너그러워졌다. 말레이시아의 마하티르(Mahathir bin Mohamad) 총리는 1991년 제시한 「말레이시아 비전 2020」에서, 발전하는 말레이시아, 공정한 말레이시아, 완전한 '말레이시아 민족 ' 전체의 말레이시아를 강조했다. 이는 과거 화인의 강제동화를 추구했던 '말레인의 말레이시아'에서 분명하게 방향을 선회한 것이었다.

둘째, 중국적 요소는 이제 더 이상 화인의 '원죄'가 되지 않고 있다.

---

28) 동남아 화인과 거주국 토착경제의 시장점유율 비교와 관련해서는, 郭梁,『東南亞華僑華人經濟簡史』, 經濟科學出版社, 1998, 208-210쪽 참조.

1970년대 중반부터 1990년까지, 중국과 동남아국가는 잇달아 외교관계를 수립하고 관계정상화를 실현했다. 1960년대 이후 동남아지역의 공산당 활동은 주요 사회적 관심분야에서 제외될 만큼 퇴조의 기미가 역력해졌다. 1970년대 말부터 중국과 동남아 각국의 정치경제관계는 상대방 내정에 대한 상호불간섭이란 기반 위에서 발전을 거듭했다. 이로부터 중국과 동남아화인 관계에 대한 동남아국가들의 걱정과 우려도 크게 줄어들었다. 1981년 중국의 지도자는 말레이시아 방문 중에, 아세안국가의 내정에 간섭하지 않겠다는 중국의 방침을 거듭 천명했다. 심지어 1990년대에는 동남아 화인들의 중국 투자조차도 기본적으로는 중국과 동남아 쌍방의 경제무역교류에 유리한 조치로 받아들여졌다.

셋째, 동남아 종족간의 종교적 충돌도 줄어들었다. 무엇보다 종족간의 화해가 국가 정치경제의 안정적 발전에 중요하다는 인식 하에, 동남아 각국정부는 화인에 대한 각종 호의적인 조치들을 앞 다투어 발표했다. 무슬림 중심의 인도네시아나 말레이시아에서도, 집권자들이 화인의 문화 및 종교의 존재적 합리성을 용인하는 발언을 여러 차례 한 바 있다. 또 인도네시아정부는 1998년 배화폭동이 인도네시아의 사회경제에 상당한 해악을 끼쳤다는 성찰과 반성 속에서, 화인을 대상으로 한 각종 기한부명령을 점차적으로 해제해나가기 시작했다. 인도네시아 와히드(Abdurrahman ad-Dakhil Wahid) 대통령은 2000년 2월 18일, 공교(孔敎, 儒敎)를 인도네시아 합법종교로 정식 승인한다고 공포했다. 말레이시아정부요인들도 1990년대 초부터 이질적인 문화 간의 적극적인 소통을 강조하기 시작했다. 1995년 말레이시아대학에서 '이슬람교와 유교의 대화'란 주제의 학술회의가 열렸을 때, 이슬람 급진주의자 안와르(Anwar Ibraim) 부총리가 직접 참석해 개막치사를 한 것이 그 상징적인 사례라 할 수 있다. 말레이시아정부의 대(對) 화인 관용정책은 최근 들어 그 폭이 더욱 넓어졌다. 특히, 중국어교육과 종교시설부지의 확보 면에서, 화인들의 바람을 일부 들어주기도 했다.[29]

1990년대 이후 종족충돌이 다소 완화되면서, 동남아 화인기업의 현지 경영환경도 일부 개선되었고 화인들의 정치지위도 일정정도 높아졌다. 물론 1998년 폭동이 화인들에게 막대한 손실을 끼친 것은 사실이지만, 이를 기화로 인도네시아 화인들의 사회적 지위에 전면적인 개선이 이루어진 것도 기억해야 할 일이다. 전체적으로 볼 때, 싱가포르, 타이, 필리핀에 거주하는 화인들의 정치적 위상은 이미 동남아 원주민과 거의 대등해졌고, 인도네시아, 인도차이나(베트남, 라오스, 캄보디아), 미얀마 화인들의 처지도 점차 개선되고 있다. 말레이시아 화인들의 정치적 지위도 아직은 상승될 희망이 있다.

1996년 말, 마하티르 총리는 미국의 대표적인 시사주간지 『타임』과의 인터뷰에서 다음과 같이 말했다. "지난날 우리는 100% 말레이화가 이루어져야 만이 진정한 말레이시아 국민이 될 수 있다고 생각했습니다. 하지만 오늘날 우리는 이 나라가 다민족국가임을 받아들이고 있습니다." "우리는 모든 화인들에게 이슬람교로 개종할 것을 강요할 생각이 전혀 없습니다. 또 우리의 무슬림동포들에게도 이교도들한테 이슬람교로의 개종을 강제해서는 절대 안 된다는 것을 강조하고 있습니다."[30] 1997년 싱가포르 대선에서 화인이 주도하는 민주행동당(民主行動黨)이 압승을 거두자, 고촉동(Goh Chok Tong) 총리는 이렇게 말했다. "우리는 화인국가가 아닙니다. 우리는 싱가포르를 화인국가로 만들려는 화인쇼비니즘을 절대 용인하지 않을 것입니다."[31] 또 리콴유는, 싱가포르는 다민족, 다종

29) 廖小建, 『世紀之交馬來西亞』, 世界知識出版社(北京), 2002, 274-275쪽.
30) 李萬千, 「華文敎育問題與前景」, 『南洋商報』, 1997.12.27.
31) 丹尼爾, 「在一個華人選區裏堅持多元種族主義久」, 『南洋星州聯合早報』, 1997.

교, 다언어 국가이며, 이것이야말로 싱가포르가 영구히 존속할 수 있는 근거임을 강조했다.[32]

화인과 토착민을 대표하는 동남아국가지도자들의 위와 같은 생각과 선언은, 이질적인 종교를 지닌 종족집단이라 할지라도 경제, 이데올로기, 외부모순 등에 대한 해소를 통해, 동남아라는 이 지역에서 평화롭게 공존할 가능성이 있다는 사실을 잘 설명해준다. 동남아 배화현상만 놓고 보더라도, 문화적 차이가 상존한다고 해서 그것이 항상 화인과 토착종족 간의 충돌을 조장하는 근원은 아니라는 점이다. 아니, 오히려 그것이 주요인으로 작용했던 적은 한 번도 없었다. 따라서 동남아 각 종족들이 다민족·다문화국가 건립에 기꺼이 동참할 수 있다면, 종교적 충돌은 훨씬 줄어들 것이다. 화인의 경우에도 거주국의 사회경제, 종족관계, 원주민의 이익 등에 상시적인 관심을 기울이는 것이 필요하다. 동남아 각 종족 간 경제적 격차가 확연이 줄어들고 상호간의 균형적 발전이 이루어져야만 화인사회의 권익도 근본적으로 보장받을 수 있는 것이기 때문이다. 오늘날 중국과 동남아의 관계는 날로 긴밀해져 가고 있다. 또 동남아 종족간의 경제적 격차도 갈수록 줄어들고 있다. 뿐만 아니라 각국 지도자들 역시 종족평등의 중요성을 새롭게 인식해 가고 있다. 필자가 향후, 동남아 종족관계를 전망함에 있어, 조심스럽게나마 낙관적인 기대를 갖는 것도 바로 이 때문이다.

1.8.

32) 杜絶嫦, 「甘冒風險批判鄧亮洪是爲了杜絶極端主義滋長」, 『南洋星州聯合早報』, 1996.12.31.

맺음말

제2차 세계대전 이후, 토착민이 주도하는 각국정부는 정도의 차이는 있기는 하지만 하나같이 배화정책을 추진했다. 그 결과, 동남아 각지에서는 각종 배화사건이 잇달아 발생했다. 배화를 촉발한 가장 주요한 원인은 화인과 토착민의 경제적 격차이다. 물론, 종교적 차이와 문화관습의 차이 그리고 공산주의운동과 중국—동남아의 관계 또한 종족관계에 지대한 영향을 끼쳤다. 그러나 1980년대 이후, 종족충돌을 유발한 이러한 요소들은 점차 해소되었고, 더불어 화인과 토착사회의 관계도 점차 개선되기 시작했다. 그리고 1990년대 이후, 동남아의 종족관계에는 기본적으로 훈풍이 불고 있다.

● 원제/출처 : 「文明衝突, 抑或社會矛盾—略論二戰以後東南亞華族與當地族群的關係」, 『厦門大學學報』(哲學社會科學版), 第3期, 2003

중국굴기(中國崛起) 시대의 동남아 화교화인사회 : 변화와 도전

류홍(劉宏)

이 글에서는 다음의 몇 가지 문제에 대한 해답을 제시해보고자 한다. 중국의 굴기(崛起)는 동남아지역과 그 지역 화교화인사회에 어떠한 영향을 끼쳤는가? 중국굴기(中國崛起) 시대에 동남아 화교화인사회는 어떠한 변화를 경험했는가? 이러한 변화의 학술적·정책적 함의는 과연 무엇인가? 구체적으로 말해, 이러한 문제들은 논의의 차원은 다르지만 상호 밀접하게 연관되어 있는 세 가지 주체 즉, 동남아 화교화인사회 자신 그리고 거주국의 정치·사회·경제·문화적 환경 마지막으로 중국의 시각 및 입장과 관련이 되어 있다. 결론적으로 말하면, 중국굴기와 그것이 동남아지역과 밀접하게 연관을 맺고 있는 정치·경제·문화·사회적 관계는 동남아 화교화인사회 변화의 중요한 외재적 요인으로 작용하고 있으며, 이는 동시에 국내정책을 통해 내재화되고 있다. 현재와 미래의 동남아 화교화인사회는 많은 기회에 직면해 있기도 하지만 동시에 새로운 도전과 맞닥뜨리고 있기도 하다.

이 글은 크게 두 개의 부분으로 나뉜다. 첫째는 중국굴기(中國崛起)가 동남아지역 및 그 지역 화교화인사회(이하, '화인사회'라 통칭)에 미친 영향에 대한 것이고 둘째는, 중국굴기 시대에 동남아 화인사회는 어떠한 변화를 경험했고, 어떠한 기회와 도전에 직면해 있는가에 대한 것이다. 구체적으로 말하면, 이러한 문제들은 그 차원은 다르지만 상호 밀접하게 연관되어 있는 세 개의 주체 즉, 동남아 화인사회 자신, 동남아 화인이 거주하는 국가의 정치, 사회, 경제, 문화적 환경 그리고 중국의 시각 및 입장과 관련되어 있다. 이상 세 가지 차원에서 볼 때, 이 삼자 간의 상호작용—삼자는 공히 각자의 이익을 고려하고 있고, 그에 따라 나름의 계산과 의도를 가지고 상호 접근하고 있다.—이나 상호교류의 결과는 정책적으로든 현실적으로든 세 주체의 최초 구상과는 다소간의 차이가 있을 수 있다. 필자는 학술연구의 차원에서, 과연 어떤 차이가 존재하는 것이고, 이러한 차이가 발생하게 된 원인은 또 무엇인지에 대해 고찰하고자 한다. 아울러 정책적 차원에서 학술적 연구 성과를 어떻게 공공정책에 적용할 것이며 또 어떻게 사회적 관심과 반향을 불러일으킬 것인지 그리고 동남아 화인사회의 발전을 촉진할 수 있는 방안에 대해서도 함께 고민해 볼 생각이다.

1. '초국가적 중화'의 형성 및 동남아 경제와 사회

현재 해외 학계에서는 중국굴기에 대한 연구가 매우 활발하게 진행되고 있다.[1] 통계수치로 볼 때, 최근 10년 사이에 중국의 경제적 위상은 크게 변화했다. 2010년 현재, 중국은 세계 제2의 경제대국이 되었고, 전 세계 GDP의 약 9%를 차지하고 있다. 이는 1990년 2%에도 미치지 못했던 데 비하면 비약적인 발전이 아닐 수 없다. 뿐만 아니라 세계 최대의 제조업 국가답게 전 세계 상품수출에서 차지하는 비중도 상당하다. 중국경제가 매년 1% 성장할 때마다 세계경제에 미치는 영향은 약 0.1%에서 0.4%에 해당한다. 전 세계적 측면에서 볼 때, 지난 10년 동안 '중국굴기'란 화두는 해외언론보도에서 3억 차례 이상 등장해 이 분야의 수위를 차지했다.[2]. 이는 중국의 영향력을 간접적으로 보여주는 하나의 예일 것이다. 다시 말해, 중국굴기는 이미 오늘날 세계의 정치, 경제, 외교가 직면해야 할 가장 중요한 과제 중의 하나가 되었다는 것이다.

전반적으로 볼 때, 중국과 동남아(아세안과 그 가맹국)의 관계는 꾸준하게 그렇지만 또 매우 급속하게 발전해왔다. 그 결과, 중국은 아세안의 가장 중요한 무역 파트너 중의 하나가 되었다. 이러한 무역관계에는 중국의 대외직접투자도 포함되어 있다. 과거 중국은 FDI(대외직접투자)의 주요 수혜국 중 하나였다. 그러나 중국은 21세기 벽두부터 '해외진출(走出去)' 전략을 적극적으로 채택, 시행함으로써, 대외직접투자의 속도와 역량을

1) Wiliam Keller and Thomas Rawski, eds., *China's Rise and the Balance of Influence in Asia*, Pittsburgh : University of Pittsburgh Press, 2007 ; Robert Rose and Zhu Feng, eds, *China's Ascent : Power, Security and the Future of International Politics*, Ithaca : Cornell University Press, 2008 ; Paul Evans, "Getting Global China Right", *Pacific Affairs*, Vol.82, No.4, 2009, pp.677-686 ; Peter J. Katzenstein, ed., *Sinicization and the Rise of China : Civilizational Process beyond East and West*, London : Routledge, 2012 ; the special issue on "Understanding China's Rise", *Journal of Contemporary*, Vol.19, No.64, 2010.

2) Global Language Monitor(GLM)가 전 세계 인터넷 및 블로그 등 SNS와 75만개 지면 및 전자매체를 대상으로, 지난 10년 동안 가장 관심을 받은 뉴스가 무엇이었는지를 조사한 결과, 중국굴기와 관련된 보도는 지금까지 3억 차례 이상 등장해 수위를 차지했다. http://media.people.com.cn/GB/40606/14576734.html, 2011.5.8.

대폭 확대해 나가고 있다.

이러한 투자는 크게 두 부분으로 나눌 수 있다. 첫째, 대형 국유기업의 자원형(資源型) 투자이다. 석탄, 철광, 석유 등 중요 천연자원에 대한 투자가 이에 해당한다. 이러한 투자의 대부분은 아프리카나 라틴아메리카 등 개발도상국에 집중되어있다. 둘째, 중소기업의 투자이다. 이는 주로 중국의 주변국에 집중되어 있는 것이 특징이다. 가령, 중국과 말레이시아 간 무역의 경우를 보면, 2009년부터 현재까지 중국은 말레이시아 제1의 수입국이자, 제2의 수출국이다. 이 또한 말레이시아 경제뿐만 아니라 화인사회의 발전에도 크게 이바지하고 있다. 말레이시아 나지브 라자크(Najib Tun Razak) 총리의 전임 중국사무 비서였던 후이산(胡逸山)에 따르면, 중국과 말레이시아 양국 무역관계의 대부분은 말레이시아 화인커뮤니티를 통해 이루어지고 있다 한다. 말레이시아 페낭의 경우에서 보듯, 말레이시아로 흘러들어오는 중국 자금은 갈수록 증가하고 있다. 현재 페낭에 건설되고 있는 대교(大橋)의 경우, 총 투자액 14억 달러 가운데 일부가 중국정부가 제공하는 이지머니(easy money)이다. 이 대교는 전체 길이가 24㎞로 동남아에서 가장 긴 대교이다.[3]

국제적으로 중국굴기에 대한 분석과 반응은 제각각이다. 그러나 동남아 현지에서는 도전이나 문제보다 기회가 더 많을 것이라고 생각하는 것이 일반적이다. 말레이시아의 압둘라 바다위(Abdullah Ahmad Badawi) 전 총리는 2004년에 다음과 같이 말한 바 있다. "중국은 오늘날 세계 최고의 재부(財富) 창조자이다. 따라서 말레이시아는 정치사회적으로 중국과 긴밀한 관계를 형성해야 하며, 각종 기회를 통해 중국과의 관계를

---

3) Jennifer Pak, "Will China's Rise Shape Malaysian Chinese Community?", http://www.bbc.co.uk/news/world-asia-16284388, 2011.12.30.

강화해야 한다."[4] 110만 명이 넘는 회원을 보유한 마화공회(馬華公會, 말레이시아화인공회 MCA의 준말)의 황스화(黃思華) 이사 역시 "중국의 굴기는 우리에게 더 좋은 기회를 제공한다."[5]고 명확히 밝힌 적이 있다.

중국굴기는 동남아의 경제적·문화적 차원에서 의미를 갖는다. 우선, 동남아인 그 중에서도 화인에게 새로운 기회를 부여했다. 말레이시아연합기계집단유한공사(馬來西亞聯合機械集團有限公司)의 총수 린자쉐이(林嘉水)는 다음과 같이 말했다. "중국의 경제개방 확대와 더불어 말레이시아 화인들은 점차 교량역을 자임하기 시작했다. 이들의 대부분은 미국이나 영국에서 교육을 받았을 뿐만 아니라 중국어와 중국문화에도 정통하다." 실제로 그의 회사는 중국에 공장을 건설했고, 말레이시아나 싱가포르 국적의 화인들을 중간관리자로 고용하고 있다. 그는 또 이렇게 말하기도 했다. "푸통화(普通話)도 할 줄 알고, 각 지역 방언들도 구사할 줄 알며, 거기에다 말레이어와 영어까지 할 줄 아는 사람이 과연 얼마나 되겠는가? 하지만 말레이시 화교들의 절대다수는 이러한 언어능력을 갖추고 있다."[6]

다음으로, 중국의 국가적 영향력 확대는 중화문화의 해외전파를 이끌고 있다. 중국정부는 세계 각지에 387개의 공자학원(孔子學院, Confucius Institute)을 두고 있다. 현재 동남아국가에도 30개에 달하는 공자학원이 개설되어 있고, 아세안 10개국에 5,062명의 중국어교사가 파견되어 있다. 이곳에서 공부하고 있는 학생은 6만여 명에 달하고, 15만 명이 중

---

4) Denis D. Gray, "China's Reach Extending to Southeast Asia", *The Seattle Times*, April 29, 2004.

5) 尹鴻偉, 『東南亞華人努力扮演新角色』, http://www.people.com.cn/GB/paper2836/13689/1224756.html, 2004.9.8에서 재인용.

6) 주3)과 동일.

국관련 문화프로그램에 참여하고 있다. 물론, 공자학원은 아주 작은 기구에 지나지 않는다. 하지만 동남아지역의 사회·문화·정치적 환경에 비추어볼 때, 공자학원이 갖는 정치적·문화적 영향력은 문화기관이라는 본래의 역할과 기능을 훨씬 뛰어넘고 있다. 뿐만 아니라 점점 더 많은 아세안 학생들이 중국유학을 선택하고 있다. 2002년에서 2004년 사이에 아세안 출신의 중국유학생수는 19%에서 119%로 급증했다.(2009년 현재, 아세안 출신 중국유학생 수는 34,735명에 달한다. 반대로, 아세안 각국에서 유학하고 있는 중국인 학생의 수는 68,510명이다.)[7] 중국의 대중문화 또한 동남아에서 일정한 시장을 확보하고 있다. 말레이시아 신문부(新聞部) 부부장 린샹차이(林祥才)는 2004년에 이렇게 말한 바 있다. "〈옹정왕조(擁正王朝)〉와 〈주향공화(走向共和, The Way To The Republic)〉와 같은 중국 드라마들이 우리나라 TV에서 방영되어 많은 사랑을 받았다."[8]

인도네시아의 경우, 수하르토 집권 기간(1967~1998년) 동안에는 중국어 사용을 금하는 등의 조치로 인해 중국과의 관계가 매우 소원했다. 그러나 수하르토가 실각한 뒤로는 대(對) 중국관계를 경제, 사회, 문화 등 전방면으로 확대하는 등의 새로운 입장을 채택했다. 인도네시아 교육문화부의 한 국장은 2008년 공개적으로 다음과 같은 입장을 피력한 바있다. "현재 인도네시아 사람들은 중국어를 배울 필요가 있습니다. 왜냐하면, 중국은 경제적으로 고속성장을 달성하고 있는 국가이기 때문

---

7) Michael A. Glosny, "Stabilizing the Backyard : Recent Development in China's Policy toward Southeast Asia," in Joshua Eisenman, Eric Heginbotham, and Derek Mitchell, eds., *China and the Developing World : Beijing's Strategy for th Twenty-first Century*, Armonk : M. E. Sharpe, 2007, pp.150-187 ; 「第二屆"中國-東盟教育交流週" 6日在貴陽開幕」, http://www.gov.cn/jrzg/2009-08/06/content_1384999.htm, 2009.8.6 ; 「孔子學院 : 中國文化擁抱世界」, 『人民日報』, 2012.8.10.

8) 주5)와 동일.

입니다." 또 16세의 인도네시아 중학생은 "중국어는 우리에게 매우 중요하다고 생각합니다. 왜냐하면, 중국과 인도네시아가 곧 자유무역을 시행한다고 들었기 때문입니다. 그렇게 되면, 중국 상인들이 인도네시아에 많이 오게 될 텐데, 그때 그 사람들과 자유롭게 소통하고 싶습니다."[9]라고 자신의 희망을 말하기도 했다.

경제 및 문화 관계가 날로 밀접해가는 이러한 거시적 환경 속에서, 중국과 동남아의 정치외교관계도 점차 제도화되는 추세를 보이고 있다. 예를 들어, 아세안 플러스 1, 아세안 플러스 3, 아세안 플러스 6 등 각기 다른 기제들 속에서 중국은 여전히 매우 중요한 파트너가 되고 있다. 특히, 양자 간의 회담은 주로 장관급 차원으로 격상되어 이루어지고 있는 것이 특징이다.[10]

요컨대, 지난 20년 동안 중국과 동남아는 정치, 경제, 문화 등 다방면에서 전면적 교류를 통해 상호 긴밀한 관계를 형성해왔다. 특히, 민족적 혹은 문화적 차원에서 볼 때, 이러한 관계와 제도화는 '초국가적 중화'의 탄생과 그 초보적 발전을 추동했다고 볼 수 있다. 일찍이 두웨이밍(杜維明) 교수가 주장한 '문화중국'의 확장인 셈이다. 이제 '중국'은 더 이상 하나의 민족국가라는 단순한 함의 이상을 갖는 존재가 되었다. 그것은 일종의 문화이고 상징이며, 해외화인의 원향(祖籍地)이다. 이른바 해외화인이라 함은 낙지생근(落地生根) 세대뿐만 아니라 최근 10년 사이에 새롭게 동남아로 건너온 신이민(新移民)까지 두루 포괄하는 말이다.

---

9) Edward Wong, "Indonesians Seek Words to Attract China's Faver", *New York Times*, May 1, 2010. 중국과 인도네시아 관계 및 화인의 역할과 관련해서는, Liu Hong, *China and the Shaping of Indonesia, 1949~1965*. Singapore and Kyoto : National University of Singapore Press and Kyoto University Press, 2011 참조.

10) 자세한 내용은, David C. Kang, *China Rising : Peace, Power and Order in East Asia*, New York : Columbia University Press, 2007 참조.

전자는 화인이고, 후자는 대부분 화교이다. 따라서 이들은 각기 다른 정치적·국가적 정체성을 지니고 있지만, 중화문화에 대한 열정과 화인 세계 내부의 소통과 교류에 대해서만큼은 동일하게 적극적인 태도를 보이고 있다. 2006부터 2008년 사이에 동남아지역에서는 국가를 불문한 대규모 설문조사가 이루어진 적이 있다. 이에 따르면, 동남아 화인의 중국에 대한 태도와 입장은 다른 민족에 비해 훨씬 더 긍정적이었다.[11]

필자의 생각에, '초국가적 중화'에 대한 정의와 해석은 두 가지 차원에서 이루어질 수 있다고 본다. 우선, 부단히 발전하고 있는 과정 그 자체 그리고 이를 뒷받침하는 기제와 관념체계이다. 중국은 현재 외부세계(여기에는 화교화인도 포함된다.)와 다원화된 상호교류를 진행하고 있고, 이는 국내의 변화와 발전에도 영향을 주고 있다. 또 다른 차원에서 주목해야 할 것은, 국경을 초월해 상이한 지리, 사회, 문화, 정치 환경 속에서 이동과 유동을 거듭하는 사람, 자본, 화물 그리고 사회적 송금(social remittances, 여기에는 관념, 규범, 실천, 정체성 등등이 모두 포함된다.)이다. 갈수록 긴밀해지고 있는 사회·경제·정치·문화적 교류 속에서, 초국적 중화는 국경을 초월한 하나의 현상이 되었다. 이러한 현상은 하나의 과정인 동시에 학자로서 고민하고 연구해야 하는 일종의 과제이기도 하다. 따라서 이러한 문제의식 속에서 관심을 가져야 할 문제는 결코 특정 국가 내부에만 국한되어서는 해결될 수 없는 월경적(越境的) 혹은 초국적인 문제들이다. 구체적으로 말하면, 국경을 뛰어넘어 끊임없이 이동을 반복하는 인구, 자본, 화물, 규범, 실천, 정체성 등등의 문제라고 할 수 있다.[12]

---

11) 王正緒·楊穎, 「中國在東南亞民衆心目中的形象－基于跨國問卷調査的分析」, 『現代國際關係』, 第5期, 2009.
12) 초국적 중화의 이론과 실천에 관련해서는 劉宏, 『跨界亞洲的理念與實踐 : 中國模式, 華人網絡, 國際關係』, 南京大學出版社, 2012 참조.

중국, 동남아, 화교화인의 삼각관계

119

2. 중국의 굴기와 동남아 화인사회

중국굴기가 동남아 화인사회에 미친 영향과 그로 인해 발생한 화인사회의 변화는 국가별로 각기 다른 양상을 띠고 있다. 이러한 차이가 발생하게 된 배경은 동남아 정치 및 화인사회 자체의 특징과 밀접한 관계가 있다. 가령, 말레이시아 화인사회는 오래전부터 완벽한 체계를 이루고 있었다. 즉, 화인사회의 3대 버팀목이라 할 수 있는 사회단체(社團), 학교, 언론은 지금까지도 존재하고 있고 계속해서 번영발전하고 있다. 그런데 인도네시아의 경우에는 이와는 다른 면모를 보이고 있다. 특히, 수하르토가 집권하던 기간은 화교학교는 물론이고 중국어신문 하나 없을 정도로, 이른바 화문전통(華文傳統)이라고 하는 것이 뿌리째 뽑혀버린 시기였다. 싱가포르의 경우는 이와는 또 다르다. 즉, 싱가포르 화인사회는 영어 중심의 언어 환경 속에서 발전되어왔다.

중국굴기가 동남아 화인사회에 끼친 영향을 고찰할 때, 초보적인 학술 및 정책의 과제로서 다음의 네 가지 현상을 고려할 필요가 있다. 첫째, 중국과 동남아 화인집단의 관계는 그 밀도, 범위, 빈도 면에서 이전보다 훨씬 강화되고 있다. 둘째, 동남아국가(가령, 인도네시아, 필리핀, 타이 등)에서 나고 자란 화인 가운데 일부는 이른바 '재중국화(再華化, Resinicization)' 현상을 겪고 있다. 셋째, 신(新)이민과 현지에서 출생한 화인의 관계는 매우 복잡하게 착종되어 있다. 넷째, 화인사회는 새로운 도전에 직면해 있다. 여기에는 화인의 정치적 충성, 화인과 모국의 관계, 중국정책에 대한 현지인들의 입장 및 관점이 모두 포함된다.

상술한 바와 같이, 최근 10년 동안 중국과 동남아지역 간의 관계는 날로 밀접해지고 있다. 그 결과, 동남아 화인사회의 다원성과 강인성은 보다 강화되었고, 화인의 지위와 위상 또한 범정부적 차원의 관심과 중시뿐만 아니라 사회적으로도 큰 반향을 불러일으키고 있다. 가령, 2011년 9월 말레이시아 국제통상부 장관 무스타파 모하메드(Y. B. Dato'Sri Mustapa Mohamed)는, 현지 사회단체(客家公會, 海南會館, 潮州會館 등)와 중국의 교류는 말레이시아와 중국의 경제관계에 도움이 된다고 말한 바 있다.[13] 인구수로 볼 때, 말레이시아 화인사회의 인구는 자연증가 외에도 최근 20년 동안 신이민이 대폭 증가했다. 추정치 통계에 따르면, 2007년 현재 동남아지역의 화인 및 화교의 총인구수는 3,348만 명으로, 동남아 총인구의 6%에 달한다. 또한 개혁개방 이후, 동남아로 이주한 중국 신이민은 250만 명을 넘어섰다.[14] 신이민의 증가는 다양한 정치문화전통과 사회실천을 동반하기 마련인데, 이로 인해 동남아 화인 내부의 다원화와 차별화는 훨씬 더 그 정도가 심해졌다. 뿐만 아니라, 화교화인과 중국의 관계에도 새로운 구도가 형성되었는데, 원향과의 연계 강화가 그 예라 할 수 있다. 하나의 문화적 상징이자 정치적 실체로서의 중국은 그동안의 전통적이고 지역적인 교향(僑鄕)의 차원을 넘어 이제는 동남아 화인 및 신이민 사회의 핵심적인 교류대상이 되고 있다.[15]

중국의 시각에서 볼 때, 지난 30년 동안 해외화인에 대한 중국의 입장에도 일부 변화가 있었다. 개혁개방 초기 중국이 가장 주목한 것은 최대 외국인투자자로서의 해외화인(특히, 동남아, 홍콩, 마카오, 타이완)이었다. 그러나 현재 중국정부의 최대 관심은 신이민의 문제이다. 그중에서도

---

13) 「貿工部擬與籍貫團體合作吸引中國宗親投資」, 『中國報』, 2011.9.10.

14) 莊國土, 「東南亞華僑華人數量的新估算」, 『厦門大學學報』, 第3期, 2009.

15) Liu Hong, "Transnational Chinese Social Sphere in Singapore: Dynamics, Transformations, Characteristics", *Journal of Current Chinese Affairs*, Vol.41, No.2, July 2012, pp.37-60.

특히, 구미지역의 하이클래스 신이민에 관심의 초점이 모아져 있다. 여기에는 중국의 현대화에 이들의 지식, 기술, 경험을 최대한 활용하고자 하는 중국정부의 의도가 내재되어 있다. 이와는 상대적으로, 싱가포르를 제외한 동남아 대부분의 지역은 중국의 이러한 새로운 전략 속에서 뚜렷한 지위를 확보하고 있지 못한 게 현실이다.16)

두 번째는 화인 및 신이민의 증가와 더불어 동남아 일부 화인집단 안에서는 '재중국화' 현상이 나타나고 있다는 것이다. 역사적으로 볼 때, 20세기 초 인도네시아, 말레이시아, 싱가포르의 토착 화인들은 화인으로서의 자신의 문화정체성을 어떻게 재확인할 수 있었을까? 필시 그들은 중국의 언어와 문화에 대한 학습과 교육을 통해 화인으로서의 자신감과 자부심을 확인할 수 있었을 것이다. 물론, 여기에는 화인문화를 공개적으로 선전하거나 화인의 명절을 경축하는 것도 포함된다. 동남아에서 나고 자란 화인들의 화인문화와 자기정체성에 대한 재확인 내지 새로운 모색(여기에는 중국 및 원향의 관계 형성과 강화 등이 포함된다.)을 우리는 '재중국화'라 정의한다. 일본 교토대학(京都大學) 동남아연구소 교수로 있는 스윈링(施蘊玲, Caroline Hau)은, "재중국화가 의미하는 것은 폐쇄적이고 피억압적인 것으로 평가 절하되어 온 중국성(Chineseness)의 부흥이자 회복이다. 보다 넓은 의미에서 말하면, 동남아 및 기타 지역의 화인이 더욱 개방적이고 역동적으로 활약할 수 있게 해주는 강한 자존감과 자신감을 가리킨다."17)라고 했다.

2000년 인도네시아 전국인구센서스 결과에 따르면, 전국 총인구의

---

16) 劉宏, 「當代華人新移民的跨國實踐與人才還流 : 英國與新加坡的比較硏究」, 『中山大學學報(社會科學版)』, 第6期, 2009.

17) Caroline Hau, "Becoming 'Chinese' in Southeast Asia", in Katzenstein de., *Sinicization and the Rise of China*, pp.175-206.

1.2%인 240만 명만이 자신의 에스닉 아이덴티가 화인이라는 것을 인정했다. 그러나 2010년에 이르면, 이 비율은 3.7% 즉, 880만 명으로 증가하게 된다.[18] 2000년 이후, 인도네시아에는 400여개의 화인단체가 설립되었고, 10여 종의 중국어신문과 50여개의 삼어학교(三語學校, 인도네시아어, 중국어, 영어)가 등장했다. 물론, 이러한 화인으로서의 자기정체성과 종족적 자부심의 증강이 전적으로 중국굴기 때문이라고만은 할 수 없다. 여기에는 정치적 환경의 변화, 화인 자신의 정치의식 제고 등 다른 요인들도 함께 개입되어 있다. 그러나 만일 중국굴기라는 거대한 시대적 변화가 없었다면, 이 모든 것들이 발양될 여지는 그다지 많지 않았을 것이다. 말레이시아의 중국어저널 『광명보(光明報)』의 CEO인 롱야오친(容耀群, 현지에 있는 한 화교학교의 이사이기도 하다.)의 말에 따르면, "중국의 점진적 부상에 힘입어 중국어를 배우고자 하는 현지 거주민들이 갈수록 늘고 있다. 물론 여기에는 상당수 비(非)화인도 포함된다. 또 지난 30년 사이에 현지 화교학교에 다니는 비화인 학생의 수도 이미 6만 여명을 넘어선 것으로 추정된다."[19]는 것이다.

타이의 경우도 이와 유사하다. 2006년 현재, 타이 국회의원 가운데 3분의 2가 중국계이다. 최근에는 타이의 전직 총리와 정치인들 가운데 일부가 자신이 중국계임을 공개적으로 밝히기도 했다. 물론 여기에는 이를 빌미로 중국교류의 문호를 열고 이를 통해 자신의 정치적 입지를 강화하고자 하는 정치가적 의도가 숨어 있을 것이다. 타이 국회의원 크라이삭 추나반(Kraisak Choonhavan)은 다음과 같이 말한 바 있다. "의회 내에 내가 알고 있는 사람들은 거의 다 중국을 방문한 적이 있습니다. 또

---

18) Zakir Hussain, "Chinese Indonesians Come Full Circle", *Jakarta Post*, June 8, 2012.
19) 주3)과 동일.

타이 정부 관리들은 중국 관료들과 회담할 때마다 거의 어김없이 자신의 뿌리를 언급하며 중국과의 인연을 과시하기도 합니다."[20] 아마도 이런 현상은 불과 20년 전까지만 해도 도저히 상상할 수 없는 일이었을 것이다. 타이는 2008년 반한(Banharn Silpa-archa) 전 총리의 주도 하에, 「용의 후예(龍的傳人, 중화민족을 일컬음—옮긴이)」란 박물관을 건립하고, 5천년에 걸친 중국의 역사와 문화 그리고 현지 화인들의 문화 이렇게 두 부분으로 나누어 전시회를 개최하기도 했다. 이는 현지 화인들의 민족적 자부심을 고취하는 또 하나의 계기가 되어주었다.

세 번째 현상은 신이민과 현지 출신 화인 간의 협력과 경쟁이 혼재된 복잡한 관계이다. 중국 비정부기관의 통계에 따르면, 1978년 중국의 개혁개방 이후 해외로 이주한 신이민은 800여만 명에 달한다고 한다. 싱가포르에 새로 이주한 화인의 경우만 해도 현재 최소 40만 명에 달하는 것으로 추정되고 있다. 21세기 들어, 싱가포르는 출생률이 해마다 감소하는 문제에 직면해 있다.(현재, 1.12명으로 인구대체수준인 2.1명을 훨씬 밑돌고 있다.) 따라서 싱가포르정부는 부득이 외부에 문호를 활짝 열고 적극적으로 이민을 받아들이는 것으로 이 문제를 해결하려 하고 있다. 2010년 6월 현재, 싱가포르의 총인구는 507만 6천명이고, 이 가운데 거주자는 377만 명이다. 이를 좀 더 세부적으로 분석해보면, 322만 명의 싱가포르 시민권자(公民, 총인구의 63.5%를 차지하고, 총 거주자의 85.6%를 차지한다.)와 54만 1천명의 영주권자(永久居民, PR, 총인구의 10.7%를 차지하고 총 거주자의 14.4%를 차지한다.) 그리고 130만 5천 명에 달하는 외국인(싱가포르에 1년 이상 거주한 자는 총인구의 25.8%를 차지한다.)으로 구성되어 있다. 이에 따르면, 영주권자의 증가율이 시민권자의 증가율을 크게 웃돌고 있는 것을 볼 수 있다. 즉,

20) Kang, *China Rising*, p.136.

동남아화교화인과 트랜스내셔널리즘

시민권자의 연 증가율은 2005년부터 2009년까지 0.8%~1.1%에 달하는 반면, 영주권자의 증가율은 2005년 8.6%, 2009년 11.5%에 달하고 있다. 그리고 비(非)시민권자의 증가율은 2007년과 2008년 각각 15%와 19%였다. 이밖에 출생지가 싱가포르 이외의 국가나 지역인 거주자의 비율은 2000년 18%에서 2010년 23%로 증가했다.[21]

　이민자의 대폭적이고 급속한 증가에 대한 현지 화인들의 관심과 우려는 어쩌면 불가피한 일일 것이다. 중국 신이민과 관련된 현지 여론은 크게 셋으로 나뉜다. 첫째, 신이민의 유입은 워낙에 부족했던 자원(직장, 학교, 집, 대중교통 등)에 대한 경쟁을 가속화시킨다. 둘째, 중국 신이민은 사회적·문화적으로 주류사회와는 다른 양상을 보인다. 셋째, 많은 신이민이 싱가포르 국적을 취득했다 하더라도 정치적으로는 여전히 중국의 입장에 서있다. 사실, 싱가포르 신이민자 가운데 가장 많은 비중을 차지하는 것은 말레이시아 화인이다. 그렇지만 그들은 중국의 신이민자만큼 여론의 주목을 받는 것 같지는 않다. 아마도 이는 말레이시아와 싱가포르 양국의 역사적 친연성과 양국 문화관습의 동질성 때문일 것이다.[22] 심지어 일부 언론매체에서는 외국인의 대량 유입이 "싱가포르인과 외국인의 대치"를 조장하고 이로 인해 오히려 화인과 말레이인종, 인도인 간의 종족적 차이는 점차 모호해졌으며, 결과적으로 동남아 화인의 거주국 국민으로서의 정체성도 보다 강화되었다는 내용의 보도를 내보낸 적도 있었다. 어느 싱가포르 화인의 말은 보다 직설적이다. "난 싱가포르 화인입니다. 만일 어떤 외래 화인이 감히 우리 싱가포르의 말

21) Key demographic trends, *Singapore Census 2010*, available on http://www.singstat.gov.sg/pubn/popn/c2010acr.pdf.

22) 자세한 내용은, 劉宏, 「新加坡的中國新移民形像 : 當地的視野與政策的考量」, 『南洋問題研究』, 第2期, 2012 참조.

레이 형제를 건드린다면, 난 기필코 그 놈한테 내 주먹맛을 보여줄 겁니다. 우리 싱가포르 화인과 말레이인은 같이 군복무를 했습니다. 그게 화인이든 화인이 아니든 그건 중요하지 않아요. 중요한 건 우리가 싱가포르 사람이라는 겁니다."23)

싱가포르정부의 이민정책과 신이민에 대한 싱가포르 국민의 불만은 2011년 싱가포르 대선에서 여지없이 표출되었다. 2011년 대선에서, 인민행동당(人民行動黨)의 득표율은 60%에 그쳤다. 이는 1959년 싱가포르 자치 이래 역대 최저의 득표율이다. 그에 반해, 야당은 40%에 육박하는 득표율을 기록했다. 이러한 결과가 나온 것은 결코 경제적인 문제 때문만은 아니었다.(2010년 싱가포르 GDP 성장률은 14.7%였다.) 그 주요 원인은 정부의 이민정책이 싱가포르 인구의 급증을 야기한 것에 대한 유권자들의 불만에 있었다. 이 선거는 싱가포르에 하나의 분수령이 되었다. 선거가 끝난 후, 싱가포르정부는 이민정책을 일부 수정해, '싱가포르인 우선' 정책을 채택하고 대신 외국인의 유입속도를 다소나마 늦추기 위해 이민의 문턱을 크게 높였던 것이다.

중국굴기에 대한 다양한 반응은 국가적 차원에서도 나타났다. 2012년 9월 리센룽(李顯龍) 싱가포르 총리는 베이징에서, 싱가포르는 최근 중국이 이룩한 성과에 깊은 감명을 받았으며, 같은 아시아인으로서 큰 자부심을 느낀다는 내용의 발언을 한 적이 있다. 이에 덧붙여 그는 투자, 무역, 관광 등의 측면에서 싱가포르는 중국을 중요한 기회로 여기는 동시에 경쟁대상으로 생각하며, 이는 국가라는 거시적 차원에서도 그렇고 개인적 차원에서도 그렇다는 말도 빼놓지 않았다. 그래서 그는 중국 기자와의 인터뷰에서, "중국은 다른 나라의 일반국민에게마저 위협, 우

23) Seah Chiang Nee, "It's Singaporean vs Others", *The Star*, June 25, 2011.

려, 공포의 대상이 되었다."라고 했던 것이다.[24]

네 번째 현상은 글로벌한 시대에 동남아 화인사회의 안정과 평화적 발전은 여전히 심각한 도전에 직면해 있다는 것이다. 역사적·현실적 이유로, 화교화인은 중국과 동남아 간의 정치·외교적 관계와 떼려야 뗄 수 없는 불가분의 위치에 있다. 따라서 그들의 위상과 역할은 국가 내부의 종족적·정치적 관계의 제약뿐만 아니라 외부의 정책 및 그 내재화의 영향에서 결코 자유로울 수 없다.

2010년 말레이시아 셀랑고르(Selangor)에서 치러진 보궐선거를 예로 들어보자. 말레이어신문『Utusan Malaysia』2010년 4월 28일자에는 '말레이시아 화인 : 그대는 도대체 무엇을 원하는가?'라는 제목의 기사가 실렸다. 이 글에서는 화인들에게 이렇게 질문하고 있다. 화인들, 그대들은 이미 대성공을 거두지 않았는가? 그런데 왜 아직도 '5·13' 인종폭동의 악령에서 벗어나지 못하는가? 왜 지금의 정치적 제한을 받아들이지 못하는가? 이에 대해 화인사회는 곧바로 직접적인 반응을 보였다. 같은 해 5월 9일『The Star』는 이에 대한 답변의 성격을 띤 글 한편을 게재했다. 내용인즉슨, 현재 화인이 직면한 최대의 문제는 인구비율의 수직하강(예측에 따르면, 2035년에 이르면 화인은 총인구의 18.6% 밖에 되지 않을 것이다.)이며, 화인은 말레이인의 정치적 주도권에 도전하려는 것이 아니라 단지 정부의 '존중과 자신들의 공헌에 대한 인정'을 요구할 뿐이라는 것이다. 결론적으로 말하면, 말레이시아 화인은 스스로를 말레이시아의 일부분으로 생각한 지 이미 오래되었다는 것이다.

이와 더불어 현지사회의 정치와 종족의 관계를 어떻게 이해해야 할 것인가 역시 우리가 특별히 관심을 가져야 할 문제이다. 최근 인도네시

---

24) 「李顯龍 : 中國旣是機遇也是競爭對手」,『聯合早報』, 2012.9.7.

아 화인사회와 중국의 관계는 날로 밀접해지고 있다. 2011년 한 해만 하더라도 138개의 대륙대표단이 인도네시아를 방문했는데, 이는 평균 3일에 한 번꼴인 셈이었다. 보도에 따르면, 이들 대표단은 통상 해당 정부를 거치지 않고 직접 화인기업이나 화인단체를 찾았다고 한다. 인도네시아 학자들 가운데에는, 이런 현상이 결국 해당 정부의 우려를 자아낼 수밖에 없을 것이라 염려하는 이들도 있다. 그도 그럴 것이 동남아 국가를 방문하는 중국정부의 관료들 중에는, 해외 화족(華族) 청년들이 중국어를 열심히 공부해 중국 젊은이들과의 소통과 교류를 활발히 전개함으로써 민족정체성을 강화하기를 바란다는 뜻을 피력하는 이들이 꽤 많다. 중국 입장에서 보면, 이는 충분히 이해할 만한 것이고 또 당연한 것일 수 있다. 그러나 동남아국가들 입장에서는 이를 문제시하지 않을 수 없다. 인도네시아의 몇몇 주요 일간지에서는, 이를 중국이 "이미 귀화해 우리나라 국민이 된 절대다수 화인들의 구심력을 흔들려는 시도"로 간주해, 심지어는 "민족의 이익과 건설을 위해 우리는 화인단체를 해산하고 금지시켜야 한다."[25]고까지 제안하는 내용의 보도를 내보낸 적도 있었다. 전 인도네시아정보국 관리이자, 홍콩・베이징주재 외교관을 지낸 바 있는 레고워(李克沃, Drs. Krisno Legowo Widjaya)는, 화인은 "스스로를 모국(祖籍國) 쪽으로 억지로 끌고 가서는 안 됩니다. 이는 배타성과 부조화를 과도하게 표현하는 것과 같습니다."라고 말했다. 또 그는 인도네시아 화상들은 중국의 건설에 진력할 것이 아니라, 우선적으로는 인도네시아 국내경제건설에 보다 많은 투자와 참여를 해야 한

---

25) 印尼『國際日報』, 2012.4.21. ; "『時代報』刊文要求? 解散和禁止華人社團" ; http://indonesia.sinchew-i.com/node/31584. 참조. 인도네시아어로는 Koran Tempo, 2012.5.12에 게재되어 있다.

다고까지 말했다.[26]

　마지막으로, 동남아 화인사회는 국제정세와 지역상황의 변화에도 매우 민감한 반응을 보이고 있다. 특히, 중국굴기와 중국의 군사대국화를 억제하고자 하는 미국의 '아시아로의 회귀(Pivot to Asia)' 정책은 동남아 화인사회에도 큰 영향을 주었다. 최근 1년 동안, 중국과 동남아 언론매체들의 주요 관심사 중의 하나였던 것은 바로 남중국해 영유권 분쟁이다. 필리핀 대통령 아키노 3세는 2011년 9월 처음으로 중국을 국빈 방문했다. 그는 이번 방문기간 동안에 특별히 자신의 원향인 민난(閩南) 지역을 찾았고, 그 자리에서 이 일정이 자신이 중국에서 이룬 "가장 성공적인 일"이라고 말했다.[27] 그러나 그가 비록 화인혈통을 지닌 중국계였다고는 하지만, 한 나라의 대통령으로서 그가 하는 말 한 마디 한 마디, 행동 하나하나는 필리핀의 국가이익을 최우선적으로 고려하는 것이었다. 경우에 따라서는 중국과의 정면충돌도 서슴지 않겠다는 비장한 태도를 보이기까지 했다.(가령, 2012년 5월 스카보러섬(중국명, 황엔다오黃岩島)을 둘러싼 주권분쟁과 9월 남중국해를 서필리핀해로 개명한 사건 등등.) 일반 화인들도 국가정체성과 화인정체성 사이에서 선택을 강요당했다. 필리핀 화예청년연합회(華裔青年聯合會) 회장 홍위화(洪玉華)는 이와 관련해 다음과 같이 말했다. "나는 필리핀에서 태어나 성장하고 교육을 받았습니다. 필리핀은 내 조국이나 다름없습니다. 그러니 내가 필리핀의 이익을 우선하는 입장에 서는 것도 지극히 당연한 일이겠지요. 필리핀 사람들과 우리 같은 화인들은 한 가족이나 진배없는 것입니다."[28] 아로요

---

26)　http://supardi.i.sohu.com/blog/view/213082346.htm, 2012.4.24.
27)　「回鴻漸村謁祖是我到中國最成功的事」, 『廈門日報』, 2011.9.4.
28)　「菲華人僑領: 美國是中菲爭端幕後推手」, http://news.qq.com/a/20120529/000101. htm, 2012.5.29.

(Gloria Macapagal Arroyo) 전 대통령 집권 시기에, '대통령 중국특사'를 역임했고, 현재 필리핀 화인사회 최상위단체라 할 수 있는 '필리핀화상연합총회(菲華商聯總會 간칭, 商總)' 명예이사장으로 있는 황청훼이(黃呈輝)는 이렇게 말한 바 있다. "필리핀 화인에게 있어서, 필리핀은 우리의 삶의 터전이고, 중국은 우리의 모국이자 고향입니다. 따라서 우리는 모국과 필리핀이 영원히 평화롭게 지내기를 바랍니다. 만에 하나 쌍방 간에 전쟁같은 불상사가 일어난다면, 우리 화인들은 태도를 분명히 해야 합니다. 도저히 다른 선택의 여지가 없다고 생각되면, 우리는 어쩔 수 없이 필리핀 편에 설 수밖에 없습니다."[29] 실제로 화인들은 이렇듯 '샌드위치' 같은 아주 미묘한 입장에 처해 있는 게 사실이다. 이는 새로운 국제질서 속에서 중국굴기가 실제로 기회이자 동시에 위기라는 것을 간접적으로 보여주는 하나의 실례일 것이다. 보다 넓은 의미에서 볼 때, 새로운 강대국의 탄생과 부상 즉, 대국굴기(大國崛起)는 필연적으로 기존의 지역정치와 국제질서에 새로운 변화와 조정을 요구하게 되며, 국제관계 및 국가 내부의 종족관계에도 지대한 영향을 끼치기 마련이다.[30]

3. 기회와 도전이 병존하는 동남아 화인사회

이 글에서는 중국굴기를 국제정세의 변화라는 거시적 환경 속에서 살펴보고, 그것이 동남아국가 및 화인사회에 끼친 다층적 영향을 분석

---

29) 黃棟星/谷棣, 「菲200萬華人扎根主流社會」, 『環球時報』, 2012.5.30.
30) 자세한 내용은, 劉宏, 「海外華人與崛起的中國」, 『開放時代』, 8月號, 2010, 79-93쪽 참조.

해보았다. 중국의 굴기와 그것이 정치, 경제, 문화, 사회 등 다방면에서 동남아와 맺고 있는 관계는 동남아 화인사회 변천의 핵심적인 외부요인이라고 할 수 있다. 한마디로, 그것은 기회이자 동시에 새로운 도전이다. 이러한 요인들은 현지 화인사회의 현재와 미래의 변화를 예측하고 이해하는 중요한 단서라 할 수 있다. 또한 이들 간의 상호작용은 국가 및 지역이 향후 발전할 수 있는 계기와 그 방향을 고찰하는데 도움이 된다. 뿐만 아니라 이러한 외재적 요인은 각종 내부정책(이민정책 등)에 의해 내재화됨으로써, 동남아 화인사회의 변화에도 영향을 준다.(인구의 완만한 증가와 종족비율의 구성변화, 중국과 일부 거주국 간의 충돌 속에서 난감한 입장에 처할 수밖에 없는 일반 화인들의 처지 등.) 이 글에서 제시한 각종 사례들은 중국 굴기가 동남아 화인들의 자긍심을 증가시켜주기도 하지만, 동시에 그 영향이 매우 불균형적이라는 것을 보여주기도 한다. 즉, 나라마다 그 영향은 각기 다른 양상을 띠게 된다는 것이다. 기회와 도전의 병존은 국내적 요인과 국제적 요인의 제약을 동시에 받기 때문이다.

동남아 화인사회, 거주국 그리고 중국정부 이 삼자의 관계는 국가별로 서로 다른 양식과 모델을 갖고 있다. 경우에 따라 이 삼자 간의 관계는 일부 화인집단의 '재중국화'의 동력으로 작용해 '초국적 중화'의 생산과 초보적 발전을 촉진하기도 했다. 또 다른 한편으로는, 화인의 동남아인으로서의 자기정체성을 강화시켜주는 계기로도 작용했다. 가령 중국 신이민의 경우, 그들이 현지사회와 융화되기 위해서는 반드시 두 가지 장애물을 뛰어넘어야 한다. 첫째는 현지 거주국사회에 진입하는 것이고 둘째는 현지 화인사회에 진입하는 것이다. 오늘날 중국은 점차 강대국이 되어가고 있고, 국제적 위상도 날로 높아지고 있다. 또한 해외 각국과의 관계도 점진적으로 그 밀도를 더해가고 있다. 그러나 그에 비례해 중국 신이민이 거주국에 융화되는 것을 가로막고 배척하는 정도도 갈수록 심해지고 있는 게 사실이다. 이렇듯 오늘날 동남아 화인사회에는 많은 변수와 모순들이 도사리고 있고, 이를 여하히 극복해야만 성공적인 변화와 발전을 기대할 수 있을 것이다.

동남아 화인의 변화를 이해하기 위해서는 앞서 말한 세 가지 주체의 이익과 상호교류에 주목해야 한다. 즉, 거주국 정부와 동남아 화인사회 자체뿐만 아니라 중국과 동남아의 밀접한 관계가 현지 화인사회에 끼치는 영향에 대해서도 반드시 고려해야 한다는 말이다. 따라서 학술적으로도 이러한 각기 다른 집단, 세력 혹은 관념에 대한 충분한 토론과 연구가 진행될 필요가 있다. 이제 동남아지역의 항구적 평화와 동남아 화인사회의 지속적 발전 및 안녕을 위해서는 그것이 정부이든 현지 출신의 화인이든 혹은 신이민이든지 간에 최선의 지혜와 용기를 공동으로 발휘할 때이다.

● 원제/출처: 「中國崛起時代的東南亞華僑華人社會：變遷與挑戰」, 『東南亞研究』, 第6期, 2012

해외화인의 초국가주의 실천방식과 그 차이 : 미국과 싱가포르 비교분석

저우민(周敏) · 류홍(劉宏)

이 글은 초국가주의와 관련된 각종 이론적 문헌과 실증적 연구를 바탕으로, 이민자 개인, 이민 사회 나아가 국민국가가 국제이민의 발전과정과 초국적 활동 속에서 해왔던 나름의 역할에 대해 분석했다. 아울러 미국과 싱가포르의 중국 신(新)이민과 그 단체 및 조직이 조국인 중국과 진행하고 있는 상호교류의 방식이 어떻게 변화하고 있는지에 대해서도 고찰했다. 결론적으로 말하면, 국제이민의 이주역사 및 거주국(이민지)의 구조적 다양성으로 인해, 해외화인사회는 인구구성과 커뮤니티 건설 등에서 현저한 차이를 보이고 있다는 것이다. 실제로 개인, 커뮤니티, 조국, 거주국은 해외화인의 초국적 활동 및 조국과 맺고 있는 상호교류관계에 일방적으로 영향을 끼치는 것은 결코 아니다. 그들의 상호교류관계는 여전히 국가관계와 지정학적 환경 등 거시적 요소의 제약을 받고 있다. 따라서 국제이민이 초국적 활동에 참여하는 주요 목적은 보다 양호하고 포괄적인 창업 및 취업의 기회를 찾음으로써, 개인과 종족이 거주국에서 차지하는 사회적 지위를 제고하는데 있다. 그러나 거주국사회는 각기 다른 구조적 요인을 안고 있기 때문에 결과적으로 차이가 발생하고 있다.

전 세계 150여개 국가에 두루 분포되어 있는 화교화인은 가장 오래
된 이민역사를 지닌 세계 최대 규모의 디아스포라 집단 중의 하나이다.
비공식 통계에 의하면, 현재 전 세계 화교화인의 수는 대략 4,800만 명
정도라고 한다.[1] 그중 4분의 3 이상이 아시아(특히, 동남아) 각국에 거주
하고 있다. 아시아에서 싱가포르는 중국계 인구비율이 가장 높은 지역
으로, 전체 인구 531만 명 중에 74%가 화인이다.[2] 아시아를 제외하고
중국계 인구가 가장 많은 곳은 미국으로, 2010년 현재 380여만 명에 달
하고 있다.[3] 해외화인집단(Chinese diaspora)이라 함은 중국의 양안사지(兩
岸四地, 중국대륙, 홍콩, 마카오, 타이완—옮긴이)에서 세계 각국(각지)으로 이주한 사
람들뿐만 아니라 제2차 세계대전 이후, 해외 각지의 화인사회에서 다
른 국가로 재(再)이민을 떠난 사람들 및 그 후예를 가리킨다.[4] 중화인민
공화국이 성립된 1949년부터 1978년 말까지, 중국대륙의 국제이민
(international migration) 추세는 극히 저조한 편이었다. 장장 30여 년에 걸친
이 기간 동안, 해외화인사회와 조국/고향의 관계가 기본적으로 단절되
어 있었기 때문이다. 중국이 다시금 국제이민열풍을 맞이하게 된 것은
중국의 개혁개방과 이에 따른 경제체제의 전환 그리고 거주국 이민정
책의 완화에서 비롯되었다. 이때부터 해외화교화인의 종족사회네트워
크가 복원되기 시작했고, 해외화인사회와 조국 간의 상호교류도 다시
금 활발해졌다. 1979년 이후, 중국대륙에서 해외로 이주한 국제이민(간

---

1) http://www.chinanews.com/zgqj/news/2010/05-20/2293574.shtml, 2012.5.6 참조.
2) 新加坡國家統計局2010人口普查 : http://www.singstat.gov.sg/pubn/census2010.
html, 2013.1.5 참조.
3) http://factfinder2.census.gov/faces/nav/jsf/pages/searchresults.xhtml?refresh=t, 美
國2010社區人口調査, 2013.1.5 참조.
4) Wang Gungwu, *China and the Chinese Overseas*, Singapore : Times Academic
Press, 1991.

칭, '중국 신이민 혹은 '신화교화인')은 이미 800만 명을 넘어서고 있다. 전체적으로 볼 때, 이러한 증가추세는 앞으로도 지속될 것이라 전망된다. 적어도 늘면 늘었지 줄지는 않을 것이다.[5]

그러나 이러한 신이민(new Chinese immigrants)이 세계 각지에 골고루 분포되어 있는 것은 결코 아니다. 또 그렇다고 전통적인 화인 이민지에 집중되어 있는 것도 물론 아니다. 이들 대다수는 미국, 캐나다, 오스트레일리아, 영국 등 구미 선진국과 싱가포르, 일본과 같은 아시아 선진국으로 주로 이동하고 있다. 아시아에서 싱가포르는 중국 신이민이 상대적으로 가장 많은 이민국이다. 중국 신이민은 싱가포르 국외출생자의 20% 이상, 영주권자의 절반가량을 점하고 있다.[6] 지난 30년 동안, 미국은 중국대륙 출신의 이민자를 대량으로 받아들였다. 그 결과, 현재 중국을 떠나 세계 각지로 이동한 전체 이민자 가운데 4분의 1이 미국에 거주하고 있다. 물론, 화인은 미국의 입장에서 본다면, 여전히 소수종족에 지나지 않는다.(2010년 현재, 미국 총인구의 1.2%) 그렇지만 화교화인의 입장에서 본다면, 전 세계 화인 수의 8%를 차지할 정도로 규모가 큰 편이다. 중국대륙의 국제이민열풍에 호응이라도 하듯, 해외화인사회와 조국 간의 상호교류 역시 갈수록 빈번하고 활발해지고 있다.

이 글에서는 초국가주의와 관련된 각종 이론서적과 실증연구를 바탕으로, 이민자 개인이나 해외화인사회 전체 나아가 국민국가(조국 혹은 거주국)가 국제이민의 전개과정과 초국적 활동 속에서 담당해왔던 각자의

---

5) 王望波·莊國土 編著, 『2009年海外華僑華人槪述』(北京), 第一章, 世界知識出版社, 2011.

6) Liu Hong, "Transnational Chinese Sphere in Singapore : Dynamics, Transformations and Characteristics", *Journal of Current Chinese Affairs*, Vol.41, No.2, 2012, pp.37 –60.

역할에 대해 분석하고자 한다. 아울러 각 이민국에 거주하는 중국의 새로운 이민자와 그들의 커뮤니티조직이 조국과 진행하고 있는 상호교류의 유형은 어떤 것이고, 그것이 과연 어떤 변화과정을 거쳐 어떠한 결과를 도출하는지에 관해서도 고찰할 것이다. 특히, 미국과 싱가포르에 거주하는 중국 신이민[7]을 중심으로, 그들의 초국가주의 실천에 대한 비교분석을 진행하고자 한다. 이를 위해 필자는 다음과 같은 세 가지 문제를 중점적으로 논의하게 될 것이다. 첫째, 특정한 국제이주역사와 거주국의 구조적 요인이 해외화인사회 형성에 어떠한 영향을 미쳤는가? 둘째, 해외화인사회와 조국 간의 상호교류 속에서, 각기 어떠한 역할을 하고 있는가? 셋째, 이민자들의 초국가주의 실천은 그들이 거주국의 주류사회와 통합되는데 어떠한 영향을 끼쳤는가? 이글에서는 우선, 초국가주의에 관한 이론연구(특히, 해외이민사회와 조국 간의 관계에 관한 문헌)와 실증연구에 대해 개괄적으로 정리해 볼 생각이다. 둘째로는 중국이민자들의 미국과 싱가포르 이주에 대한 역사적 검토를 통해, 해외화인사회의 형성과 발전에 영향을 준 사회구조적 요인에 대해 분석할 것이다. 다음으로는 중국 신이민의 초국가주의 실천방식과 그 차이를 분석하고, 이민자 개인, 해외화인사회 전체 그리고 국민국가가 초국가주의 발전과정 속에서 해왔던 각자의 역할에 대해 고찰할 것이다. 마지막으로, 해외화인사회와 조국 간의 상호교류가 이민자들이 거주국 주류사회에 동화되는데 어떠한 영향을 미쳤고 나아가 중국 신이민의 초국가주의 실천의 이론적 함의는 과연 무엇인지에 대해서도 검토해보기로 하겠다.

---

7) '중국 신이민'은 통상 1978년 개혁개방 이후, 중국대륙에서 해외로 나간 국제이민을 가리킨다. 그러나 싱가포르의 '중국 신이민'은 주로 싱가포르와 중국 간의 외교관계가 정상화된 1990년 이후, 싱가포르에 건너온 중국 출생의 이민을 가리킨다.

1. 초국가주의 연구
― 이민자, 이민사회, 국민국가

 초국가주의(trans-nationalism)는 결코 새로운 개념이나 현상이 아니다. 그것은 국제이민과 매우 밀접한 내재적 연관성을 지니고 있다. 학계에서 연구되고 있는 '초국가주의'는 일반적으로 국제이민과 조국 간의 사회관계 및 월경(越境)행위를 가리킨다. 또 그것은 "조국과 거주국 사이에서 이민자들이 맺고 있는 다양한 사회관계의 동태적 과정"으로 정의되기도 한다.[8] 그러나 초국가주의라고 해서 월경의 전체 관계 및 과정(가령, 국제전화, E-메일, 각종 우편물 등을 통한 소통)을 비롯해 개인의 우연적 혹은 불규칙적 활동(비정기적 송금, 단기 귀향, 관광여행 등)까지 모든 것을 다 포괄할 수는 없다. 오히려 그것은 개인이나 단체의 규칙적·통상적·공식적·다원적 활동 다시 말해, 정치, 경제, 사회, 문화 등의 차원에서 명확한 의미를 띠고 있는 월경행위로 한정되는 것이 타당하다.[9] 앞서도 말했지만, 초국가주의는 결코 최근에 나타난 현상은 아니다. 그러나 국제이민 열풍의 고조와 경제 글로벌화라는 작금의 거시적 환경 하에서, 초국가주의의 추세와 유형이 과거와 완전히 같기를 기대한다는 것은 불가능한 일이다. 초국가주의가 이민자 개인, 가정, 해외화인사회, 거주국 그리고 이민자들이 고향에 두고 온 가족이나 친족 혹은 교향(僑鄉)이나 조

---

8) Linda Green Basch, Nina Glick-Schiller, Cristina Szanton Blanc, "*Nations unbound : Transnational Projects, Postcolonial Predicaments and Deteritorialized Nation States*", Langhorne, PA : Gordon and Breach, 1994.

9) Alejandro Portes, "Paradoxes of the Informal Economy : The Social Basis of Unregulated Entrepreneurship", in Neil J. Smelser, Richard Swedberg(eds.), *Handbook of Economic Sociology*, Princeton : Princeton University Press, 1994, pp.426-449.

중국, 동남아, 화교화인의 삼각관계

국 등에 끼친 경제적·사회적·문화적 영향에는 각기 다른 차이가 내재하기 마련이다. 오늘날 초국가주의 연구가 갖는 의미와 가치는 그것이 일정한 규모, 범위, 깊이, 강도, 빈도, 규범, 제도화수준 등을 구비하고 있다는 점에서 찾아야 할 것이다.

오늘날 초국가주의는 다양한 표현양식을 가지고 있다. 그중에서 가장 보편화되어 있고 가장 연구가 많이 되고 있는 유형은 거주국에서 조국으로 흘러들어가는 통화송금(monetary remittances)과 경제투자이다.[10] 사실, 초국가주의에는 가치관, 정체성, 생활방식, 인간관계방식 등의 차원에서 이루어지는 일종의 사회적 송금(social remittances)은 물론, 조국의 평등주의, 정치제도개혁, 풀뿌리정치운동 등에 영향을 주는 정치적 송금(political remittances)도 포함되는 것이 일반적이다.[11]

기존의 관련 문헌들은 대부분 이민자의 역할에 초점을 맞춰 개인을 기본 분석대상으로 삼았다. 그러나 최근의 연구들은 개인에서 집단이나 조직으로 점차 시선을 확대이동하고 있다. 이런 연구들은 초국가주의가 이민자 개인의 행위만은 아니라는 점을 시사해준다. 사실, 이민자 개인이 주도하는 월경활동의 영향력은 비교적 미미한 편이다. 다시 말해, 그 영향력은 대개 이민가정이나 고향마을에 국한되어 발휘되는 게 보통이다. 반면, 보다 의미 있는 월경활동은 대부분 조직의 형식으로 진행되고 있다. 다시 말해, 이민사회(diaspora)는 커뮤니티조직의 형식이나 그 명의(名義) 혹은 고향의 종친이나 시민문화조직 등 제도적 행위자

---

10) Douglas S. Massey, Jorge Duran, Emilio A. Parrado, "Migradollars and Development : A Reconsideration of the Mexican Case", *International Migration Review*, Vol.30, No.2, 1996, pp.423~444.

11) Peggy Levitt, "Social remittances : Migration Driven Local-level Forms of Cultural Diffusion", International Migration Review, Vol.32, No.4, 1998, pp.926~948.

간의 상호작용과 공동추진을 통해 이민자의 초국가주의를 실천하고 있다.[12] 또 한편으로는, 조국(祖籍國)도 초국가주의의 또 다른 핵심 행위자라고 할 수 있다. 사실, 조국의 정부는 진작부터 해외이민사회 및 교포들과의 합작이 얼마나 긴박하고 중요한 일인지 인식하고 있었다. 실제로 그동안 교포들의 국제이민송금 자체가 가져다준 직접적인 경제이익이나 그들이 고향에서 활발하게 전개하고 있는 각종 자선사업 그리고 이로 인해 얻게 되는 막대한 금전적 혜택과 물질적 기부는 기대 이상이었다. 이외에도 교포들은 외국의 선진기술이나 기업경영노하우 등을 조국에 도입, 전수하고 있다. 가령, 고향사람들에게 공장은 어떻게 운영하고 장사는 어떻게 하는지 혹은 지역산업을 발전시키기 위해서는 어떠한 방법과 기술을 사용해야 하는지 등등을 전수해주는 것이 그 일례이다.[13] 또한 해외이민사회와 조국 간의 관계강화는 조국의 중앙정부 뿐만 아니라 지방의 각급 정부가 교민을 우대하는 방향으로 교민정책을 지속적으로 수정, 보완, 완비하도록 함으로써, 결과적으로 보다 많은 교민 송금과 기부를 유지, 장려, 유치하는데 시너지 역할을 했다. 그러나 일반적으로 볼 때, 정부가 개인과 합작을 진행하는 경우는 거의

---

12) Luin Goldring, "The Mexican State and Transmigrant Organizations : Negotiating the Boundaries of Membership and Participation", *Latin American Research Review*, Vol. 37, 2002, pp.55-99 ; Alejandro Portes, Cristina Escobar, Alexandria Walton Radford, "Immigrant Transnational Organizations and Development : A Comparative Study", *International Migration Review*, Vol. 41, No. 1, 2007, pp.242 -281.

13) AnnaLee Saxenian, *The New Argonauts : Regional Advantage in a Global Economy*, Cambridge, MA : Harvard University Press, 2006 ; Mette Thunø, "Reaching out and Incorporating Chinese Overseas : The Trans-territorial Scope of the PRC by the End of the 20th Century", *The China Quarterly*, Vol.168, 2001, pp.910-929.

중국, 동남아, 화교화인의 삼각관계

139

없다. 대부분의 경우에는 이민사회의 단체 및 그 지도층과 합작을 전개하는 게 보통이다. 실제로 조국의 정부가 교포 개인에서 커뮤니티 전체로 관심의 초점을 확실히 옮기고 있다는 사실은 최근의 연구들에서도 밝혀지고 있다. 학계에서는 이민사회의 단체나 조직이 초국가주의 과정 속에서 개인 차원을 뛰어넘어 발휘하고 있는 역할과 기능에 대해 이른바 조직네트워크나 사회네트워크의 시각에서 접근하는 것이 통례이다.[14]

초국가주의가 가져온 결과를 논함에 있어 기존의 연구는 일반적으로 고향에 남아있는 가족에 대한 이민자들의 경제적 지원과 고향 지역사회에 대한 그들의 공헌이 얼마나 되는지 그 차이(dissimilation)의 크기를 비교하는데 집중되어 있었다.[15] 그리고 그 비교의 참조대상은 다음의 몇 가지 차원으로 나누어 볼 수 있다. 우선 개인적 차원의 경우에는, 해외이민자 개인과 고향에 남아있는 가족이나 고향사람들 간의 차이를 비교하는 것이다. 그리고 동일한 교향(僑鄉)의 차원에서는, 가족 중에 이민자가 있는 가정과 그렇지 못한 가정 간의 차이를 비교하는 것이다. 끝으로 동일한 조국 안에서는 교향인 마을과 교향이 아닌 마을 간의

14) Douglas S. Massey, Jorge Duran, Emilio A. Parrado, "Migradollars and development : A reconsideration of the Mexican Case", *International Migration Review*, Vol. 30, No. 2, 1996, pp.423-444 ; Luin Goldring, "The Mexican State and Transmigrant Organizations : Negotiating the Boundaries of Membership and Participation", *Latin American Research Review*, Vol. 37, No. 3, 2002, pp.55-99 ; Natasha Nefertiti Iskander, "Creative state : Forty years of Migration and Development policy in Morocco and Mexico", Ithaca, N. Y. : Cornell University Press, 2010 ; Eva Ø stergaard-Nielsen, "Transnational Practices and the Receiving State : Turks and Kurds in Germany and the Netherlands", *Global Networks*, Vol. 1, No. 3, 2001, pp.261-281.

15) David FitzGerald, "A Comparativist Manifesto for International Migration Studies", *Ethnic and Racial Studies*, Vol. 35, No. 10, 2012, pp.1725-1740.

차이를 비교하는 것이다. 초국가주의는 일반적으로 지역발전의 불균형을 초래할 수도 있고, 고향의 사회적 불평등 현상을 야기하거나 강화시킬 수 있다. 그러나 이민자 개인이나 가정에게 있어서 초국가주의는 기존의 사회적 지위를 유지하거나 제고하는 매우 효과적인 대체경로이기도 했다.[16] 그도 그럴 것이 가족 중에 이민자가 있는 가정은 초국가주의 실천 속에서 이중의 이익을 얻을 수 있기 때문이다. 즉, 하나는 교민송금이란 수입을 통해 직접적인 이익을 얻음으로써, 동일 지역 내 이민자가 없는 가정에 비해 보다 나은 물질적 조건을 향유할 수 있었다. 둘째, 이민송금과 해외자본투자를 통해 지역경제의 발전이란 이익을 얻을 수도 있었다.[17] 그러나 초국가주의는 이민자들이 거주국 주류사회에 동화(assimilation)되거나 통합(integration)되는데 일종의 도전이 될 가능성도 있는 게 사실이다. 이러한 도전은 표면적으로나 문화적으로 거주국의 핵심 주류집단과의 차이가 크고, 거주국 주류사회에 의해 동화가 불가능하고 충성스럽지도 못한 영원한 외국인 이민자집단으로 비쳐지는 이들에게 있어서는 더욱 심각한 일이었다.

이상의 문헌에 기초해 필자는 두 가지 측면에서 미국과 싱가포르의 해외화인사회와 조국의 상호교류방식 및 그 변화에 대해 비교분석하고자 한다.

첫째, 출국과 입국, 초국적 이동 등은 국민국가(nation state)의 국경을 뛰어넘는 동일한 현상의 다른 표현이다. 이러한 이동은 이민자 개인과

---

16) 波特斯·周敏, 「國際移民的跨國主義實踐與移民祖籍國的發展 : 美國墨西哥裔和華裔社團的比較」, 『華人研究國際學報』, 第1期, 2011.

17) Luin Guarnizo, Alejandro Portes, William J. Haller, "Assimilation and transnationalism : Determinants of Transnational Political Action among Contemporary Migrants", *American Journal of Sociology*, Vol. 108, No. 6, 2003, pp.1121-1148.

도 연관되어 있지만 해외이민사회나 국민국가와도 깊이 관련되어 있다. 해외이민사회란 조국의 국경을 넘어 해외에서 생활하는 집단을 가리킨다. 여기에는 단기체류자, 영구거주자, 순환거류자 그리고 현지에서 출생한 후예들이 모두 포함된다.[18] 해외이민사회는 일정한 지리적 기반을 가지고 있기는 하지만, 특정한 시공간에 고정되어 있는 것은 아니다. 이민자집단은 유형적 혹은 상징적 공간 안에서 각자의 종족정체성을 재확인하거나 재건하게 되고, 자아와 타자 혹은 종족의 안과 밖을 구분하는 상징적 사회구조를 구축한다. 가령, 화인이민이 주로 모여 사는 도시의 차이나타운(唐人街)은 바로 이러한 해외화인사회의 대표적 표현방식 중의 하나라고 볼 수 있다. 비교적 안정적인 발전을 이룩한 해외이민사회는 일반적으로 명확한 형태를 갖춘 종족커뮤니티를 가지고 있고, 이러한 종족커뮤니티는 이민자집단조직의 중심이 된다. 또한 이민자들은 이러한 이민사회의 조직구조를 통해 자신들의 조국 혹은 고향과 새로운 관계를 건립, 발전시키게 된다.

오늘날 국제이민연구 역시도 국민국가를 하나의 독립변수로 설정하고 이를 기반으로 국가가 초국가주의 실천 속에서 주요 행위자의 하나로서 담당하게 되는 역할과 그 기능을 분석한다. 국민국가는 특정한 지리적 공간 안에서 영토적 주권과 정치적 권위를 가지고 있다. 그러나 지리적 공간으로서의 국경은 고정적이거나 보편적인 것은 결코 아니다. 국민국가는 통상 끊임없이 국경에 대해 협상하고 재정의하기 마련이다. 따라서 국민국가는 지역, 권역, 국가, 국제 등 각 방면에서 초국적 행위자와 해외이민사회에 대해 상대적이고 제한적이고 부분적인 권

---

18) Alan Gamlen, "The Emigration State and the Modern Geopolitical Imagination", *Political Geography*, Vol.27, No.8, 2008, pp.840~856.

력을 행사할 수 있다.[19] 국제이민에 관한 연구를 진행하는 가운데 일부 학자들은 글로벌화가 국경을 넘나드는 인구, 자본, 상품, 정보 등에 대한 국민국가(조국, 거주국 모두 포함)의 통제력과 권력을 대대적으로 제한하고 있다고 주장한다.[20] 그러나 또 다른 학자들은 조국의 정부가 월경행위에 있어 지속적으로 주도적인 역할을 하고 있음을 강조하기도 한다. 가령, 필리핀이나 인도네시아 정부가 자국의 노동력 수출에 적극적으로 개입하고 있는 것을 그 예로 들고 있다.[21] 이처럼 조국은 해외교포를 국가 관할권 안으로 받아들이기도 하고 반대로 배제해버리기도 한다. 또한 조국은 해외이민사회의 형성이나 이민자들의 현지사회 동화 등에도 지대한 역할을 하고 있다.[22] 해외이민사회는 통상 이민자들의 종족정체성을 배양함과 동시에 경제, 조직, 제도 등의 다양한 방식을 통해 기존의 커뮤니티구조를 공고히 하고자 한다. 그러나 조국은 이러한 커뮤니티가 조국 내에서 일정한 영향력을 발휘하고자 하는 것에 대해서는 각종 정책적 수단을 통해 지원하기도 하지만 반대로 그 발전을 가로막기도 한다. 해외이민사회와 교포들은 개별적으로 이중국적신분을 획득하는 등의 방법으로 국민국가에 재 편입되는 경우도 있다. 이럴 경우에도, 조국의 정부는 곧바로 그들에 대해 권력을 행사하고자 하고, 이민자들에게는 조국의 국민으로서 책임과 의무를 다하기를 바란

19) John Agnew, "Sovereignty regimes : Territoriality and State Authority in Contemporary World Politics", *Annals of the Association of American Geographers*, Vol.95, No.2, 2005, pp.437-461.

20) Douglas S. Massey, "International Migration at the Dawn of the 21st Century : The Role of the State", *Population and Development Review*, Vol.25, No.3, 1999, pp.303-322.

21) Graeme Hugo, "Labour Export from Indonesia : An Overview", Asean Economic Bulletin, Vol.12, No.2, 1995, pp.275-298.

22) Gamlen, "The Emigration State and the Modern Geopolitical Imagination"

다. 미국의 이민단체와 조국(중국, 멕시코, 모로코, 인도, 베트남 등)에 대한 최신의 실증연구에서 보듯이, 일반적으로 조국은 해외교포가 거주국 현지에 안정적으로 뿌리를 내릴 수 있도록 장려하고 있다. 이는 그들이 보다 효율적으로 초국적 활동에 참여할 수 있도록 하는데 그 목적이 있다.[23]

둘째, 이민자들의 조국에서의 참여와 거주국에서의 통합이나 동화는 결코 상호배타적인 것이 아니다. 오늘날 해외이민사회는 전통적인 동화과정과는 다른 새로운 모델을 이미 보여주고 있다. 초국가주의 역시 그것의 일종이라 할 수 있다.[24] 고전적인 동화론의 시각에서 보면, 거주국에 정착해 살고 있는 이민자들은 최대한 빠른 속도로 새로운 언어를 습득해야 하고, 새로운 문화를 수용해야 하며 새로운 환경에 적응해야 한다. 그럼으로써 궁극적으로 거주국 주류사회의 문화와 경제구조 속에 동화되어야 하는 것이다. 다시 말해, 성공적으로 동화를 실현하기 위한 기본 전제는 기존 자신의 언어와 조국에서 가져온 '낙후한' 종교, 문화, 가치관, 행위준칙 등을 포기하는 것이 된다. 그러나 동화의 실제

---

23) Rina Argawala, "Tapping the Indian Diaspora for Indian Development", *Paper presented at the Research Network on Immigrant Transnational Organization and Development : Final Conference*, May 11-12, Princeton University, 2012 ; Alexandra Délano, *Mexico and its Diaspora in the United States: Policies of Emigration since 1848*, New York : Cambridge University Press, 2011 ; Jennifer Huynh and Jessica Yiu, *Breaking Blocked Transnationalism : Intergenerational Change in Homeland Ties*, Paper presented at the Research Network on Immigrant Transnational Organization and Development : Final Conference, May 11-12, Princeton University, 2012 ; Natasha Nefertiti Iskander, *Creative State : Forty Years of Migration and Development Policy in Morocco and Mexico*, Ithaca, N. Y. : Cornell University Press, 2010 ; 波特斯·周敏, 『國際移民的跨國主義實踐與移民祖籍國籍發展』.

24) Alejandro Portes, Cristina Escobar and Aleandria Walton Radford, "Immigrant Transnational Organizations and Development : A Comparative Study", *International Migration Review*, Vol.41, No.1, 2007, pp.242-281.

과정은 고전적 동화론에서 얘기되어지는 것보다 훨씬 더 복잡하다. 또한 고전적 동화론에서 인정하는 것처럼 그렇게 자연적이고 필연적인 단일경로만을 반드시 거쳐야 하는 것도 아니다. 동화의 과정은 이민자 집단이 거주국에서 스스로 권력과 평등을 쟁취하는 정치투쟁인 동시에 이민자 집단과 본토인 집단의 끊임없는 상호작용을 통해 충돌을 잠재우고 융합에 이르는 것이기도 하다.[25] 가령, 과거 미국에서는 유태인, 이탈리아인, 아일랜드인은 이른바 '열등민족'으로 간주되었다. 그러나 오늘날 그들은 백인 주류사회에 성공적으로 동화되었을 뿐만 아니라 오히려 지금은 미국 백인사회의 핵심적인 구성원이 되고 있다. 그럼에도 불구하고 그들의 경험 속에는 조국에서 연원한 사회구조와 문화요소들이 짙게 배어있다. 오늘날 국제이민은 종족적 배경과 사회경제적 위상에서 각기 차이가 있다. 또 보기에 따라서는 자신의 종족정체성이나 문화전통, 조국과의 유대 등을 여전히 유지하고 있는 것처럼 보이기도 한다. 그러나 한편으로 이민자와 그 후대들은 거주국 주류사회에 동화되고 그들이 자신들을 받아주기를 강력히 소망하고 있기도 하다. 문제는 그들의 동화가 반드시 기존의 언어와 문화를 무조건 포기하고 종족커뮤니티 나아가 조국과 분명한 선을 그어야 하는가에 있다. 이 점에서 최근의 연구는 의외의 결과를 보여준다. 즉, 오늘날 이민자들이 경제적 성공과 사회적 지위의 상승을 이룩한 데에는 오히려 종족커뮤니티의 조직, 종족적 자원, 초국적 사회네트워크 등이 큰 역할을 했다는 것이다. 이런 의미에서 보면, 초국가주의는 국제이민자의 사회적 수직이동(upward social mobility)에 실현가능한 대체경로를 제공했을 뿐만 아니

---

25) C. R. Nagel, "Geopolitics by Another Name : Immigration and the Politics of Assimilation", *Political Geography*, Vol.21, No.8, 2002, pp.971-987.

라 이민자들이 거주국 주류사회에 융합되고 동화되는 것을 촉진하면 했지 결코 장애가 되지는 않는다는 것을 알 수 있다.[26] 각국에 거주하는 국제이민자들은 유사한 동화의 압력에 직면해 있고 또 유사한 동화의 염원을 가지고 있다. 그러나 그들의 동화과정은 각 거주국의 사회구조와 문화요소에 따라 차이가 있다. 따라서 그 결과도 서로 다르다. 이 밖에 거시적인 지정학적 요소도 이민자와 거주국 주류사회의 관계 및 이민자들의 동화에 직접적인 영향을 끼치고 있다.[27] 지정학적 요소는 본질적으로 해외이민사회와 조국의 관계 그리고 조국과 거주국의 관계와 밀접한 연관성을 지니고 있다.[28]

이 글에서는 초국가주의 실천이 이민자들의 동화에 어떠한 영향을 미치는가를 중심으로 미국과 싱가포르의 신화교화인 문제를 집중적으로 분석하기로 하겠다. 우선, 중국 신이민의 사회통합 및 초국적 활동의 참여는 개인적 요소 외에도 기타 다양한 구조적 요인과도 연관되어 있다고 생각한다. 가령, 글로벌한 지정학적 질서 속에서의 조국과 거주국의 위치 및 위상 그리고 해외화인사회와 거주국 주류사회의 통합수준, 조국과 거주국의 국제관계 등이 그것이다. 동시에 정착민으로서 대다수 화인 신이민은 보다 양호하고 보다 광범위한 창업 및 취업의 기회를 획득함으로써 개인 및 종족의 거주국에서의 사회적 지위를 향상시키고 나아가 주류사회에 융합되기 위해 초국적 활동에 적극적으로 참여하고 있다.

---

26) 波特斯・周敏, 『國際移民的跨國主義實踐與移民祖籍國籍發展』.

27) C. R. Nagel, "Geopolitics by Another Name : Immigration and the Politics of Assimilation", *Political Geography*, Vol.21, No.8, 2002, pp.971-987.

28) Gamlen, "The Emigration State and the Modern Geopolitical Imagination".

2. 국제이민의 배경과 해외화인사회의 형태적 차이

각기 다른 인구구성(단기체류자, 영구거주자, 이민후예 등)과 조직구성(커뮤니티와 사회단체 등)을 갖춘 해외이민사회는 지금도 저마다의 시공간 속에서 끊임없이 변화를 거듭하고 있다.[29] 또한 각 거주국에 뿌리를 내리고 있는 이민사회는 국경을 넘어 해외로 나간 역사적 배경의 다양성과 거주국 사회구조의 차이로 인해 각기 다른 양상으로 발전하고 있다.

(1) 중국인의 월경에 대한 역사적 회고

화인이민의 역사는 멀리 진한(秦漢) 시기로 거슬러 올라갈 수 있다. 19세기 중엽 이전까지만 해도 백여만 명의 화인이 동남아에 살고 있었다. 그리고 그들은 대부분 푸젠성(福建省)이나 광동성(廣東省) 출신자들이었다. 그러나 유럽의 식민주의가 동남아를 휩쓸게 되면서 현지의 지정학적 질서는 대대적인 변화에 직면해야 했다. 즉, 오래전부터 동남아에 형성되어 있던 화인경제는 점차 주변화 되었고 19세기 중엽부터는 대규모 화공(華工) 수출이 진행되었다. 화공들은 동남아에서 주로 농업, 광업, 건설업 등에 종사했다. 또 화공들은 아시아 외에도 유럽의 식민자들이 통치하는 여타 지역이나 국가 즉, 라틴아메리카, 오스트레일리아, 하와이, 미국 등지로 대거 보내졌다. 1851년부터 1875년 사이에 대략 130만 명의 이민자들(일부 기술자나 상인 포함)이 중국을 떠났다. 이 가운데 약 27%(35만 명)는 말레이반도로 갔고, 12%(16만 명)는 미국으로 향했다.[30]

---

29) Gamlen, "The Emigration State and the Modern Geopolitical Imagination".

30) Lynn Pan(ed.), *The Encyclopedia of the Chinese Overseas*, Cambridge, MA : Harvard University Press, 1999, pp.200-217.

이른바 노동이민은 임시 혹은 단기 체류의 전형적인 모델이다. 이들은 대부분 해외에 나가 돈을 벌어 금의환향을 꿈꾸는 자들이었다. 그러나 이러한 대규모 화인노동자의 이민열풍은 1920년대에 거의 끝이 났다. (남태평양이나 미국으로 이민을 가는 노동자들의 경우에는 1980년대 이른바 배화排華 기간 중에 그 흐름이 끝났다.)31)

제2차 세계대전의 종식과 더불어 식민주의 체제가 해체되면서 동남 아에는 새롭게 독립을 획득한 신흥 국민국가들이 연이어 등장하기 시 작했고 이들 국가와 국가 간에는 자연스레 국경이란 새로운 장벽이 설 치되었다. 이때부터 이른바 월경 활동은 정부의 관리와 통제 하에 놓이 게 되었다. 특히, 1949년 이후에는 중국정부가 자국민의 출입국을 엄격 히 제한하게 되면서, 해외 거주 친족과의 연계는 주로 서신, 소포(음식물 및 일상용품 등) 혹은 국제송금 등을 통해서만 이루어질 수밖에 없었다. 더 군다나 이러한 기본적이고 소규모로 이루어지는 월경 활동마저도 교향 (僑鄕)이란 작은 범주로 제한되어 있었다.

중국이 다시금 국제이민의 주요 공급처로 부상하기 시작한 것은 개 혁개방정책의 실시로 국민들의 출입국에 대한 관리 및 통제가 차츰 완 화되기 시작한 1970년대 말부터였다. 지난 30년 동안 중국이민은 줄곧 성장세를 보였다. 중국 신이민의 사회경제적 특징에 가장 큰 영향을 끼 친 것은 유학이었다. 이 시기 중국정부는 해외유학에 대한 규제를 완화 하기 시작했고, 이로 인해 유학열풍이 거세게 불었다. 아마도 이는 중 국정부도 미처 예기치 못한 결과였을 것이다. 중국교육부 통계에 따르 면, 1978년부터 2011년 사이에 약 225만 명의 학생이 해외유학을 떠났

31) Wang Gungwu, *China and the Chinese Overseas*, Singapore : Times Academic Press, 1991.

고 그 가운데 미국이 단연 최고의 선택지로 꼽혔다. 또한 이들 유학생 중에 대략 60% 이상이 졸업 후에도 그대로 그곳에 남아 직장을 잡거나 아예 정착했다고 한다.[32] 신이민은 새로운 터전으로 옮겨간 후에도 각종 사회적 수단과 방법을 동원해 자신의 사회적 지위와 생활수준을 향상시키는데 적극 노력하고 있다. 초국가주의 역시 바로 이러한 핵심 수단 중의 하나임은 물론이다.

(2) 거주국의 구조적 요인

국제이민의 경우, 조국을 떠나 해외로 나간 역사적 배경이 해외이민 사회의 인적 특성과 커뮤니티 형성에 일정한 영향을 끼치기 마련이다. 그러나 거주국의 구조적 요인 역시도 해외이민사회의 형태 및 발전에 있어 차이를 양산하는데 직간접적으로 영향을 미치고 있다. 여기서는 싱가포르와 미국을 중심으로 양국이 내재하고 있는 구조적 요인에 대해 중점적으로 분석해보기로 하겠다.

① 거주국 주류사회의 구조와 그 속에서의 이민자집단의 위상
싱가포르는 1826년부터 1963년까지 영국령 해협식민지의 하나였다. 싱가포르가 독립한 것은 1965년이다. 현재, 싱가포르 전체 인구 가운데 화인은 74%, 말레이인은 13.4%, 인도인은 9.2% 그리고 기타 종족이 3.3%를 차지하고 있다.[33] 헌법에는 말레이어, 중국어, 타밀어(Tamil), 영어 등 4개의 언어를 공용어로 규정하고 있지만, 실제로 정부는 행정,

---

32) "敎育中國", 中國網, http://edu.china.com.cn/2012-10/31/content_26954835.htm, 2013.1.5 참조.
33) 新加坡國家統計局 2010年人口普查, http://www.singstat.gov.sg/pubn/census2010. html, 2013.1.5 참조.

국제무역, 과학기술, 교육 등의 방면에서 영어를 사용할 것을 적극 권장하고 있다. 이처럼 정부가 영어의 중요성을 강조하는 것은 무엇보다 글로벌한 국제환경 속에서 국가적 위상과 경쟁력을 높이기 위해서는 영어가 필수적이며 아울러 각 종족집단 간의 소통과 교류에도 영어가 가장 적합하다는 생각 때문이다.

싱가포르는 영국의 식민유산과 국제이민 역사의 영향으로 동서양의 문화가 혼합된 다문화사회이다. 또한 정부의 구조는 영국의 의회민주주의제도를 근간으로 하고 있고, 정부 관리를 임용하는데 있어서는 철저한 능력주의(meritocracy)를 채택하고 있다. 무엇보다 다민족국가인 싱가포르는 종족 간의 평등을 상징하는 이른바 '싱가포르인'이라는 국민정체성(national identity)을 유달리 강조하고 있다. 그럼에도 불구하고 정치, 경제, 문화 등 각 방면에서 지배적 지위를 차지하고 있고 주류사회의 핵심으로 군림하고 있는 것은 여전히 화인이다.

이와는 반대로 세계적으로 인구가 가장 많은 나라 중의 하나인 미국은 같은 이민자 국가이기도 하고 똑같이 영국의 식민통치를 경험하기도 했지만, 싱가포르와는 달리 기독교정신에 입각한 앵글로색슨 프로테스탄트 중심의 백인(white Anglo-Saxon Protestants)이 주류사회의 핵심을 이루고 있다. 물론 언어도 영어가 중심이다. 미국은 다양한 종족이 하나로 융합된 자칭 'melting pot'의 국가이다. 그래서 각기 다른 문화적 배경을 지니고 있는 이민자들에게 본연의 종족문화를 버리고 주류문화에 동화될 것을 강조한다. 그러나 주지하다시피, 화인을 비롯한 비(非)유럽계 유색인종들은 그동안 주류사회로부터 줄곧 배척되어 왔던 게 사실이다. 이러한 미국의 사회구조에 심각한 변화가 발생하게 된 것은 1960년대의 민권운동과 다문화운동의 충격과 여파 때문이었다. 일부 학자들은 오늘날 미국의 주류사회를 새롭게 정의하고 있다. 즉, "다양한 인자들이 상호 유기적으로 연결되어 있고, 일정한 법률과 실천적 규약이 제대로 작동하는 매우 시스템화 된 사회이다. 그리고 종족적 특성을 약화시키는 제도와 조직구조를 기반으로 각계각층의 사람들이 사회적 핵심으로 다양하게 참여하고 있는 사회이다. 이러한 사회적 핵심에는 과거 배척을 받아왔던 소수종족집단, 변두리 중산층, 도시빈민층이 모두 포함된다."[34] 이에 따르면, 언뜻 미국의 주류사회가 모든 사회계층을 한데 아우르는 매우 합리적인 사회처럼 들린다. 그런데 분명한 점은 미국의 주류사회에 융합되었는지 그렇지 않은지를 가르는 기준은 여전히 중산층이라는 사실이다. 다시 말해 사회저층의 노동자나 하층민은 이에 포함되지 않는 것이다.

미국은 동남아를 제외하고 해외화인이 가장 많이 거주하는 국가이다. 또한 미국은 다인종·다종족국가(유럽계 백인 65%, 흑인 13%, 아시아계 5%, 중국계 1.2%)이기도 하지만 한편으로는 극도로 종족화된 다시 말해, 종족적으로 계층화된 사회이기도 하다. 그러면서도 주류종족과 그들의 문화전통이 종족구성의 정점에 위치해 있으면서 지배적 지위를 행사하고 있다. 반면, 흑인이나 인디언은 최하층에 놓여 있다. 그리고 백인과 흑인 중간에 히스패닉과 아시아계가 자리하고 있다. 미국사회는 각기 다른 배경을 지닌 이민자들에게 앵글로색슨 프로테스탄트 중심의 백인문화에 동화되고 융합되기를 요구하고 있지만, 소수종족집단으로서는 갖가지 구조적 요인으로 인해 그마저도 쉽지 않은 편이다.

미국에 거주하는 화인의 사회적 위상은 싱가포르와는 천양지차이다.

---

34) Richard R. Alba and Victor Nee, *Remaking the American mainstream : Assimilation and the new immigration*, Cambridge : Harvard University Press, 2003, p.12.

그들은 지난 60여 년 동안 줄곧 법률적 배척을 받아왔고 지금도 여전히 종족적 차별에서 자유롭지 않다. 특히, 배화기간 동안에 화상(華商)의 입국은 허용되었지만 그들에 대한 주류사회의 차별로 인해 화상과 화공 모두 melting pot에서 배제되었다. 그들이 차이나타운이란 후미진 공간에 숨어들어 서로를 의지하며 생존을 구하게 된 것도 바로 이 때문이다. 물론 오늘날에는 화인의 사회적 지위도 꾸준히 상승하고 있다. 특히, 교육, 직업, 소득과 같은 일부 사회적 지표에 따르면, 화인들이 백인에 근접하거나 심지어는 넘어서고 있는 경향을 볼 수 있다. 그러나 집단이란 차원에서 보자면 그들은 여전히 종족적 차별로 인한 주변화를 겪고 있는 게 현실이다.

② 거주국의 이민정책

그동안 싱가포르의 이민정책은 화인을 중심으로 입안되고 추진되었다. 초기의 화인이민은 주로 상인이었다. 이들은 1819년에 처음 이 땅에 발을 디딘 영국의 식민자보다도 시간적으로 빨랐다. 1870년 이후 점차 국제적인 도시로 성장한 싱가포르는 화상과 화공 이민자들의 주요 목적지이기도 했다. 이들 화인 가운데 일부는 동남아 다른 지역에서 옮겨온 상인들이었지만 나머지 대다수 화인은 중국에서 직접 건너온 노동자들이었다. 이민자의 대량유입으로 싱가포르의 화인인구는 급격한 신장세를 보이기 시작했다. 1849년 2천 8백 명이었던 화인인구는 1901년 16만 4천명으로 전체 인구의 절대다수(72%)를 차지하게 되었다. 1947년이 되면 화인인구는 싱가포르 전체 인구의 78%인 73만 명까지 증가한다.[35]

---

35) Joyce Ee, "Chinese migration to Singapore, 1896-1941", *Journal of Southeast Asian History*, Vol.2, No.1, 1961, pp.33-51.

1965년 싱가포르 독립 이후, 인민행동당(人民行動黨) 정부는 서구민주주의를 기계적으로 답습하는 것을 거부하고 자유시장경제와 국가권위주의가 결합된 새로운 형태의 국제도시 건립에 매진했다. 이와 동시에 싱가포르는 다민족사회 속에서 하나의 통일된 싱가포르 국민정체성을 정립하는 데에도 노력을 경주하기 시작했다. 이는 중국계이든 기타 종족이든지 간에 정체성확립 면에서 어느 한쪽에 쏠리지 않기 위함이었다.36) 싱가포르가 독립하던 1965년부터 중국과 수교하던 1990년 이전까지, 중국에서 직접 싱가포르로 건너온 이민자의 수는 기본적으로 정체되어 있었다.

1980년대 말, 싱가포르는 국가적으로 두 가지 심각한 도전에 직면하게 되었다. 첫째는 과학기술인재의 부족이었고, 둘째는 인구 자연증가율의 급격한 하락이었다.37) 이 두 가지 문제는 세계경제에서 싱가포르의 경쟁력을 직접적으로 위협하는 것이었다. 따라서 정부는 관련정책을 서둘러 마련하는 동시에 한편으로는 국제이민을 통해 이러한 도전이 가져온 갖가지 어려움을 해결하고자 했다. 우선, 정부는 국내기업과 외자기업, 교육기관과 연구기관 그리고 기타 인력채용기관 등과의 긴밀한 협력관계를 구축함으로써, 이들이 외국의 과학기술인재를 영입하는데 각종 지원과 혜택을 아끼지 않았다. 둘째, 싱가포르정부는 자국의 교육시스템을 적극 활용해 외국의 인재를 받아들이기도 했다. 가령,

---

36) Lily Kong, Brenda Yeoh, "The Construction of National Identity through the Production of Ritual and Spectacle : An Analysis of National Day Parades in Singapore", *Political Geography*, Vol.16, No.3, 1997, pp.213-239.

37) 싱가포르는 세계에서 출생률이 가장 낮은 국가 중의 하나이다. 1990년대 출생률은 1.57명이었고, 2009년에는 더 떨어져 1.2명에 불과했다. 이는 인구대체율인 2.1명보다 훨씬 낮은 수준이다. Shirley Hsiao-li Sun, *Population Policy and Reproduction in Singapore : Making Future Citizens*, London : Routledge, 2012.

1990년대 초부터 싱가포르는 학비면제 및 보조, 장학금지급 등을 통해 외국 특히, 중국의 유학생들을 적극적으로 유치하기 시작했다. 그 결과, 중국유학생 중의 약 4분의 3은 졸업 후에도 그대로 싱가포르에 남아 영주권자가 되었다.[38] 셋째, 정부는 신이민 기업가들에게도 경제적 지원을 제공했다. 그 결과, 그동안 이들 기업가에게 사업 착수금 및 운영자금조로 지급된 돈이 무려 1,300만 싱가포르달러에 달하고 있다.[39]

싱가포르의 이러한 느슨한 국제이민정책이 가져온 직접적인 결과는 인구의 급속한 증가이다. 특히, 이로 인해 비본토인이 전체 인구에서 차지하는 비율이 계속해서 상승하고 있다. 2012년 중반 현재, 싱가포르의 총인구는 531만 명이다. 그 가운데 10%는 영주권자이고 28%는 장기취업비자를 소지한 비거주자 외국인이다.[40] 싱가포르의 외국인재 유치정책은 어느 특정한 종족집단에 한정된 것은 물론 아니다. 그러나 역사적·종족적·문화적 배경 그리고 최근 20년 간 중국과 싱가포르의 긴밀한 관계로 인해, 지난 25년 동안 싱가포르가 영입한 외국인재의 대부분은 중국의 신이민이었다. 또한 그들 대다수는 기술이민이었고, 이 중의 상당수는 이미 영주권을 획득했거나 아예 싱가포르 국적을 취득했다. 현재 싱가포르에 거주하는 중국 신이민의 수는 70만 명에서 80만 명 정도로 추산된다.[41]

---

38) 『聯合早報』, 2002.11.7.
39) 劉宏, 「新加坡的國際人才戰略及其對中國的啓示」, 『第一資源』第1期, 2012.
40) http://www.singstat.gov.sg/stats/themes/people/popnindicators2012.pdf, 2012.10.9 참조.
41) C. C. Yim, "Transnational social spaces and transnationalism : A study on new Chinese migrant community in Singapore", Ph. D. Dissertation, University of Hong Kong. 이 수치에는 단기계약노동자도 포함된다. 현재까지 화인 신이민의 수와 관련된 관방의 통계는 없다. 다민족사회인 싱가포르에게 있어서 이민자의 수나 분포는 매우 민감한 문제이다.

초기 동남아화인과는 달리, 미국의 화인이 직면한 문제는 극히 적대적인 주류사회였다. 1870년대 미국의 화공은 당시의 경제 불황과 미국 서부연안지역 고용시장 불안의 희생양이었다. 백인노동자의 실업 그리고 백인노동조합과 백인자본가 간의 노사대립 등으로 인해 야기된 각종 분노와 원한은 모두 화공들에게 전가되었고 급기야는 반중정서로 비화되기에 이르렀다. 이에 미국의회는 1882년 일명 〈Chinese Exclusion Act〉라고 하는 중국인배제법을 통과시킴으로써 화공의 미국 진입을 원천적으로 봉쇄했다. 단지 국적이 다르다는 이유로 종족 전체를 배척해버리는 법안이 통과되었다는 것은 미국에서는 극히 이례적인 사안에 해당한다. 아니, 어쩌면 이 법안이 유일할 것이다. 그로부터 10년 후인 1892년 미국의회는 〈Chinese Exclusion Act〉의 유효기간을 연장하는 결의안을 또 다시 통과시켰다. 그리고 훗날 이 중국인배제법은 모든 아시아계 이민을 배척하는 입법으로 이어졌다. 이러한 반화(反華)·배화(排華) 법안은 제2차 대전 기간(1943년)에 이르러서야 겨우 폐지되었다. 이 〈Chinese Exclusion Act〉 때문이었는지, 화인들의 미국이민은 한동안 극히 저조했다. 중국으로부터의 이민이 1870년 13만 3천명이었던 것이 1930년대에는 5,800명으로 급감한 것이 예라 할 수 있다.[42]

미국의 이민법은 국민국가 수립의 핵심기제 가운데 하나이다. 그러나 〈Chinese Exclusion Act〉는 일종의 쇄국정책의 전주(前奏)로, 이후의 입법에 하나의 중요한 이론적 근거를 제공했다. 뿐만 아니라 이 법안은 미국의 국민정체성을 정의하는 기준으로 작용하기도 했다. 다시 말해, 자아는 '미국인', 타자는 '외국인'이라는 구별이 그것이다.[43] 1924년 미

42) 周敏, 『美國華人社會的變遷』, 三聯書店出版社(上海), 2006, 5쪽.
43) Erika Lee, *At America's Gates : Chinese Immigration during the Exclusion Era, 1882-1943*, The University of North Carolina Press, 2003.

국의회는 동유럽과 남유럽 이민의 대량유입에 대응해 〈the Johnson-Reed Act〉라고 하는 이른바 이민할당제를 통과시켜 "환영받지 못하고 동화될 수 없는" 이민자들을 배척하고자 했다. 앵글로색슨 프로테스탄트 백인이라는 미국인의 국민정체성이 확립된 것도 바로 이때부터이다.

그러나 1960년대 불길처럼 번졌던 미국의 민권운동과 세계적 경제발전이라는 이중적 압박 속에서, 미국의회는 기존의 이민법에 대한 근본적인 개혁과 대대적인 수정을 시도했다. 우선, 1965년 일명 〈the Hart-Cellar Act〉라고 하는 이민법수정안을 통과시켰다. 이 법안의 정책적 취지는 두 가지이다. 첫째, 각 종족의 이민자와 그들의 출신국가를 평등하게 대우한다. 둘째, 국가별로 설정한 이민할당제를 폐지하고 대신에 이민자의 범주를 여섯 단계로 구분한다. 이 법안은 가족 간의 결합을 장려하고 미국고용시장을 체계적으로 활성하기 위해 제정되었지만 무엇보다도 고등교육을 받은 전문 과학기술인재를 유치하는데 최우선의 목적이 있었다. 그러나 당시 이러한 조치에도 불구하고 중국인의 이민열풍은 그다지 뜨겁지 않았다. 중국의 신이민이 비로소 미국으로 대량 유입되기 시작한 것은 1978년 중국의 개혁개방 이후였다. 1965년 이후 중국 신이민의 유입은 미국 화인인구의 지표를 한껏 올려놓았다. 즉, 1960년 23만 7천 명이었던 미국화인은 2010년에는 380만 명으로 급증했다. 2010년 미국 종족커뮤니티 샘플링조사 통계에 따르면, 외국에서 출생한 화인은 중국계 총인구의 61%이며, 이 가운데 대략 60%가 1990년 이후 미국에 온 사람들이라고 한다.[44] 이렇듯 이민사와 이민정책의 차이로 인해, 미국의 중국 신이민은 싱가포르의 그것보다 훨씬 더

44) http://factfinder2.census.gov/faces/nav/jsf/pages/searchresults.xhtml?refresh=t, 2013.1.5 참조.

다원화되어 있다고 할 수 있다. 특히, 이중에는 상당수의 저소득 노동자들이 포함되어 있다.

(3) 해외화인사회의 형성과 발전

해외이민사회는 인간의 국제적 이동과 정착의 산물이다. 동시에 그것은 이민사회와 조국 간의 상호교류 그리고 이민자들이 현지사회에 융합하는데 필요한 핵심기지이기도 하다. 이민사의 차이 그리고 싱가포르와 미국의 사회구조적 차이로 인해, 해외화인사회는 각기 다른 발전모델을 창출하고 있다.

① 이민사회의 사회경제적 배경의 변화

역사적으로 보면, 싱가포르로 이주한 화인들은 대개 푸젠성이나 광동성 출신이다. 특히, 푸젠성 출신이 많다. 그러나 미국에 거주하는 화인은 주로 광동성 남부의 오읍교향(五邑僑郷)[45]과 주강삼각주(珠江三角洲) 지역 출신들이다. 이민 초창기, 싱가포르와 미국의 화인들은 공히 남성 위주의 단기체류자였다. 따라서 1860년 싱가포르화인의 남녀비율은 14 : 1이었고, 1890년 미국화인의 남녀 성비는 27 : 1이었다. 그러나 그렇다고 해서 싱가포르와 미국이 동일하다는 것은 분명 아니다. 싱가포르는 역사적으로 줄곧 느슨한 이민정책을 추진해왔다. 따라서 화인여성들의 유입도 점차 증가하기 시작했고, 그에 따라 화인사회의 성비도 조금씩 균형을 이루게 되었다. 전통적인 중국의 가족제도에서는 남성 이민자가 고향에 본처가 있음에도 불구하고 현지 여성과 결혼해 새로 가

---

45) (옮긴이) '오읍(五邑)'이란 중국 광동성 장먼(江門)시 관할 하에 있는 다섯 개의 마을을 가리킨다. 이 지역은 대대로 화교들의 고향 즉, '교향(僑郷)'으로 유명하다.

정을 이루고 자녀를 양육하는 것을 묵인했다. 이른바 '두 개의 가정'이란 변칙적인 가족구조를 인정했던 셈이다. 그러면 일반적으로 본처는 고향에 남아 시부모를 봉양하고 자녀를 양육하며 농사와 조상의 묘를 지키는 일을 한다.[46] 이러한 혼합형 가족구조와 그 혼혈 후예들은 해외화인사회에서도 그대로 용납된다. 그러나 이와는 반대로 미국에서는 1960년대 배화 정서가 팽배하게 되면서, 차이나타운도 독신남성 중심의 사회로 변질되었다. 여기서 말하는 '독신남성'에는 이미 결혼해 고향 중국에 배우자가 있는 화공들도 포함된다. 게다가 미국이민법은 기본적으로 화인여성을 배척했고 이족간의 통혼도 금지했다. 이는 화인이민가정의 형성과 인구의 자연증가율을 저해하는 요인으로 작용했다. 10년마다 진행되는 미국의 인구센서스 통계에 따르면, 1890년부터 1940년까지 반세기에 걸친 기간 동안에 화인인구의 증가폭은 거의 제로에 가깝다는 사실을 알 수 있다. 1890년 미국화인의 남녀 성비는 거의 27 : 1이었다. 물론 이러한 성비 차이는 점차 줄어들게 되지만, 1940년 현재 화인남성은 여전히 여성보다 훨씬 많은 수를 차지했다. 이때의 성비는 2 : 1이었다. 이러한 성비 불균형현상이 근본적으로 해소될 수 있었던 것은 1970년 이후였다.[47]

싱가포르와 미국의 화인사회가 처음부터 종족집단 위주로 형성된 것은 아니다. 그것은 주로 고향의 방언집단 중심으로 구성되었다. 또한 그 사회구조는 크게 상신(商紳)계층과 노동자계층으로 이루어졌다. 노동자계층의 대부분이 교육수준도 낮고 기술도 없는 농민이었다면, 상신계층의 경우에는 상인이나 기업가들이었다. 물론 화인사회의 정치경제

---

46) Maurice Freedman, "Chinese family and Marriage in Singapore", London : Her Majesty's Stationary Office, 1957, p.25.
47) 周敏, 위의 책(2006), 6쪽.

적 활동을 주도하는 것은 이들 상신계층이다. 싱가포르화인의 상신계층은 몇 가지 특징을 지니고 있다. 첫째, 화상이민의 역사는 화공이민의 역사보다 길다. 둘째, 화상경제는 현지에 기반하고 있기는 하지만, 현지뿐만 아니라 해외에까지도 자신의 경영범위를 확대함으로써 이른바 초국적 경제활동에도 적극 참여하고 있다. 이는 미국의 화상들이 주로 차이나타운 내에 국한되어 있는 것과 대조를 이루는 지점이다. 셋째, 싱가포르 화상은 영국의 식민통치기간 중에 식민자와 화인사회 그리고 화인사회와 현지 토착민사회 사이에서 일종의 중간자(middlemen)적 역할을 수행했다. 넷째, 화상경제의 규모와 범위는 나날이 확대되고 있다. 그중에는 국제금융업, 은행업, 운수업, 수출입무역 등으로까지 사업을 확대해 대재벌이 된 경우도 있다. 싱가포르 화인사회 내부의 상신계층과 노동자계층 간에는 구분이 명확하다. 화상과 화공 공히 종족적 차별에 시달리고 주류사회로부터 배척을 당하는 미국과는 다른 점이다. 미국에서는 상인과 노동자 모두 차이나타운이란 협소한 공간 안에서 서로 부대끼며 살고 있다. 따라서 상호간에 의지하는 면도 적지 않고 경우에 따라서는 주류사회의 탄압과 배척에 공동으로 저항하기도 한다.

오늘날 중국 신이민은 중국대륙 각지에서 몰려든 사람들이다. 따라서 전통적인 교향이라 할 수 있는 화남(華南) 지역 출신의 과거 해외화인들과는 이들의 사회경제적 배경은 매우 다양한 편이다. 그러나 거주국 이민정책의 차이로 인해, 각국에 거주하는 중국 신이민의 소양과 자질에는 큰 차이가 엿보인다. 싱가포르정부는 기술이민자의 교육수준과 소득수준에 엄격한 심사조건을 들이대고 있다. 이 때문에 싱가포르에 거주하는 화인 신이민의 대부분은 대학이나 대학원을 졸업한 자들이다. 심지어 개중에는 미국, 영국, 일본, 오스트레일리아 혹은 기타 서방

선진국의 학위를 가지고 있거나 현지 고용시장에서 필요로 하는 기술과 업무경험을 가지고 있는 자들도 있다. 따라서 이들은 주로 전문직에 종사한다.[48] 특히, 화인 신이민은 과학연구기관이나 교육기관에 집중되어 있다. 가령, 싱가포르국립대학의 경우에 거의 절반에 가까운(47%) 교직원이 외국인인데, 그중에서도 중국국민이 14%를 차지하고 있다. 또한 전체 연구원 842명 중에 약 4분의 3(621명)이 외국인이고, 그 가운데 38%가 중국대륙 출신이다. 싱가포르 화인 신이민의 사회통합형식(modes of incorporation)은 전통적인 화인들과는 그 길이 다르다. 즉, 과거의 화인들은 대부분 노동이나 상업에 종사했다면, 이들은 주로 교육을 통해 전문직에 취업하고 있는 것이다. 설령 사업의 길을 택했다하더라도 대부분은 첨단과학기술분야나 전문성이 강한 업종에 집중되어 있다.[49]

미국의 화인인구는 1965년 전까지는 크게 증가하지 않았다. 제2차 대전과 냉전시기를 거치면서 미국화인은 본의 아니게 조국과의 관계가 끊어졌다. 이때부터 해외화인사회는 기존의 임시거주 형태에서 점차 정착 중심으로 바뀌었다. 이민자가 감소하게 되면서 화인이민과 그 후대는 자연스레 미국생활에 동화되었다. 1960년대 민권운동도 이민과 그 후대들의 동화에 한몫했다. 그러나 1965년 미국이민법이 개정되면서 화인인구가 급증하기 시작했다. 미국이민국 통계에 따르면, 1960년부터 1979년 사이에 대략 32만 명의 화인이 영주이민비자를 받고 미국에 들어왔다. 이들은 주로 홍콩이나 타이완에서 온 사람들이고 중국대륙에서 온 자들은 10% 정도에 지나지 않았다. 그러나 1980년부터 2010

---

48) Liu Hong, "An Emerging China and Diasporic Chinese : Historicity, State and International Relations", *Journal of Contemporary China*, Vol.20, No.72, 2011, pp.813-832.
49) Liu Hong, "Transnational Chinese Sphere in Singapore".

년 사이에는 182만 명의 화인이 미국으로 이민을 왔는데, 이 가운데 3분의 2(65%) 정도가 중국대륙에서 온 이른바 신이민이었다. 그리고 1960년부터 2010년까지 약 50년 동안, 화인이민의 총수는 1850년부터 1959년까지 약 110년에 걸쳐 미국에 온 화인이민 수의 5배가 넘는다.[50]

미국에 거주하는 중국 신이민의 사회경제적 배경은 매우 복잡하고 다양하다. 개중에는 교육수준이 높고 첨단기술을 지닌 이민자들도 있고 농촌 출신의 노동자들도 있다. 물론 불법체류자들도 있다. 교육수준도 낮고 기술도 없는 사람들은 일반적으로 차이나타운이나 화인이 경영하는 공장 등에서 낮은 임금을 받고 일한다. 그래서 이들 대부분은 가난에서 벗어나지 못하고 있다. 반면, 미국인의 평균 수준보다 높은 교육수준과 기술수준 그리고 일정정도의 안정적인 정착금을 가지고 미국에 오는 이들도 있다. 이러한 고학력자와 전문기술자 중에는 아예 미국에서 대학원과정을 마친 이들도 적지 않다. 싱가포르와 달리, 미국의 기술이민은 정부의 영향보다는 시장의 영향을 훨씬 더 많이 받는 편이다. 미국에서 영주권(그린카드)을 취득하기란 하늘에서 별 따기만큼이나 어렵다. 유학생 중에 대학이나 대학원을 졸업한 자들은 우선적으로 미국에서 일자리를 찾으려고 한다. 그러기 위해서는 고용주가 취업비자나 기술이민을 신청해야 가능하다. 만일 직장에서 해고라도 되면 그날로 바로 취업비자가 실효되기 때문에 서둘러 다른 일자리를 구해야 하고 새로운 직장의 고용주는 앞서와 같이 그를 위해 취업비자를 신청해

---

50) U. S. Department of Homeland Security, *Yearbook of Immigration Statistics*, 2011, Washington, D. C. ; U. S. Department of Homeland Security, Office of Immigration Statistics, 2012.

야 한다. 물론 여기에는 특수한 정치적 배경이 중요한 역할을 하는 경우도 있다. 가령, 1989년 중국에서 발생한 심각한 정치적 격변(천안문 사태-옮긴이)은 당시 미국에 있던 유학생과 방문학자들에게 상당한 영향을 끼쳤다. 1992년 5월에 통과된 〈중국유학생을 위한 대통령 특별 행정명령〉에 근거해, 6만여 명의 중국유학생과 그 가족들이 미국영주권을 취득할 수 있었다. 1990년대 미국기업들에게 첨단기술을 소지한 인재와 전문기술자의 고용을 적극 장려하는 이른바 H-1 B 법안도 중국의 이민 열풍을 조장하는 하나의 촉진제였다. 2002년에는 1만 9천 건에 가까운 임시 H-1B 비자가 중국유학생들에게 발급되었고, 이외에도 1만 8천 명의 전문기술자들이 영주권을 취득했다.[51] 전국적으로 볼 때, 미국화인의 평균 교육수준은 1980년부터 미국의 평균수준을 넘어서기 시작했다. 이는 이민이라는 것이 고도의 선택성을 갖추기 시작했음을 의미하는 것이다. 2010년 미국 종족커뮤니티 샘플링조사의 통계에 따르면, 25세 이상의 미국화인 가운데 거의 절반이 대학 이상의 학위소지자(25%는 석사학위 이상 소지자)인 반면에 히스패닉을 제외한 백인의 해당 비율은 31%였다. 또 16세 이상 미국화인 중에 53%가 전문분야에 종사하고 있는데 비해 히스패닉을 제외한 백인의 그 비율은 40%에 불과했다. 이밖에 미국화인가정의 연소득 평균치가 80,643달러인데 반해, 히스패닉을 제외한 백인의 그것은 69,531달러였다.[52] 화인인구의 다양화와 주류사회의 개방은 중국 신이민의 사회적응 패턴에도 다양성을 가져왔다. 즉,

---

51) Alejandro Portes, Cristina Escobar, Aleandria Walton Radford, "Immigrant Transnational Organizations and Development: A Comparative Study", *International Migration Review*, Vol.41, No.1, 2007, pp.242-281.

52) http://factfinder2.census.gov/faces/nav/jsf/pages/searchresults.xhtml?refresh=t, 2013.1.5 참조.

전통적 모델과 현대적 모델의 병행이 그것이다. 초창기 화인세대처럼 노동이나 상업의 길로 뛰어들기도 하지만 한편으로는 교육을 통해 전문직으로 나아가는 길도 선택할 수 있게 된 것이다. 이제 고학력자 출신의 많은 중국 신이민은 협소한 차이나타운을 벗어나 전문기술분야로 진출하게 되면서 미국의 중산층 대열에 끼어들 수 있게 되었다. 이처럼 중국 신이민 중에는 단순육체노동자도 있지만 높은 수준의 학력을 소유한 전문기술자도 있고 개인 창업자도 있다. 또 다국적기업가도 있고 벤처기업가도 있다. 사람들은 미국의 화인이민자들이 특별한 '아메리칸 드림'을 가지고 있다고들 한다. 그것은 바로 "자신만의 주택을 소유하고 스스로 기업의 사장이 되고 자녀들을 아이비리그 대학에 보내는 것이다."[53]

② 커뮤니티 구조의 변화

초창기 싱가포르 화인의 정체성은 출생지와 방언집단을 기반으로 형성되었다. 그들의 거주형태는 북아메리카로 이주한 화인처럼 그렇게 집중형태를 보이지는 않았다. 물론 차이나타운이 있기는 했지만 대부분의 화인들은 분산거주 형태를 띠고 있었던 것이다. 싱가포르 화인 가운데 최대의 방언집단은 민난인(閩南人)이었다. 그 다음으로 광푸인(廣府人), 차오저우인(潮州人), 학카인(客家人), 하이난인(海南人) 순이었다. 이들 방언집단은 일반적으로 가족과 고향(촌락, 縣, 鎭, 省)을 중심으로 종친회나 동향단체(회관)를 건립한다. 이러한 모임들을 이끌고 있는 것은 화상엘리트들이다. 화인사회를 구성하는 3대 중심축은 중국어매체, 중국어교육 그리고 이러한 단체나 조직들이다.

---

53) 周敏, 위의 책(2006), 166쪽.

중국, 동남아, 화교화인의 삼각관계

미국 화인사회의 형성과 발전은 싱가포르 화인사회와는 상당한 차이를 보인다. 첫째, 미국 화인이민의 역사는 비교적 짧은 편이다. 사실상 이 지역 이민사는 19세기 중반 화공의 이민열풍에서 비롯되었다고 할 수 있다. 둘째, 종족차별과 배화법의 실시로 인해, 대부분의 화인들은 차이나타운을 벗어나기가 쉽지 않았다. 셋째, 화인의 종족정체성은 좁은 의미에서는 동일한 고향과 방언집단이 그 핵심적 기반이라고 할 수 있지만, 모두가 중국인이라는 포괄적 동질성에서 자기정체성을 확인하는 경우도 적지 않다. 초기 차이나타운에서의 화인의 조직방식은 미국이나 싱가포르 공히 유사한 측면이 있다. 즉, 양국의 화인사회는 모두 단체 및 조직, 중국어매체, 화교학교라는 3대 축을 기반으로 구성되었다. 그러나 중국어교육은 미국 공교육시스템 밖에 있었다. 그리고 종친회나 동향회, 상회 등과 같은 단체의 경우에는 엄밀히 말해 각기 독립된 조직들이었지만, 이국에서의 생존을 위해 상호의존적 관계를 형성하고 있었다.

싱가포르 화인과 관련된 모든 사무나 업무는 해협식민지정부가 건립한 화민호위사(華民護衛司, the Chinese Protectorate)가 담당했다. 또 식민정부와 화인사회의 소통을 위한 교량역은 화인단체나 조직 그리고 그 지도자격인 화인엘리트들의 몫이었다. 그러나 미국 차이나타운의 경우에는 이와는 달랐다. 오랫동안 주류사회의 배척을 받았기 때문에 차이나타운은 일종의 자주적이고 독립적인 자치사회였다. 또 이러한 화인사회에서 사실상의 정부의 역할을 담당했던 것은 중화회관(Consolidated Chinese Benevolent Association)이었다. 중화회관은 대내적으로는 단체 간의 관계를 조율하고 대외적으로는 화인사회의 권익보호와 사회적 평등을 위해 주류사회와 협상하고 때로는 맞서 싸우기도 했다.

1980년대 말부터 해외화인사회는 거주국 사회구조의 변화 그리고 무엇보다 중국대륙의 새로운 이민 붐에 힘입어 대대적인 변화를 겪었다. 이른바 신이민의 배경은 지역적 다변화로 인해 더 이상 특정한 지역(村 혹은 鎭)에 한정되었던 전통적 관념 속의 '고향'이 아니었다. 오히려 이들은 특정지역이 아닌 중국대륙 전체를 자신의 배경으로 하고 있었고 이를 바탕으로 중국적 문화를 건립하고 종족적 상징성을 확보했다.[54] 또한 화인 신이민은 기존의 초기 화인이민이나 현지에서 나고 자란 화인이 건립한 전통적인 조직이나 단체와는 그다지 밀접한 관계를 형성하고 있지 않다. 오히려 그들은 자기들만의 독자적인 단체나 조직을 건립하는데 더 힘을 기울이고 있다.

　싱가포르의 경우, 전통적인 화인단체는 본래 의미의 이민조직과는 달랐다. 다시 말해, 이러한 단체들은 이미 싱가포르 시민사회의 구성인자 중의 하나가 된지 오래였다. 반면, 화인 신이민의 단체나 조직은 전통적인 '고향'이란 지역적 한계를 뛰어넘고 있다. 일례로, 싱가포르에서는 1999년에 텐푸동향회(天府同鄕會)가 성립되었다. 그런데 이는 쓰촨성(四川省)을 고향으로 하는 사람들만의 모임은 아니었다.[55] 여기서 말하는 '동향(同鄕)'은 보다 포괄적이고 상징적인 의미를 띤 일종의 관용적 호칭이라 할 수 있다. 실제로 이 동향회의 성원은 쓰촨성 출신이나 쓰촨 방언을 하는 집단에 국한되지 않고 한때나마 쓰촨성에서 일을 했던 경험이 있거나 이민 오기 전에 쓰촨성과 경제·문화적으로 모종의 관계를 형성하고 있던 사람들까지 모두 아우르고 있다. 2006년에는 아예 이 '동향'이라는 말조차 없애고 텐푸상회(天府商會)로 이름을 바꾸었다. 현재에도 이 단체는 중국 각 지역 출신들로 구성되어 있다. 2001년에 성립

54) Liu Hong, "Transnational Chinese Sphere in Singapore".
55) (옮긴이) '텐푸(天府)'는 쓰촨성(四天省)을 일컫는다.

된 싱가포르 화원회(華源會)의 경우에도 중국 각 성(省) 출신의 신이민들로 구성된 단체이다. 이 단체의 성원에는 이미 싱가포르로 귀화했거나 영주권을 획득한 신이민도 포함되어 있고 장기학생비자나 취업비자를 소지한 중국인들도 포함되어 있다. 이 단체의 주요 목표는 상호부조, 상호우애의 정신을 바탕으로 무역, 문화, 교육, 과학기술, 정보산업 등의 각종 분야에서 회원 간의 교류를 촉진, 강화하고 다른 단체와의 원만한 관계를 통해 회원들이 현지 다종족사회에 보다 잘 융합할 수 있도록 지원하는데 있다. 구체적으로 말해, 이 단체의 근본 취지는 첫째, 회원들이 다종족사회인 싱가포르에 안정적으로 융합될 수 있도록 지원하고 회원 간의 정보교류 및 소통을 촉진하며 둘째, 상호부조·상호우애의 정신을 바탕으로 회원과 다른 단체와의 우의와 교류를 촉진하며 셋째, 각종 조직 활동을 통해 회원과 그 가족들의 여가생활을 풍부히 하며 넷째, 싱가포르와 중국의 무역거래를 촉진하는 것이었다. 이렇듯 화인 신이민은 단체나 조직 그리고 중국과의 활발한 교류활동을 통해 중국인이면서 동시에 화인이고 싱가포르인인 일종의 혼합형 종족정체성을 정립할 수 있었다. 그리고 이들의 주류사회에 대한 사회경제적 통합과 융합의 주요 방식은 초기 화인이민들처럼 상업적 경로를 통하는 것이 아니라 주로 직업과 교육을 통한 것이었다. 그렇다고 해서 상업적 경로가 더 이상 싱가포르사회에 통합되는 중요한 방식이 아니라는 것은 물론 아니다. 그러나 현재의 중국 신이민 기업가들은 과거 그들의 선배나 현지 화상과는 두 가지 점에서 명확한 차이를 보이고 있다. 첫째, 그들 중의 상당수는 자신이 배운 첨단기술을 기업에 접목시키는 일종의 테크노프러너(technopreneurs)들로, 주로 고부가가치산업에 집중되어 있다. 둘째, 그들의 회사는 경영방식, 경영자, 회사분위기 등에서 상당히 초국적 특징을 갖추고 있으며 나아가 싱가포르와 중국 간의 밀접한

관계를 형성하는데 있어 개인 혹은 조직의 차원에서 물심양면의 지원을 하고 있다.[56)]

한편, 미국 화인단체는 전통적인 방식을 따르는 경우도 있고 싱가포르와 유사한 발전모델을 만드는 경우도 있다. 전통적인 차이나타운과 새롭게 교외에 형성된 화인집단거주지(ethno burbs)는 단체나 조직이 다양하게 발전하는데 중요한 기지이다. 중국 신이민의 도래는 차이나타운의 전통적인 단체나 조직이 새롭게 도약하는데 있어서도 그렇고 화인이민조직이 급증하는 데에도 일종의 자극제 역할을 했다. 더군다나 이러한 새로운 단체나 조직들 중에 상당수는 초국적 성격을 띠고 있다.[57)] 특히, 이 가운데 세 가지 유형의 새로운 조직이 가장 이목을 끌고 있다. 확대판 동향회, 전문가단체, 교우회가 바로 그것이다. 이러한 조직발전의 새로운 모델들은 싱가포르와 매우 유사한 점이 있다. 즉, 새로운 조직은 전통적인 조직에 비해 보다 더 탈지역적이다. 심지어 확대판 동향회 같은 경우에는 성(省)이나 시(市)를 구성원 정체성의 토대로 삼고 있다. 또 전문가단체는 다양한 전문영역 가령, 자연과학, 공학, 의학, 법률, 인문사회과학 등을 모두 아우르고 있다. 이밖에 교우회는 대개 중국대륙의 대학교와 전문대학에 의해 성립된 조직이지만, 개중에는 고향의 중고등학교를 중심으로 한 조직들도 일부 있다. 이러한 새로운 유형의 단체나 조직들은 훨씬 더 개방적이고 심지어 지역이나 사회경제적 배경이 다른 이민자들을 끌어들이는데 훨씬 더 적극적이다. 따라서 새로운 조직의 성원들은 이제 더 이상 지역이나 종친에 얽매이지 않아도 되고, 조직 자체도 보다 독특하고 다원적이고 혼합적인 특징을

---

56) 劉宏, 『跨界亞洲的理念與實踐─中國模式, 華人網絡, 國際關係』, 南京大學出版社(南京), 2013(출판예정).

57) 波特斯・周敏, 『國際移民的跨國主義實踐與移民祖籍國的發展』

보이고 있다. 또한 대다수 성원들은 중국이나 미국에서 양질의 교육을 받은 자들이고 양국의 언어에도 상당히 능통한 편이다.[58] 이들 새로운 조직의 목적 역시도 이민자들의 주류사회 융합을 촉진하고 중국과의 관계를 유지한다는 점에서 싱가포르 신이민 조직과 매우 흡사하다.

3. 새로운 터전과 조국 간의 상호교류

(1) 초국가주의 실천 속에서 중국정부의 역할

중국의 개혁개방에 따른 문호개방과 탈냉전이란 지정학적 변화로 인해, 해외화교화인은 조국과의 관계를 정상적으로 복원할 수 있었다. 1978년부터 중국정부는 교무(僑務)를 경제발전계획상에 최우선적 업무의 하나로 격상시켰다. 여기에는 각급 교무기구를 원래대로 돌려놓는 것도 포함되었다. 교무와 관련된 정책은 21세기 들어 한층 더 개혁적인 방향으로 나아갔다. 단순히 화교화인의 '자본(資)'을 유치하고자 했던 기존의 방침에서 벗어나 이때부터는 해외의 첨단기술과 과학기술인재 유치에 방점을 둔 화교화인의 '지식과 기술(智)'의 도입으로 정책적 전환을 이루게 된 것이다. 뿐만 아니라 국가정책 차원에서 해외화인의 현지 거주국 귀화를 지지하고 거주국의 정치와 경제 분야에 적극 참여함으로써 새로운 터전에 융합되고 통합될 수 있도록 독려했다.

현재 중국정부는 보다 개방적이고 관용적인 환경을 조성하고 있고 초국적 분야에도 적극적으로 참여하고 있다. 또한 정부는 외국자본의

58) 周敏, 『美國華人社會的變遷』, pp.132-139.

유치 및 경제 합작, 과학기술교류 및 학자 간 교류, 심각한 자연재해에 대처하기 위한 각종 자선단체의 건립 나아가 중국어와 중화문화의 보급 및 전파 등에 상당한 재정적 지원을 기울이고 있다.[59] 우선, 중국정부는 자국의 경제발전을 이룩하기 위한 최우선적 조치의 하나로 1980년 경제특구를 설치하고 이에 대한 외국자본의 진입을 과감히 허용했다. 중국정부에게 있어서 이 경제특구는 "외국의 자본과 선진기술, 설비 등을 유치, 도입하고 이를 기반으로 자주적이고 창조적인 기술혁신을 이룩할 수 있는 교량"[60]인 셈이었다. 특히, 1980년에 지정된 4개의 경제특구는 공교롭게도 모두 해외화교화인의 교향이라 할 수 있는 광동성과 푸젠성에 설치되었다. 이는 다분히 해외화교화인사회의 경제력을 감안한 조치였다고 할 수 있다. 1979년부터 1987년 사이에 이 네 곳의 경제특구에 투자된 해외자본의 약 90%는 역시나 해외화교화인의 자본이었다. 그리고 이 자본의 대부분은 노동집약형 제조업에 집중되었다.[61] 그러나 2000년에 들어서면서 해외화인 투자자나 기업가의 투자는 점차 IT산업이나 바이오산업 등 고부가가치산업으로 방향을 선회하기 시작했다. 여기에는 주로 전자산업, 기계제조업, 첨단바이오산업, 희토류금속제련업 등이 포함된다. 그런데 이들 투자자나 기업가는 대부분 미국 화인들이었다. 결국 이러한 흐름에 발맞춰 중국 연해지역 및 내륙지역의 각 성정부와 시정부도 보다 많은 자유무역지대, 경제기술개발구역, 고부가가치산업단지 등을 속속 설치해 대외에 개방함으로써 첨단산업을 발전시키고 있다.

---

59) 波特斯・周敏, 위의 책.

60) http://www.bjreview.com.cn/nation/txt/2009-05/26/content_197576.htm, 2010.1.22 참조.

61) http://qwgzyj.gqb.gov.cn/qwhg/146/1346.shtml, 2010.1.22 참조.

과학기술교류 및 학자 간 교류 방면에서 중국정부가 취한 우선적 조치는 국내 우수인재의 과도한 해외유출을 막기 위해 일련의 창의프로젝트를 추진하는 것이었다. 그러나 해외유학생정책은 당초의 '귀국 후 봉사'에서 '국가를 위한 봉사'로 다소 완화된 측면도 있었다. 어쨌든 정부는 유학생 및 학자들이 교육, 과학, 첨단기술 산업, 금융, 보험업, 무역, 경영 등의 측면에서 선도적 역할을 담당함으로써 국가경제와 사회발전의 핵심리더가 되기를 기대하고 있다. 실제로 중국은 1990년대 중반부터 해외영주권자나 귀국인사 가운데 과학과 공학 분야의 고급인재들을 활용하기 위해 일련의 프로젝트를 추진하고 있다.[62]

　　최근 정부가 추진하는 화교화인정책은 이미 거주국 영주권을 소지한 이민자들에게 아예 거주국 국적을 취득하도록 지지하고 지원함과 동시에 그들이 다양한 방식으로 조국을 위해 이바지할 수 있도록 장려하는 것이다.[63] 이와 더불어 정부는 해외화인들로부터 경제자본, 인적자본, 사회자본 등을 획득해 이를 국가경제발전에 활용하는데 역점을 두고 있다. 또한 이민조직과의 네트워크 연계를 강화하고 기술배양과 문화교류를 진행하는 데에도 힘을 기울이고 있다. 나아가 해외화인사회를 중국의 국가이미지를 개선 및 제고하고 중국의 이른바 '화평굴기(和平崛起)'를 적극 홍보하는데 중요한 인자로 활용하고 있다.[64]

---

62) 중국교육부의 경우에는 유학생의 귀국을 장려하기 위한 일련의 프로젝트를 전개하고 있고, 더불어 그들이 귀국 후에 사업을 벌이는 경우에도 이에 대한 재정적 지원을 하고 있다. 가령, '춘훼이프로그램(春暉計劃)'의 경우에는 박사학위 소지자 가운데 해당분야에서 특출한 성과를 이룩한 유학생을 국내로 유치하는데 그 목적이 있다. 또한 창장학자장려프로그램(長江學者獎勵計劃)은 해외에서 교수로 있으면서 걸출한 연구 성과를 거둔 많은 학자 및 연구자들에게 경제적 지원을 하고 아울러 그들을 중국 국내의 석좌교수나 객원교수로 초빙하는 프로그램이다.

63) http://www.moe.edu.cn/english/international_2.htm, 2010.1.25 참조.

64) 劉宏, 『跨界亞的理念與實踐』, 第11章.

(2) 초국가주의 실천 속에서 해외화인단체의 역할

이상과 같은 중국정부의 적극적인 행동으로 조국과 해외화인사회의 상호교류는 점차 강화되고 있다. 해외화인사회의 초국가주의 실천은 통상 단체나 조직을 중심으로 이루어지고 있다. 그러나 화인단체의 초국적 활동과 방식을 놓고 보면, 싱가포르와 미국의 경우가 다르다는 것을 알 수 있다. 앞서 언급한 바와 같이, 해외화인사회는 단체나 조직을 중심으로 발전되어 왔고, 이러한 단체나 조직은 대개 엘리트 계층에 의해 주도가 되는 것이 일반적이다. 1978년 중국의 문호개방 이후, 전통적인 교민단체와 그 성원들은 조국의 변화에 대응하기 위해 자체적으로 조직의 목표를 재조정했다. 또한 전통적인 단체나 현대적인 단체 그리고 그 해당단체의 지도자들은 이민자 개인보다 훨씬 더 적극적으로 초국적 활동에 참여했고 조국의 발전에 있어서도 최선의 노력을 경주했다. 전통적인 조직이 조국의 활동에 참여하는 데에는 다음의 몇 가지 원인이 존재한다. 첫째, 그동안 고향의 친척들과 관계가 단절되어 있던 구성원들이 다시금 연락을 취할 수 있도록 지원하고 그들이 과거 토지개혁과 정치운동을 거치면서 몰수당했던 고향의 가옥과 토지 문제를 원만히 해결하는데 도움을 주기 위해서였다. 둘째, 구성원들이 기존의 사회네트워크를 재건하거나 새로운 네트워크를 구축함으로써 보다 많은 경제적 기회를 갖게 하기 위함이었다. 셋째, 고향의 경제발전을 촉진하기 위해서였다. 가령, 필자가 인터뷰를 한 적 있던 우(伍)씨 종친회 회장의 경우, 중국대륙을 방문한 목적의 절반은 현지 정부와의 협상을 통해 우씨 종친회가 고향에 가지고 있던 부동산 문제를 원만히 해결하기 위함이었다.

싱가포르의 전통적 단체들도 조국과 관계를 복원하는 유사한 과정을

중국, 동남아, 화교화인의 삼각관계

거쳤다. 그런데 이들은 미국의 화인단체들보다도 자신의 화인신분을 강조하는데 훨씬 더 많은 정력을 쏟았다. 싱가포르 중화총상회(1906년 성립) 같은 경우에는, 사실상 자신들이 주도했던 제1회 세계화상대회(1991년)에서 "우리는 모두 중국계 혈통"임을 공개적으로 천명했다.[65] 그들은 그로부터 십년 후에 열린 제11회 대회(2011년)에서도, 중화문화와 중국적 정체성을 계속해서 강조했고 화상의 경제적 성공과 세계무대에서 갈수록 커다란 영향력을 행사해가고 있는 중국의 공헌에 대해 찬양했다. 이를테면, 당시 총상회 회장이었던 장송성(張松聲)은 이렇게 말했다. "중국이 고속성장을 통해 세계적으로 부상하게 되면서, 경제의 중심도 점차 아시아로 옮겨지고 있고, 전 세계 경제 분야에서 화상의 위상도 강화되고 있다."[66]

미국정부가 화인사회의 문제를 처리함에 있어 일반적으로 자유방임 혹은 매우 애매모호한 태도를 견지하고 있는 반면에, 싱가포르정부는 싱가포르의 국가정체성이라는 대전제 하에서, 해외화인과 조국 간의 경제적 연계를 적극적으로 추진하고 있다. 이는 모두 화상의 사회적 네트워크를 유지 혹은 형성함으로써 국가경제발전을 촉진하기 위함이었다. 리콴유(李光耀)는 1993년 제2회 세계화상대회에서 다음과 같이 말한 바 있다. "우리는 화상네트워크를 충분히 활용해 우리 자신의 발전을 증강해야 합니다. 우리는 화상네트워크 안에서 보다 많은 발전의 기회를 얻을 수 있을 것입니다."[67] 또 싱가포르 상공부장관 여용분(楊榮文,

---

65) 대회주비위원회 위원장 탄우주(譚伍珠, 음역)와의 인터뷰.
66) Liu Hong, "Transnational Chinese Sphere in Singapore : Dynamics, Transformations and Characteristics", *Journal of Current Chinese Affairs*, Vol.41, No.2, 2012, pp.37-60 재인용.
67) Liu Hong, "Old linkages, New networks : The Globalization of Overseas Chinese Voluntary Associations and its Implications", The China Quarterly, Vol.155, 1998,

George Yong-Boon Yeo)은 이렇게 말하기도 했다. "싱가포르는 경제상에서 뿐만 아니라 문화적으로도 중국, 인도, 동남아와 모두 깊은 관련성을 맺고 있다. 만일 싱가포르가 그 핵심적 문화가치를 육성할 수 있다면, 경제발전도 보다 가속화될 것이다."[68]

(3) 해외화인단체의 초국적 활동의 유형

해외화인단체의 초국가주의 활동은 그것이 전통적인 단체이든 현대적인 단체이든지 간에 다섯 가지 뚜렷한 유형으로 구분할 수 있다. 즉, 고향발전프로젝트 참여, 대형자선사업 참여, 각종 협회나 친목단체 활동, 명절 및 국경일 경축활동, 경제무역활동이 그것이다. 이 중에서 앞의 두 가지는 조국 및 고향에서 전개하는 활동이라면, 뒤의 세 가지는 조국과 거주국 양쪽에서 진행하는 것이다.

우선, 고향발전프로젝트는 통상 지역에 국한된 것으로, 대부분 이민 자들의 출생지에서 이루어진다. 따라서 대개 이러한 활동에 참여하는 것은 지역적 연고를 기반으로 하고 있는 전통적인 단체들이다. 이러한 단체들의 모금활동이나 그 용도 역시 지역적 특징을 강하게 띠고 있다. 예를 들어, 고향 마을 입구에 패루(牌樓)를 세운다거나 사당, 사원, 공원, 도서관, 보건소, 경로당 등을 짓는다거나 마을의 도로나 학교를 수리한 다거나 하는 등등이다. 특히, 이러한 활동에서 중심적 역할을 하는 것 은 지역을 단위로 한 전통적인 동향회이다. 전통적인 단체들이 지방정 부와 합작해 벌이는 사업들도 있다. 전체 시정계획에 맞춰 공공사업을 전개하거나 지방정부와 공동프로젝트를 추진하는 등이 그 예이다. 반

---

pp.588-609 재인용.
68) 『海峽時報』, 2004.3.26.

면, 신이민 조직이나 단체들은 이러한 고향 중심의 지역발전프로젝트
에는 거의 참여하지 않고 있다. 이유는 이들 단체의 성원들이 어느 동
일한 마을이나 지역 출신이 아니기 때문이다.

둘째, 대형자선사업은 특정지역이 아닌 조국 전체를 대상으로 심각
한 자연재해가 발생했을 때, 재난구호기금이나 자선기금을 모으는 것
이다. 2008년 스촨성 원촨(汶川)에서 대지진이 일어났을 때, 뉴욕 중화회
관은 4개월 동안 132만 달러(5만 달러의 거금을 기부한 이도 있었다.)
의 재난구제기금을 모아 미국 적십자회를 통해 재해지역에 보냈다.[69]
싱가포르의 텐푸동향회 역시 불과 열흘이란 짧은 기간 동안에 그것도
동향회 회원의 기부만으로 20여만 싱가포르달러(미화 16만 달러)를 모금했
다.[70]

셋째, 각종 친목단체나 협회는 중국, 미국, 싱가포르뿐만 아니라 일
정규모의 화인이 거주하고 있는 국가 등에서 정기적으로 모임을 갖고
있다. 특히, 전통적인 동향회나 협회 같은 경우에는 범세계적 차원의
회의를 정기적으로 개최하기도 하는데, 이는 각지 해외화인사회와의
상호네트워크 구축을 시도하고자 하는 일환이다. 더구나 이러한 협회
중심의 세계회의는 중국어 혹은 중국어와 영문으로 동시 발행하는 기
념간행물을 중국과 해외 각지 화인사회에 보급하고 있다. 중국 신이민
단체 그중에서도 특히, 전문가단체는 매년 연례회의를 개최하고 있는
데 이 자리에는 현지의 유명인사가 대회 기조연설을 맡는 게 일반적이
다. 그리고 회의 주제는 대개 특정 전문영역과 관련되어 있는 경우가
대부분이다. 가령, '반도체 : 현재와 미래의 삶을 지배하고 결정한

---

69) http://ccbanyc.org/enews0809.html, 2013.1.5 참조.
70) http://news.xinhuanet.com/newscenter/2008-05-25/content_8246555.htm,
    2013.1.5 참조.

다.'(2011년 실리콘벨리 중국엔지니어협회 회의) 등이 대표적이다. 각종 신구(新舊) 단체들이 이러한 협회나 모임 등을 조직하는 것은 주로 정보교류와 네트워크 구축 그리고 이를 통해 자신들 모임의 이름을 널리 알리거나 화인사회의 공인을 받고자 하는데 그 목적이 있다.

넷째, 대표적인 명절이나 경축일에 진행되는 각종 문화행사는 해외 화인사회활동에 있어 없어서는 안 될 매우 중요한 부분 중의 하나이다. 화인이민 단체나 조직들은 통상 차이나타운이나 신화인 집단거주구역과 같은 거주국 내 자신들의 커뮤니티 안에서 다양한 퍼레이드나 페스티벌, 파티 등을 거행한다. 그리고 이러한 각종 공연이나 페스티벌에는 거주국 정계요인이나 교민지도자들이 직접 참석해 축사나 시상을 하기도 한다. 커뮤니티에 기반을 둔 이러한 문화 활동은 많은 화인이민자들 및 그 후예뿐만 아니라 현지인이나 관광객들에게 많은 볼거리를 제공하고 있다. 일부 신이민 단체들 중에는 자신들과 조국정부 혹은 유명 민간문화단체와의 초국적 네트워크를 이용해 전문적인 예술단체를 조직해서 싱가포르나 미국과 같은 거주국사회를 직접 방문해 자선공연을 하는 경우도 있다. 이밖에도 수많은 화인이민단체들은 베이징이나 기타 도시 등에서 거행되는 문화 활동에도 적극 참여하고 있다.

다섯째, 신구 단체나 조직들은 초국적 무역활동이나 경제 합작에도 적극 참여함으로써 중국과 해외 각국 간의 경제무역에 있어 중개자 역할을 담당하고 있다. 오늘날의 신이민은 과거와 같이 자신의 삶을 단체나 조직에 전적으로 의지하고 있지는 않지만, 이러한 단체나 조직을 통해 초국적 네트워크를 재건함으로써 보다 나은 사회이동경로를 개척하고 더불어 보다 양질의 취업 및 창업의 기회를 창출하고 있다. 일반적으로 신구 단체의 지도층은 이미 성공한 기업가나 앞으로 그러한 기업가나 벤처기업가가 되고 싶어 하는 전문가들로 구성된다. 따라서 이러한 지도층은 대개 훌륭한 이중 언어 능력을 갖추고 있고 양국 문화를 자유자재로 넘나들 수 있는 능력을 지닌 사람들이다. 이러한 사람들이 자발적으로 단체를 구성하고 그 안에서 핵심리더의 역할을 하고 있는 것이다. 물론 이들은 이러한 활동을 통해 거주국 화인사회 속에서 자신의 정체성을 재확인하고 심지어 개인적 명성을 얻기도 하지만 무엇보다 이들의 이러한 활동은 중국과 거주국 간의 빈번한 교류 혹은 중국과 거주국의 정부 관료나 경제계 인사들과의 네트워크를 형성함으로써 중국의 기업이 싱가포르나 미국 시장에 진입하는데 도움을 주기도 한다. 실례로, 오늘날 중국기업들이 미국시장에 진출하는데 이러한 초국적 전문가단체들이 많은 도움을 주고 있다. 뿐만 아니라 해외화인단체의 지도자들은 자신들이 속한 단체 안에서 차지하는 있는 지위나 위상을 통해 개인적 차원의 합법성을 증명하기도 하고 이를 이용해 중국의 각급 정부 관료나 민간의 신임을 얻기도 한다. 다시 말해, 그들은 조직의 지명도를 높이는 동시에 자신의 사회적 명성도 함께 얻게 됨으로써, 보다 쉽게 교향사회에 진입해 초국적 활동을 전개하게 되는 것이다.

4. 초국가주의 실천과 거주국 통합의 관계

이민자들의 초국가주의 실천은 새로운 터전인 거주국과 융합되는데 도움이 될까 아니면 방해가 될까? 해외화인사회와 조국 간 상호교류방식의 변화와 실지조사를 통해 알 수 있었던 것은, 싱가포르나 미국에 거주하는 신화교화인들은 대부분 새로운 터전의 주류사회에 가능한 빨리 통합되기를 원한다는 점이었다. 물론 그들은 여전히 조국과 밀접한 관계를 유지하고 있지만 시간이 흐름에 따라 점차 자신의 새로운 터전에 뿌리를 내려가고 있다. 초국적 활동에 적극적이고 규칙적으로 참여하고 있는 중국의 신이민은 해외화인사회의 소수이고, 대다수 신이민은 이미 거주국사회에 융합되어 새로운 터전에서 나름대로 상당히 두드러진 성과를 거두고 있다. 미국에서는 1세대 이민자들이 미국에서 출생한 2세대보다 더 활발하게 초국적 활동에 참여하고 있지만 싱가포르는 그 반대이다. 싱가포르에서 나고 자란 화인후대(중국계 혈통의 혼혈인 포함)는 매우 적극적으로 초국적 활동에 참여하고 있다. 결국, 해외화인에게 있어서 초국가주의는 하나의 선택이고, 그 주요목적은 보다 폭넓은 양질의 창업 및 취업의 기회를 얻음으로써 개인과 종족이 거주국에서 지금보다 더 높은 사회적 지위를 획득하기 위함이라 할 수 있다. 그러나 이민자의 초국가주의 실천과 그들의 거주국사회 통합 간의 관계 그리고 그들 자신의 국민정체성 등의 문제는 이민자 개인이 전적으로 결정할 수 있는 것은 아니다. 이러한 문제들에 대해 거주국의 사회적 상황이 끼치는 영향은 결코 무시할 수 없다. 이 점에서 싱가포르와 미국의 차이 역시 매우 분명하다.

(1) 싱가포르 : 싱가포르인(Singaporean)과 화인(Chinese)

싱가포르정부는 영주권을 가진 이민자들이 되도록 빨리 싱가포르 국적을 취득해 주류사회에 통합되고 국가건설에도 적극적으로 참여하기를 바라고 있다. 여기에는 두 가지 전략적 고려가 동반된다. 첫째, 국제이민의 효과적인 유치를 통해 국가경제의 지속적 성장을 유지하고 세계경제에서 국가경쟁력을 증강하는 것이다. 둘째, 국제이민의 사회적 융합을 통해 국내사회의 민족적 단결과 정치적 안정을 도모하는 것이다. 또한 정부는 새로운 이민자들이 경제적 측면에서도 성공적으로 융합되기를 바라고 있다. 뿐만 아니라 영어교육과 현지의 문화적 관습에 대한 학습을 통해 싱가포르인과의 상호교류를 증진하고 나아가 현지 시민사회에 대한 이해와 참여를 통해 공동의 국가정체성(national identity)을 형성할 수 있기를 희망하고 있다. 더불어 그들이 정치, 경제, 사회, 문화 등 모든 방면에서 진정한 싱가포르인으로 거듭날 수 있도록 각종 지원을 아끼지 않고 있다. 특히, 싱가포르정부는 공공정책 및 제반 관련 조치를 제정하는 과정에서 시민과 영주권자 사이에 교육, 공공주택, 의료보건 등 일련의 사회복지상의 차별이 엄존하고 있음을 유독 강조함으로써 영주권자도 조속히 싱가포르 국적을 취득하도록 권장하고 있다. 이와 동시에 싱가포르정부는 이민자들이 국가적 기금모금활동에도 적극적으로 동조해 현지의 국민, 시민, 영주권자 등과 긴밀한 관계를 형성함으로써 사회적 통합을 실현할 수 있도록 하는 일종의 하의상달 시스템을 마련하고 있다. 그러나 무엇보다도 가장 중요한 것은 정부가 현지의 화인이민단체 및 시민사회의 비영리기구가 이민자들의 동화를 도울 수 있도록 장려하고 있다는 점일 것이다.[71]

싱가포르는 화인이 다수를 차지하는 국가이고 정부도 적극적으로 이민자들의 사회적 통합을 지원하고 있다. 그러나 최근 중국으로부터의 이른바 신화교화인의 대거 유입은 싱가포르 국민들의 적지 않은 우려를 낳고 있고 심지어는 일부 배외적 정서도 나타나고 있는 게 현실이다. 현지인들 중에는 중국대륙 출신의 이들을 자신과도 다르고 동남아 여타지역 출신의 중국계 이민자들과도 다른 완전한 타자(the other)로 취

---

71) 상세한 내용은 劉宏, 「新加坡的中國新移民形象 : 當地的視野與政策的考量」, 『南洋問題研究』 第2期, 2012 참조.

급하는 경우도 있다. 유감스럽게도 싱가포르 주류매체의 어느 전문작가는 이런 말도 한 적이 있다. "난 가끔 내가 이 나라에서 혹시 외국인이 아닌가 하는 생각이 들 때도 있다. 지난주 토요일 밤에 나는 겔랑(Geylang, 芽籠區, 싱가포르 시내에 위치한 유흥가로 많은 현지인들과 외국 관광객들이 모여드는 곳이다.)에 갔었다. 길을 걷다보니 내 주위는 온통 중국인들 천지였다. ……어디를 가든 내 귀가에 들리는 건 중국대륙사람들의 말소리뿐이었다."[72]

싱가포르 화인 중에도 누군가 혹시 자신을 중국대륙에서 온 신이민자 취급을 하면 상당히 불쾌해하고 심지어는 극도의 반감을 표출하는 이들이 있다. 2009년 싱가포르 최대의 중국어매체인『연합조보(聯合早報)』에 한 편의 글이 실렸다. 현지인이 쓴 이 글에서는 싱가포르 국민들이 느끼는 불만정서가 그대로 표출되어 있다. "난 이 땅에서 나고 자란 싱가포르 사람이다. 난 한 번도 이 땅을 떠난 적이 없다. 만일 누군가 날 '구이민자' 혹은 '먼저 온 사람'이라고 부른다면, 난 정말로 화가 날 것 같다."[73]

싱가포르의 일반 대중매체에서 신화교화인을 다룰 때에는 중화민족이나 중국문화의 유사성에 대해서는 거의 언급하지 않는다. 이는 초국적 상황과는 매우 동떨어진 것이라 볼 수 있다. 현지 화인들도 중국에서 새롭게 이민을 온 사람들과 자신을 구분 짓는데 열심이다. 혹여 이들과 공통된 부분이 있다면 되도록 이를 희석시키고자 한다. 또한 국민국가의 정체성과 국가에 대한 정치적 충성을 강조하는 것으로 이들과의 차별성을 부각하는 기준점을 삼는다. 보다 흥미로운 점은, 싱가포르

72) Sumiko Tan, 「我覺得在自己國家像一個外國人」,『海峽時報(週日版)』, 2011.7.10.
73) 吳大地, 「那些先來的人, 請舉手」,『聯合早報』, 2009.9.24.

중국, 동남아, 화교화인의 삼각관계

의 국제이민 가운데 중국 신이민이 차지하는 비율은 절반이 채 안됨에 도 불구하고 싱가포르 화인들의 눈에는 다른 외국인에 비해 훨씬 더 선명한 국민국가 국민으로서의 특징 즉, '중국인' 정체성을 가지고 있는 것으로 비쳐지고 있다는 사실이다. 이와 같은 '싱가포르인과 중국인'의 대립은 심지어 본토화인과 말레이인(그리고 인도인) 간의 종족구분마저 모 호하게 만들어버리기도 한다. 어느 싱가포르 현지 화인은 이렇게 말하 기도 했다. "난 싱가포르 화인입니다. 그러나 만일 어느 중국인이 우리 의 싱가포르 말레이인 형제를 함부로 욕되게 했다면 난 용서할 수 없 습니다. 우리 싱가포르 화인과 말레이인은 모두 함께 국가에 충성하고 국가에 대한 책임과 의무를 다하는 같은 국민입니다. 화인이든 아니든 그건 중요하지 않습니다. 가장 중요한 건 우리가 모두 싱가포르인이라 는 사실입니다."[74]

한편, 싱가포르에 이민을 온 신화교화인의 대다수는 사회적 통합과 관련한 정부의 각종 호소에 부응해 싱가포르를 자신의 새로운 터전으 로 생각한다. 가령, 화원회(華源會)는 싱가포르 사회에 성공적으로 융합 하는 것을 장려하기 위해 각 종족 신이민자 가운데 사회에 이바지한 사람들을 선정해 이른바 '신이민자 사회공로상'을 수여하고 있다. 그러 나 동시에 많은 신화교화인들은 사회적 통합이 쌍방향적으로 이루어져 야 하며, 본토인들의 포용과 이해가 필요하다고 생각한다. 사실, 국민 국가의 국가정체성 건립은 이렇듯 쌍방이 장기간 공동으로 노력하는 과정이라고 할 수 있다. 중국 신이민의 동화에 대한 호응은 이른바 중 국굴기(中國崛起)와 지정학적 환경의 재편과정 속에서 특수한 위치를 점 하게 된 싱가포르의 주변적 상황과 관련되어 있기도 하다. 중국 신이민

74) 倪熙常(音譯), 「新加坡與他者」, 『星報』, 2011.6.25.

의 초국적 활동은 싱가포르의 경제발전과 사회통합이라는 이중적 목표와 결코 충돌되지 않는다. 실제로 그들이 해외뿐만 아니라 조국 내에서 기업을 창업하거나 하는 초국적 경제활동은 싱가포르정부의 지원과 지지를 받고 있기도 하다.

이민자들의 초국가주의 실천은 종종 일부 모순된 상황을 연출하기도 한다. 싱가포르인들의 중국에서의 투자와 창업은 그들의 화인정체성을 재확인 받을 수 있는 기회가 된다. 반면, 중국 신이민이 초국가주의 경로를 통해 중국에서 투자와 창업을 하는 것은 싱가포르인으로서의 그들의 신분을 확인하고 강화할 수 있는 기회가 된다. 이렇듯 싱가포르인과 중국 신이민은 초국가주의 실천 속에서 일종의 혼종적인 정체성 즉, 싱가포르인이면서도 화인이라는 새로운 신분을 갖게 되는 것이다. 아마도 이는 그동안 오랜 세월 진행되어 왔던 싱가포르인과 중국인을 구별하는 소모적 논쟁을 다소나마 해소해줄 수 있을 것으로 믿는다. 정부도 배외정서의 증가가 사회적으로 부정적인 영향을 가져다줄 것이라는 점을 인식하기 시작한 것으로 보인다. 리셴룽(李顯龍) 싱가포르 총리는 2012년 국경일 경축식에서, '싱가포르인 우선' 정책을 재차 천명했다. 그러나 동시에 싱가포르인들은 새로운 이주자들에 대해 관용적인 태도를 보여야 하며, 신이민은 싱가포르의 문화와 가치관을 수용해 사회적 통합을 위해 노력해야 한다는 점도 여러 차례 강조했다.[75]

---

75) 『海峽時報』, 2012.8.26.

(2) 미국 : "모범적인 소수종족"(model minority)과 "영원한 이방인"(forever foreigner)

'동화(assimilation)'는 줄곧 미국의 신화였다. 그러나 싱가포르와는 달리, 미국정부의 정책결정과정 속에서 동화가 의사일정에 포함되는 경우는 거의 없었다. 경제 불황이나 기타 요인으로 인해 사회상황이 악화되기라도 하면, 미국의 정부와 국민들은 언제나 해외이민자들을 속죄양으로 만들어 정책적 수단으로 그들을 제한하고 배척하기 일쑤였다. 가령, 미국이 1924년에 실시한 〈이민할당제〉는 실제로 종교적 배경이 다른 남유럽과 동유럽(이탈리아, 그리스, 포르투갈, 폴란드 등)의 이민자들을 대상으로 한 법이었다. 1910년부터 1920년 사이에 추진된 이민자들의 동화를 지원하는 정책 프로젝트들은 예외 없이 모두 이민자들의 문화와 생활양식을 낙후하고 비문명적이며 미국의 민주제도와 양립할 수 없는 것으로 간주했다. 그리고 이를 이유로 이민자들이 동화를 실현하기 위해서는 우선적으로 이민문화를 포기하고 조국과의 관계도 단절해야 함을 역설했다.

미국 이민자의 사회적 통합은 그동안 줄곧 구조적 장벽에 가로막혀 왔다. 이러한 상황에 대전환의 계기가 마련된 것은 1960년대였다. 당시까지만 해도 동화가 불가능하다고 여겨져 왔던 동유럽과 남유럽의 이민자 및 그 후예들은 이때부터 속속 미국 주류사회에 통합되었고, 주류 백인집단과 다름없는 백인으로 받아들여지게 되었다. 심지어 미국 아시아계 이민사회의 동화도 활발해지기 시작했다. 일례로, 제2차 대전 이후부터 중국계 미국인과 일본계 미국인들이 미국 주류사회에서 점차 두각을 나타내기 시작했다. 특히, 그들은 교육과 직업 분야에서 뛰어난 성과를 이룩함으로써 주류사회부터 "모범적인 소수종족"이란 칭호를 얻기까지 했다. 유럽계 이민자들과 아시아계 이민자들의 이러한 사례는 마치 고전적 동화론의 예측과 가설을 그대로 증명하는 듯 보인다. 그러나 여기서 반드시 짚고 넘어가야 할 부분이 있다. 즉, 1965년 이민법이 개정되기 전까지만 해도 국제이민에 대한 제한정책과 뒤이은 경제적 침체와 2차 대전 등의 거시적 환경의 영향 때문에 미국의 국제이민의 수는 대폭 감소되었다. 그러나 이와 동시에 1960년대의 민권운동으로 인해 미국사회는 과거에 비해 훨씬 더 개방화되었다. 결국 이민자들의 사회통합 과정에는 바로 이러한 요소들이 크게 영향을 미쳤다고 볼 수 있다.

미국이 1960년대 중반부터 추진한 대대적인 이민법 개혁은 비(非)유럽계 이민자들의 대량 유입을 가져왔다. 그러나 이후 이민정책이 상대적으로 느슨해진 것은 사실이지만 미국정부는 여전히 신이민의 미국 주류사회 진입을 지원하는 각종 관련정책을 채택하지 않고 있다. 이런 점에서 '통합'이란 핵심문제의 차원에서 보자면, 미국정부는 싱가포르 정부가 보여준 역할과는 선명한 대조를 이룬다고 볼 수 있다. 미국에서 이민자들의 사회통합문제는 전적으로 시장적 요인과 이민자 개인 혹은 커뮤니티의 역량에 의해 조정되는 것처럼 보인다. 중국의 신이민 그리고 미국에서 나고 자란 그들의 자녀들 대부분은 자신의 엄청난 노력과 종족커뮤니티의 대대적 지원에 의해 자신의 사회경제적 위상을 꾸준히 제고하고 있다. 특히, 교육, 직업, 연소득 등의 주요 지표에서 그들이 차지하고 있는 수준은 백인들(히스패닉 제외)의 평균수준에 접근해 있거나 심지어 이를 뛰어넘고 있다. 한마디로, 이미 미국 주류사회의 중산층에 진입해 있는 형국이라 할 수 있다. 또한 그들 중에는 백인과 결혼을 한 이들도 적지 않다.

그러나 그럼에도 불구하고 사회적 포용이란 측면에서 보자면, 화인이민과 그 후예들은 여전히 미국사회의 '타자' 집단으로 항시 '외국인', '이방인' 취급을 받고 있는 것이 사실이다. 어느 중국계 미국인은 자신의 경험에 비추어 다음과 말한 바 있다. "사실, 당신이 미국인이 되기 위해 얼마나 노력했는가는 중요하지 않아요. 만일 당신이 새까만 눈동자에 칠흑 같은 직모, 노란색 피부를 가지고 있다면, 당신은 외국인입니다.……물론 당신이 백인들처럼 아니 그들보다 훨씬 더 뛰어날 수도 있겠지요. 하지만 그렇다고 해서 당신이 백인들과 똑같은 대우를 받을 수 있는 건 아니에요. 아마도 영원히 그럴 겁니다."[76]

단지 외모 때문에 '타자' 혹은 '이방인' 취급을 받는 이러한 종족적 편견과 차별은 미국에서 나고 자란 화인에게 있어서는 더더욱 받아들이기 힘든 일일 것이다. 중국계 미국인들은 자신이 사회적으로 오리지널 미국인으로 받아들여지기를 갈망하고 있다. 그들은 매우 유창한 영어를 구사하고(대부분의 화인 후예는 중국어를 잘 할 줄 모른다.) 어려서부터 주류사회의 문화적 가치관의 세례를 받았기 때문에 전혀 힘들이지 않고 주류사회 안으로 진입할 수 있다. 심지어 주류사회의 핵심구성원(백인)과 통혼하는 경우도 있다. 개인적 차원에서 보면, 이미 그들은 상당한 정도로 동화되어 있는 사람들이라고 할 수 있다. 따라서 이들에게 '타자'의 느낌이 있을 리 없다. 그러나 집단적 차원에서 보면, 미국 주류사회에 완전히 동화되었다고 볼 수 있는 이들 화인후예도 해외에서 몰려들어온 '외국인' 그 이상은 아닌 것이다. 실제로 백인들에게는 그렇게 비쳐지는 것이 사실이다.

중국적인 요소도 중국계 미국인과 아시아계 미국인에게 덧씌워진

동남아화교화인과 트랜스내셔널리즘

---

76) Min Zhou, "Are Asian Americans becoming white?", *Contexts*, Vol.3, No.1, 2004, pp.29-37.

'외국인'이란 고정된 이미지를 강화시키는데 있어 상당한 역할을 했다. 중국적인 요소가 미국 화인에게 미친 영향은 싱가포르 화인에게 미친 영향과는 사뭇 다르다. 미국 화인의 초국가주의 실천은 일반적으로 1세대 이민에게 한정되어 있다. 이는 단지 미국에서 나고 자란 화인 후예 대다수가 이미 미국사회에 완전히 동화되어 이중 언어능력 및 다문화적 지식과 기능이 결여되어 있기 때문만은 아닐 것이다. 여기에는 중국과 미국 간의 미묘하고 민감한 관계도 한 몫을 차지하고 있다. '황화(黃禍)'나 '중국위협론' 등과 같이 이미 역사적으로 고정되어버린 이미지와 언설들은 오늘날 미국사회에서 여전히 횡행하고 있다. 때로는 극히 우연적이고 개별적인 사건이 종족분쟁의 단초가 되는 경우도 있다. 리원허(李文和) 사건이 바로 그 예라 할 수 있다. 미국에서 태어나고 성정한 화인은 중국과 중국인을 대하는 미국인들의 태도에 대해 화인이민에 비해 훨씬 더 민감하게 반응한다. 특히, 그들은 리원허사건에서처럼 고도로 종족화(racialization)된 제도적 불평등과 차별을 경험하게 되면서, 초국적 활동에 적극적으로 참여하지도 못하고 심지어는 의식적이든 무의식적이든 조국과의 관계를 회피하고 있다. 대신에 그들은 소수민족의 기치를 내걸고 다른 아시아계 미국인들과 연합해 범아시아연맹(pan-Asian alliance)을 결성한다거나 아시아계 미국인으로서의 정체성(Asian American identity)을 공동으로 구축함으로써 이를 토대로 사회적 불평등에 맞서 싸우고 소수민족의 권익을 위해 투쟁하고 있다. 그런데 이러한 투쟁은 종종 그들의 종족적 특징을 오히려 두드러지게 하는 결과를 낳기도 한다. 그래서 그들은 역설적이기는 하지만 자신이 진정한 그리고 매우 충성스런 미국인임을 의식적으로 더 강조하는 방향으로 나아간다. 이러한 상황은 중미관계에 현저한 변화가 발생하게 되면 더욱 두드러지게 나타난다.

그러나 중국 신이민의 경우에는 그렇지 않다. 이들은 조국과보다 밀접한 관계를 유지하고 있고 그 방향을 꾸준히 견지하고 있다. 또한 그들은 초국가주의 실천이 가져올 수 있는 부정적 영향에 대해서도 그다지 고려하지 않는다. 그러나 중국 신이민 중에서 조국과 거주국 사이를 빈번하게 그리고 규칙적으로 내왕하는 경우는 극히 소수에 해당한다. 그럼에도 불구하고 그들이 초국적 실천에 적극적으로 참여하는 목적은 지금보다도 더 나은 경제적 기회를 포착하기 위해서이다. 이들 대부분은 기업가나 전문가처럼 이미 미국에서 안정적으로 자리를 잡고 상당한 성과를 이룩한 사람들이다. 결국 1세대 미국 이민자들에게 있어서 초국가주의 실천은 사회적으로 수직상승할 수 있는 효과적인 경로 중의 하나이다.

결론적으로 말해, 오늘날 해외화교화인과 조국 간의 상호교류모델은 고전적 동화론의 예측에 대한 심각한 도전임에 분명하다. 미국과 싱가포르의 경험에서 증명되듯이, 이러한 초국적 상호교류는 조국이나 거주국 모두에게 긍정적 영향을 가지고 있는 것이라 할 수 있다.

맺음말

조국과 거주국 그리고 해외화인사회는 초국가주의가 중국 신이민의 거주국사회 통합에 어떠한 영향을 끼쳤는지를 고찰하는데 있어 매우 핵심적인 요소들이다. 그러나 초국가주의 방식을 통해 사회적 통합을 성공적으로 실현했다고 단정 짓기에는 아직은 시기상조라는 것이 필자의 생각이다. 필자는 상술한 비교분석을 통해, 초보적이나마 다음과 같은 몇 가지 결론을 도출할 수 있었다.

첫째, 중국정부는 해외화교화인과 조국 간의 상호교류를 통해 해외화교화인의 물적 자원을 동원할 수 있게 됨으로써 경제적 발전을 이룩할 수 있었다. 또한 해외화인사회의 역량 그리고 해외화인의 조국과 고향에 대한 충성과 애틋한 정서를 통해 국가이미지를 개선할 수 있었다. 아울러 해외화교화인의 초국가주의 실천을 적극적으로 지지하는 과정 속에서 중국정부가 했던 역할은 대부분 직접적 간섭이나 개입이 아니라 간접적 지원과 장려였다. 다시 말해, 해외화교화인의 조국에 대한 투자를 유인한다든지 혹은 그들이 하루속히 거주국 주류사회에 융합되어 뿌리를 내리는 이른바 낙지생근(落地生根) 할 수 있도록 장려한다든지 하는 것 등이다.

둘째, 초국가주의 실천 속에서, 조국 중국이 싱가포르나 미국에 거주하는 신화교화인들에게 끼친 영향은 기본적으로 다르지 않다. 그렇지만 이 두 나라 신화교화인집단의 초국가주의 활동은 거주국의 내부사정과 구조적 요인(국가정책과 해외이민사회의 거주국 내 사회적 지위)의 차이로 인해 상이한 양상을 띠고 있다. 싱가포르의 화인사회는 싱가포르 주류사회의 핵심 부분이다. 또한 싱가포르정부는 적극적인 이민정책을 채택함으로써 자본뿐만 아니라 지식과 기술 그리고 그것을 지닌 인재들을 국내에 유치하고 있다. 특히, 중국대륙 출신의 과학기술인재를 영입하는 데 상당한 공을 들이고 있다. 이뿐만이 아니다. 싱가포르정부는 신이민의 사회적 통합을 지원하고 신구 화인이민단체를 비롯해 화인후대와 중국 신이민이 조국과의 문화적·경제적 네트워크를 새롭게 구축하는 데 도움을 주는 일련의 정책적 조치를 마련해 실시하고 있다. 이러한 정책적 조치들은 국가를 건설하고 경제를 발전시키는데 그 뜻이 있다. 그러나 이와는 반대로 미국의 화인사회는 미국 주류사회로부터 배제됨으로써 주류사회와의 통합 정도가 비교적 낮은 편이다. 게다가 미국정부는 초국가주의와 사회적 통합에 있어 지지하는 것도 아니고 반대하는 것도 아닌 극히 애매모호한 태도를 견지하고 있다. 심지어 특별한 정책적 간섭도 없다. 한마디로, 이민자들의 사회적 통합 문제에 있어서는 이민자 개인이나 시장에 그대로 맡겨두고 있는 것이다. 결국, 싱가포르 화인의 초국가주의는 1세대 이민자 및 그 후에의 참여로 싱가포르 경제글로벌화의 핵심적인 요소가 되었지만, 미국 화인의 초국가주의는 1세대 이민자들에게 국한되어 있을 뿐만 아니라 거주국에서의 영향력도 화인집단거주구역의 종족경제로 한정되어 있다고 할 수 있다.

셋째, 조국의 초국적 활동에 참여하는 것과 거주국 사회에 통합되는 것은 결코 제로섬게임이 아니다. 초국적 단체나 조직이 조국의 경제발전에 참여하게 되면, 이민자 개인 나아가 해외화인사회와 국민국가 간의 상호교류는 더욱 빈번해지고 지속성을 띠게 된다. 또 반대로 초국적 활동은 이민자 개인이나 이민사회 자체가 거주국에서 보다 확고한 사회적 지위를 확보하는데 촉매제 역할을 하기도 한다. 따라서 초국가주의 실천은 이민자들이 낙엽귀근(落葉歸根)이 아닌 낙지생근을 하는데 훨씬 더 도움이 된다. 다시 말해, 초국가주의 실천은 이민자들이 거주국 사회에 통합되는 것을 지지하지 결코 저지하지 않는다는 말이다.

결론적으로 말해, 필자는 국제이민사회와 국민국가(조국, 거주국)의 상호교류에 대한 비교연구를 통해 기존의 초국가주의 이론 및 실증연구를 보다 풍부히 하고자 했다. 일반적으로 비교분석을 함에 있어서는 주제(가령, 두 개 혹은 그 이상의 종족이민사회가 거주국과 조국의 외교관계에서 담당했던 역할의 차이)나 지정학적 공간(가령, 어느 특정 종족집단이 두 개 혹은 그 이상의 지정학적 공간 속에서 겪었던 경험의 차이) 등등의 가이드라인이 존재하기 마련이다. 이러한 다양한 비교방법은 초국가주의의 변동양태, 과정, 결과 그리고 겉으로 드러나지 않는 각종 복잡한 요인 등을 발견하는데 도움을 줄 것이다.

● 원제/출처 : 「海外華人跨國主義實踐的模式及其差異─基於美國與新加坡的比較分析」, 『華僑華人歷史研究』, 第1期, 2013.3

중국, 동남아, 화교화인의 삼각관계

3

동남아화교화인의 경제

동남아 화인경제의
사회 · 정치적 분석

자오즈용(趙自勇)

화인경제는 종종 정치적인 이유로 동남아국가의 정치인들에 의해 의도적으로 과장되곤 한다. 화인경제의 발전은 동남아 각국의 제도 및 정책과 밀접하게 연관되어 있다. 화인경제의 발전정도는 거주국 경제발전의 전반적 수준과 정비례한다. 이는 화인경제에 불리한 제도와 정책은 자국의 경제발전에도 마찬가지로 불리하게 작용하기 때문이다. 화인기업가들 중에 일부 정상(政商)들이 존재하게 되는 것은 그것이 거주국 정치경제제도의 산물이기 때문이다. 동남아 화인경제의 발전에 있어 가장 중요한 동인은 정치·경제·사회적 제도이다. 화인의 문화와 종족적 특징은 부차적인 것이다.

1. 화인경제력에 대한 추정

화인경제는 동남아 각국 경제에 매우 중요한 역할을 하고 있다. 그러나 이는 일반인들의 피상적인 인상과 직관에서 도출된 결론일 뿐이다. 학계에서는 화인경제의 중요성을 계량화함에 있어 매우 커다란 차이를 보이고 있다. 최근 학계에서 널리 유행되고 있는 견해에 따르면, 화인이 동남아 각국의 경제를 장악하고 있다는 것이다. 미국의 사회학자 존 나이스비트(John Naisbitt)는 말레이시아, 인도네시아, 타이, 필리핀에서 화인들이 차지하고 있는 부(富)의 비율을 각각 50%, 70%, 60%, 70%로 수치화하면서, "동남아는 이미 자신의 경제영토를 화인들에게 내주고 있다. 현지인이 장악하고 있는 것은 그저 정권 하나일 뿐이다."라고 했다.[1]

그러나 실제로 동남아 화인의 부에 대해 정확한 통계를 내기는 쉽지 않다. 우선, 국가별로 화인기업에 대한 전반적인 통계자료를 가지고 있지 않다. 화인기업은 일부 극소수 대기업을 제외하고는 대개가 소규모 가족기업이다. 이러한 기업들은 일반적으로 자본금도 적고 표준적인 회계제도도 갖추고 있지 못하다. 특히, 이러한 기업들은 상호계정이 많음에도 불구하고 대부분 은행을 통한 거래를 꺼리는 편이다. 따라서 이들의 자금에 대해 정확한 통계를 내기란 근본적으로 불가능하다고 볼 수 있다.

둘째, 정국불안과 종족주의위협을 그 이유로 들 수 있다. 일부 동남아국가의 화인들은 항시 이에 대한 불안감을 안고 있다. 그래서 기업의

---

1) 約翰・奈比斯特, 『亞洲大趨勢』, 外文出版社, 1996, 12쪽.

자산과 개인의 재부에 대한 정보를 꼭꼭 숨긴 채 외부에 공개하지 않는 것이 일반적이다. 마지막으로, 일부 화인그룹들은 토착민기업가나 정부관료 혹은 국영기업이나 외국자본과의 합작과 제휴의 형태로 회사를 경영하는 경우가 다반사이다. 따라서 말이 화인그룹이지 실제로는 화인들만의 회사가 아닌 것이다.[2]

이상의 이유로, 오늘날 화인의 자본과 재부에 관한 각종 통계는 모두 추정치라 할 수 있다. 학자들은 화인의 부를 추정할 때, 통계방법의 한계나 다른 갖가지 요인들로 인해 과대 포장하는 경우가 종종 있다. 화인이 경영하는 그룹의 자본 전체를 화인자본으로 간주하는 것이 그 일례이다. 가령, 타이의 방콕은행은 설립 당시부터 현지 상인과 고위직 관료들이 주요 주주로 참여하는 일종의 합명회사(合股) 형태로 출발했다. 그런데 천(陳)씨 가문이 소유한 주식이 1990년대 중반 현재, 30%에도 미치지 못했음에도 불구하고 사람들은 은행 전체를 이들 가문 소유의 은행이자 화인들이 만든 은행으로 생각하는 경향이 있다.[3] 사실, 동남아의 일부 화인 재벌그룹의 경우에는 토착민 그중에서도 특히, 현직 관료의 가족이나 전직관료들의 주식지분도 포함되어 있다. 따라서 기업의 전체 자본을 화인자본으로 간주하는 것은 당연히 잘못된 것이라 할 수 있다. 또 다른 보편적인 현상은, 화인경제력을 추정함에 있어 단지 민영화 부문과 특정 영역만을 고려한다는 것이다. 이럴 경우, 기준수가 축소되기 때문에 필연적으로 화인의 경제력이 상대적으로 과대평가될 우려가 있다. 동남아 각국은 독립 이후, 방대한 국영경제체제를 수립했다. 주로 토착민이 관장하는 이러한 국영기업들은 국가의 토지

---

2) 梁英明,『戰後東南亞華人社會變化研究』, 昆侖出版社, 2001, 102쪽.

3) 許肇琳, 「試析二戰后東南亞華僑華人社會的變化發展」, 『華僑華人歷史研究』, 第2期, 1996.

와 주요 자원에 대한 개발 및 금융, 교통운수, 기반시설 등 국민경제의 핵심부문을 거의 모두 장악하고 있다. 따라서 화인의 경제적 위상을 예측함에 있어서는 이러한 국영경제도 결코 간과해서는 안 될 것이다.

1970년대 말 인도네시아정부는 자국경제 관련 조사를 진행한 바가 있었다. 그리고 1981년 인도네시아 상업자료센터는 그 조사결과를 『1967~1980년 외자기업 및 국내자본기업 조사보고서』 형식으로 공표했다. 이 보고서에 따르면, 인도네시아 국내자본 중에서 국영기업이 58.75%, 토착민기업이 11.2%, 비토착민기업 26.95%, 합작사가 3.2%를 각각 차지하고 있었고, 합자기업자본 중에서는 국영기업자본이 9.24%, 토착민자본이 12.97%, 비토착민자본이 9.7%, 외국자본이 68.29%를 각각 차지하는 것으로 나타났다. 이러한 통계수치는 국영경제가 인도네시아에서 지배적 지위를 차지하고 있음을 보여준다. 이러한 상황은 1990년대까지도 기본적으로 변하지 않고 그대로 유지되었다. 1990년 인도네시아 국민경제에서 국영기업자본이 차지하는 비중은 60%였고, 화인기업자본은 25%~30%를 차지하는데 그쳤다.[4] 이를 다시 각 경제부문별로 세분해보기로 하자. 1990년대 초까지만 해도 국민경제에서 농업이 차지하는 비중은 여전히 높았다. 우선, 농업은 GDP의 20%를 차지해 제일 높은 수치를 기록했는데, 이는 거의 100% 토착민에 의해 이루어지고 있었다. 다음으로 비중이 높았던 것은 GDP의 21.3%를 차지했던 제조업분야였다. 당시까지만 해도 제조업의 73%를 화인이 장악하고 있는 것으로 알려졌는데, 이는 화인이 GDP의 15.5%를 책임지고 있었음을 의미하는 것이다. 세 번째는 무역 및 소매업으로 GDP의 13.9%를 차지하고 있었다. 이 분야는 거의 모두를 화인이 독점하다시

---

4) 魯虎, 『印尼華人資本的歷史發展』, 中國檔案出版社, 2000, 133쪽.

피 하고 있었다. 그러나 정작 가장 중요하다고 할 수 있는 광업부문에서는, 화인의 사영기업은 국유기업이나 외국 다국적기업의 상대가 되지 못할 정도로 점유율이 극히 미미했다.[5]. 결론적으로 말해, 화인이 인도네시아 경제에서 차지하는 시장점유율은 30% 남짓이었다고 할 수 있다.

말레이시아의 경우에도 상황은 유사했다. 우선, 말레이인과 화인의 경제적 융합으로 인해, 종족을 기준으로 경제를 구분하기가 매우 힘들게 되어 있다. 화인의 경제력이 종종 과대평가되는 것도 일정부분 여기에서 기인한다. 제조업분야에서, 말레이인이 이사로 있지 않은 기업은 하나도 없다. 반면, 화인이 이사로 있지 않은 기업은 오히려 증가추세에 있다. 거의 모든 자본을 화인이 차지하고 있는 기업이라 할지라도 다수의 말레이인이 주주나 이사로 참여하고 있다. 비공식 통계에 따르면, 이러한 기업에서 말레이인 이사가 차지하는 수적 비율은 화인 이사의 70%에 해당한다고 한다. 반면, 말레이인자본이 다수를 점하고 있는 기업의 경우에 화인이 출자하는 예는 비교적 드물다고 할 수 있다. 따라서 이런 기업들에서 화인 이사의 수는 말레인 이사의 30%를 밑돈다는 것이 일반적인 견해이다. 또한 화인 이사가 아예 하나도 없는 기업들도 점차 증가하고 있다.[6] 일반적으로 화인자본이 절반 이상을 차지하는 기업은 화인기업으로 분류된다. 그러나 실제로 이러한 기업들의 자본구성을 보게 되면, 말레이인이 상당한 지분과 지배권을 가지고 있

5) Christianto Wibisono, "The Economic Role of the Indonesian Chinese", in Leo Suryadinata(ed.), *Southeast Asian Chinese and China : The Political-Economic Dimension*, Singapore : Times Academic Press, 1995, p.87.

6) 原不二夫, 「馬來西亞資本與華人資本關係的新發展」, 陳文壽 主編, 『華僑華人的經濟透視』, 香港社會科學出版社, 1999, 283쪽.

음을 알 수 있다.

둘째는 통계방법 자체가 갖고 있는 한계성이다. 말레이시아 신경제정책의 목표는 말레이인자본이 주식회사의 자본구성에서 차지하는 비중을 1970년의 1.9% 증가에서 1990년에는 30%까지 늘이는데 있었다. 그러나 말레이시아정부가 최종적으로 공식발표한 통계에 따르면, 실제 결과는 20.3%에 그치고 있다. 그런데 정부가 발표한 이 통계수치의 신뢰성에 의문을 제기하는 사람들이 적지 않다. 이들에 따르면, 정부가 외국회사와의 합자형태로 건립된 기업의 말레이인자본을 비(非)말레이인 자본에 넣어 계산했고, 말레이인이 소유한 대농장자본은 오히려 통계에 포함시키지 않았다는 것이다. 따라서 학자들 중에는, 상술한 자본까지 전부 회사자본에 포함시켜 계산하게 되면, 1983, 1984년도에 이미 신경제정책이 규정한 주식회사 내 말레이인자본 30%라는 목표는 달성되었다고 주장하는 이들까지 생겨났다.[7]

사실, 실제정황도 이를 뒷받침한다. 동남아 "각국의 자본구조는 기본적으로 국가자본, 민간자본, 외국자본이 동시에 병존하는 가운데 상호경쟁하는 구도로 되어 있다. 구체적으로 말하면, 동남아의 기업구조는 대개 국영·공영기업, 민영기업, 외국기업의 세 주체가 병존하는 형태로 구성되어 있다는 것이다. 이 가운데 국영·공영기업이 금융, 자원개발, 기반시설, 공공사업 등 국민경제의 핵심 산업분야를 거의 장악하고 있고, 외국자본은 제조업과 일부 서비스업종에서 주도적인 지위를 차지하고 있다. 결국, 사회·경제의 구조적 측면에서 볼 때, 국내 민간자본의 범주에 포함될 수 있는 화인기업은 사실상 독점적 구조를 형성하

---

7) 王伯群, 「馬來西亞的華人企業巨頭」, 魯思·麥克維伊 編編, 『東南亞大企業家』, 廈門大學出版社, 1996, 184쪽.

동남아 화교화인의 경제

고 있지도 못할뿐더러 배타적이지도 않으며, 국민경제의 지배적 역량도 아니라는 말이다. 물론, 일부 업종이나 경제부문에서 우위를 점하고 있는 것도 사실이고 동남아 경제발전을 추동하는 핵심적인 역량이라는 점도 부인할 수 없는 사실이기는 하다."[8]

그렇다면, 화인경제가 실제로 동남아 각국 경제에서 차지하는 비중은 과연 얼마나 될까?

통계에 따르면, 1996년 현재 싱가포르, 말레이시아, 인도네시아, 타이, 필리핀 등 5개국의 30대 상장기업 가운데, 정부자본이 10개, 토착민자본이 7개, 화인자본이 11개, 외국자본이 2개이다. 즉, 화인기업은 전체의 36.7%를 차지하고 있다. 이를 다시 시가총액으로 환산하면, 정부자본이 51.7%, 토착민자본이 11.2%, 화인자본이 28.3%, 외국자본이 4.5%이다.[9] 이외에도 일본학자 이와사키 이쿠오(岩崎育夫)의 통계에 따르면, 이상 5개국의 화인기업 수는 1990년대 말 현재, 각국 총 기업 수의 30% 내지 40%이며, 매출액 비중은 22.2%에서 31% 사이라고 한다. 화인인구가 총인구의 4분의 3을 차지하고 있는 싱가포르의 경우에도, 화인자본은 32.8%에 불과하며, 매출액 비중도 24%에 지나지 않는다. 결국 싱가포르에서도 화인자본이 지배적 지위를 차지하는 현상은 기본적으로 존재하지 않는다고 볼 수 있다.[10]

학계에서 보편적으로 인정되고 있는 사실은 화인자본이 상술한 동남아 5개국 자본의 3분의 1을 차지하고 있다는 점이다. 인도차이나 3개

---

8) 郭梁, 「試論東南亞華人企業集團的發展和前景」, 『華僑華人歷史硏究』, 第4期, 1997.
9) *Straits Times*, 25 July, 1996.
10) 岩崎育夫, 「關於當代東南亞華人資本幾個基本特徵的思考」, 『南洋資料譯叢』, 第1期, 2001.

국(베트남, 라오스, 캄보디아—옮긴이)과 미얀마의 경우에는, 일찍부터 자본의 국유화정책을 시행한 탓에 화인자본이 치명적인 타격을 입은 바 있다. 물론, 1980년대 말부터 정책상의 일부 조정이 이루어져 화인자본의 경제력이 어느 정도 증강되기는 했지만, 국민경제에서 차지하는 화인자본의 위상이나 절대적인 능력 면에서는 여전히 말레이시아, 인도네시아, 타이, 필리핀 등의 화인경제에 훨씬 미치지 못하고 있다.

상술한 분석에 기초하면, 화인들이 동남아 각국 경제를 지배하고 있거나 독점하고 있는 수준은 결코 아님을 알 수 있다. 그러나 일개 소수종족(싱가포르 제외)으로서 차지하고 있는 인구비율에 비해, 경제적으로 훨씬 더 많은 능력과 힘을 가지고 있는 것은 확실하다. 심지어 일부 특정영역이나 부문에서 독과점을 형성하고 있는 것도 부인할 수 없는 사실이다. 1993년 현재, 인도네시아 상위 300대 민영기업 가운데, 화인 소유의 기업은 197개이고, 순수 토착민자본으로만 구성된 기업은 85개에 불과하다. 나머지 18개는 화인과 토착민이 공동으로 소유하고 있는 기업이다. 그리고 197개 화인기업의 매출액은 전체 300개 기업 매출액의 77%를 차지하고 있다.11)

---

11) Christianto Wibisono, "The Economic Role of the Indonesian Chinese", in Leo Suryadinata(ed.), *Southeast Asian Chinese and China : The Political-Economic Dimension*, Singapore : Times Academic Press, 1995, p.98.

2. 화인경제문제의 정치화

화인경제력에 대한 추정은 단순히 학술적인 문제만은 아니다. 그것은 명확히 정치적 함의를 띠고 있다. 동남아 화인경제력이 실제보다 지나치게 고평가되고 있는 것은 일부 학자들이 한계성이 명확한 통계방법과 불완전한 자료를 함부로 사용한 결과이기도 하지만 동시에, 동남아 일부 국가의 토착민 통치 집단이 정치적 필요에 의해 화인자본의 역량과 역할을 의도적으로 부풀림으로써, 토착민이 경제적으로 지배적 지위에 있다는 사실을 감추고자 했던 데에도 그 이유가 있다.[12] 가령, 화인이 인도네시아 경제를 장악하고 있다는 주장이 등장하게 된 주요 원인은 바로 수하르토가 1967년과 1972년 두 차례에 걸쳐 언급한 내용 때문이다. 그는 이렇게 말했다. "화교는 인도네시아 인구의 3%밖에 되지 않는다. 그런데 그들은 인도네시아 전체 자본의 70% 정도를 장악하고 있고 조종하고 있다."[13] 이를 두고, 어느 학자는 "인도네시아정부는 화인의 경제력을 과대 포장하고자 하는 의도를 분명히 가지고 있다. 화인의 경제력이 지나치게 높게 평가되는 것도 그 때문이다."[14]라고 주장했다. 결국, 인도네시아정부는 이러한 여론을 조성함으로써 화인경제를 이용하고 또 제한하고자 했던 것이다. 수하르토의 발언은 이 점을 충분히 증명해주고 있다. "정부는 국내투자부문에서 원주민과 비원주민의 관계를 합리적으로 조정할 준비가 되어 있다. 그 시기가 적당히 무르익게 되면, 비원주민기업은 반드시 주식의 절반을 국가에 매각해

---

12) 梁英明, 「九十年代東盟華人經濟 : 機遇與挑戰」, 『融合與發展』, 南島出版社(香港), 1999, 43쪽.
13) 李國卿, 『華僑資本的形成和發展』, 香港社會科學出版社, 2000, 168쪽.
14) 李國卿, 위의 책(2000), 170쪽.

야 할 것이다. 그러면 국가는 그것을 공개적인 방식으로 원주민 기업가들에게 양도함으로써 원주민의 경제력을 향상시킬 수 있을 것이다."15)
결국, 1990년대에 이르러 토착민자본과 화인자본 간에 갈등이 재현되자, 화인자본의 역량을 대대적으로 과장하는 경향은 재차 반복되었고, 심지어는 화인 재벌이 인도네시아 경제를 지배하고 독점하고 있으니, 정부가 화인 재벌에 대한 규제를 강화해 그들이 소유한 주식지분을 매각하지 않을 수 없도록 해야 한다고 주장하는 이들까지 생겨났다. 그러나 당시는 수하르토가 경제적으로 화인에게 상당히 의존하고 있었고 그들과 밀접한 관계를 형성하고 있던 시기였다. 따라서 수하르토는 본인이 직접 나서, "인도네시아에 재벌이 등장한 것은 1945년의 헌법정신에도 부합하는 것이다. 또한 정부는 재벌을 활용해 국민경제를 건설하고 있다. 그들이 국가경제를 지배하고 있다는 것은 어불성설이며 불가능한 일이다."16)라고 함으로써 이를 무마하고자 했다.

화인 경제력의 문제는 종종 정치화되곤 한다. 사실, 화인사회에서 진정한 부호라고 할 만한 사람은 극소수에 불과하다. 물론, 일반 화인들의 생활수준이 토착민의 그것보다는 높기는 했지만, 대다수 화인들은 여전히 사회적으로 중하층에 속해 있었다. 제2차 대전이 종식되면서 동남아국가에서는 민족주의 정서가 점차 고양되기 시작했다. 이러한 상황 하에서 각국의 토착민들은 화인을 외래자로 취급하기 일쑤였고, 결과적으로 쌍방 간에는 정치경제적 이익을 두고 각종 충돌과 갈등이 발생했다. 이는 어쩌면 당연한 일일지도 모르겠다. 결국, 민족주의를 배경으로 한 이러한 갈등과 충돌로 인해 일부 화인들이 가지고 있던

15) 李國卿, 위의 책(2000), 171쪽.
16) 魯虎, 위의 책(2000), 133쪽.

부와 경제적 영향력이 화인이라고 하는 종족 전체가 가지고 있는 공통된 특성인 것처럼 왜곡되는 현상이 발생했다. 경제문제가 종족관계문제로 정치화된 것이다. 따라서 정부는 화인의 경제적 지배권을 약화시키고 대신에 토착민의 경제력을 증강시키는 각종 조치들을 마련해 시행하기 시작했다. 이때 주로 사용된 보편적인 방법은 경제적 토착화를 통해 화인의 활동영역을 제한하는 조치를 시행하거나, 국영기관의 설립 및 원주민 기업에 대한 지원 방안 등을 마련하는 것이었다. 이렇듯, 화인의 재부는 토착정부와 토착민사회의 주요 공격 대상이 되었고, 화인들은 토착민이 사회적 불만을 표출하는데 있어 일종의 상징적인 희생양이 되어버렸다.

냉전시기 동남아에서는 민족주의 말고도 그보다 더 급진적이라 할 사회주의이데올로기가 성행하기도 했다. 이 또한 화인경제를 주요 공격 대상으로 삼았다.(물론, 당시 사회주의 열풍이 화인만을 겨냥한 것은 아니었지만, 화인이 가장 중요한 공격대상이 되었던 것은 분명한 사실이다.) 실제로 당시 일부 국가에서는 화인문제를 처리함에 있어, 이전처럼 '종족'이나 '민족'을 내세우는 대신에, '계급'이란 새로운 기치를 전면에 내걸었다. 미얀마, 베트남, 캄보디아, 라오스 등지에서는 1960년대부터 잇달아 국유화정책을 실시했다. 결과적으로 이것은 화인경제에 궤멸에 가까운 치명적 타격을 입히고 말았다. 일종의 계급적 관점에서도 화인의 경제력이 과대평가되는 경향에는 변함이 없었다. 경제적으로 타격을 받은 것은 이른바 자산계급에만 국한된 현상은 아니었다. 그 범위는 그야말로 전 방위적으로 확대되었다.

왕경우(王賡武)는 화인과 토착민의 경제적 차이야말로 종족충돌의 근원이자 결정적 요인이었다고 주장한 바 있다. "문화와 종족의 차이로 인해 경제적 차별이 확대되는 것은 종종 있는 일이다. 화인과 본지인

간의 경제적 격차 역시 오늘날에도 여전히 쌍방 간에 존재하는 장벽과 충돌의 핵심적 근원으로 작용하고 있다. 오늘날 소수종족으로서의 화인을 집단충돌의 소용돌이 속으로 몰고 간 핵심적인 요인들뿐만 아니라 그러한 요인들을 해소하기 위해 진행된 각종 실험들이 다 실패로 돌아간 것은 모두 화인이 장악하고 있는 상업 활동의 범위와 깊은 관련이 있다. 인도네시아, 필리핀, 말레이시아 등의 몇몇 도시들처럼, 쌍방 간의 긴장관계가 매우 첨예한 지역에서도, 경제적 차이 때문에 화인들이 남의 신경을 건드리고 남의 이목을 끌게 되는 일이 발생할 때에야 비로소 종족적 차이가 부각된다. 이러한 경제적 차이는 화인들의 부를 더욱 촉진시키고, 그들의 생활수준을 토착민 가정의 평균 수준보다 월등히 높이는 결과를 낳았다."[17]

그러나 이와 같은 경제적 요인이 필연적으로 종족관계의 걸림돌로 작용하는 것은 결코 아니다. 여기에는 하나의 중간 고리가 필요하다. 즉, 여기에 정치적 함의가 부여된 연후에야 비로소 그 역할을 하게 되는 것이다. 왜냐하면, 경제적 차이가 우선적으로 반영되는 지점은 계급분화이지 종족모순이 아니기 때문이다. 냉전시기에 고양된 민족주의 정서와 계급관념은 화인의 부(富)를 왜곡하고 과장했다. 또 그것을 동남아국가의 정치발전과정에서 핵심적인 '문제'로 확대, 비화시켰다. 또 하나의 원인은 바로 정치지도자들이 민중동원능력을 증강하기 위해 화인을 일종의 정치적 희생양으로 삼아 의도적으로 정치적 선전에 이용했기 때문이다.

탈냉전시기로 접어들면서 정치이데올로기는 더 이상 개발도상국에

---

17) 王賡武,「東南亞的華人少數民族」,『東南亞與華人 : 王賡武敎授論文選集』, 中國 友誼出版公司, 1987, 205-206쪽.

서 그 영향력을 발휘하기가 힘들어졌다. 동남아 각국에서도 이러한 정치보수화라는 국제적 흐름은 거스를 수 없는 대세가 되었다. 이제 각국 정부의 최대 관심사는 경제발전으로 모아졌다. 화인의 자본과 기술 그리고 광범위한 상업네트워크는 국가경제발전에 중요한 역할을 하게 되었고, 각국 정부는 이러한 화인들을 우대하는 정책들을 잇달아 쏟아내기 시작했다. 그러나 종족관계도 원만한 해결을 보지 못했고 사회문제 또한 심각한 지경에 처해 있는 국가들에서는, 화인경제는 여전히 심각한 문제로 남아있었다.

학자들 중에는 동남아 화인과 거주국 토착민 간의 관계 또한 사회문제의 하나로 보아야 한다고 주장하는 이도 있었다. 가령, 인도네시아에서 화인문제가 특별히 부각되는 이유는 인도네시아의 사회문제가 유독 심각하기 때문이라는 것이다. 즉, 화인문제는 인도네시아의 심각한 사회정치적 위기의 한 부분이기 때문에 국가 전체의 사회정치적 위기가 해결되지 않는다면, 인도네시아의 화인문제 역시 해결될 수 없다는 것이 그의 결론이다.[18] 경제발전과정에서 등장하는 빈부격차와 사회적 불평등은 사회갈등을 촉발하는 근본적인 원인이다. 더군다나 이러한 사회적 모순이 복잡한 종족관계문제와 한데 얽히게 되면, 그것은 종족충돌이라는 극단적인 형식으로 표출되기 마련이다. 결국, 화인이 소유한 부와 재산이 정치문제로 비화되는 데에는 이렇듯 심각한 사회문제로 인해 촉발된 화인에 대한 토착민의 불만이 결정적 요인이 되었다고 할 수 있다. 이렇게 볼 때, 정치인이나 토착민기업가들이 자신의 정치·경제적 이익을 위해 화인의 경제력을 과장하는 것은 하나도 이상할 게 없는 일이다.

---

18) 曹雲華, 『變異與保持 : 東南亞華人的文化適應』, 中國華僑出版社, 2001, 54쪽.

인도네시아와 말레이시아는 나름대로 종족정치의 전통을 가지고 있었기 때문에, 화인경제문제를 과장하는 현상도 가장 심각하게 나타났다. 그러나 양국이 안고 있는 사회문제의 심각성에는 정도의 차이가 있기 때문에 화인과 토착민 관계의 발전양상에도 차이가 드러난다. 결론적으로 말하면, 인도네시아의 화인경제문제가 특히 더 심각했다. 반면, 인도차이나 3개국과 미얀마의 경우에는 경제적으로 낙후한 탓에, 빈부의 차이도 그다지 심각한 수준에 이르지는 않았다. 더욱이 이들 국가의 정치는 경쟁구도가 형성되어 있지 않았기에, 굳이 종족적 차이를 선거에 이용한다거나 화인경제의 문제를 사회문제나 정치문제로 확대시킬 이유나 필요성도 없었다. 타이나 필리핀의 경우에는, 화인들이 이미 주류사회에 깊숙이 동화되어 있는 상황이었기 때문에 양국 모두 심각한 사회문제를 안고 있었음에도 불구하고 굳이 이 문제를 정치공간으로 끌어들일 필요가 없었다. 물론, 필리핀에서는 화인자본과 주류 상업사회 간의 이익충돌이나 극소수 정치가들의 또 다른 꿍꿍이 때문에, 화인이 필리핀 경제를 독점하고 있다는 신화(神話)를 의도적으로 만들어내고 조장하는 이들이 있기는 했다.[19]

3. 국가별 화인경제 차이의 제도적 원인

경제부문에서 화인이 유독 부각되는 것은 동남아국가의 보편적인 현상이다. 그러나 여기에도 국가별로 상당한 차이가 있다. 필자는 그간의

19) 曹雲華, 「試論菲律賓華人與當地民族的關係」, 『東南亞研究』, 第5期, 2001.

관찰을 통해, 화인경제의 중요성과 각국 경제의 발달정도가 정비례하고 있다는 사실을 발견할 수 있었다. 1인당 소득수준이 높은 국가일수록, 인구 대비 화인 대기업의 수가 더 많다는 것이 이를 뒷받침하는 증거라 할 수 있다. 물론, 브루나이는 예외이다. 브루나이는 풍부한 석유자원을 가지고 있기 때문에 비교적 높은 소득수준을 유지하고 있다.

1996년 현재, 전 세계 500대 화상(華商) 안에 포함된 동남아 화인기업은 229개였다. 그 가운데 말레이시아가 98개, 싱가포르가 58개, 타이가 30개, 인도네시아가 28개, 필리핀이 15개이다.[20] 국가별 1인당 GNP (1997년) 및 인구 100만 명 당 전 세계 500대 기업에 포함된 수를 순서대로 나열하면, 싱가포르(32,810달러, 16.57개), 말레이시아(4,350달러, 4.41개), 타이(2,740달러, 0.49개), 필리핀(1,200달러, 0.20개), 인도네시아(1,110달러, 0.13개) 순이다. 베트남, 라오스, 캄보디아, 미얀마의 경우에는 1인당 국민소득이 모두 400달러 미만이고, 화인기업의 경제력도 가장 약한 나라들이다.

그럼, 화인경제력과 각국 경제발전수준 간의 이러한 상관성은 어떻게 해석해야 하는 것인가? 사실, 양자 간에는 특별한 인과관계가 존재하는 것은 아니다. 다시 말해, 화인경제력의 차이 때문에 각국 경제발전수준에 차이가 발생한다거나 반대로 각국 경제발전수준의 차이가 화인경제력의 차이를 만들어냈다고는 생각되지 않는다. 양자 간에 이러한 상관성이 존재하게 된 데에는 한 가지 동일한 원인에서 두 가지 현상이 일어난 것이라 볼 수 있다. 즉, 그 원인은 바로 경제발전과 관련된

20) 『亞洲週刊』, 1996年11月4-11日號, Leo Suryadinata, "Ethnic Chinese in Southeast Asia and Their Economic Role", in M. Jocelyn Armstrong, R. Warwick Armstrong and Kent Mul liner(eds.), *Chinese Population in Contemporary Southeast Asian Societies : Identities, Interdependence and International Influence*, Curzon Press, 2001, p.60.

제도와 정책이다. 국가 전체의 경제발전에 불리하게 작용하는 제도와 정책은 마찬가지로 화인경제의 발전에도 결코 도움이 되지 않는다.

미얀마, 베트남, 라오스, 캄보디아는 아세안 10개국 가운데 경제적으로 가장 낙후한 나라들이다. 그리고 이들 나라의 화인경제력도 다른 국가의 그것에 크게 미치지 못하는 게 사실이다. 여기에는 무엇보다 전쟁이나 정국불안 등 경제발전을 저해하는 객관적 환경이 작용한 탓이 클 것이다. 그러나 이들 나라들의 경제발전의 길을 전체적으로 돌아볼 때, 이외에도 경제발전에 부정적인 영향을 끼치는 많은 요소들이 존재했음을 알 수 있다. 가령, 국유화로 인해 화인기업을 포함한 사기업의 존재가 완전히 사라지게 되면서, 전체 국가경제는 철저히 폐쇄화된 환경 하에서 저효율의 국영기업에만 의존해 발전의 길을 모색할 수밖에 없었다. 이러한 국유화정책은 화인경제에도 치명적 타격을 가했지만, 무엇보다도 국가 전체의 경제발전속도를 늦추는 결과를 낳고 말았다. 미얀마가 그 대표적인 경우라 할 수 있다. 미얀마는 1948년부터 1962년에 걸쳐 장기적인 정국불안에 시달려야 했다. 그렇지만 한편으로는 비교적 온건하고 자유로운 경제정책을 시행한 덕분에, 국민총생산은 연평균 4.5%의 고속성장을 이룩했고, 1인당 GNP도 670달러에 달했다. 이렇듯 당시까지만 해도 미얀마는 동남아국가 중에서도 부국에 속했고, 가장 전도유망한 개발도상국 중의 하나로 간주되었다. 그러나 1962년 대대적인 국유화운동이 시작되면서, 미얀마는 시장경제를 도입한 다른 동남아국가들보다 경제발전속도가 뒤떨어지기 시작했고 결국 동남아의 최빈국으로 전락하고 말았다. 이 시기 미얀마 화인들은 나름대로 발전의 기회를 모색하기 위해 노력했다. 가령, 1960년대 말부터 발전하기 시작한 지하경제를 거의 장악했고, 1980년대 말 이후 정부의 경제통제가 느슨해진 틈을 타 민간경제부문에서 절대적 우세(60%~70%)를 차지했던 것이 그 예라 할 수 있다. 그러나 이 역시도 고소득을 올리고 있는 기타 동남아국가들의 화인경제에 비하면, 정말 하잘 것이 없는 것이었다.[21]

말레이시아, 타이, 필리핀, 인도네시아 등의 제도와 정책은 화인경제의 발전에 상대적으로 훨씬 우월한 환경을 제공했다. 물론, 이들 국가들의 경제도 완전한 시장경제체제를 갖추고 있는 것은 아니었다. 그러나 최소한 화인경제의 생존과 발전에 기본적인 조건을 제공했던 것만큼은 확실하다. 1970년대부터 이들 국가의 화인들 대부분은 거주국 국적을 취득하기 시작했다. 이때부터 화인자본을 대하는 각국 통치계급의 태도에도 변화가 일어났다. 즉, 과거에는 화인기업가를 단순히 피억압대상이자 '천민자본가(pariah capitalists)'[22] 정도로 인식했다면, 이제는 합작파트너 내지 경제발전이나 재부축적의 유용한 수단으로 인식하게 된 것이다. 일반적인 시장경제체제는 화인자본에 분명 기회를 제공했다. 그러나 이외에도 특별한 경우, 화인들은 정상(政商)합작의 방식을 택하기도 했다. 이는 불완전한 시장경제체제에 윤활유로 작용했고, 화인을 제약하는 종족주의에도 일정정도 균열을 가져왔다.

---

21) 賀聖達/王文良/何平, 『戰後東南亞歷史發展』, 雲南大學出版社, 1995, 97쪽 ; 薛君度/曹雲華 主編, 『戰後東南亞華人社會變遷』, 中國華僑出版社, 1999, 288-290쪽 ; M ya Than, "The Ethnic Chinese in Myanmar and Their Identity", in Leo Suryadinat a(ed.), *Southeast Asian Chinese : The Social-Cultural Dimension*, Singapore, Times Academic Press, 1995, pp.125-128.

22) 이는 프레드 리그즈((Fred W. Riggs)가 1960년대 제기한 개념으로, 당시 정치적 권리를 확보하고 있지 못했던 타이와 필리핀의 화인기업가들이 정부 관료의 비호를 조건으로 그들에게 뇌물을 제공했던 것을 말한다. Fred W. Riggs, *Thailand : The Modernization of a Bureaucratic Polity*, Honolulu, The East-West Center Press, 1966.

4. 화인경제의 발전모델과 각국의 정치사회적 환경

학계에서 보편적으로 받아들여지고 있는 견해는, 동남아 경제는 관상(官商)의 결탁과 독점 그리고 특권이라는 기반 위에서 건립되고 발전되었기 때문에 투기성이 강하고 기술발전은 더디며, 따라서 영구히 지속될 수 없는 이른바 '유사자본주의(ersatz capitalism)'에 지나지 않는다는 것이다. 또 이러한 환경 속에서 성장한 화인기업 가운데 전부는 아니지만 상당수가 관상의 결탁을 통해 돈을 번 '유사자본가'들이라는 것이다.[23]

동남아의 화인기업가와 정부 관료 간의 밀접한 정경유착관계는 줄곧 비판의 대상이 되어왔다. 인도네시아 와히드정권의 경제를 총괄하는 재경부장관을 역임한 바 있는 중국계 경제학자 궈젠이(郭建義)는, 일부 소수의 화상 모리배들이 권력자와 결탁해 국가의 재부를 편취하고 중간에서 사복을 채우는 것에 강력히 반대했다.[24] 실제로 1998년 인도네시아에서 정치폭동이 일어났을 때, 화인은 불만표출의 주요 대상으로 찍혀 집중적인 공격을 받았다. 여기에는 화인들이 곧 1997년 금융위기의 주범이라는 인식이 단단히 한몫을 차지하고 있었다. 당시 인도네시아 언론들은, "사회적으로 볼 때, 경제위기는 관상의 결탁과 족벌관계 그리고 이로 인한 부패와 횡령 등이 만들어낸 결과이다. 특히, 화인들은 관료들과의 유착을 통해 각종 혜택과 편의를 제공받았다."[25]라는 여론을 대대적으로 조성했다.

말레이시아의 거의 모든 화인기업 거두들은 신경제정책 실시 이후에

23) Yoshihara Kunio, *The Rise of Ersatz Capitalism in Southeast Asia*, Singapore, Oxford University Press, 1988.
24) 「郭建義鼓勵華人參政」, 『星洲日報』(新加坡), 1999.10.28.
25) 薛君度/曹雲華 主編, 위의 책(1999), 35쪽에서 재인용.

성장한 자들이었다. 그들은 말레이인을 비호하는 세력들과도 밀접한 관계를 형성하고 있었고, 이것이야말로 이들 기업의 발전에 있어 핵심이었다. 반면, 이러한 관계를 맺고 있지 못한 화인기업들은 상대적으로 발전이 더디었다. 마찬가지로, 인도네시아의 유명 화인기업들도 대부분 수하르토 집권기간에 성장했다. 당시 화인기업과 수하르토는 사실상 공생관계에 있었다고 볼 수 있다. 26) 이른바 '친한 친구(密友)'와 '주군(主公)'의 관계 속에서, 정상(政商)들은 정치적 비호뿐만 아니라 경제적으로도 별도의 부가적인 이득을 편취할 수 있었고, 대신에 정치인이나 관료들은 화인기업가들로부터 든든한 경제적 지원을 얻어낼 수 있었던 것이다.

이처럼 화인기업가들 중에 '유사자본가'가 존재했던 것은 확실하지만, 그렇다고 모든 화인기업가들이 '유사자본가'였던 것은 결코 아니다. 또한 '유사자본가'는 화인기업가들 중에만 있던 것도 아니었다. 수하르토 통치시절, 각종 특권을 통해 가장 많은 경제적 이익을 편취한 것은 수하르토의 자녀들과 친척 그리고 가까운 지인들이었다. 또 수하르토의 이른바 '친한 친구(密友)'들도 대부분 화인이 아니었다. 말레이시아에서 정치권의 비호를 받은 정상들 중에는 말레이인이 훨씬 더 많았다. 이렇게 볼 때, '유사자본가'의 출현은 결코 화인문화의 특징에서 비롯된 것이 아님을 알 수 있다. 오히려 그것은 동남아 각국의 정치경제체제에서 기인한 측면이 크다고 할 수 있다.

화인정상의 존재는 각국의 권력구조와 경제정책의 복잡성을 반영한

---

26) 王伯群,「馬來西亞的華人企業巨頭」, 杰米・麥基,「東南亞華人大企業模式的變化」, 魯思・麥克維伊 編,『東南亞大企業家』, 廈門大學出版社, 1996, 179-204쪽, 229-261쪽.

다고 볼 수 있다. 즉, 각종 이해관계가 얽혀 있는 속에서 탄생한 산물이고, 단순히 민족주의이데올로기로 해석할 수 있는 문제도 결코 아닌 것이다. 화인들은 당면한 각종 불리한 환경 속에서, 기업의 발전을 유지하기 위해서는 어쩔 수 없이 사적인 관계나 뇌물이라는 부정적인 방법에 의지하지 않을 수 없었던 것이다. 차별받는 소수민족으로서 화인이 선택할 수 있는 여지는 극히 제한적일 수밖에 없었고, 현존하는 제도와 정책을 변화시킬 힘도 그들에게는 없었다. 단지 그들이 할 수 있는 거라곤 적응하고 순응해가는 길뿐이었다. 결국, 화인이 동남아국가들의 정치부패를 조장한 것이 아니라 기존 정치경제의 제도적 환경이 화인정상들을 만들어낸 것이라 볼 수 있다. 사실, 진정으로 '친한 친구'와 '주군'의 관계를 맺을 수 있었던 것은 단지 극소수 대부호들뿐이었다. 나머지 중소기업을 운영하는 대다수 화인들은 합법적인 수단으로 돈을 벌었다.

화인들이 관료들의 보호나 경제적 특권을 확보한 것은 적어도 기업발전의 측면에서 보자면, 분명 이득이었다. 그러나 화인을 비롯한 모든 개인자본이 생존하고 발전하기 위한 제도적 환경이란 차원에서 보면 심각한 문제를 내포하고 있던 것도 사실이었다. 왜냐하면, 특권이 존재한다는 것은 역으로 차별이 보편화되어 있다는 것이고, 대부분의 사람들이 기회를 박탈당하고 있다는 것을 의미하기 때문이다. 경제의 전반적 발전은 완벽한 법률제도와 시장 환경이 갖추어졌을 때 비로소 가능한 것이지, 소수의 정상들과 특권기업만으로는 불가능한 일이다. 마찬가지로 국가경제발전을 가속화하기 위해서는 모든 기업에게 공평한 기회가 제공되는 경제 환경을 조성하는 것이 필수적이다. 더불어 기존의 정치경제체제에 일대 전환을 꾀하는 것이 무엇보다 필요하다. 가령, 토착민기업에 대한 지원책 등 일련의 정책에 대해 재논의하고 재평가할 필요가 있다. 왜냐하면, 이러한 방법들만으로는 소기의 목적한 바를 달성할 수 없다는 것이 실천으로 증명되었기 때문이다. 오히려 그것은 체제상의 부패만을 낳았을 뿐이다. 싱가포르의 예는 상술한 가설이 정확했다는 것을 증명해주고 있다. 싱가포르는 화인자본에 대한 지원책이나 특별히 화인들에게만 일방적으로 유리한 정책을 채택하지 않았다. 오히려 실제 정부의 정책은 외국자본이 싱가포르 경제에서 전반적 우위를 점할 수 있는 환경을 조성했다. 민족주의적 관점에 보자면, 이러한 정책은 결코 용납될 없는 것이었다. 그러나 결과적으로 싱가포르인들이 동남아 최고의 생활수준을 누리게 되었고, 싱가포르 화인자본이 동남아에서 가장 강대한 세력을 형성할 수 있었던 것은 모두 이러한 정책 덕분이었다. 즉, 공정한 경쟁 환경에서 이득을 본 것은 소수의 기업이 아니라 다수의 기업과 국가경제 전체였던 셈이다.

화인의 생존과 발전은 거주국이 처한 각종 정치사회적 환경의 영향에서 자유로울 수 없다. 상대적으로 볼 때, 화인 고유의 문화적 특징은 화인경제의 발전과 전혀 관련이 없다고는 말할 수 없겠지만, 양자의 관계는 사실 부차적인 것이라 할 수 있다. 달리 말하면, 제도와 정책이 뒷받침될 때에야 비로소 문화적 요소가 개입할 수 있는 여지가 있다는 것이다. 일설에는 화인의 경제적 성공을 두고, 화인은 본래 문화적으로도 그렇고 종족적으로 그렇고 오로지 경제적 이익에만 관심이 있는 '경제동물'이라고까지 폄훼하기도 한다. 왕경우는 이를 처음부터 잘못된 가설에 기초한 잘못된 관점이라고 지적했다. "1세대 이민자들은 혹시 그랬을지도 모른다. 그들 대다수는 가난했다. 따라서 그들이 사회적 지위의 변화를 꾀하기 위해서는 소규모 자영업을 하는 것 외에는 그 어떤 방법도 없었다. 하지만 2세대 혹은 3세대 이상의 화인 정착민 특히, 중산층에 버금가는 지위를 획득한 화인들의 경우에는 그렇지 않다. 그들은 행정직, 전문직, 교직 나아가 문화 관련한 직종을 더 선호하고 있고, 이를 통해 보다 나은 사회적 지위를 얻고자 한다."[27]

화인경제가 동남아에서 우월한 지위를 획득하고 있다는 점은 다음의 사실을 정확하게 반영하는 것이라 볼 수 있다. 즉, 화인의 사회정치적 권리는 심각하게 제한을 받아왔다. 정치활동의 참여는 물론, 공직이나 전문직에 종사하는 데에도 상당한 제약을 받았고 심지어는 전혀 불가능했다. 이러한 상황 하에서 화인 엘리트들이 할 수 있었던 것은 그나마 상대적으로 제약이 덜했다고 볼 수 있는 경제영역이었다. 물론 그것도 제한적이기는 마찬가지였다. 반면, 토착민 엘리트의 경우에는 화인들의 접근이 아예 불가능했던 정부부문으로 대부분 흡수되었다. 이러한 직업상의 분할이야말로 화인과 토착민 간의 경제적 격차를 크게 벌리게 한 결정적 원인이었다.

일부 동남아국가에서 화인의 정치사회적 권리가 심각하게 제한을 받던 상황 하에서도, 화인경제는 여전히 발전을 거듭했다. 그러나 그 경제적 이익마저도 제도적으로 제대로 된 보장을 받을 수 없었고 더군다나 비호자들로부터 얻어 낸 안전도 정치정세의 변화에 따라 언제든 사라질 수 있는 것이었다. 그리고 이것은 궁극적으로 화인경제의 발전에도 심각한 위해를 가할 우려가 있었다. 따라서 말레이시아 화인기업의 거두들은 일종의 쌍방향적 전략을 선택했다. 즉, "경제적 성취와 사회적 지위를 확보하기 위해 말레이인 출신 비호자들과의 긴밀한 협력을 지속해나가면서도 한편으로는 비(非)말레이시아자본과도 원만한 관계를 형성함으로써, 일단 유사시에도 계속해서 부를 축적할 수 있는 또 다른 잠재적 발원지를 확보하고자 했던 것이다." 나아가 "말레이시아 사회와

27) 王賡武, 위의 논문(1987), 206-207쪽.

가장 성공적으로 결합하는 바로 그 시점에, 국외로 떠날 준비를 이미 마쳐 놓았다."[28] 학자들 중에는, 말레이시아 화인자본이 해외로 빠져나가는 현상은 기업의 규모와 관계없이 매우 보편적인 일이라 할 수 있는데, 이는 차별대우와 종족대립으로 인한 불안감에 그 원인이 있다고[29] 주장하는 이도 있다. 이와 동일한 문제는 인도네시아에서도 발생하고 있다. 인도네시아 화인들이 느끼는 불안감은 배화사건(排華事件)이 주기적으로 발생하면서 더욱 심해졌다. 예를 들어, 1998년의 정치폭동은 화인자본의 대대적인 해외유출을 촉발했다. 결과적으로 이러한 현상은 인도네시아 경제발전에 악영향을 미쳤다. 어느 학자의 지적처럼, 폭동으로 인해 해외로 빠져나간 인도네시아 화인부호들이 다시 돌아오지 않는다면, 인도네시아는 경제적 위기에서 벗어날 수 없을 것이다.[30]

반면, 싱가포르 화인들은 정치사회적 권리를 충분히 보장받고 있기 때문에, 정부가 화인자본 일변도의 편향된 경제정책을 시행하지 않는다고 해서 그것이 곧 싱가포르가 화인자본의 발전에 가장 유리한 국가라는 견해에 심각한 회의를 품게 하지는 않는다. 현재, 싱가포르 본토의 화인자본은 동남아국가 중에 가장 강력한 세력을 구축하고 있다.(단위 인구 당 화인 대기업의 수를 따져보면, 이는 충분히 입증되는 사실이다.) 뿐만 아니라 싱가포르는 다른 국가의 화인자본이 유사시에 가장 먼저 피신할 수 있는 최적의 피난처였다. 그리고 이러한 현상이 싱가포르 경제를 한 걸음

28) 王伯群, 위의 논문(1996), 202, 204쪽.
29) Jamie Mackie, "Economic Systems of the Southeast Asian Chinese", in Leo Suryadinata(ed.), *Southeast Asian Chinese and China : The Political-Economic Dimension*, pp.42~43.
30) Jamie Mackie, "Tackling 'the Chinese Problem'", in Geoff Forrester(ed.), *Post-Soeharto Indonesia : Renewal or Chaos*, Singapore, Institute of Southeast Asian Studies, 1999, p.187.

더 진전시키는 결과를 낳고 있다. 근본적으로 볼 때, 화인뿐만 아니라 모든 종족사회집단의 경제이익이 진정한 보장을 얻기 위해서는 그들에게 완전한 사회정치적 권리를 부여해야 한다. 이렇게 될 때만이 국가 전체의 경제 및 사회정치는 순조롭게 발전할 수 있다. 만일 그렇지 않고 어느 특정집단에 대해 차별을 가하거나 반대로 소수의 특정집단에게만 특권을 부여하게 된다면, 차별받는 집단은 어쩔 수 없이 고통을 감내할 수밖에 없을 것이다. 이러한 불평등하고 불공정한 현상이 상존하게 되면, 이는 사회 전체적으로도 심각한 위협이 아닐 수 없다.

● 원제/출처 : 「東南亞華人經濟的社會政治分析」, 『當代亞太』, 第7期, 2004

화인가족기업의 정체성 및
변천과 관리

펑자오롱(彭兆榮)

이 글은 문화인류학적 시각에서 동남아 화인가족기업의 역사와 현상에 대해 분석한 것이다. 역사적으로 화인가족기업의 구조는 크게 자아/가족, 씨족/방회(幇會), 선조/외부역량(異力) 등 세 개의 측면으로 나눌 수 있다. 이 세 가지 요소는 그동안 화인가족기업의 발전과 번영에 긍정적인 영향을 끼친 것으로 인식되어 왔다. 그러나 전통적 가족정체성에서 비롯된 이러한 요소들은 기업이 경영상에 있어 내부적으로 갖추어야 할 민주적 기제의 작동을 가로막는 봉건가부장적 병폐를 동시에 안고 있는 게 사실이다. 가령, 이러한 요소들 때문에 기업구조상에 있어 그에 상응하는 조정능력이 부족하게 되었고, 기업의 경영진들은 지나치게 경험에만 편중되어 창조적 혁신에는 눈을 돌리지 못하고 있다. 또한 전통적인 '가(家)/가(佳)'만이 강조될 뿐, 현대적인 '인(人)/능(能)'은 등한시되었다. 이 글에서는 상기한 문제의식을 기반으로, 화인기업이 기술과 경영 등의 측면에서의 혁신뿐만 아니라 기업의 문화정체성에 있어서도 일정한 조정이 필요하다는 점을 강조하고자 한다. 한마디로, '가족화된 기업'에서 '기업화된 가족'으로의 변화와 발전이 필요하다는 말이다.

동남아 화인가족기업의 경영에 대한 연구는 최근 경제학, 경영학 등의 학문분야나 지역전략 등의 차원에서 주목을 받고 있다. 여기에는 나름의 이유가 있다. 첫째, 이 지역의 경제적 고도성장은 아태지역 경제 활성화에 있어 분명한 한 축을 형성하고 있기 때문이다. 얼마 전, 동남아지역에 금융위기가 불어 닥쳤을 때에도 이를 슬기롭게 극복할 수 있었던 것은 지역경제를 그 기반으로 하고 있었기 때문이다. 물론, 여기에는 화인가족기업의 역할이 매우 중요했다. 둘째, 중국의 개혁개방 이래로 화인기업이 경제적으로 조국인 중국과 밀접한 관련을 맺고 있기 때문이다. 셋째, 화인가족기업은 현재 대대적인 구조적 변화에 직면해 있기 때문이다. 오늘날 화인가족기업의 상황을 일별하면, 그들의 상당수는 현재 경영상의 낙후, 기술발전의 저하, 의사결정상의 오류, 고비용저효율 등의 심각한 문제를 안고 있다.[1] 어떻게 하면 현대적인 경영시스템을 구축할 수 있느냐 하는 것은, 화인가족기업이 21세기에 어떠한 모습으로 새로운 도전에 대응해야 하는가 하는 점에 있어 매우 특별한 의미를 가지고 있다 할 수 있다. 아울러 이 모든 것은 '화인/가족'이란 정형적인 틀과도 깊은 관련이 있다. 다시 말해, 기업의 실천주체로서의 '화인/가족'에 대한 문화적 확인과 그 가치에 대한 분석이 결여된다면, 기업경영에 대한 연구는 그저 공식, 도해, 수치, 모형, 조문(條文) 등 일련의 추상적인 외형만을 좇는 것에 그치고 말뿐이라는 것이다. 사실, "한 민족의 문화적 특징은 기업경영과도 밀접한 관련성을 가지고 있다. 개중에는 경영 그 자체가 일종의 문화적 표현방식이라고 단정해서 말하는 이들도 있다."[2] 이는 응용인류학의 '집단 속의 인간관계 모

1) Yoshihara Kunio, "The Rise of Ersatz Capitalism in Southeast Asia" Oxford University Press, 1988, pp.130-131, Ch.3, pp.42-43
2) 李亦園, 『人類的視野』, "文化與管理", 上海文藝出版社, 1996, 165쪽, 32쪽.

델'이라는 연구범주에 속하는 것이다.[3] 일반적으로 어느 특정집단이 자신의 집단을 구성하기 위해 채택하는 방식은 대부분 문화적 기반에 의거하고 있다. 그리고 그러한 문화적 행위야말로 기업제도의 핵심인 것이다.

1. 동남아 화인가족기업의 구조

이른바 '가족기업'이란 기업의 자산과 주식(50% 이상의 결정권) 대부분을 한 가족이 소유하고 있고, 그 가족 구성원들이 경영진의 요직과 핵심적 위치의 대부분을 차지하고 있어, 기업 내부경영에 가족적 색채가 매우 짙게 드리워져 있는 기업을 가리킨다. 가족이 사업 및 기업의 기본 조직제도와 운영의 주체로 군림하는 경우는 자본주의 역사에서 흔히 있는 일이다. 피렌체의 '메디치 가문'[4]이 그 대표적인 예라 할 수 있다. 그러나 중국의 가족제도는 이와는 좀 차이가 있다. 무엇보다 중국의 가족제도는 그것의 발생 연원과 깊은 관련이 있다. 중국의 '친연(親緣)'과 '지연(地緣)'은 일종의 쌍생아라고 할 수 있다. 일반적으로 성씨(姓氏)는 대개 촌락과 하나로 연결되어 있기 마련인데, 가정이나 가족을 중심으로 끈끈한 유대를 형성하는 이른바 '촌사(村社)'라고 하는 전승제도가 그 예라 할 수 있다. 서방의 역사학자들조차도 이 촌사제도가 중국에서 기원했다는 것을 인정하고 있다.[5] 그러나 이것만으로는 온전한 설명이 이

---

3) 주2)와 동일.
4) 費爾南·布羅代爾(Fernand Braudel) 等 著, 『資本主義論叢』, "形形色色的交換", 顧良 等 譯, 中央編譯出版社, 1997, 23쪽, 98쪽 참조.
5) 주4)와 동일.

루어졌다고는 볼 수 없다. 사실, 중국의 봉건국가제도는 '가족'의 확대 결정판이라 할 수 있다. 다시 말해, '가족'에서 비롯된 봉건군주제인 셈이다. '국가'라는 정치적 명명이 바로 그 예증이라 할 수 있다. 중국의 고고학적 성과는 이를 잘 대변해주고 있다. 즉, "국가의 대사는 제사와 군대에 달려있다."는 것이다. 이는 국가의 원형이 '가족/촌락'과 밀접하게 연관되어 있음을 말해준다. 그러나 한편으로는 "중국의 친족관계와 그 유대는 정치적인 계급과 계층에 합법적인 근거를 제공"해주기도 했다. "중국의 문명발전과정 역시도 정치적 확장과 식민개척의 과정에 다름 아니다."[6] 따라서 '국(國)'은 '가(家)'의 또 다른 측면으로, 전통적인 자급자족적 농업생산방식과 가족/지연이 병치된 형태 속에서 자본주의 발전을 가로막는 장애물로 작용했던 것이다. 브로델은 이렇게 말했다.

> 과거(科擧)는 고관이 될 기회를 부여했다. 이는 사실상 기회의 사회적 재분배라 할 수 있다. 이른바 노름판의 새로운 패인 셈이다. 그러나 높은 관직에 오른다고 하는 것은 극히 개인적인 일에 해당할 뿐이다. 그들이 재직기간 중에 축적한 재산만으로는 유럽의 경우와 같은 대가족을 형성하기에는 턱없이 부족하다. 더욱이 재산이 많은 권세가 집안의 족속들은 왕왕 남들에게 원한과 원망을 사기 십상이었다. 왜냐하면, 중국에서 토지는 법률적으로 국가소유였다. 따라서 국가만이 농민에게 세금을 징수할 수 있다. 또한 국가는 각종 상업과 광공업 기업을 엄격히 감시할 책임이 있었다. 그런데 상인이나 탐관오리들이 지역 차원에서 상호 결탁과 내통을 통해 이익을 탐하고 있음에도 불구하고 국가는 자본주의의 번영을 극구 가로막아 왔다. 자본주의가 발전할 기회가 있을 때마다 전제주의국가는 항상 그 기회를 앗아갔다.(여기서 전제주의를 폄훼할 뜻은 결코 없다.) 진정한 중국의 자본주의는 단지 중국 이외 지역에만 발을 붙일 수 있을 뿐이었다. 가령,

---

6) 張光直, 『考古人類學隨筆』, 三聯書店, 1999, 223쪽.

남양군도(南洋群島)의 중국 상인들은 자유롭게 행동할 수 있었고, 자유롭게 발전할 수 있었다.[7]

역사적으로 볼 때, 해외(특히, 동남아국가) 화인의 가족사업과 가족기업의 발전은 공교롭게도 근대 중국의 '가족자본' 형태의 발전과 변화를 설명하는 핵심적이고 대표적인 사례가 되었다. 이는 막스 베버의 '프로테스탄트 윤리와 자본주의' 그리고 '공리(公理)'에 대한 지지이자 동시에 비판이기도 했다.[8]

중국의 전통문화는 전형적인 종법제도(宗法制度)의 성격을 띠고 있어 매우 독특하고 특별한 가족적 동질감을 유발한다. "중국의 친족제도, 재산의 분산적 계승, 종족신임—이는 중국 동남연해지역의 조상숭배에서 주로 체현되고 있다.—은 일종의 재산수탈과 재물산실을 방지하는 방법이다."[9] 이러한 가족 정체성은 초기 화인의 창업과정 속에서 잘 구현되고 있다. 이는 사실상 돈으로 환산할 수 없는 무형의 재산이다. 가족 정체성에서 파생되어 나온 충성, 근면, 신용, 근검 등의 품성이 없었다면, 동남아 화인기업은 아마도 오늘날의 발전을 이룩할 수 없었을 것이다. 동남아 화인문화와 가족기업에 집중적으로 체현되어 있는 '가(家)'의 정체성 요소는 이미 '융합'적 성격을 내포하고 있고, 자본 역시 '융합의 성격'을 지니고 있음은 의심할 여지없는 사실이다. 그리고 이것이 '중국성(Chineseness)을 띤 가족기업'의 틀이 되는데 걸림돌이 되는 것은 아무 것도 없다.[10] 같은 이치로, 화인기업의 경영관리방식은 비록

---

7) 주4)와 동일.
8) 馬克斯・韋伯, 『新教倫理與資本主義精神』, 于曉 等 譯, 三聯書店, 1987 참조.
9) Jennifer W. Cushman, "Family and State : The Formation of a Sino-Thai tin-Mining Dynasty 1797~1932", Oxford University Press, 1991, viii.
10) 주1)과 동일.

오늘날에는 많이 다양화되기는 했지만, 가장 기본적인 것은 여전히 가족 중심의 경영관리방식이라는 것이다. "동남아 화인그룹은 보편적으로 현대 자본주의적 주식회사 제도를 채택하고 있지만, 실제로는 여전히 가족경영의 방식을 고수하고 있다. 특히, 그룹의 조직구조와 경영관리의 측면에서 이러한 친연(親緣)을 중시하는 가족경영의 색채가 비교적 농후하게 드러나고 있다. 각 그룹의 핵심 경영진 가운데 가족집단의 구성원이나 인척이 아닌 사람은 거의 없다. 이들이 사실상 기업을 장악하고 있는 셈이다."[11] 가령, 전 세계 여러 나라에 걸쳐 자신의 기업들을 가지고 있는 말레이시아 귀스그룹(郭氏集團, Guoshi Group)의 경우, 귀허녠(郭鶴年, Robert Kouk), 귀허쥐(郭鶴擧), 귀허야오(郭鶴堯) 형제와 그들의 아들들인 귀콩청(郭孔丞), 귀콩옌(郭孔演), 귀콩펑(郭孔豊), 귀콩성(郭孔盛) 등이 그룹의 핵심 경영진을 이루고 있다. 겐팅그룹(雲頂集團, Genting Group)과 그 계열사들의 경우에도, 린우통(林梧桐), 린궈타이(林國泰), 린치화(林其化) 부자가 나누어 경영하고 있다. 또 홍레옹그룹(豊隆企業集團, The HongLeong Group of Malaysia)은 귀링찬(郭令灿, Quek Leng Chan), 귀링하이(郭令海), 귀링산(郭令山), 귀링청(郭令成) 등의 형제경영으로 유명하다. 이밖에도 은행, 부동산, 천연고무 수출 등 다양한 사업에 참여하고 있는 싱가포르 리스그룹(李氏集團, Lishi Group)의 의사결정권은 리청이(李成義), 리청웨이(李成偉), 리청즈(李成智) 형제의 수중에 있다.

동남아 화인가족기업의 구조를 분석하면, 대체로 다음의 세 가지 형태로 구분해볼 수 있다.

---

11) 王慕恒 主編, 『東南亞華人企業集團硏究』, 廈門大學出版社, 1995, 16쪽.

(1) 자아/가족의 형태
- 자아와 씨족 간 공동운명체 관계 구현

화인들이 중국대륙에서 동남아국가로 흘러들어오던 초창기에는 대부분 혈혈단신이었다. 물론 같은 마을에 사는 친척관계에 있는 몇 집들이 집집마다 한 사람씩 뽑아 함께 동행을 하는 경우도 있었다. 여기서 말하는 '자아'란 한 가정의 대표로서, '가족'의 번영이라는 역사적 운명을 한 몸에 짊어지고 있는 자를 일컫는다. 화인의 구술을 채록한 자료들을 보면, 일반적으로 인터뷰이가 창업과정에서 항상 강조하는 것은 일개인이지 어떤 사회단체나 조직이 아니다. 이른바 "세상은 나로부터 시작된다.(The World Begin with me.)"는 것이다. '자아/가족'의 구조는 다음의 두 가지 기본적 함의를 내포하고 있다. 첫째, "천리 길도 한 걸음부터" 즉, 가족의 창업은 나로부터 시작된다는 뜻이다. 따라서 성공한 창업자들은 거의 예외 없이 "쿨리에서 시작해 재계거물이 된" 역사를 지니고 있다. 1994년 8월 24일자 『아주주간(亞洲週刊)』을 보면, 이와 동일한 타이틀(From coolies to Tycoons)하에서, 화인기업의 창업과정과 동남아 건설에 이바지한 이력에 대한 간추린 역사를 소개하고 있다. 이 글에서 필자는 말레이시아 정부 관료의 말을 인용 소개하고 있다. "중국인은 처음 이곳에 발을 내딛었을 때부터, 자신의 피와 땀으로 빵을 얻어야 한다는 사실을 똑똑히 알고 있었다."[12] 둘째, 화인기업이 자신의 기업에 근무하는 직원 그 중에서도 특히, '삼친(三親: 血親, 宗親, 鄕親)'에 해당하는 직원들에게 강조하는 것은 바로 자신의 '가(家)'이다. 그리고 창업자는 무엇보다 자신을 가장 첫 번째로 생각했다. 이는 결국 '아버지/사장—

---

12) "From Coolies to Tycoons", ASIAWEEK, August 24, 1994, p.42 참조.

아들/직원'이라고 하는 중국의 전형적인 봉건적 가족관계 모델이 화인기업에 고스란히 이식된 결과라 할 수 있다. "기업가들은 바로 이러한 가족 간의 수평적·수직적 관계의 기본적 동인으로 작용한 봉건의식을 자신의 화인기업 안에도 그대로 적용했다. 오랜 기간 동안, 기업가들은 자신을 모든 것의 원동력으로 생각했다. 그리고 이를 통해 그들은 어떻게 기업을 확장할 것이며, 어떻게 하면 더 많은 자본과 인재를 얻을 수 있는지를 배웠다. 뿐만 아니라 이로부터 재산 획득과 증식의 방법도 아울러 배울 수 있었다."[13]

(2) 씨족/방회(幇會)의 형태
- 씨족과 화인사회 간 상호 공영과 네트워크 관계 구현

화인기업은 '가족'이라는 핵심적 특징 외에도 다른 기업이나 조직과 긴밀한 네트워크를 형성하고 있다는 특징을 가지고 있다. 그래서 결과적으로 필요할 경우에는 수시로 그들의 힘을 빌릴 수 있는 능력을 구비할 수 있게 되었다. 가령, 어려움에 처했을 때는 화인단체의 지원을 받을 수 있기도 하고, 거주국에서 냉대나 멸시 같은 차별대우를 받았을 때는 보다 광범위한 차원의 저항세력을 구성해 공동으로 대응할 수 있기도 했다. 물론 평소에도 상호간에 소통과 교류, 정보교환, 문화 활동 등등을 꾸준히 진행하고 있었다. 씨족/방회의 구조는 초창기 화인들이 상업 활동이나 기타 사회 활동을 진행함에 있어 매우 효과적인 수단으로 작용했다. 따라서 기업경영에도 초기 방회경영의 흔적이 짙게 드리워져 있다. 이러한 구조는 초기자본금을 형성하고 축적할 당시에 공장

13) Chan Kwokbun & Claire Chiang, "Stepping Out : The Making of Chinese Entrepreneurs", Simon & Schuster(Asia) Pte Ltd, 1994, pp.268-280.

이나 작업장 간 초보적 연합체 구성을 가능케 하는 일반적 규율에 부합한다. 또한 이것은 화인들이 이국타향에서 세력이 미미했을 때, 의지할 수 있는 간단한 연합체에 부합하는 것이기도 하다. 동남아 화인사회에서 '방회'가 갖는 원시적 함의는 바로 "한데 모여 서로 도움을 주고받는다."는 것이다.

여기서 짚고 넘어가야 할 것은, 초창기 화인의 가족적 상업조직 즉, 공사(公司) 간의 상호협력관계는 19세기 말에 이르러 우리가 익히 알고 있는 '회관(會館)'으로 대체되었다는 점이다.[14] 그런데 사실, 이 명칭은 '공사'보다 훨씬 오래된 것이다. 필자가 조사한 문헌에 따르면, '회관'이란 말이 처음 등장한 것은 16세기였다. 그런데 흥미로운 점은, '회관'이란 말이 대부분 중국의 민간비밀결사조직에서 사용되었다는 것이다. '형제회(兄弟會)'와 같은 조직의 구조를 일컬을 때 차용된 것이 그 예이다. 자치(自治)/호방(互帮)은 어느 한쪽도 소홀히 할 수 없는 준칙이다. 이렇게 볼 때, 동남아 화인기업의 초기 형태 중에는 다양한 중국봉건사회 민간단체의 내용들이 뒤섞여 있다는 것을 알 수 있다. 물론, 최근 들어 많은 학자들이 화인의 상업조직 즉, 공사를 정의할 때, 새로운 견해들을 내놓고 있기는 하다. 그러나 아직도 동남아 화인의 "공사는 형제/동료 간 상호협력에 기반을 둔 자치적 조직이며, 이를 통해 자신들의 경제적 이익을 확보하고 대외적 자주권을 행사하는"[15] 것으로 정의하고 또 이해하는 이들이 훨씬 많은 게 현실이다.

---

14) Ho Ping-ti, "The Ladder of Success in Imperial China", New York, 1962, pp.208-209 참조.
15) Wang Tai Peng, "The Origins of Chinese Kongsi", Pelanduk Publication(M) Sdn Bhd, 1994, p.4.

(3) 선조/외부역량(異力)의 구조
- 가족집단과 지방신(地方神) 간 비호(庇護) 관계 구현

　동남아 화인 가운데 가장 많은 수를 차지하고 있는 집단은 푸젠인(福建人), 광동인(廣東人), 학카인(客家人), 차오저우인(潮州人) 그리고 하이난인(海南人)이다. 이들은 모두 중국의 동남연해지역 출신으로, 나름의 독특한 '지연(地緣)문화권'을 형성하고 있다. 여기서 말하는 '지연문화권'이란, 중국 동남연해지역 출신의 화인들이 친연(親緣), 업연(業緣) 등의 관계를 통해 각기 하나의 집단을 이루는 것을 의미한다. 그들의 문화형태를 분석해 보면, 이러한 지연문화권에도 전통적인 유가(儒家) 문화의 내함이 삼투되어 있기는 마찬가지이지만, 그 표현방식에 있어서는 중원(中原)지역과 분명한 차이가 있음을 알 수 있다. 가령, 이 다섯 개 집단은 신앙의 측면에서 나름의 명확한 특징을 지니고 있다. 첫째, 혈연을 매개로 확대된 가족 단위의 조상숭배가 이루어지고 있다는 점이다. 중국의 전통 가정은 '혈연적 경제관계'를 구성하고 있다. 다시 말해, 자식이나 손자들이 모두 성가(成家)해서 자신의 가정을 꾸린다 할지라도 함께 생활하는 데에는 전혀 문제가 되지 않는다. 이러한 대가족제도 속에서, 나이가 가장 많은 남성이 최고의 권위를 가지고 있기는 하지만, '조상'의 도움을 빌리는 것도 반드시 필요한 일이었다. 특히, 이국타향에 거주하는 화인들이 집안에 모셔둔 신단(神壇), 신감(神鑑), 조상의 위패 등은 일종의 비밀스럽고 상징적인 힘을 지니고 있다. 조상숭배의식은 가정에서 가장 중요한 연중행사이다. 둘째, 화인가정 혹은 가족 간의 유대를 정신적으로 지탱해주는 끈이 바로 조상숭배라고 한다면, 방언(方言)을 소통 수단으로 하는 지역 단체 간의 내재적 관계를 체현하는 상징적 기호는 바로 동일 지역단위에서 모두가 공감하는 '신선(神仙)'과 같은 존재일 것이다. 사람들은 바로 이러한 신선 등의 외부 힘을 빌려 액을 쫓거나 보호를 받고자 한다. 동남아 화인공동체에서 모시는 '신선'은 매우 많지만, 이들 사이에는 어떠한 연관성도 없다. 겉으로 보기에 이러한 신령 문화는 이것저것 뒤섞인 '모듬 요리' 같은 느낌을 주기도 하지만, 화인 가족과 화인기업에게 있어서는 매우 특수한 역할을 하고 있는 게 사실이다. 가령, 각 집단의 우의를 증진시킨다든지 지역경제단체의 이익을 보호 내지 증대시킨다든지 혹은 민속이나 관습의 체제를 공동으로 형성하거나 자선단체를 조직하는 등등에 도움을 준다. 이외에도 개인의 보호, 위험방지, 씨족집단 간의 소통과 교류 등등의 역할을 하기도 한다.16) 또한 화인기업 중에도 내부적으로 생산라인 한쪽에 신단이나 신감을 설치해둔 경우가 적지 않은데, 이는 조상 '신력(神力)'의 도움을 받아 재부를 늘리고자 하는데 그 목적이 있는 것이다. 화인들의 기업경영에 있어 신비로운 색채가 일부 드러나는 것도 바로 이러한 데에서 기인한 측면이 있다. 결국 이 모든 것은 동남연해지역에서 성행한 민간종교의 전통과 밀접한 관련이 있다고 볼 수 있다.

2. 동남아 화인가족기업의 문제

상술한 복잡한 사회적 특징들은 화인기업의 내부경영 및 화인자본의 조직구조에 자연스레 녹아들어 있다. '동족경영', '가족소유' 혹은 전통적 방회조직의 색채를 띠고 있는 '합자' 등의 방식을 "일정한 역사적 합

---

16) "Chinese Organizations in Southeast Asia in the 1930s", Edited by George Hicks Select Books Pte Ltd, 1996, pp.9-12 참조.

리성과 필연성을 갖추고 있는" 것으로 해석할 수도 있지만, 여기에는 여전히 많은 문제들이 상존하고 있다. 통계를 보면, 세계 화인갑부 가운데 대부분을 차지하고 있는 것은 역시 동남아 화인이다. 가령, 1996년 『포브스』가 선정한 10대 화인 부호의 순위를 순서대로 나열하면 다음과 같다. 정저우민(鄭周敏), 궈빙샹(郭炳湘), 리자오지(李兆基), 린샤오량(林紹良), 리자청(李嘉誠), 시에궈민(謝國民), 차이완린(蔡萬霖), 천용자이(陳永栽), 궈허녠(郭鶴年), 왕용칭(王永慶). 이 가운데 홍콩과 타이완의 부호를 제외한 나머지는 모두 동남아 부호들이다.[17] 미래학 분야의 세계적 석학 존 나이스비트(John Naisbitt)는 최근 출간된 저서 『글로벌 패러독스』에서, 다음과 같이 언급한 바 있다. "싱가포르, 말레이시아, 타이, 인도네시아, 필리핀 등의 민간 기업 가운데 7할은 화상들이 장악하고 있다."[18] 그가 제시한 통계는 아래와 같다.

국가별	화인인구비율	경제점유율
말레이시아	30%	50% 이상
인도네시아	4%	70%
타이	3%	60%
필리핀	3%	70%

주) 約翰・奈思比, 『亞洲大趨勢』, 蔚文 譯, 外文出版社, 1996, 12쪽.

그러나 이것만으로는 화인가족기업이 안고 있는 문제를 모두 덮을 수는 없다. 사실, 20세기 말 동남아국가들에서 발생한 금융위기야말로 화인가족기업에 대한 전면적 성찰과 반성적 검토의 기회를 제공했다

17) 『港台信息報』, 1996.6.7.
18) 約翰・奈思比(John Naisbitt)/顧淑馨 譯, 『全球悖論—小而强的時代』, 台北天下文化出版股份有限公司, 1994, 257쪽.

할 수 있다.

　화인가족기업의 문제는 이 글 서두에서 제기한 몇 가지 점 외에도, 전통적인 가족정체성에서 비롯된 기업경영상의 봉건가부장적 병폐는 날로 그 위험성을 더하고 있다. 이는 주로 아래의 몇 가지 측면에서 나타나고 있다.

(1) 기업 내 민주적 기제 결여

　'아버지/아들'과 '사장/직원'의 역할에 역전의 기회가 주어지지 않는다면, 필연적으로 독단과 독선을 불러올 수밖에 없다. 물론, 가족기업 내부의 독단적 경영이 역사적으로 일정한 합리성을 가졌을 때가 있었다. 창업 초기, 유교문화에 젖어있던 선배 화인들의 경우가 그러했다. 그러나 21세기 오늘날에는 화인의 정체성에도 거대한 형세변화가 찾아왔다. 기업내부의 가부장적이고 전제적인 경영방식으로는 더 이상 과거와 같은 성과를 거둘 수 없는 지경에 도달한 것이다. 현대적 경영방식은 점차 '들소형'에서 '기러기행렬형'으로 변화하고 있다. 그 기본정신은 바로 누구에게나 경영자가 될 수 있는 기회가 주어진다는 것이다. 즉, 기러기행렬 방식이란 번갈아가며 행렬의 우두머리가 될 수 있다는 의미이다. 이는 공평한 경쟁의 기회가 주어지고 인재의 선순환이 이루어지는 현대적 경영에 부합하는 것이다. 물론 동남아 화인기업 중에도 인위적으로 민주적인 분위기를 '조성'하고자 하는 비교적 진보적인 '가장(家長)'들이 있다. 예를 들어, 싱가포르의 쩡치동(曾啓東) 가문은 상대적으로 민주적인 편이어서, 부자간의 협력관계도 원활했고 모든 것을 상호 배려 하에 상의해서 결정하는 민주적 논의구조도 갖추고 있었다.[19] 그러나 이러한 민주적이고 관용에 기초한 시스템은 기업 내부의 합리

적 기제에 의해 자연스럽게 구축된 것이 아니라 극히 인위적이고 우연
적으로 만들어진 사례일 뿐이다.

(2) 기업의 구조적 조정능력 결여

해외 화인기업의 전통적 형태는 이른바 '오연문화(五緣文化)'를 그 기반
으로 하고 있다. 즉, 친연, 지연, 신연(神緣), 업연, 물연(物緣)이 바로 그것
이다. 바꿔 말하면, 종족친척(宗族親戚), 인리향당(隣里鄕黨), 종교신앙, 동행
동학(同行同學), 물질매개 등 다섯 개의 끈으로 결합된 사회적 인맥이라고
할 수 있다.[20] 오연문화는 일종의 원칙으로, 집단에 대한 응집력을 발
휘하기도 하지만 동시에 타 집단을 배척하는 힘으로 작용하기도 한다.
여기서 중요한 것은, 이러한 응집력은 사회적 모더니티, 현대화된 기술
혁명, 지식경제, 정보사회 등에서 필요로 하는 조정능력을 하나의 준칙
으로 삼는 것과는 다르다는 점이다. 가령, 현행 동남아 화인가족기업의
경우, 그 대다수는 여전히 '지연/행업(行業)'이 밀접하게 결합된 단계에
머물러 있고, '방회/부두(碼頭)[21]'의 의미도 곁들여 있다. 일반적으로 푸
칭인(福淸人)하면 운수업이고, 푸저우인(福州人)하면 커피숍, 훼이안인(惠安
人)은 건축, 진장인(晋江人)은 '어업', 학카인(客家人)은 약재상이나 전당포,
민난인(閩南人)은 고무 장사 등등으로 통칭된다.[22] 그런데 '장기간의 역
사'에 걸친 경제적 주기를 놓고 보면, 이러한 행업구조는 지나치게 협
소하고 진부한 측면이 있다. 따라서 상당한 위험성도 내포하고 있다.

---

19) 주13)과 동일.
20) 上海五緣文化硏究所 編, 『五緣文化與對外開放』, 上海交通大學出版社, 1997 참조.
21) (옮긴이) 부두노동자의 소규모 모임이나 조직을 일컫는다.
22) 區如柏, 『祖先的行業』, 勝友書局(新加坡), 1991 참조.

현대기업은 정보자원에 대한 충분한 파악과 혁신적 기술에 대한 장악 그리고 주변 분야에 대한 선행적 개척 등이 요구된다.

(3) 기업 경영진의 경험 중시와 혁신적 마인드 결여

일반적인 화인가족기업들은 지나치게 '경험'을 중시하는 경향이 있다. 물론, 경험은 돈으로 환산할 수 없는 매우 소중한 자산임에는 틀림없다. 따라서 경험을 무시하게 되면 결과적으로 막대한 손해를 입기십상이다. 사실, '경험'이라고 하는 것은 과거 사건에 대한 총결이자 귀납이다. 그러나 정작 기업에서 가장 중요한 것은 현재와 미래이다. 결국 경험이란 단지 기업의 경영자가 정책을 결정하거나 결단이 필요할 때, 참조하고 참고할 수 있는 것일 뿐이지 직접적으로 적용하거나 그대로 답습할 수 있는 것이 아닌 셈이다. 만일 그렇지 않고 경험을 그대로 적용하거나 답습한다면, 기업이 부담해야 할 위험성은 가히 파멸적인 것이 될 수도 있다. 그럼에도 불구하고, 가족기업은 '경험'을 취급하고 처리하는 문제에서만큼은 종종 미숙한 면을 드러내곤 한다. 그들은 지나간 일들에 지나치게 집착하고 과거의 경험을 지나치게 중시한 나머지, 미래를 위한 원대한 계획을 세우는데 있어서는 오히려 소홀하며, 미래 시장에 대한 예측에 있어서도 준비가 부족한 측면이 있다. 결국, '경험'을 대하는 태도 여하에 따라 기업 경영진의 소양과 능력이 결정되고, 가족기업의 발전도 판가름된다고 할 수 있다. 필자는 타이의 천연고무 가공수출기업인 TBH(TECK BEE HANG CO., LTD)에서 현지조사를 진행할 때, 이 회사의 대표이사 테이블에서 아래와 같은 영문 좌우명을 발견한 적이 있다.

The world we have created today has problems which can not be solved by thinking the way we thought when we created them.

(오늘날의 세상은 지난날 우리가 세상을 건립했을 때 생각했던 방법으로는 해결될 수 없는 많은 문제점들을 가지고 있다.)

만일 모든 기업가들이 이와 같은 태도로 경험을 대한다면, 그들 모두 칭송을 받을 수 있을 것이다.

(4) 전통적인 '가(家)/가(佳)'로 현대적인 '인(人)/능(能)을 대체

오늘날 수많은 경영학자들의 공통된 인식 가운데 하나는, 바로 미래 경쟁 속에서 가장 중요한 것은 인재경쟁이라는 것이다. '백락(伯樂)과 천리마' 간의 해후와 같은 우연성에 기대어, 우수한 인재를 확보할 수 있는 시대는 이미 지났다. 오늘날 최고의 인재를 확보하기 위해서는 개방적이고 합리적인 인사관리시스템을 구축하는 것이 무엇보다 중요한 일이 되었다. 그런데 화인가족기업은 여전히 '가족이 아닌 사람'은 '자신의 능력을 제대로 발휘할 수 없는 곳'으로 인식되고 있는 게 사실이다. 필자는 동남아 화인가족기업을 조사하면서, 해당기업 직원들이 거침없이 내뱉는 불만의 소리들을 적지 않게 들은 바 있다. "우리는 누구누구와 성도 다르고 누구누구의 가족도 아니잖아요? 그러니까 여기서는 희망이 없는 거죠." 가족기업이 자신과 성이 다른 인재를 기용해 종종 뜻하지 않은 빛나는 성과를 거둔 예는 수많은 역사적 사례에서 증명되고 있다. 가령, 천자껑(陳嘉庚)은 1920년대에 서양의 양행(洋行)들이 고무수출을 독점하는 현상을 타파하기 위해 리광치엔(李光前)을 중용했다. 리광치엔은 외국상인들과 일대일로 거래와 담판을 할 수 있을 만큼 영어에 능통했고, 시장상황에 대해서도 누구보다 정통했던 그야말로 보기 드

231

문 인재였다. 결국, 천자껌은 리광치엔의 노력 덕분에 양행들의 고무수
출 독점 현상을 타개하고 미국에 직접 수출하는데 성공해 막대한 이윤
을 창출할 수 있었다.[23] 그러나 리광치엔도 그 덕택에 훗날 천자껌 가
족의 일원이 되었다.

상술한 내용을 종합하면, 오늘날 동남아 화인가족기업은 자기혁신과
세대교체라는 중대 기로에 처해있다. 따라서 현재 시급히 해결해야 할
당면과제는 기업발전에 보다 유리한 경영체제를 구축해 각종 현대화의
요구에 적절히 대응하는 것이다. 그러나 이는 매우 어려운 문제임에 틀
림없다. 경제발전의 궤적을 역으로 추적해보면, 가족기업의 경영은 사
회적으로 볼 때 극히 '개인적'인 행위에 속하는 것이기 때문이다. 엄밀
히 말해, 가족기업의 모든 경제행위는 당연히 준수해야 할 거주국의 법
률 외에는 그 어떤 것도 제약할 수 없는 개인적 행위에 해당한다. 성공
해도 자기 몫이고, 실패해도 자기 책임인 것이다. 이러한 상황 하에서,
가족기업이 내부적으로 완전히 독자적인 경영방식을 채택하는 것에 대
해 간섭할 권리는 누구에게도 없다. 사장의 능력과 결단력이 탁월하면,
기업은 발전할 수 있는 것이고 반면에 그렇지 못하면 일거에 파산해
흔적도 없이 사라지고 마는 것이다.

그러나 진정으로 우량한 기업이라면 경영상의 자기혁신능력을 구비하
고 있어야 한다. 일본의 후지요시 세이이치(藤芳誠一)는 자신의 저서『태변
(蛻變)'의 경영─경영의 기초인식』의 첫머리에서 다음과 같이 말하고 있
다. "기업의 발전과정에는 낡은 구식의 경영방식으로부터 환골탈태하
는 시기가 분명 있다. 기업에게 있어서 이러한 태변(蛻變)은 기업이 도약
할 수 있는 절호의 기회이다. 만일 모든 일이 순조롭게 풀린다면, 기업

동남아화교화인과 트랜스내셔널리즘

23) 林孝勝, 「李光前的企業王國」, 『亞洲文化』第9期, 1987.4, 3쪽, 10쪽 참조.

은 진보하고 발전할 수 있을 것이다. 그러나 그 반대의 상황이 연출된다면, 기업은 필연적으로 정체되고 심지어 파산의 지경에 이르게 될 것이다. 매미가 유충에서 성충이 될 때, 반드시 탈피과정(이를 태변이라 한다.)을 거쳐야 하는 것처럼, 기업도 부단히 반복적으로 '태변'의 과정을 거쳐야 만이, 기업의 생명력을 유지하고 영구적 발전을 기할 수 있는 것이다."24) 그러나 화인가족기업은 상술한 각종 특징들 때문에, 내부적 기제와 경영구조상에서 자기혁신능력 즉, '태변'의 능력을 만들어내고 발전시키는 것이 결코 쉽지 않다는데 그 문제가 있다. 분명한 것은 이것이 기업의 미래 발전에 있어 매우 필수적인 요소라는 점이다. 따라서 이러한 모순을 제대로 해결하느냐 못하느냐에 따라, 21세기 동남아 화인가족기업의 나아갈 방향이 결정될 것이다.

3. 동남아 화인가족기업의 과제

미국 하버드대학의 저명한 기업사 전문가인 알프레드 챈들러(Alfred D. Chandler) 교수는 1970년대 말에 출판된 기업경영 분야의 거작 『The Visible Hand』에서, '사람'을 중시하고 '구조적 시스템'에 대해서는 소홀히 한 과거 자본주의 기업경영방식은 바람직하지 못하다고 주장했다. 그는 자본주의 발전의 현대적 추세의 하나로 제도적 차원의 '경영혁명'을 꼽았다. 영국의 고전경제학자 아담 스미스가 말한 이른바 '보이지 않는 손'으로 표현되는 고전자본주의경제가 자유경쟁과 시장조절을 그

---

24) 藤芳誠一 著/藍三印 譯, 『蛻變的經營─管理的基礎認識』, 第一章, 香港財經管理研究社, 1982.

특징으로 한다면, 현대자본주의경제는 대기업 경영진의 컨트롤 하에서 안정적으로 발전하는 이른바 '관리자본주의'라고 할 수 있다는 것이 그의 설명이다. 따라서 챈들러는 이를 '보이는 손'이라고 칭했다. 그는 자유자본주의에서 관리자본주의로 넘어가는 이러한 '혁명적' 변화는 주로 두 가지 차원에서 구성된다고 했다. 첫째, 경제기업의 규모와 기능의 차원이다. 즉, 전통적인 소기업은 조직, 상품, 공장부지, 생산라인설비 등에서 '인치행위(人治行爲)'에 적합한 단순하고 단일한 형태를 취하고 있다. 반면, 현대자본주의기업의 경우에는 업종, 지역, 국경을 뛰어넘는 이른바 다국적기업이 대량으로 출현하고 있고, 이에 적합한 이른바 '경영관리계층(managerial hierachy)'이 경영체제의 핵심적 역할을 하고 있다. 둘째, 과거에는 고용주—노동자라는 매우 단순한 구조였다면, 지금은 그 중간에 경영관리계층이 새롭게 등장하게 되면서 자본가의 기업통제권이 일정정도 축소되었다는 점이다. 이러한 봉급쟁이 경영자들은 첨단산업기술 개발에 부단히 노력을 경주한 결과, 기업생존에 없어서는 안 될 중요 구성인자로 자리를 잡게 되었다. 특히, 대기업의 경우에는 점차 전문적인 경영능력과 풍부한 관리경험으로 무장한 CEO들에 의해 경영되고 있는 추세이다. 과거 모험가와도 같은 한 개인에 의지해 기적적인 발전을 이룩하는 기업신화는 이제 더 이상 현대자본주의경제 속에서는 출현할 수 없다.[25]

여기서 잠시 막스 베버의 이론으로 다시 돌아가야 할 것 같다. 베버의 이론은 주로 문화적·정신적 전통이 경제발전에 미치는 영향에 관해 논의의 초점이 모아져 있지만, 이것 말고도 주목해야 할 지점이 하나 더 있다. 그것은 바로 기업과 경제활동 속에서의 지도자의 역할 즉,

25) 趙一凡, 『美國文化批評集』, 三聯書店, 1994. 162-164쪽 참조.

'카리스마(Charisma)'이다. 카리스마의 사전적 의미로는 '지도자'의 '초능력' 그것도 '신의 은총으로 부여된 천부적 능력'을 말한다.[26) 누구나 인정하듯이, 동남아 화인기업 내에서 지도자 즉, 경영자의 탁월한 능력이야말로 기업의 생존에 절대적인 영향력을 발휘하고 있다. 여기에는 나름의 이유가 존재한다. 첫째, 동남아 화인기업과 경제실체의 절대 다수는 가족기업이다. 이러한 기업의 경제활동 전반은 개인이나 몇몇 소수에 의해 좌우된다. 다시 말해, 기업의 성공 여부를 판가름하는 결정적 요소는 이들 한두 사람의 의사결정권자 즉, 경영자의 손에 전적으로 달려 있다는 것이다. 둘째, 대부분의 화인가족기업은 조국에서 이주한 1세대 화인에 의해 창업되었다. 따라서 이들이 기업의 경영자가 되면서, 그들이 가지고 들어온 모체문화(母體文化)도 자연스럽게 기업 내에 전파되었다. 뒤집어 얘기하면, 모체문화가 그들의 구체적 행동을 통해 경제활동 전반에 뿌리내리게 된 것이다. 화인가족기업의 경제활동을 거칠게 분석하면, 크게 외부적 요인과 내부적 요인으로 구분할 수 있다. 내부적 요인 가운데 가장 중요한 지표는 바로 경영자의 소양과 자질이다. 그런데 이들의 소양과 자질은 대개 모체문화의 영향에서 비롯된 것이다. 또 그 안에는 전통적인 민간권위(民間權威)에서 관료적 권위(bureaucracy)로의 변화 궤적도 내포되어 있다.[27) 가족권위(家族權威)의 원시적 근거는 중국의 전통적 향촌사회 좀 더 구체적으로 말하면, 화인들의 원적지(原籍地) 사회구조 속에서 찾을 수 있다. 따라서 이에 대한 분석을 진행하면, '가족/촌락'을 경계로 한 사회에서 부여된 '가장(家長)' 권위의 '카리스마'적 성격을 분명하게 간파할 수 있다. 여기에는 적어도 삼중의 가치가 내재

---

26) 董樂山, 「'克里斯馬'說」, 『讀書』, 1995.12 참조.
27) 王銘銘/王斯福 主編, 『鄕土社會的秩序─公正與權威』, 中國政法大學出版社, 1997, 259~260쪽 참조.

동남아화교화인의 경제

235

되어 있다. 첫째, 장자(長者, 혹은 창업자)에게는 조상의 '신성(神性)'이 부여되어 있다. 둘째, 지방성 가족(친연/지연)의 대변인이다. 셋째, '향토지식'과 '민간지혜'의 체현자(지방엘리트)이다. 이를 좀 더 세밀히 분석해보면, 동남아 화인가족기업으로부터 중국의 지방성 사회조직의 핵심 유전자를 발견할 수 있다. 따라서 해외 화인가족기업의 역사적 성공은 본래 중국 향토사회의 문화구조에 의해 배양된 것이라 볼 수 있다. 그러나 동시에 화인가족기업의 병폐 또한 여기에서 비롯되었다고 할 수 있다.

동남아 화인가족기업의 경우, 그 구조적 전환과정 속에서 '개인권위'와 '경영체제' 양자 간의 모순과 조화가 나타나기도 한다. 구체적으로 말하면, 경영 측면에서 주로 나타나는 권위와 책임 간의 합리적 관계이다. 기존의 방법과 수단 속에서, 책임을 관철하고 이행하는 데에는 필연적으로 권위를 수반하기 마련이다. 사업의 성공은 바로 이 양자 간의 합리적 상호작용을 통해서만이 가능한 것이다.[28] 그런데 여기에서 말하는 '권위'란 인치행위와 개인능력을 강조하는 것이다. 가족기업의 권위는 있는 그대로 노출되는 것이 보통이다. 특히, 중국의 전통윤리를 고스란히 간직하고 있는 가족의 경우에는, 인치(人治)의 요소가 없는 곳이 없을 정도로 그 어디에나 존재한다. 따라서 현대기업경영의 혁명은 바로 제도와 시스템에 대한 강조를 통해 봉건적 색채가 농후한 이러한 가부장적 권위를 희석시키는 데 있다 할 것이다. 챈들러가 말한 두 개의 '손'이란 관점에서 본다면, 현대적 구조전환의 과정에서, 화인가족기업이 해야 할 일은 바로 '보이는 손'으로 '보이지 않는 손'을 제어하는 것이다. 물론 이건 결코 말처럼 쉬운 일이 아니다. 왜냐하면, 이것은

---

28) "Small Business Management", series No. 4, by Educational Committee of Material Handling Institute, Inc. Washington D. C., 1969, p.19.

화인가족의 의사결정권자에게 전적으로 달려 있는 것이지, 결코 남이 대신 해줄 수 있는 일이 아니기 때문이다. 역사적으로 볼 때, 화인가족 기업 가운데 한때 승승장구하다가 하루아침에 물거품처럼 사라져버린 경우가 적지 않다. 심지어 화인가족기업은 3대를 버티기 어렵다고 단정적으로 말하는 이들도 있다. 아마도 거기에는 화인가족기업이 현대화에 대한 요구와 그에 부응할 수 있는 시스템을 자체적으로 구축할 수 없다는데 그 주요한 이유가 있을 것이다. 가령, "직원은 사장이 관리한다. 그러면 사장은 누가 관리하지?"라는 아주 간단한 문제에 제대로 대답할 수 있는 사람이 그 내부에는 없다는 말이다. 마이클 르뵈프 (Michael LeBoeuf)의 '세상에서 가장 위대한 경영원칙'에 따르면, 자기 자신을 관리하고, 남을 관리하며 나아가 사장도 관리할 수 있어야 한다는 것이다.29) 그렇다면, 누가 사장을 관리해야 하는가? 그건 어느 구체적 개인이 아니라 시스템 혹은 경영방침이 될 것이다. 다시 말해, 동남아 화인가족기업의 첫 번째 '수술' 대상은 다름 아닌 사장 본인이다. 이제 그들에게 그들이 고수했던 전통적인 경영방식이 심각한 도전에 직면해 있다는 현실을 똑똑히 인지할 수 있도록 해야 한다. 또 새로운 경영체제 구축에 착수해야 하고, 사장 자신부터 그 시스템의 제약을 받아야 한다는 사실도 더불어 알려줄 필요가 있다.

물론, 구체적인 경영원칙은 산업유형에 따라 달라질 수 있다. 오늘날 동남아 화인자본주의제도(Chinese capitalist institution)는 기본적으로 다음 세 가지 유형으로 분류할 수 있다. 첫째, 서구자본주의제도를 기반으로 건립된 유형이다. 이는 대부분 상업분야에서 채택되고 있다. 특히, 본래

---

29) 米切爾・拉伯福(Michael LeBoeuf)/黃志典 譯, 『世界上最偉大的管理原則』, 「引言」, 台灣長河出版社, 1985.

서방에서 생산된 상품인 경우에 더욱 그러하다. 과거 서방의 상인들이 자신들의 상품을 판매하기 위해 아시아에 왔을 때, 처음 거래를 한 것은 화상(華商)들이었다. 그들은 서방의 상품을 가지고 들어오기도 했지만 그들의 경영방식도 함께 들여왔다. 따라서 이러한 상업무역시스템 안에는 서구자본주의제도의 흔적이 역력하게 드러나 있다. 그 중에서도 특히, 주석이나 설탕 무역 혹은 천연고무생산 등이 대표적이다. 둘째, 중국의 전통적인 자본축적과 경영방식에 기초한 유형이다. 이러한 경제 및 상업 활동은 주로 중국대륙, 홍콩, 동남아 화인 등을 함께 아우른 이른바 중화권에 집중되어 있다. 192, 30년대 타이나 말레이시아에서 진행된 쌀 수출과 광산무역 등이 그러한 예이다. 셋째, 중국과 서구의 자본주의적 요소를 결합한 유형이다. 대규모 수출입무역회사들의 경우, 서방의 상인들과 거래를 할 때는 상호 동일한 제도와 규칙에 맞는 비즈니스 수단을 구비하고 있어야 하지만 반면에, 원료나 원자재 등을 장악하고 있는 중간상이나 소상인―이들은 대부분 화인들이다.―과 거래를 할 때는 중국식 방법으로 진행해야 한다. 가령, 천연고무를 수출하는 회사들의 경우에는 수입국 대부분이 유럽이나 미국, 일본 등 선진국들이기 때문에 이들과 교역을 할 때에는 서구적 방식으로 진행한다. 그러나 고무판 등 기초원자재를 대량으로 장악하고 있는 중간상인(二盤商)들은 대부분 중화권에 집중되어 있기 때문에 그들과 거래를 할 경우에는 '중국적 방식'으로 진행해야 한다.[30] 그러나 그 어떤 유형이든지 간에 현 시대의 새로운 도전에 직면해 있기는 매한가지이다. 글로벌 경제란 측면에서 볼 때, 기업은 이미 재건과 재정비의 시기에 접어들었다고 볼 수 있다. "현재 우리가 직면한 시대는 사회개혁에 필수적

30) 주1)과 동일.

인 두 가지 요소 즉, 새로운 가치와 경제의 필수성이 동시에 등장하는 시대이다. 유사 이래로, 이러한 기회는 그리 많지 않았다."[31] 이 또한 기업구조전환의 배경이라고 할 수 있다. 서방의 기업들은 이미 QCC (Quality Control Circle, 품질분임조)와 소형화 추세로 나아가고 있다. 일본의 이른바 '재벌그룹' 모델도 도전을 받고 있다. 동남아 화인기업들도 그 어떤 유형에 속하든지 간에 언젠가는 미래시장의 준엄한 판결과 마주하게 될 것이다. 따라서 화인기업들은 내부적으로 기술수준의 업그레이드, 경영방식의 개선, 생산효율성의 제고, 의사결정능력의 증강과 같은 일련의 개혁조치를 단행하는 것뿐만 아니라 기업문화의 정체성이란 차원에서도 '가족화된 기업'에서 '기업화된 가족'으로의 방향전환과 같은 경영상의 조정과 조절이 필요하다. 다시 말해, 설사 성(姓)이 다르다 하더라도 재능과 능력을 갖추고 있는 인재라면 가능한 한 많이 기업으로 끌어와야 하고, 나아가 모든 직원들이 '기업화된 가족'이란 동일한 정체성 하에서 함께 노력할 수 있는 분위기를 조성해야 할 것이다.

동남아 화인가족기업은 일찍이 순전히 자신들만의 노력으로 자신들만의 산업왕국과 자본왕국을 건설했다. 그들은 거주국의 경제발전에도 지대한 공헌을 했다. 또한 개혁개방 이후, 조국경제의 발전을 위해서도 중요한 역할을 했다. 따라서 화인가족기업의 절대다수가 기업 내부적으로 혁명적 변화를 이끌어낼 수 있고, 경영체제상으로도 기업의 구조적 혁신을 꾀함으로써 21세기의 도전에 지혜롭게 대처할 수 있으리라는 것을 믿어 의심치 않는다.

• 원제/출처 : 「華人家族企業的認同, 變遷與管理」, 『廣西民族研究』, 第3期, 2000)

---

31) 奈思比(John Naisbitt)/奧伯汀(Patricia Aburdene) 合著, 『企業的重建』, 李田樹 譯, 台灣長河出版社, 1986, 10쪽.

동남아 화상(華商) 중소기업의 융자를 위한 법률적 시스템 구축

왕하오윈(王浩雲)

동남아 화상은 중국의 개혁개방과 경제사회발전에 매우 중요한 투자자이자 안내자인 동시에 중국과 아세안 간 교량의 역할도 수행하고 있다. 이 글에서는 동남아 화상의 경제력, 중국의 역사 및 현실과의 관련성 그리고 동남아 화상이 창업한 중소기업과 그 융자방식에 대해 분석하고자 한다. 특히, 중소기업 융자방식의 법률적 환경 및 법률적 시스템 그리고 그 완성도에 대해 분석을 진행할 것이다.

동남아 화상은 아태지역 화상뿐만 아니라 전 세계 화상의 핵심적인 구성인자이다. 물론 여기에는 동남아 지역의 화교화인기업이 모두 포함된다. 동남아 화상은 중국의 서남부 지역을 중심으로 아세안에 진출하기 위한 교두보를 마련하고자 하는 중국의 전략 속에서 매우 중요한 지위와 역할을 담당하고 있다. 아니, 사실 중국은 이미 이러한 목표를 달성하기 위해 동남아 화상만이 발휘할 수 있는 고유한 특장에 상당 정도로 의존하고 있다 해도 과언이 아니다. 지난 수십 년간의 발전을 통해, 동남아 화상은 사회적 지위, 경제력, 정체성 등의 측면에서 중대한 변화를 가져왔고 매우 독보적인 장점과 우위를 확보했다. 중국과 아세안 간 자유무역지대 건립이란 거시적 프레임 속에서, 화인들이 중국이나 동남아 각 지역에 창업한 중소기업의 수는 압도적 다수를 점하고 있다. 통계에 따르면, 중국에서 차지하는 비율은 99%이고, 아세안 각국에서 차지하는 비율은 96% 이상이며, 이는 40%에서 90%에 달하는 취업기회를 제공하는 것이자, 산업생산의 50%를 차지하는 것이라고 한다. 이는 결코 무시할 수 없는 경제력이라 할 수 있다. 중국과 아세안 각국은 지리적으로도 매우 밀접한 관계에 있고, 산업적 차원에서도 상호보완적인 관계를 유지하고 있다. 이는 쌍방의 기업이 상대방 시장에 진출하는데 매우 유리한 조건을 형성하는 것이라 볼 수 있다.

1. 중국 진출 동남아 화상중소기업의 경제력, 행업방식 및 발전방향

(1) 동남아 화상기업의 경제력

화교의 해외 이주는 일천년 전으로 거슬러 올라가야 한다. 오늘날 화상은 전 세계 168개 국가 및 지역에 분포하고 있다. 2008년 12월 현재, 전 세계에 거주하는 화교화인의 총 수는 4,543만 명이며, 그 가운데 3,348만 명이 동남아에 거주하고 있다. 물론 여기에는 약 250만 명에 달하는 신(新) 이민과 그 권속이 포함된다. 따라서 동남아 화교화인의 수는 전 세계 4,543만 명 화교화인의 73.5%를 차지하고 있는 셈이다. 이 중에 인도네시아에 1,000만, 타이에 700만, 말레이시아에 645만, 싱가포르에 360만, 브루나이에 5만 6천 명이 각각 거주하고 있다. 2009년 현재, 전 세계 화상기업의 총 자산액은 약 3억 9천만 달러로, 2008년 2억 5천만 달러였던 것에 비하면 56%가 증가한 것이고, 2007년의 3억 7천만 달러였던 것에 비하면 5%가 늘어난 셈이다. 그 중에서 동남아 화상경제의 자산액 총량은 1억 2천만 달러로 추산된다. 2007년을 기준으로 할 때, 전 세계 화상 중 500대 부호가 보유하고 있는 총 자산은 5,076억 달러이다. 그 가운데 12억 위안(元) 이상의 자산을 보유한 아세안 화상 부호는 46명이고, 그들의 총 자산은 5억 4천만 위안으로 전체의 71.32%를 차지하고 있다. 중국경제의 급속한 성장과 발전에 발맞춰 이들 해외 화상들의 경제력도 계속해서 증가하고 있다. 지역적 분포로 보면, 아시아는 해외 화상의 경제력이 가장 강한 지역으로 해외 화상경제의 70%이상을 차지한다. 동남아지역에서 화상은 거주국경제의 핵심적인 구성요소로 자리매김한 지 이미 오래되었다.

(2) 동남아 화상기업의 행업 특징

싱가포르 화상은 주로 금융, 부동산, 관광업에 종사한다. 『500대 국제화상(國際華商500强)』에 등장하는 싱가포르 화상 가운데 은행업에 종사하는 기업으로는 OCBC그룹(華僑銀行集團), UOB그룹(大華銀行集團), OUB그룹

동남아화교화인과 트랜스내셔널리즘

(華聯銀行集團)이 있고, 부동산 기업으로는 CDL그룹(成市發展集團), F&N그룹 (星獅集團, 原名은 華莎尼集團) 등이 있다. 이밖에 관광업과 호텔업에 종사하는 Goodwood Park Hotel그룹(良木園酒店集團) 등도 있다. 타이 화상의 경우에는 주로 상업, 금융업, 방직업, 철강업, 제당업, 운수업, 농산물가공업 등에서 핵심적인 위치를 점하고 있다. 이 가운데 타닌 찌야와논(Dhanin Chearavanont, 謝國民)을 총수로 하는 CP그룹(Charoen Pokphand Group, 卜蜂集團)은 타이 화상기업의 전형적인 모델이다. 말레이시아에서는 1970년부터 말레이인 기업을 중점적으로 육성하기 위한 신경제정책을 시행하게 되면서, 국가의 핵심 경제 분야는 대부분 말레이인이 장악하게 되었다. 따라서 화상기업은 일부 특정 분야에서만 우위를 점할 수 있게 되었다. 말레이시아 화상기업은 주로 농산물가공업, 목재업, 제지업, 시멘트, 자동차부품제조업, 부동산업, 전력, 레저, 호텔업 등에 분포되어 있다. 인도네시아 역시 경제의 핵심 분야는 대부분 공기업 수중 하에 있기 때문에 화상 기업은 단지 일부 업종에서만 우세를 점하고 있다.

(3) 중국 진출 화상기업의 발전추세

대외무역조건과 투자환경이 지속적으로 개선됨과 동시에 동남아 각국에서는 자국 국적 중국인들의 중국에서의 기업 활동과 중국여행에 대한 규제를 점차 완화하기 시작했다. 중국 또한 동남아 화인기업의 주요 무역파트너이자 투자대상지로 부상하기 시작했다. 동남아 각국과 중국 간에 새로운 경제 합작이 진행되는 과정 속에서, 화인기업은 선도자 역할과 중개자 역할을 동시에 떠안게 되었다. 과거 동남아 화교들이 중국에 창업한 기업과 비교해 볼 때, 현재의 동남아 화인기업의 중국대륙 내 투지지역은 더 이상 전통적인 민월(閩粤, 福建省과 廣東省) 지역 즉, 교향(僑鄕)에만 국한되어 있지 않다. 오히려 그들은 중국 내륙의 각 성(省)이나 대도시로 투자지역을 확장해가고 있고, 투자분야도 다양한 업종으로 확대하고 있다. 중국은 WTO 가입을 계기로 사회적 안정과 환율의 안정을 기할 수 있었고 동시에 외국 투자자들에게도 각종 특혜를 제공하게 되면서 외국 투자자들의 매력적인 투자처로 떠오르고 있다. 2008년 현재 중국의 실제 외자유치 금액은 923억 9천 5백만 달러로 전년 대비 23.58% 증가했다. 반면, 2009년의 경우에는 실제 외자유치금액이 900억 3천 3백만 달러로 전년 대비 2.56% 감소했다. 그리고 이 시기 아시아 10개국의 대(對) 중국 투자를 통해 새롭게 설립된 기업은 18,321개로, 전년 대비 15% 줄었다. 그러나 실제 외자유치금액은 731억 4천 8백만 달러로 전년 대비 1.69% 증가했다. 이는 전체 외자유치금액의 81.25%에 달하는 수치이다. 2010년 중국은 총 917억 7백만 달러의 외자를 유치했다. 이는 전년 대비 17.73% 늘어난 것이다. 이 가운데 아시아 10개국의 대 중국 투자를 통해 신설된 기업은 19,545개로, 전년 대비 21.8% 증가했고, 실제 외자유치금액은 759억 3천 2백만 달러로 전년 대비 20.9% 늘어났다. 이는 전체 외자유치금액의 82.80%에 달하는 수치이다. 최근 10년간의 동향을 일괄하면, 이 시기 중국이 외자유치를 위해 얼마나 노력하고 있는지를 짐작할 수 있으며 그 결과, 유치능력도 갈수록 탁월해지고 있음을 알 수 있다.

2. 동남아 화상중소기업이 중국경제발전에서 차지하는 위상과 역할

동남아 화상은 분명 거주국 국민경제의 중요한 구성부분의 하나이다. 그러나 한편으로는, 그들의 대 중국 투자는 본인들의 이익을 추구하는 것일 뿐만 아니라 동시에 중국과 아세안 각국 간 경제적 발전과 교류를 촉진하는 것이기도 하다.

(1) 투자확대를 통한 기업융자의 가속화

1970년대 말부터 자신들의 교향인 민월지역 등지에 투자를 진행한 일부 선도적인 화교화인들이 있었다. 가령, 샤먼경제특구(厦門經濟特區)가 창설되었을 당시에 인도네시아의 몇몇 화상들이 후리경제개발지구(湖里經濟開發區)에 투자해 푸젠성(福建省) 최초의 외자기업을 창설한 바 있다. 또 관련 자료에 따르면, 1995년 난닝경제기술개발지구(南寧經濟技術開發區) 현판이 내걸리자마자, 광시(廣西) 출신의 싱가포르와 말레이시아 화인기업가와 홍콩의 광시 출신 기업가들이 컨소시엄을 구성해 설립한 홍방공사(宏邦公司)가 자체로 설비와 자금을 들여와 개발지구의 경지정리를 지원한 예도 있다. 이들은 채 3년도 안 되는 짧은 기간에 근 2,000무(畝)에 달하는 개발지구 농지를 정비하고 800여만 평방미터에 걸친 토목사업을 완성했다. 결국, 중국 특히 서남부 지역 개발전략은 동남아 화인들이 투자선행자의 역할을 자임하고 나섰기에 현실화가 가능했던 것이다.

(2) 지역경제발전의 추동과 유도

중국 서남부 지역에서의 동남아 화상들의 성공은 광시북부만개발지구(廣西北部灣開發區)에 대한 서구 다국적기업의 투자와 참여를 유도했다. 이처럼 동남아 화상은 투자유치의 역할도 겸하고 있었던 것이다. 다시 말해, 기초설비, 부동산, 노동집약적 산업 등에 대한 동남아 화상의 선도적이고 다각적인 투자는 단지 투자환경의 개선을 위한 우량한 기반을 마련하는데 그친 것이 아니라, 북부만경제지구에 대한 서구 다국적 기업의 투자를 유치하는 역할까지 했던 것이다. 이밖에 윈난성(雲南省) 같은 경우에도, 화상기업(僑資企業)이 급속도로 발전하여, 윈난성에 소재한 외자기업의 65%를 화상기업이 차지하고 있다. 이들의 연 총생산액은 240억 위안을 상회하고 종업원의 수도 10만여 명에 달하며, 이들이 매년 납부하는 세금만 해도 20억 위안을 넘는다. 결과적으로, 중국경제의 고도성장에 화상기업이 견인차의 역할을 하고 있는 셈이다.

(3) 선진적인 경영기법과 기술 도입

화상기업의 대다수는 주로 외국에서 경영자를 초빙해 선진적인 경영방식을 도입함으로써, 중국기업의 경영선진화와 생산효율성의 제고에 이바지했다. 또한 화상기업들은 수출기업과 서비스업에 집중적인 투자를 진행했다. 이는 세계시장에서의 경쟁에서 살아남기 위해서는 양질의 상품생산과 선진적인 경영방식은 필수적이었기 때문이다. 결과적으로 이 또한 중국의 기술과 경영방식의 선진화에 공헌했다고 볼 수 있다. 구이저우성(貴州省)의 우량산업이라 할 수 있는 화훼산업(花卉産業)의 경우를 예로 들면, 화상기업과 외국자본은 이 산업에 새로운 기술과 경영방식을 도입해 국제시장에서의 경쟁력을 강화했다. 윈난성 보얼원예(博爾園藝)의 경우에는, 종자번식과 무성번식에 대한 과학적인 연구와 품종의 개발 및 생산, 판매를 통합적으로 관리하는 외자기업인데, 이 기업의 업무 범위는 전체 관상원예(觀賞園藝) 산업의 거의 모든 분야를 아우르고 있다.

⑷ 경영관리 측면에서의 중국기업에 대한 모범적인 역할

동남아 화상기업은 중국기업이 본보기로 삼을만한 하나의 표본이 되어주었다. 호텔경영의 측면에서, 산터우(汕頭)에 있는 투어다오호텔(蛇島賓館)을 예로 들어보자. 이 호텔은 산터우에서 최초로 중국과 타이가 합자해 설립한 기업으로, 엄격한 내부관리를 시행하고 있고 무엇보다 '고객제일주의'와 '최고의 서비스'란 경영방침을 고수하고 있다. 이를 위해, 직원들에 대한 교육과 트레이닝, 능력개발, 상벌제도 등 경영관리 차원에서 국제적 수준에 맞는 제도와 시스템을 전면도입하거나 벤치마킹하고 있다. 이와 같은 동남아 화상기업의 선진적인 경영기법은 중국 호텔업의 서비스 수준을 비약적으로 발전시켰다. 이처럼 동남아 화상기업과 홍콩, 마카오, 타이완의 투자기업의 경영과 관리는 중국대륙기업의 경영혁신에 지대한 역할을 했다. 뿐만 아니라 대다수 동남아 화상기업들이 선진적인 기술과 설비, 경영기법 등을 도입, 실행함으로써 중국 직원들의 잠재적 소양과 실질 능력을 함양하고 향상시키는 데에도 매우 긍정적인 역할을 수행했다.

3. 동남아 화상중소기업에 대한 융자의 문제점

⑴ 금융시스템의 보편적 결함

중국과 아세안 각국의 금융시스템은 비록 차이가 있기는 하지만, 양자 공히 관치금융체제에 속한다는 점에서는 동일하다. 중국과 아세안 각국의 금융시스템은 기본적으로 거대 상업은행을 그 주체로 한다. 중국의 경우, 일반 상업은행이나 국가가 지배주주로 있는 상업은행 등이 금융시스템의 주체로 군림하면서 업무상으로도 독점적 지위를 차지하고 있다. 이들은 은행이익의 극대화란 목표를 추구하고 있기 때문에 중소기업의 대출 수요에 대해서는 일반적으로 무시하는 경향이 있다. 중국은 중소기업에 대출을 해주는 금융기관의 수가 지나치게 적은 편이라, 대부분의 중소기업들은 국유상업은행에서 융자를 받는 수밖에 없다. 아울러 금리에 대한 관리와 통제 역시 관치금융체제의 중요한 특징 가운데 하나이다. 따라서 상대적으로 위험부담이 크다고 할 수 있는 중소기업들은 상업은행의 우선적 고려대상이 될 수 없는 것이다.

(2) 투자 법률의 건전성 확보

중국 국내의 법률구조를 분석해 보면, 중국은 역외직접투자를 체계적으로 조정할 수 있는 법률적 체계가 미비함을 알 수 있다. 현재 중국의 대외투자 비준절차는 매우 복잡하게 되어 있어, 항시 다변화된 경영환경에 민첩하게 대응해야 하는 중소기업들에게는 상당한 불편을 가져다주고 있는 게 사실이다. 아세안 각국은 기존의 미비한 외국인투자법에 대해 속속 수정을 가하고 있다. 그러나 현행 외국인투자법 가운데 완벽한 법률을 반포한 곳은 그 어디에도 없는 형편이다. 일부 규정들은 여전히 구체적이지 못하고 현실적이지도 못하다. 따라서 외자의 적극적 활용이란 새로운 추세에 적절히 대응할 수도 없는 게 작금의 현실이다. 국제법적으로, 중국과 아세안의 상호투자협정의 상당수는 198, 90년대에 맺어진 것이다. 따라서 협정 가운데 일부 내용은 이미 시의성이 떨어지는 것도 있다. 2004년 11월 중국과 아세안은 다자간투자보호협정을 체결했다. 이 협정은 현재 효력을 발휘하고는 있지만 적극적인 역할을 담당하기에는 매우 어려운 상황이다. 가령, 이 투자보호협정은 회원국 사인기업(私人企業) 간에 발생한 분쟁 같은 경우에는 아직 분쟁해결의 범주에 포함시키지 못하고 있다.

(3) 벤처투자 발전의 부족

벤처캐피탈은 특히 문화콘텐츠산업 분야에 대한 투자에서 매우 중요한 역할을 하고 있다. 벤처투자는 저당이나 담보가 필요 없는 일종의 장기적이고 유동성이 적은 자기자본이다. 미국 실리콘벨리의 첨단기술산업 가운데 이러한 벤처캐피탈의 지원 없이 지탱하거나 성장할 수 있는 기업은 하나도 없다고 해도 과언이 아니다. 현재 중국에서 벤처투자의 핵심적인 문제는 벤처투자시스템 자체가 성숙하지 못해서 중소기업가와 벤처자본가 사이에 정보 불균형으로 인해 발생하는 '역선택'과 '모럴헤저드'가 상존하고 있다는 점이다. 중국의 사회공익성 지출은 대개 각종 펀드를 조성하는 형식으로 이루어진다. 가령, 영화산업 발전을 지원하는 '영화진흥특별기금(電影精品傳項基金)'은 주로 문화콘텐츠기업을 대상으로 대출지급이나 보조금 지급 등의 지원 사업을 펼치고 있다. 이는 비시장적인 행정지출에 해당하는 것이지만, 그 지원 폭이 넓지 않은 관계로 수혜대상이 소수 기업에만 한정되고 있다.

(4) 중소기업 융자에 있어서의 정책적 환경의 경직성

중앙과 지방의 재정투입과 지원이 중소기업의 급속한 발전추세를 따라가지 못하고 있다. 다시 말해, 중소기업에 대한 금융기관의 신용대출 지원을 제대로 이끌어내지 못하고 있다. 특히, 지방정부 차원에서 벤처투자에 필요한 적절한 보상 기제를 마련하지 못함으로써, 금융기관의 신용대출 지원에 있어 필요한 정책적 지도와 보호가 제대로 이루어지지 않고 있다. 또한 기업의 경영정보와 재무정보를 포함한 전면적이고 통일적인 신용조회시스템이 아직 구축되지 못하고 있어, 일부 지방정부의 경우에는 중소기업 대출을 위한 통합서비스 차원에서 절차가 지나치게 복잡하고 시일도 오래 걸려 효율성이 떨어지고 있다. 이러한 문제점들은 중소기업의 융자능력과 금융기관의 융자의지를 심각하게 떨어뜨리는 핵심 장애요소들이다.

(5) 중소기업의 회계 관리제도의 문제점

동남아 화상이 창업한 중소기업의 회계 관리제도는 의외로 건전성이 떨어지는 편이다. 따라서 융자에 필요한 제대로 된 정보와 내용을 제공할 수 없는 상황이다. 다시 말해, 비대칭정보의 양산은 역선택과 모럴 헤저드의 확산으로 이어지고 있고, 중소기업의 은행융자에도 상당한 영향을 준다. 이와 같은 정보의 비대칭 현상은 시장경제에서 필연적으로 존재하는 현상이다. 특히, 금융시장에서는 대출의 주체인 은행이 정보취득에 있어 대출 대상인 기업보다 열세에 놓여 있는 게 보통이다. 좀 더 구체적으로 말하면, 대출 수요자인 기업이 대출 공급자인 은행보다 자신의 경영상황에 대해 보다 자세히 알고 있음은 주지의 사실이며, 투자항목의 성공 가능성 및 대출상환조건이나 대출 동기에 대해서도 보다 잘 숙지하고 있기 마련이다. 중국 금융시장의 경우에도, 정보의 비대칭현상으로 말미암아 은행은 대출 기업에 대한 정보에 확신을 갖지 못하고 나아가 그 불확실한 정보를 바탕으로 금융거래를 진행하기에는 위험성이 너무 크다고 생각한다. 은행융자가 어려운 이유가 여기에 있다.

4. 동남아 화상중소기업 융자를 위한 법률적 시스템 구축

(1) 중소기업의 신용체계 구축

시장경제의 작동 속에서, 신용의식의 확립과 강화는 매우 중요하다. 특히 동남아 화상중소기업의 경우, 이는 일종의 도덕적 요구의 범주에 속하는 것일 뿐만 아니라 중소기업 발전에 있어 무시할 수 없는 역할을 지니고 있는 것이라 할 수 있다. 더욱이 은행과의 융자협상과정에서, 중소기업의 신용도는 자금 제공자인 은행의 융자 의지와 적극성에 직접적인 영향을 미친다. 동남아 화상중소기업의 경우에도 은행과 장기적이고 우호적인 신뢰관계를 구축할 때, 비로소 중소기업 융자의 어려움을 다소나마 완화시킬 수가 있다. 이에 대한 실례는 얼마든지 있다. 따라서 중소기업의 신용제도와 법률제도를 건립하고 보완하는 것은 시급을 요하는 일이라 할 수 있다. 현재, 중국에서는 동남아 화상중소기업의 정보에 대한 제도적 관리가 미비한 탓에, 중소기업의 실제 정보와 등록된 정보 사이에 불일치하는 현상이 출현할 가능성이 상존하고 있다. 이는 은행이 중소기업을 상대로 대출을 진행할 때, 파악된 정보가 실제와 부합되지 않아 대출을 꺼리는 상황을 초래하기도 한다. 따라서 중국은 다양한 방식을 통해 동남아 화상중소기업의 신용체계를 하루빨리 수립해야 한다.

(2) 중소기업 회계제도 보완

기업에 따라 세부적인 디테일에서 약간의 차이를 보이는 것은 어느 정도 감안할 수 있으나, 회계정보의 최종적인 공표에 있어서는 반드시 통일적인 표준이 마련되어야 한다. 그래야만이 회계제도의 엄밀성을 담보할 수 있다. 동남아 화상중소기업은 내부적으로 직권을 명확히 구분함으로써 회계 관리업무와 기타 관리업무를 상호 분리할 수 있을 때 비로소 상호제약, 상호감독의 목적을 달성할 수 있다. 동남아 화상중소기업은 내부적 통제 특히, 내부 회계 통제의 규범을 마련하는 문제에 대해 적극적으로 관심을 가져야 한다. 내부적으로 회계업무와 관련된 각종 경제업무 및 관련 부서에 대한 통제를 강화하고, 기업 내 회계와 관련된 모든 인원을 엄격히 관리할 수 있을 때, 기업 내부의 회계 관련 기구나 부서의 합리적 배치와 그 직책과 권한의 합리적 구분을 보증할 수 있다. 또한 부서 간에 충돌되는 직무를 분리시킴으로써, 상호 견제와 상호 감독을 가능하도록 하는 동시에 외부적으로도 회계에 관한 관리감독 시스템을 구축해야 한다.

(3) 기업의 신용담보에 관한 법률제도 완비

동남아 화상중소기업 보증기관의 자산규모, 경영범위, 법률책임 등에 대한 규정을 마련해야 하고, 그 신용보증기관에 대한 명확한 위상을 확립하고 이에 대한 규범을 마련해 관리해야 한다. 동남아 화상중소기업 보증기관의 담보행위 또한 일반적이고 포괄적인 담보행위의 일종이기 때문에, 응당 『담보법(擔保法)』의 적용을 받아야 한다. 『담보법』이란 기업의 신용담보에 관한 각각의 단행법규(單行法規)를 총괄하는 것이다. 따라서 『담보법』에 대한 수정, 보완, 완비를 통해, 신용담보와 관련된 초보적 규범을 마련해야 한다. 이는 신용담보체계의 기본 틀을 구성하는 동시에 기본 규칙을 명확히 하는 것이다. 또한 기업의 신용담보는 전체 신용담보체계의 일부분에 지나지 않기 때문에 그것이 합당한 효력을 발휘하기 위해서는 다른 연관 부문과의 상호 협력이 필요하다. 더불어 『중소기업기본법(中小企業基本法)』, 『중소기업신용대출법(中小企業信貸法)』, 『반독점법(反壟斷法)』, 『중소기업진흥법(中小企業振興法)』 등의 담보와 관계된 각종 관련법을 제정, 시행하는 것이 필요하다.

(4) 은행업의 시장진입을 위한 규제완화

은행업의 주체가 많아져야만 상업은행도 이에 자극을 받아 금융혁신을 단행할 수 있고, 은행 간에 효과적인 경쟁체제를 구축할 수 있다. 또한 그래야 비로소 동남아 화상중소기업의 은행융자의 어려움을 근본적으로 해결할 수 있다. 우선적으로 고려해야 할 사항은 은행업의 시장진입 문제이다. 즉, 은행업에 진출하고자 하는 주체의 자격, 최저자본제한(자본금 장벽) 등에 관한 재심사가 필요하다. 특히, 입법을 통해 전국단위 혹은 지역단위로 설립을 신청한 상업은행의 등록제한을 최소한으로 낮춰야 한다. 그래야만이 더 많은 은행 경쟁주체들이 생겨날 수 있다. 정부 입법의 기본 원칙은 은행업의 시장경쟁체제에 불리한 모든 법률을 수정하고 완비하는데 있다. 법률체계의 구축을 통해 은행업의 시장경쟁체제가 완비될 때, 비로소 동남아 화상중소기업의 은행융자의 어려움도 완벽하게 해결될 수 있을 것이다.

(5) 순차적 발전을 통한 시장체계의 다변화

동남아 화상의 창업을 진작시키기 위해 금융시장이 해야 할 역할은, 시장의 신용체계를 확립하고 비정부적 신용금융상품의 비중을 늘리는 것이다. 아울러 각종 자산담보부증권(asset-backed security, ABS, 資産支持證券), 회사채, 상업어음 등의 거래를 활성화하고 금리 및 환율과 관련된 선물

(先物)이나 선물옵션 등의 파생상품을 순차적으로 발전시키는 것이다. 물론, 보험업 등 투자자에게 가능한 한 많은 선택의 기회와 보다 많은 리스크 관리수단을 제공하는 것도 금융시장이 해야 할 역할이다. 현재는 이미 채권선물과 금리스와핑이 출시되어 시장에서 좋은 반응을 얻고 있으며, 기관 투자자 육성에도 도움을 주고 있다. 주요 기관 투자자로는 보험공사, 자산관리공사, 투자관리공사, 연금공단, 뮤추얼펀드 등이 있다. 시장의 기반시설을 늘리고, 금융시장의 등기, 신탁, 거래, 결제 등의 절차를 완비하는 것은 중국 금융시장의 지구력과 적응력 등을 발전시키기 위한 최소한의 조치이다. 또한 이것은 보험기관 등 투자자들이 투자규모를 확대할 수 있는 보다 폭넓은 공간을 제공하는 것이기도 하다.

(6) 중소기업의 공정경쟁 조성과 융자환경을 개선을 위한 정부의 역할

정부가 시장에 간섭하는 수단을 이용해 동남아 화상중소기업의 융자난을 해소하고자 하는 것은 시장의 자원배분시스템을 왜곡시킬 가능성이 있고, 장기적으로 볼 때에도 동남아 화상중소기업의 융자 난을 효율적으로 완화시키기는커녕 오히려 역작용을 일으킬 수 있다. 따라서 중앙정부와 지방정부는 중소기업의 융자 난을 전 방위적으로 완화시킬 수 있는 법률적 시스템의 구축을 통해, 기업 간 공정경쟁을 유도할 수 있는 융자환경을 조성해야 한다. 그래야 비로소 행정조치에 따른 임의성과 부작용을 효과적으로 해소할 수 있다. 재산권에 대한 불합리한 조치는 국유기업과의 대출경쟁 환경에서 중소기업이 불리한 위치에 놓이게 되는 상황을 초래하게 된다. 더군다나 중소기업은 규모가 작고 경영리스크도 높으며 담보물도 적다는 등의 불리한 점을 상대적으로 많이 안고 있기 때문에 대출경쟁에서 더욱 더 열세에 처할 수밖에 없다. 따라서 정부의 유관기관은 가능한 빨리 입법을 통해 대출경쟁에서 동남아 화상중소기업이 안고 있는 이러한 불리한 요소들을 제거하는데 노력을 경주해야 한다.

● 원제/출처 :「東南亞華商創業中小企業融資的法律體系構建」,『東南亞縱橫』, 2012.11

화교화인경제 연구의 몇 가지 문제점

리궈량(李國梁)

화교화인경제는 변화의 과정 속에서도 그 고유한 특징을 완전히 상실하지는 않았기에 여전히 그 나름의 특정한 함의를 지니고 있다. 화교화인의 해외에서의 생존과 삶을 이해하기 위해서는 화교화인경제의 성격을 정확히 인식하는 것이 필요하다. 동남아의 화인경제, 화인그룹, 화인경제네트워크는 거주국경제뿐만 아니라 아세안국가 간의 나아가 동남아와 중국 간의 쌍방향적 교류와 협력 속에서 매우 중요한 역할을 하고 있다.

그동안의 연구 성과를 일별하면, 화교화인의 역사, 사회, 문화, 교육, 교향(僑鄕) 등에 대한 연구에 비해 화교화인경제와 관련된 연구는 상대적으로 미진한 편임을 알 수 있다. 그러나 개혁개방 이후 화교화인 연구의 수준이 전반적으로 높아지게 되면서, 중국학계의 화교화인경제에 대한 연구 역시 그에 비례해 상당한 진전을 이루었다. 우선, 화교화인의 경제문제에 관해 비교적 체계적으로 논술한 연구저작들이 대량으로 쏟아져 나왔다. 이를 주제유형별로 구분하면, 화교화인경제사, 전후 화교화인경제의 사회적 변화, 화인그룹, 지역별 혹은 국가별 화교화인경제, 화인상업무역네트워크, 교향의 발전과 해외화인경제, 유명 화인기업가의 경영전략, 화인자본과 중국의 개혁개방 등등이 있다. 둘째, 해외화인경제를 주제로 한 국내·국제 학술회의가 여러 차례 중국에서 개최되었다. 여기에서는 화인경제의 성격과 특징, 화인자본과 동남아 국가의 산업화과정, 해외화인경제네트워크, 화인경제발전과 중화문화의 관계, 해외화인경제의 다원성과 초국적 경영, 화인의 중국투자 등 많은 중요한 문제들이 발표되고 토론되었다. 셋째, 해외에서 출판된 화교화인경제 전문저작들이 중국에서 대량으로 번역, 소개되었다. 이들 전문연구서들의 관점과 해석은 중국연구자들의 연구방법과 문제의식 설정에 매우 중요한 참고자료가 되었다.

이렇듯 개혁개방 이후의 화교화인경제에 관한 연구를 종합해보면, 적지 않은 방면에서 획기적인 진전을 이루었음을 확인할 수 있다. 그러나 연구자들의 부단한 토론과 깊이 있는 연구를 통해, 일부 근본적인 문제들에 있어서는 의견의 일치를 보기도 했지만 반대로 의견이 갈리는 부분도 여전히 남아 있다. 따라서 필자는 이 글을 통해, 비교적 중요하다고 생각되는 몇 가지 기본적인 문제에 대해 나름의 입장과 견해를 밝히고자 한다.

1. '화인경제'란 표현은 과연 옳은 것인가?

전후부터 지금까지 60여 년에 걸쳐, 해외에 거주하는 화교화인의 상황에는 근본적인 변화가 일어났다. 특히, 동남아 화교사회는 새롭게 화인사회로 자리매김 되었다. 이제 '화인'이란 말은 매우 일반적인 용어가 되었고, 많은 경우에는 '화교', '화인', '화예(華裔)'를 한데 아우르는 말로 사용되기도 한다. 이에 따라 화인사회, 화인역사, 화인경제, 화인문화 등과 같이, '화인'이란 말을 첫머리에 갖다 붙이는 표현들도 더 이상 낯설지 않게 되었다. 심지어 언론매체들 뿐만 아니라 연구자들 사이에서까지도 이러한 표현은 아주 자연스럽게 사용되고 있다. 그러나 이러한 용어들조차도 모든 사람들이 다 인정하는 것은 아니다. 1980년대 중후반, 타이에 과연 '화인사회'가 존재하는가의 문제를 두고 격론이 벌어진 적이 있다. 1990년대 중반에는 화인경제라는 표현이 이미 일상화되었음에도 불구하고, 학자들 중에는 여전히 이 개념의 문제성을 지적하며 더 이상 이러한 표현을 사용해서는 안 된다고 하는 이들도 생겨났다. 그들이 내세우는 핵심적인 근거는, 화인경제는 처음부터 거주국 국민경제의 일부분이었기 때문에 그것과 별개로 독립된 '화인경제'란 성립될 수 없다는 것이었다. 이러한 관점에 따르면, 하나의 통일된 국민경제체제 속에서는 그 어떤 종족의 경제활동도 필연적으로 거주국 국민경제체제 속에 융합되지 않을 수 없고 나아가 국민경제를 각 민족이나 각 종족의 경제로 구분할 수 없게 되는 것이다. 따라서 거주국 국민경제 속에서 이른바 '화인경제'만을 별도로 떼어내는 것은 이론적으로도 그렇고 각국의 실제 상황에서도 실제에 전혀 부합되지 않는다는 것이다.

이에 대한 필자의 견해는 다음의 세 가지로 요약될 수 있다.

우선, '경제'라는 말이 경제학적으로 사회적 재화를 생산하고 재생산하는 모든 활동을 가리키는 것이라면, 화인경제의 개념적 함의 역시 해외에 거주하는 중국이민자와 그 후예의 경제활동을 뜻하는 것이지, 화인경제의 체제 및 제도를 가리키는 것이 아니라는 점이다. 실제로도 이러한 독립적인 체제와 제도를 갖추기란 애초부터 불가능하다고 볼 수 있다. 둘째, 거주국에서의 실제 화인들의 상황을 볼 때, '화인경제'란 개념은 주로 해외 화인집단의 종족적 특성에서 이해될 수 있다는 것이다. 제2차 세계대전 이후, 화교화인의 거주국 동화는 날로 가속화되었다. 더군다나 화교화인이란 존재는 싱가포르를 제외하고는 대부분 거주국의 다양한 소수종족 가운데 하나일 뿐이다. 그럼에도 불구하고 화교화인들이 경영하는 대부분의 경제적 사업에는 그들의 오랜 역사적·문화적 배경에서 비롯된 나름의 고유한 특징이 진하게 배어 있다. 이러한 특징들은 경제활동의 행위주체인 화인으로서 갖게 되는 일종의 중화(中華)적 속성이라고 할 수 있는데, 이것이 바로 토착종족이나 외국자본의 경제활동과 일정한 차이를 갖게 하는 결정적 요인이라 할 수 있다. 경제학이론에서 볼 때, 다종족국가 내 소수종족경제에 대한 연구 구체적으로, 경제활동과정에서의 종족적 요소의 역할 및 위상을 중심으로 그 종족경제의 변화 및 경제관계를 연구하는 이른바 종족경제학연구는 이론적으로는 충분히 가능하다고 볼 수 있다. 셋째, 화인경제의 역사적 변천과정은 사실상 제2차 대전 이전의 이민경제 혹은 교민경제의 변화로부터 시작되었다고 볼 수 있다. 제2차 대전 이전의 화교경제는 거주국 경제구조 내에서 그 고유한 중화적 속성을 명확히 띠고 있다는 점에서, 식민경제나 토착경제와는 구별되는 또 다른 것이었다. 그러나 전후 수십 년에 걸친 변화를 통해, 화인경제는 점차 거주국사회에 편입되

동남아화교화인의 경제

259

었고, 거주국 민족경제를 구성하는 핵심요소가 되었다. 물론, 종족 간의 경제적 융합이 아직 끝난 것은 아니다. 더불어 동남아 각국에서 전개되고 있는 종족 간의 융합 내지 통일의 문제도 매우 장기적인 문제임에는 틀림없다. 여하튼 '화인경제'는 이러한 변화의 과정 속에서도 그 고유한 특징을 완전히 상실하지는 않았기에 그 나름의 연구할 만한 특정한 함의를 지니고 있다. 일본의 학자 이와사키 이쿠오(岩崎育夫)는 자신의 저서 『화인자본의 정치경제학』에서 다음과 같이 지적했다. "현대 동남아 화인자본은 두 가지 정치경제적 성격을 갖고 있다. 그 하나는 '동남아 거주국자본'의 성격이다. 아세안 각국의 통계에 따르면, 화인자본은 모두 거주국 자본으로 취급되고 있다. 다른 하나는 각국의 토착종족자본과 구별되는 '화인자본'의 성격이다. 동남아 각국의 화인자본은 지금까지도 여전히 전통적인 중화총상회(中華總商會)의 기치 하에 대부분 집중되어 있고 이를 통해, 그 나름의 종족성을 유지하려고 노력 중이다."[1] 동남아의 역사적 변천에 따라, 아주 오랜 세월이 지난 뒤에는 '동남아화인'이란 말도 종족 간의 융합과정과 통일된 민족의 형성에 의해 폐기될지도 모른다. 만일 그때가 되면, '화인경제'란 말도 자연스럽게 사라지게 될 것이다.

1) 郭梁, 『東南亞華僑華人經濟簡史』, 經濟科學出版社(北京), 1998.

2. '화인경제의 성격' 연구의 중요성

화교화인경제의 성격을 정확하게 인식하느냐 그렇지 않느냐의 여부
는 해외 화교화인의 생존 및 발전과 관련되어 있는 문제이다. 아울러
그것은 거주국 정부가 화교화인 경제정책을 제정하는데 있어서 그 근
거가 신뢰할 만한 것인지 아니면 그렇지 못한 것인지 하는 것과도 연
관되어 있는 문제이다. 따라서 이러한 문제에 대한 논의는 단순히 이론
적 혹은 학술적 차원의 고찰이라기보다는 실제적 의미를 탐구하는데
보다 큰 의미를 두어야 한다. 최근 몇 년간의 논의를 종합해 보면, 화
교화인경제의 성격에 대한 견해는 다음 세 가지 측면으로 모아진다. 첫
째, 동남아 화교화인경제는 이미 제2차 대전 이전부터 '식민경제구조의
일부분'으로서가 아니라 거주국 민족경제를 구성하는 핵심인자로 작용
했다. 이는 화교경제의 형성과정과 동남아 화교의 경제적 지위 및 역할
에 대한 고찰을 통해 얻어낸 결론이다. 전후 수십 년에 걸쳐, 절대다수
의 화교는 이미 거주국 국민이 되었고, 화교화인경제도 실질적인 면에
서든 법률적인 면에서든 거주국 민족경제를 떠받치는 핵심요소의 하나
로 자리 잡았다. 동시에 화교화인과 그들의 경제는 국가의 산업화 및
현대화 과정에서 적극적인 역할을 수행했다. 둘째, 동남아 화교경제는
전후 화교들의 국적변경에 따라 화인경제 혹은 화인자본으로 새롭게
위치 지워졌다. 이는 기본적으로 중국민족자본과의 필연적 관계를 절
연하고 자연스럽게 거주국 민족경제의 일부분이 되었다는 것을 의미한
다. 셋째, 화교화인경제는 이중적 민족성을 겸비한 특수한 경제형식이
라 할 수 있다. 화교화인경제는 해외로 나간 중국이민자들이 그 오랜
기간 동안의 각종 시련과 고난을 감내하고 극복하는 가운데 거주국의

261

사회경제적 조건을 최대한 활용해 건립한 것이다. 따라서 이것은 중국 민족경제의 속성과 거주국 민족경제의 속성이라는 양면성을 동시에 구비하고 있다.

이상의 견해를 종합해보면, 화교화인경제가 거주국 민족경제의 속성을 지니고 있다는 점을 공통적으로 인정하고 있음을 알 수 있다. 이 점은 매우 중요한 부분이다. '화인경제'를 동남아 국가경제체제 안으로 편입시킬지 아닐지 혹은 거주국 민족경제체제의 일부로 구분할지 아닐지의 여부는 화인경제의 성격을 규정짓는데 있어서 매우 중요한 지점이다. 이는 현실생활에서도 화인경제의 생존과 발전의 근본 전제라 할 수 있다. 그러나 그동안 거주국의 주류종족이나 정부는 장기간에 걸쳐 화인경제를 외래경제로 취급해왔고, 심지어는 '식민주의경제의 잔재' 정도로 폄하해왔다. 뿐만 아니라 이를 빌미로 화인경제에 대한 각종 제약과 배척을 일삼았고 나아가 치명적 타격을 가하기도 했다. 그들이 화인경제가 거주국사회의 생산력 발전에 객관적이고 필수적인 요소이고, 거주국사회의 없어서는 안 될 필수불가결한 소중한 자산이며, 거주국 민족경제의 유기적인 조성부분임을 깨닫게 된 것은 공교롭게도 배화(排華)가 국민경제에 막대한 손실과 심각한 위해를 끼치고 난 연후의 일이다. 따라서 이제 더 이상 과거의 식민경제를 대하는 것처럼 화인경제를 배제하거나 배척할 수는 없게 된 것이다. 결국, 1970년대부터 동남아 각국 정부는 화인에 대한 경제정책을 앞 다투어 수정하기 시작했다. 이처럼 동남아 화인경제의 속성을 정확하게 인식하고 이에 대한 거주국 주류종족의 공감과 동의를 얻어내는 것은 동남아 사회의 안정과 발전에 필수적이고 중요한 의미를 담고 있다.

3. 거주국 경제발전에 있어 화인경제의 위상

거주국 경제발전에 있어서 화인경제가 차지하는 위상과 역할에 관한 문제는 사실, 쉽게 단정할 수 없는 영원한 숙제와도 같은 것이다. 전후, 동남아국가는 사회발전을 가속화하고 선진국과의 격차를 줄이기 위해 저마다 국민경제의 발전을 촉진하고 현대화된 산업사회로 진입하기 위한 각종 정책들을 추진했다. 그렇다면, 거주국 민족경제의 일부분으로서의 화인경제는 거주국의 산업화, 현대화 과정과는 또 어떠한 관계가 있을까? 이와 관련된 그동안의 연구는 대부분 거주국 경제발전에 있어서 화인경제가 차지하는 위상과 역할에 대한 일반론에 치우쳐 있는 게 사실이었다. 그러나 최근에는 197, 80년대 이후 국가별 화인경제에 대한 논의로까지 확장되는 추세에 있다. 그중에서도 특히, 논의가 가장 많이 되고 있는 것은 인도네시아와 말레이시아이다. 인도네시아의 경우, 전후로부터 지금까지 배화사건이 끊이지 않는 곳 중에 하나이다. 그 대표적인 사례가 바로 1998년 금융위기 때에 발생한 반화(反華)폭동이다. 이 같은 폭동의 근본적이고도 핵심적인 요인 가운데 하나는 바로 화인들이 자신들의 경제적 명맥을 조종하고 있다고 생각하는 토착민들의 인식이다. 사회모순과 계급모순이 첨예하게 불거질 때는 언제나 화인이 그 모든 재앙의 근원으로 지목되었고, 어김없이 모든 화살이 거주국 화인집단으로 쏟아졌다. 그런데 사실은 어땠을까? 인도네시아에서는 석유, 지하자원, 대농장과 같은 핵심 산업뿐만 아니라 체신, 통신, 철도 등의 주요 산업 전부가 국가소유로 되어 있다. 더군다나 인도네시아에는 대형 토착민기업들이 수없이 많이 있다. 그런데 이러한 상황 하에서 어떻게 화인경제가 인도네시아 국민경제를 지배할 수 있었겠는가? 사실, 앞으로도 그럴 개연성은 거의 없다고 볼 수 있다. 물론, 몇몇 화인그룹들이 특정 업종에서 독점적 지위를 행사하고 있거나 경영상의 우위를 점하고 있는 것은 사실이다. 그러나 인도네시아의 국민경제 전체를 놓고 보면, 여전히 화인경제는 지배적 역량이나 세력을 갖추고 있지 못한 게 현실이다. 그럼, 화인경제는 인도네시아 경제발전에서 과연 어떤 구체적 역할을 해왔는가? 첫째, 인도네시아 화인경제는 분명 인도네시아 민족경제의 일부분이다. 따라서 화인경제력의 증강은 곧 인도네시아 국민경제의 발전을 의미하는 것이다. 특히, 화인경제는 제조업, 화학공업, 임업, 금융업, 서비스업 등의 분야에서 장족의 발전을 이룩함으로써, 인도네시아 국민경제라는 거대한 수레바퀴를 견인하는 한 축으로 작동하고 있다. 또한 농업 위주의 인도네시아 경제구조를 농업과 공업이 병립하는 경제구조로 전환시킴으로써, 경제적 비약을 이룩하는데 일정정도 이바지했다. 둘째, 화인경제는 인도네시아 민족경제를 현대화시키는데 선봉에 섰다. 인도네시아가 외자도입정책을 실시하게 되면서, 경영상의 노하우와 상업네트워크를 가지고 있던 화인기업들은 외자합작의 우선대상이 되었다. 더불어 화인기업들은 점차 그룹화, 국제화하게 되면서 선진국의 경영상의 경험과 노하우를 흡수하고 외자 및 선진적인 과학기술을 도입하는데 교량역을 자임하고 나섬으로써, 인도네시아 기업들이 현대화를 진행하는데 개척자의 역할을 했다. 셋째, 1970년대 이후, 인도네시아정부는 이른바 경제개발 5개년계획에 화인자본을 참여시키는 조치를 취했다. 이에 화인그룹들은 제4차 및 제5차 5개년 건설계획에 투입되는 국가예산 투자에 직접 참여하는 등 국가건설에 핵심적인 자금원 역할을 함으로써, 국민경제의 안정적 발전에 기여했다. 넷째, 화인기업은 합작이나 재정지원의 형식으로 토착민경제의 발전을 이끌기도 했다. 이상 몇 가지 측면에서 볼 때, 인도네시아 화인경제는 인도네시아 국내경제건설에서 그 누구도 대체할 수 없는 중요한 역할을 담당했음을 알 수 있다. 말레이시아의 경우, 국가 현대화 과정 속에서 화인경제가 했던 역할은 최소한 다음의 네 가지 정도로 정리해 볼 수 있다. 즉, 경제현대화를 추동한 선구자, 시장경제의 핵심 참여자, 경제구조 개선의 핵심동력 그리고 말레이시아 현대화 과정 속에서 누구도 대체할 수 없을 만큼 독보적인 중국계 인적자원의 역할이다. 기타 아세안 국가의 화인경제도 이와 유사한 역할을 하고 있다. 그러나 화인경제 및 동남아국가의 현대화과정에 관한 연구는 대부분 전후 거주국 경제발전 속에서의 화인경제의 위상과 역할에 대한 일반론에 편중되어 있다. 필자는 상술한 역할에 대한 탐구 외에도 세계경제의 글로벌한 환경 속에서 화인경제에 요구되고 있는 특수한 역할 역시도 무시할 수 없다고 생각한다. 오늘날 아세안은 외부 권역과의 경제 합작을 중시하고 있다. 이에 따라 아세안 각국의 화인경제도 이와 같은 권역 간 경제 합작과정에서 중요한 역할을 요구받고 있고 실제로 그에 걸맞은 지위와 위상도 부여받고 있다. 그동안 화인들은 역사적으로 나름의 독특한 종족성과 지연 등을 유지해왔고, 이를 배경으로 동남아 각국의 화인사회 간에 혹은 조국인 중국과도 밀접한 경제적·문화적 교류를 진행해왔다. 과거 식민지시기에도 중국과의 무역네트워크는 단절되지 않았고, 전후에도 이러한 상호신뢰의 관계는 계속해서 유지되었다. 오늘날에도 아태지역 특히 서태평양지역의 경제네트워크 및 상호교류의 강화와 더불어 중국의 개혁개방과 경제적 고속성장이 가속화됨에 따라 동남아 화인경제는 아세안 국가들 간에 나아가 아시아태평양 국가나 다국적기업 간의 합작에서 중요한 역할을 담당하고 있다. 특히, 동남아와 중국의 쌍방향적 교류와 합작에서 동남아 화인들의 역할은 매우 핵심적이라 할 수 있다.

4. 해외 화인그룹에 관한 연구는 왜 중요한가?

학자들 중에는 동남아 화인자본이 피라미드식 구조로 되어있다고 말하는 이도 있다. 화인 대자본(화인 대기업이나 화인그룹 등)이 피라미드의 꼭대기 부분이고, 나머지 화인 중소자본(중소기업, 소매상 등)이 피라미드의 대부분을 차지하는 몸통 부분을 구성하고 있다는 말이다. 사실, 화인 중소자본이야말로 동남아 화인경제활동의 주체라고 할 수 있다. 따라서 화인경제를 연구하고자 한다면, 우선적으로 연구해야 할 대상이 바로 그들이다. 만일 화인그룹과 같은 대자본만을 연구한다면, 화인경제력을 지나치게 과장하거나 과대평가하는 오류를 낳을 수도 있고, 화인경제가 이처럼 강대하다는 인상을 심어줄 우려도 있다. 또 자칫하면, 이것이 거주국의 정부나 토착민에게 화인을 배척하는 빌미나 구실을 주게 되는 결과를 초래할 수도 있다. 필자는 기본적으로 이와 같은 문제의식에 동의하는 바이며, 더불어 해외화인 중소자본에 대한 연구도 지금보다는 보다 더 강화되어야 한다고 생각하는 편이다. 그런데 문제는 이와 관련된 연구들이 그동안 자료 확보의 어려움 등 갖가지 요인으로 인해 제대로 이루어지지 못했고, 지금도 여전히 거시적 차원에서든 미시적 차원에서든 관심을 갖는 이들이 극히 적을뿐더러 연구 성과도 거의 없다는 것이다. 반면, 화인 대자본에 대한 사회적 관심도는 비교적 높은 편이다. 사실, 그들의 경제력이 거주국 경제사회발전에 상당한 공헌을 해오고 있다는 것은 주지하는 바이다. 또한 해외 화인사회에서 그들이 미치는 영향력은 상당한 수준이고, 그들이 개혁개방 이후 중국경제와도 긴밀한 관계를 형성하고 있다는 것도 부인할 수 없는 사실이다. 따라서 연구차원에서도 활용하고 참고할 수 있는 자료들이 상대적으로

동남아화교화인과 트랜스내셔널리즘

많다고 볼 수 있다. 지난 수년간의 화인경제연구를 총괄하면, 해외 화인그룹에 관련된 국내외 학계의 연구는 이러한 시대적 추세를 그대로 따르고 있음을 볼 수 있다. 특히, 그중에서도 동남아 화인그룹에 대한 연구는 그 양과 질에 있어서 독보적이다.

동남아 화인그룹은 식민지시기부터 존재해왔다. 물론 당시에는 그 수량도 매우 적었고 규모도 극히 미미한 수준이었다. 그러나 전후 동남아국가들이 대거 독립을 선언하고 건국에 박차를 가하게 되면서, 식민주의경제의 배타적이고 독점적인 지위는 더 이상 존재하지 않게 되었다. 이와 더불어 국내 민족자본(화인자본 포함)의 생존과 발전을 위한 환경 및 조건에도 중대한 변화가 일어나기 시작했다. 197, 80년대에 이르러 동남아국가경제는 급격한 신장세를 보이게 된다. 이에 따라 거주국의 산업화도 상당한 진전을 이루었고 동남아 화인그룹의 규모도 급속하게 확대되었다. 동시에 많은 신흥의 화인그룹들이 새롭게 등장하기 시작했다. 심지어 몇몇 국가들에서는 화인재벌까지 생겨났다. 이렇듯 화인 대자본은 거주국의 경제발전 및 권역(동남아)경제에서 매우 중요한 위치를 차지하고 있었을 뿐 아니라, 개혁개방 이후 대(對) 중국 투자에도 매우 적극적으로 나섰다.

화인그룹의 특징을 다음과 같이 정리한 학자도 있었다. 그의 설명에 따르면, 동남아 각국의 화인그룹은 저마다 발전의 길은 다를 수 있지만, 아래와 같은 공통된 특징을 지니고 있다. 첫째, 대다수의 그룹들은 무역업, 은행업, 보험업 등으로부터 사업을 시작했는데, 이는 동남아 각국의 민족자본주의경제가 급속히 발전한 결과이자 그 산물이다. 둘째, 대다수는 금융지주회사나 벤처회사를 중심으로 단독경영체제와 집단경영체제가 상호 결합된 기업집단이다. 셋째, 가족경영 위주의 그룹 시스템을 구축하고 있다. 넷째, 거주국 국가자본과 상호 삼투되고 연합하는 경제관계를 형성하고 있다. 특히, 관료자본과의 유착관계는 이들에게서만 볼 수 있는 독특한 현상이다. 다섯째, 외국의 다국적기업과 매우 긴밀한 관계를 형성하고 있다. 특히, 자본, 기술, 시장 등의 방면에서 외국자본에 대한 의존도가 심하다. 여섯째, 대부분 초국적 경영방식을 채택하고 있고, 해외시장개척에도 적극적이며, 해외투자지역도 상당히 다변화되어있다.

화인그룹은 그동안 꾸준히 발전해왔고 앞으로도 그 발전은 지속될 것이라는 게 일반적인 생각이다. 그러나 현재 화인그룹은 만만찮은 도전과 문제에 직면해 있다. 그 대표적인 것이 바로 국가자본, 공영기업, 토착민기업 그리고 외국의 다국적기업의 압력과 도전이다. 특히, 거주국정부가 토착민자본을 보호하고 지원하기 위해 추진하는 각종 정책들은 화인그룹의 생존과 발전에 적지 않은 영향을 주고 있다. 이외에도 동남아 화인그룹이 안고 있는 문제는 많다. 가령, 가족중심의 경영방식에 따른 각종 폐단이나 화인기업가의 고루한 경영철학, 화인그룹 의사결정권자의 '신구교체' 등등이 그것이다. 이와 같은 화교그룹에 관한 연구 중에는 사례별 분석이 상당한 비중을 차지하고 있다. 예를 들면, 인도네시아 린샤오량(林紹良, Sudono Salim, Liem Swie Liong)의 살림그룹(Salim Group, 三林集團), 말레이시아 궈허니엔(郭鶴年, Robert Kuok)의 궈스그룹(Guoshi Group, 郭氏集團), 타이 시에궈민(謝國民, Dhanin Chearavanont)의 CP그룹(Charoen Pokphand Group, 卜蜂集團 혹은 Chia Tai Group, 正大集團이라고도 한다.), 싱가포르의 UOB그룹(United Overseas Bank, 大華銀行集團) 등에 대한 연구가 그것이다. 이외에도 전전(戰前)의 인도네시아 화인기업왕국이라 불렸던 황중한총공사(黃仲涵總公司, Oei Tiongham Concern)의 흥망성쇠에 대한 역사적 분석 등도 있다. 이러한 사례연구는 해외 화인경제에 대한 연구가 이미 기업연구의 단계로까지 확대되었음을 의미하는 것이라 볼 수 있다.

5. 화인경제네트워크에 대한 견해

해외 화인경제네트워크(화상네트워크라고도 한다.)에 관한 연구가 학계의 주목을 끌게 된 것은 1990년대부터이다. 전후, 아시아 경제발전의 기초 위에서 건립된 해외 화인경제의 발전과 개혁개방 이후, 중국대륙과 세계 각지(홍콩, 마카오 포함) 화인경제와의 교류증대 그리고 IT 혁명이 가져온 인터넷경제의 발달 등은 화상네트워크의 실용성에 각별히 주목하는 계기로 작용했다.

현재 화인경제네트워크에 관한 연구는 주로 다음의 네 가지 방면에 집중되어 있다. 첫째는 화상네트워크 형성의 역사적 과정과 원인에 대한 연구이다. 여기에는 두 가지 견해가 존재한다. 하나는, 적어도 명나라 초기에 이미 동아시아 및 동남아시아에 화상해상네트워크가 형성되었다는 것이다. 또 하나는, 해외 화인네트워크는 자본주의가 전 세계로 확산되고 그에 따라 일국적 경제네트워크도 세계적 네트워크로 확장되던 19세기에, 해외에 거주하는 중국인들에 의해 만들어졌다는 것이다. 둘째는 화인경제네트워크의 특징에 관한 연구이다. 통상, 화인경제네트워크는 중국이민자들의 혈연과 지연을 매개로 형성된 동향회, 종친회 등이 그 기초가 되었다는 것이 일반적인 견해이다. 다시 말해, 전통적인 중화문화가 화인네트워크의 정신적 지주가 되어주었다는 말이다. 가령, 유가사상에서 주장하는 대인관계의 신뢰 같은 우량한 전통이 화인네트워크가 지속적으로 발전할 수 있는 근본적 토대로 작용하고 있고 자금, 인재, 정보 등은 모두 이러한 사람들 간의 신용을 통해 유통되고 있다는 것이다. 한마디로, 화인네트워크의 특징은 중화문화와 깊은 관련성을 맺고 있다는 말이다. 셋째, 화인네트워크의 역할 및 기능에 대한 연구이다. '네트워크'의 본질적 의미는 각종 인적·물적 자원의 결합을 통해, 기존의 관계를 더욱 공고히 하고 나아가 새로운 관계를 형성, 강화함으로써 최선의 효과와 최대의 이익을 창출하는 것이다. 일부 학자들의 주장에 따르면, 식민지시기 동남아에서 화인기업은 주로 '중개상'의 역할을 담당했고, 동남아국가들이 독립한 이후에는 주로 "외자 및 선진기술을 도입해 민족경제를 부흥시키고" 나아가 개발도상국과 산업화된 서구사회를 하나로 이어주는 일종의 접착제 역할을 맡게 되었다고 한다.[2] 세계경제의 글로벌화와 함께 해외 화인경제의 국제화와 현지화 추세는 날로 선명해져 가고 있고, 화상경제네트워크의 발전은 각 거주국 및 동남아권역을 기초로 점차 확대되고 있다. 또한 기업 내부의 결합에서 기업 간의 결합으로 여기서 다시 국경을 초월한 세계시장에서의 경영자원의 최적화된 결합으로 발전을 꾀하게 되면서 일종의 '거미줄' 형태의 개방적인 세계경제네트워크를 형성해가고 있다. 이러한 네트워크는 국가와 국가 간의 경제협력을 물론, 권역 및 세계의 경제협력을 구체화, 실제화하고 있다. 또한 이는 거주국의 경제발전은 물론, 동남아권역의 경제협력에도 상당한 기여를 하고 있다. 넷째, 화인경제네트워크의 새로운 함의와 발전전망에 관한 연구이다. 오늘날 세계경제는 글로벌화, 정보화, 시장화의 추세가 갈수록 뚜렷해져 가고 있고, 인터넷으로 상징되는 정보기술혁명이 비약적으로 발전하고 있다. 이러한 상황에서, 전통적인 화인경제네트워크는 새로운 내용과 의미를 부여받고 있다. 가령, 싱가포르의 내각자정(內閣資政) 리콴유(李光耀)가 제안한 '세계화상인터넷네트워크'는 이미 개통되었고 세계화상 간의 소통과 교류에도 전자정보시스템이 구축되어 있는 상황이다. 이렇

2) (日)李國鼎/郭梁 譯, 『華僑資本的形成和發展』, 福建人民出版社(福州), 1983.

듯 화인경제네트워크는 그동안의 피동적이고 자연발생적인 형태에서 적극적이고 자각적인 형태로 작동하는 등의 보다 개방적인 과정을 통해 자신들만의 독자적인 현대화를 구현해나가고 있다.

상술한 내용이 화인경제네트워크에 관한 비교적 거시적 차원의 연구였다면, 이와 관련된 미시적 연구 중에서도 주목할 만한 연구 성과들이 나오고 있다. 가령, 일본 나가사키 화상 '타이에키고(泰益號)'에 관한 사례연구는 그 대표적인 예라 할 수 있다. '타이에키고'에 소장되어 있던 어마어마한 양의 상업경영 문서자료와 푸젠회관(福建會館) 자료가 발견된 1983년부터, 학자들은 지연과 혈연을 기초로 한 '타이에키고'의 네트워크와 그것이 건립한 동아시아상권 등의 문제를 둘러싸고 지난 10여 년 동안 정리와 연구에 심혈을 기울여왔다. 그 결과의 산물이 바로 랴오츠양(廖赤陽)의 『나가사키화상과 동아시아 교역네트워크의 형성(長崎華商與東亞交易網的形成)』, 주더란(朱德蘭)의 『나가사키화상 무역사 연구(長崎華商貿易史的研究)』, 야마오카 유카(山岡由佳)의 『나가사키화상 경영의 역사연구—근대중국상인의 경영과 장부(長崎華商經營的歷史研究—近代中國商人的經營和賬簿)』 등이다.

6. 해외 화인자본과 개혁개방 이후의 중국경제

엄밀한 의미에서, '해외 화인자본'은 중국영토 밖의 화인자본을 가리킨다. 따라서 홍콩이나 마카오, 타이완의 자본은 여기에 포함되지 않는다. 그런데 중국 정부기관의 각종 통계에는 홍콩, 마카오, 타이완의 자본을 모두 '외국자본'으로 분류하고 있다. 그래서인지 대부분의 학자들은 화교화인자본과 홍콩·마카오·타이완의 자본을 통칭하는 '광의의 해외 화인자본' 개념을 주로 채용하고 있다.

중국의 개혁개방 이후, 홍콩, 마카오, 타이완의 자본과 해외 화교화인의 자본은 줄곧 중국 '외자'의 주요 원천이자, 중국에 투자하는 외국자본의 첨병이 되어왔다. 2005년 말 현재, 중국이 유치한 외자의 총 누계치는 6,624억 달러였다. 또한 그 가운데 화인자본의 투자는 전체 외국인투자의 67%에 달하는 4,170억 달러였다.[3] 이것만 보더라도 이들 자본의 중요성에 대해서는 두 말할 필요가 없을 것이다. 1992년 덩샤오핑(鄧小平)의 남순강화(南巡講話)와 중국공산당 제14차 전국대표대회를 통해 사회주의 시장경제체제의 도입이 명확히 제시되면서, 외국자본의 중국투자는 매우 신속하고 대대적으로 증가하기 시작했다. 중국국가통계국이 발표한 바에 따르면, 1979년부터 2000년까지 외국인직접투자액 가운데 실제사용액은 누계치로 3,467억 72만 달러이며, 그 중에서 1979년부터 1991년까지가 233억 48만 달러로 누계치의 6.4%를 차지한 반면, 1992년부터 2000년까지는 3,234억 24만 달러에 달했다. 이는 개혁개방 이후, 외국인직접투자액의 93.6%를 차지하는 금액이다.[4] 결국, 외자의 대부분은 1992년 이후 중국에 들어온 것이다. 홍콩·마카오·타이완의 자본이나 동남아의 자본도 국제자본흐름의 법칙에 따라 1992년 이후 대거 중국대륙으로 흘러들어왔다. 그런데 당시에는 대량의 화인자본을 이용하는 것도 좋지만, 그보다는 오히려 서구 다국적기업의 자본과 기술을 보다 많이 끌어들여 외자의 질과 수준을 높일 필요가 있다는 주장도 제기되었다. 한마디로 말하면, 화인자본은 그 질적 수준이 낮으니 더 이상 유치하지 말자는 것이었다. 그러나 필자가 보기에,

---

3) (英) W. J. 凱特/王雲翔·蔡壽康 等 譯, 『荷屬東印度華人的經濟地位』, 廈門大學出版社(廈門), 1988.
4) 汪慕恒 主編, 『東南亞華人企業集團研究』, 廈門大學出版社(廈門), 1995.

272

이러한 주장은 지극히 일방적이고 단편적인 견해에 지나지 않는다. 우선, 화인은 공동의 역사적 연원과 중화문화라는 공통의 배경을 가지고 있기 때문에, 국제자본의 흐름 속에서 중국과 외국 모두를 만족시키는 투자환경만 조성된다면 화인자본은 서양의 외자보다 더 쉽게 중국으로 흘러들어올 수 있다. 이는 아마도 외자유치 과정에서 앞으로도 존재할 수 있는 현상이며, 개혁개방이 조성한 유리한 점 중에 하나일 것이다. 덩샤오핑은 "해외교류는 좋은 일이다."라고 분명히 말한 바 있고 중앙의 지도자들도, 해외교포는 사회주의 시장경제를 건설하는데 있어 매우 소중한 자원임을 여러 차례 강조한 바 있다. 따라서 그것이 어떤 형태의 외국자본이든지 간에, 외자를 도입하고자 하는 중국의 의도와 요구에 기본적으로 부합되고, 상호 이익에 도움이 될 수 있는 것이기만 하다면, 앞으로도 더욱 장려하고 노력해야 할 일이다. 둘째, 해외 화인자본은 장기간의 형성과 발전의 과정 속에서 일부 약점을 노출했다. 가령, 불합리한 산업구조나 낙후된 과학기술 개발능력 등이 그것이다. 그러나 주지하다시피, 화인자본은 통일되고 단일한 자본형태였던 적이 한 번도 없다. 더군다나 중소자본과 노동집약적 기업의 대명사는 더 더욱 아니다. 그들 중에는 세계경제에서 상당한 영향력을 발휘하는 다국적기업도 상당수 있고, 첨단산업분야에서 두각을 나타내는 기업들도 갈수록 늘고 있다. 문제의 핵심은 어떻게 하면 중국의 외자정책을 최대한 완벽하게 정비하고 개선해서 화인자본의 보다 많은 중국투자가 이루어질 수 있도록 하는가에 달려있다. 동시에 어떻게 하면 중국에 투자하는 화인자본의 수량과 질량, 규모와 구조, 속도와 효율의 통일성을 기함으로써, 투자항목의 질을 끊임없이 제고하는가에 달려 있다. 또한 노동집약산업들을 경제가 발달한 기존의 연해지역에서 낙후한 내륙지역으로 이전함으로써, 중국 전역에 걸쳐 다양한 투자가 이루어질 수 있도록 하는 것도 매우 필요한 일이다. 한마디로, 개혁개방을 굳건히 견지하는 가운데에 화인자본의 활용도를 최대한 높여야 한다는 것이다.

● 원제/출처 : 「再談華僑華人經濟研究的幾個問題」, 『八桂僑刊』, 第1期, 2013.3

4

동남아화교화인의
정체성 및 종교

전후 동남아 화교화인의
정체성 변화*

왕푸빙(王付兵)

제2차 세계대전 이후, 동남아 화교는 거대한 국내외적 소용돌이 속에서 자기정체성에 대한 심각한 변화를 겪었고 그에 대처하기 위한 자신들만의 생존방안을 새롭게 강구하지 않을 수 없었다. 이는 주로 국가(거주국)정체성, 문화정체성, 종족정체성 등의 방면에서 구현되었다. 특히, 국가(거주국)정체성은 전후, 동남아 화교화인 정체성의 가장 근본적인 변화였다.

* 서방학계의 연구에 따르면, 정체성에는 미시적 측면과 거시적 측면이 존재한다. 미시적 차원의 정체성은 인간이 자아 스스로에 대해 갖는 확고한 입장으로, 자아와 타자와의 관계 속에서 진정한 생명력을 갖는다. 한마디로, 인류의 행위와 그 동력의 지속적 원천이라 할 수 있다. 거시적 차원의 정체성이란 자아에 대한 보다 심층적인 차원의 코드라고 할 수 있는데, 이는 개인과 가장 일반적인 의미의 사회와의 상호관련성 속에서 발현된다. 본문에서 말하는 '정체성'은 바로 이 거시적 차원의 정체성을 의미한다. 정체성문제에 대한 연구는 제2차 세계대전 이후 시작되었지만, 국제학계의 초미의 관심사로 떠오른 것은 그리 얼마 되지 않았다. 이에 대해서는, 張汝倫, 「經濟全球化和文化認同」, 『哲學研究』, 第2期, 2001, 17쪽, 24쪽 참조.

제2차 세계대전 이후, 동남아 각국은 식민통치에 벗어나 저마다 독립국가 건립을 선언했다. 이른바 반제・반식민 투쟁이라 불리는 이러한 과정 속에서, 일정정도 진보적 성격을 담지하고 있던 동남아 민족주의는 한층 더 발전되고 강화될 수 있었다. 이와 동시에 중국대륙에서는 중국공산당이 이끄는 신민주주의혁명이 승리함에 따라 사회주의제도가 정착, 발전되었다. 뿐만 아니라, 미국과 소련이란 양대 초강국의 대립 속에서, 동남아를 포함한 아시아태평양지역은 불가피하게 냉전체제의 하위종속인자로 편입될 수밖에 없었다. 동남아 화교사회도 이러한 세계적 대 지각변동을 온전히 피해갈 수는 없었다. 그들은 본의 아니게 국공(國共)내전과 중국정치에 휘말려 들어가게 되었고, 불가피하게 냉전체제의 일부로 편입되지 않을 수 없었다. 미국 중심의 서구제국주의가 화교를 한낱 중공의 '제5열' 즉 '스파이' 쯤으로 생각한 것이 그 일례라 할 수 있다. 따라서 당시 서방의 정책은 동남아 건국과정에서 화교의 참여를 배제하는 것이었고, 나아가 동남아국가와 화교사회를 이간하는 것이었다. 이렇듯 매우 열악한 국내외적 환경과 각종 정치투쟁의 혼란 속에서, 동남아 각국은 화교를 배척 혹은 제한하는 일련의 정책을 채택했다. 이에 대응해, 동남아 화교 역시도 스스로를 재정립할 필요가 있었고, 자기정체성의 변화에도 심각하게 고민하지 않을 수 없었다.

전후 동남아 화교화인의 정체성 변화는 주로 국가(거주국)정체성 (National identity), 문화정체성(Cultural identity), 종족정체성(Ethnic identity) 등 세 가지 차원에서 구현되었다.[1] 특히, 국가(거주국) 정체성은 전후, 동남아

---

1) 세 가지 정체성에 대한 자세한 내용은, Wang Gungwu(王賡武), "The Study of Chinese Identities in Southeast Asia", in Jennifer. W. Cushman and Wang Gungwu(ed.), *Changing Identities of the Southeast Asian Chinese since World War II*, Hongkong University Press,1988, pp.1-21 참조.

동남아화교화인의정체성및종교

화교화인 정체성의 가장 근본적인 변화였다.

1. 국가(거주국)정체성

국가(거주국)정체성이란 한마디로, 거주국에 대한 정치정체성을 의미한다. 이것은 제2차 대전 이후, 동남아 화교화인 정체성의 가장 근본적인 변화라 할 수 있다.

제2차 대전 이전까지만 해도, 동남아에 거주하는 화교는 주로 광동(廣東), 푸젠(福建), 광시(廣西) 등지의 "빈털터리 빈농"들이었다. "그들은 대대로 교육이란 전혀 받아보지 못한 그야말로 일자무식장이들이었다. 사실, 그들은 고향에 있을 때에도 '중국인'이나 '조국'이란 개념 따위에는 별 관심이 없었다.(실제로 그럴 필요성도 느끼지 못했다.)"2) 고향을 떠나 낯선 타향에 거주할 때에도, 그들의 머릿속엔 고작 고향, 향토, 파벌(幇派) 정도만의 개념 밖에는 들어있지 않았다. 성적(省籍)이란 개념도 그들에게는 그리 중요한 것이 아니었다. 그러니 '중국인', '중국공민', '중화민족', '조국' 등 이보다 훨씬 더 광범위한 개념은 더 더욱 말할 필요가 없을 것이다. 그러나 바다 밖에 있는 외국에 거주하면서부터는 상황이 달라졌다. 이때부터 그들은 자신이 푸젠인이고 학카(客家)인이고, 하이난(海南)인이고, 차오저우(潮州)인임을 진정으로 깨닫기 시작했다. 다시 말해, 처음으로 고향을 등지고 도착한 곳이 영국, 프랑스, 미국, 네덜란드 등의 식민지라는 것을 알았을 때, 비로소 자신이 '중국인'이자 화교(해외에서 타

---

2) 黃枝連, 『東南亞華族社會發展論 : 探索二十一世紀的中國和東南亞的關係』, 上海社會科學出版社(上海), 1992, 208쪽.

향살이를 하는 중국인)이며, 자신의 조국이 중국이라는 사실을 새삼 인식하게 된 것이다. 물론 화교가 처음으로 '조국' 혹은 '중국'에 대한 정체성의식을 갖게 된 것은, 19세기 말 이후 청(淸)정부를 비롯해 입헌파(立憲派), 혁명파(革命派) 등이 각각 화교를 자신의 세력으로 끌어들이기 위해 벌였던 각종 선동과도 밀접한 연관이 있을 것이다. 사실, 이러한 선동은 화교를 "정치화시키고, 의식화시켰다."[3] 또 한편으로는, 화교의 민족의식과 국가의식을 고취시키고, '중국인', '교민(僑民)', '중국'이라는 의식을 심어주기도 했다. 따라서 192,30년대 일본제국주의가 중국침략을 감행했을 때, 화교들은 조국의 인민들과 일치단결해 대적할 수 있었던 것이다. 한편, 화교들은 화교사회 내부의 교류가 밀접하고 빈번해지면서, 자신이 광동인이든, 푸젠인이든, 학카인이든 혹은 광시인이든 하이난인이든지 간에 너나 할 것 없이 모두가 해외에 살고 있는 '중국인'이라는 사실을 깨닫기 시작했다.

제2차 대전 이후, 중국정부는 "국외 화교의 영구적 이익과 그들의 직업과 생활상의 편의를 위해, 또 중국과 관련국 간의 관계개선을 위해"[4] 이중국적의 원칙을 앞장서 포기했다. 1955년 4월, 중국정부가 인도네시아정부와 이중국적문제의 해결에 관한 조약을 체결한 것이 그 예이다. 이 조약에는 다음과 같이 명확히 규정되어 있다. "체약국 쌍방은 중화인민공화국국적과 인도네시아공화국국적을 동시에 소지한 자들의 경우, 본인의 의사에 따라 양국 국적 가운데 하나를 선택해야 한다는데 동의한다."[5] 또 중국의 저우언라이(周恩來) 총리는 1959년 6월과 10월, 미얀마 주중대사와 전(前) 싱가포르 수석장관 데이비드 마샬(David

---

3) 黃枝連, 위의 책(1992), 203쪽.
4) 彭眞, 「全國人民代表大會常務委員會工作報告」, 『人民日報』, 1980.9.14(1).
5) 陳喬之, 「華人認同東南亞社會探究」, 『東南亞硏究』, 1992(2), 35쪽.

Marshall)과의 잇단 만남에서도, 이중국적의 원칙을 포기하겠다는 것을 재차 천명했다. 뒤이어 필리핀, 타이, 말레이시아, 인도네시아 등과 수교 및 국교회복을 위한 교섭을 진행할 때에는 이보다 한발 더 진전된 입장을 피력하기도 했다. 중국이 1980년 반포한 〈중화인민공화국국적법(中華人民共和國國籍法)〉 제3조에도, "중화인민공화국은 중국공민의 이중국적을 허용하지 않는다."라고 명확히 규정되어 있다. 이에 더해 1970년대 중반 이후, 동남아국가들이 거류외국인의 귀화와 관련된 각종 제한조치들을 완화한 것도 동남아 화교들이 국가(거주국)정체성 차원에서 가장 근본적인 변화를 겪게 한 핵심적인 요인이었음은 물론이다. 한마디로 말해, 이는 익히 들어온 기존의 '낙엽귀근(落葉歸根)'에서 '낙지생근(落地生根)'으로 정체성관념이 변화하고 있음을 보여주는 것이라 할 수 있다.6)

전후, 동남아 화교화인의 국가(거주국)정체성은 크게 보아, 국적의 변경과 참정의식의 강화로 체현되었다.

(1) 국적변경

인도네시아는 1945년 8월 독립한 이후, 국적 관련 정책에서 크게 세 단계7)의 변화를 거쳤다. 그러나 진정으로 화교의 대다수가 거주국 인도네시아 국적을 취득한 것은 1980년대 이후였다. 1980년 수하르토 정부는 국내외정세의 변화와 일종의 정치적 필요성 때문에 화교의 귀화 기준을 일부 완화하는 정책을 채택했다. 규정된 내용은 다음과 같다. "1958년 국적법 제5조에서 규정한 바대로, '귀화신청자는 만 18세 이상

---

6) 饒尙東, 「東南亞華人的文化認同問題」, 『資料與研究』(吉隆坡), 1997(25), 39~41쪽.
7) 즉, 피동적 국적정책시기(1945~1954년), 적극적 국적정책시기(1954~1980년), 화교귀화환영시기(1980년 이후)이다.

의 인도네시아 출생자이거나 5년 이상 계속해서 인도네시아에서 거주하면서 고정된 직업을 가지고 있는 자라는 조건에 부합하는 외국인의 경우에는, 증명서와 3,000 루피아의 수수료만 내면 심사를 거쳐 곧바로 인도네시아국적을 취득할 수 있다. 또 원래 중국국적을 소지한 자가 귀화를 신청할 경우에는 본인의 서명이 담긴 기존국적포기각서만 첨부하면 국적을 취득할 수 있다."[8]

사실, 중국과 인도네시아 간 국교가 단절되었던 1960년대만 해도, 인도네시아 화인들의 삶은 그리 녹록치 않았다. 당시 화인들은 인도네시아국적을 선택하는 것만이 자신이 살 길이라 생각했다. 다시 말해, 거주국 공민이 되는 것 즉, 낙지생근만이 본인은 물론 자신의 후대가 인도네시아에서 생존하고 발전할 수 있는 유일한 길이라는 것을 누구보다도 잘 알고 있었던 것이다. 더욱이 그들은 1960년대 초 중국으로 돌아간 동포들의 힘겨운 삶의 이야기를 듣게 되면서, 중국으로 돌아가더라도 그곳 생활에 적응하는 게 결코 쉽지 않다는 것을 깨닫게 되었다. 이렇듯 중국의 '좌'편향적 사상에서 촉발된 잇단 정책적 실패도, 언젠가는 조국으로 돌아갈 꿈을 갖고 있던 수많은 화교들이 애초의 바람을 포기하고 인도네시아국적을 취득하게 하는데 한 몫을 했다. 통계에 따르면, 1980년대 초 630만에 달했던 화교화인 가운데 여전히 화교신분을 유지하고 있던 이들은 불과 30만으로, 전체 인도네시아 화인의 5%도 채 되지 않았다.[9]

말라야연방(말레이시아의 전신─옮긴이)은 1957년 독립을 선언할 당시 제정한 〈헌법〉에서, 현지 출생자만이 공민권을 획득할 수 있다고 규정했

---

8) 湯平山, 『印度尼西亞』, 當代世界出版社(北京), 1998, 230쪽.
9) 許肇琳, 「試析二戰后東南亞華僑華人社會的變化發展」, 『華僑華人歷史研究』, 1996(2), 3쪽.

다.[10)] 이에 대해, 마화공회(馬華公會, 말레이시아화인공회Malaysian Chinese Association)와 기타 화인단체 및 지도자들은 강력한 투쟁을 대대적으로 전개했고 그 결과, 100만 명의 화인들이 말레이시아 국적과 공민권자격을 획득할 수 있었다. 이후 거주국의 국적과 공민권자격을 획득한 화인의 수는 지속적으로 증가해(자연증가율 및 귀화), 1990년대에 이르면 전체 화교인구 565만 명 가운데 화교신분을 유지하고 있는 자는 전체의 5%에 지나지 않았고,[11)] 대신 화인인구는 536만 7천명에 달하게 되었다. 이는 말레이시아에서 그 수가 두 번째로 많은 종족이 되는 셈이었다. 결국, 이것은 말레이시아 화교의 대부분이 국적변경을 통해 거주국에 동화되었음을 말해주는 것이라 볼 수 있다.

1965년 싱가포르가 말레이시아로부터 독립하면서, 절대다수의 화인들은 싱가포르국적을 취득했다. 1993년 통계에 의하면, 화인은 228만 명으로 싱가포르 총인구 300만 명의 76%를 차지하고 있었다. 그 다음이 총인구 15.1%를 차지한 말레이인이었고 세 번째가 총인구의 6.5%를 차지한 인도인 그리고 기타 종족이 6.4%를 차지했다.[12)] 이는 화인이 싱가포르를 대표하는 종족이 되었고, 100% 화족(華族) 싱가포르인이라는 사실을 보여준다. 이렇듯 싱가포르 화인들이 싱가포르에서 자기 정체성을 찾게 된 것은, 싱가포르가 자치독립과정에서 "이민자를 싱가포르 국민으로 만들어 그들로 하여금 싱가포르 국가의식을 갖게 하는"[13)] 등의 이른바 싱가포르화정책(星化政策)을 채택한 결과였다.

---

10) 蔡仁龍, 「戰後東南亞華僑華人發展變化試論」, 國務院僑務辦公室 『僑情』編輯部, 僑務工作硏究論文集(一), 北京, 1990, 152쪽.

11) 許肇琳, 위의 논문(1996), 3쪽.

12) 李一平/周寧, 『新加坡研究』, 國際文化出版公司(北京), 1996, 12쪽.

13) 暨南大學東南亞研究所/廣州華僑研究會, 『戰後東南亞國家的華僑華人政策』, 暨南大學出版社(廣州), 1989, 166쪽.

전후 타이정부는 기본적으로 1939년의 〈국적법〉을 그대로 유지했는데, 이 중에 화교의 타이국적 가입요건에 대해서는 비교적 느슨하게 규정되어 있었다. 이후, 1956년에 제정된 〈공민권법령〉에서는 화교의 타이국적 취득요건이 이보다도 훨씬 더 완화되어, 화교가 타이 국민이 된 연후에는 〈타이인 보류직업법령(保留泰人職業法令)의 제한을 더 이상 받지 않도록 보장했다. 이에 따라 화교들 가운데 타이국적 가입을 신청하는 자들이 점차 늘어나게 되었다. 통계에 따르면, 1956년 현재 타이 화교 가운데 타이국적을 신청한 자들은 118명이었고, 1957년에는 195명으로 늘었다.[14) 이후에도 귀화하는 화교의 증가추세는 전반적으로 계속되었다. 1975년 7월 1일 중국과 타이 간에 정식 외교관계가 수립되자, 타이 국무원(國務院)은 곧바로 동년 9월 16일에 화교화인의 국적문제를 해결하기 위한 회의를 개최했고, 그 자리에서 귀화조건을 전보다 훨씬 완화하기로 결정했다. 당시 타이의 쿠크리트(Kukrit Pramoj) 총리는 다음과 같이 선언했다. "화인이 귀화를 신청할 시에 타이정부는 최대한의 편의를 제공할 것이며, 귀화절차도 간소화할 것이다. 또한 화인은 귀화 후에도 타이 이름으로 개명할 필요가 없다."[15) 이에 따라, 대부분의 화교들은 장기적인 생존의 필요성을 확보할 목적으로 귀화를 신청해 국적을 변경했다. 1983년 타이정부의 통계에 따르면, 타이국적의 화인은 450만 명에 달했고, 화교는 28만 명에 불과했다.[16)

필리핀의 상황은 인도네시아와 유사했다. 1946년부터 1974년 사이에, "필리핀정부는 일관되게 소수종족인 화인들이 필리핀 주류사회의 생활과 문화에 강제 동화될 수 있도록 하는 그 어떤 조치나 정책도 시

---

14) 暨南大學東南亞硏究所/廣州華僑硏究會, 위의 책(1989), 112쪽.
15) 戎撫天, 「泰國華人同化問題硏究」, 民族與華僑硏究所學報(台北), 1981(3), 161쪽.
16) 蔡仁龍, 위의 논문(1990), 153쪽.

행한 바가 없다."[17] 오히려 필리핀정부는 화교의 귀화를 엄격히 제한했다. 이는 제2차 대전 이후, 필리핀정부가 20년 넘게 화교를 배척하고 제한하는 정책을 시행했던 것과 일맥상통한다. 그러나 필리핀과 중국이 외교관계를 수립하기 직전, 마르코스 정권은 "화교가 좌파조직에 이용되는 것"[18]을 미연에 방지한다는 미명 하에, 체류기한을 넘긴 불법체류자의 문제, 귀화절차의 간소화문제를 해결함으로써 화교의 귀화를 적극 장려하기로 결정했다. 필리핀은 1975년 4월 11일과 12월 3일에 제370호 및 제836호 대통령령을 잇달아 공포하고, 1977년 1월 5일에는 이를 수정한 제491호 대통령령을 재차 공포했다. 이는 모두 보다 많은 화교들이 필리핀 국적을 취득할 수 있도록 문호를 개방하는 조치들이었다. 그 결과, 1976년부터 1979년에 이르는 3년이란 짧은 기간 안에 대통령의 비준을 받은 화인귀화자의 수는 약 3만 명에 달했다.(이는 세대주만 포함되고 그 권속은 포함되지 않은 수치이다.)[19] 비공식적 통계에 의하면, 1990년대 중반 현재 필리핀 화인은 약 110만 명이고, 그 가운데 1%인 1만 명만이 화교신분을 유지하고 있었다 한다.[20] 이를 통해 알 수 있는 것은, 필리핀의 절대다수 화교는 국적만으로 보면, 이미 거주국정체성을 가지고 있다는 점이다.

미얀마 당국은 독립 이후 잔존한 교민문제를 일거에 해결하기 위해, 1982년 10월 16일 〈미얀마공민법〉을 정식으로 통과시켰고 이를 근거

---

17) Antonio S Tan, "Changing Identity among the Philippine Chinese, 1949~1984",
澳大利亞國立大學(堪培拉), 第二次世界大戰後東南亞華人變化中的認同
(*Changing Identities of the Southeast Asian Chinese since World War II*) 國際學術研討會論文, 1985.1.
18) 陳烈甫, 『東南亞洲的華僑華人與華裔』, 正中書局(台北), 1983, 248쪽.
19) 暨南大學東南亞研究所/廣州華僑研究會, 위의 책(1989), 248쪽.
20) 陳烈甫, 위의 책(1983), 248쪽.

284

동남아화교화인과 트랜스내셔널리즘

로 귀화정책을 추진했다. 이 법률에 따르면, 혈통에 따라 미얀마국민을 '공민', '외적공민(外籍公民)', '귀화공민' 등 세 부류로 나누고, 이들에게 각각 차별적인 권리를 부여했다. 따라서 대다수 화인들은 생계나 자녀교육을 위해 어쩔 수 없이 미얀마국적을 취득해야 했다. 현재 미얀마 거주 화교화인은 90만 명에 달한다. 이 가운데 대부분은 미얀마로 귀화한 화인이고, 아직도 미얀마국적을 취득하지 않은 화교는 10%도 채 되지 않는다. 그것도 대부분은 고령자들이다.[21]

인도차이나 지역의 화교들도 대부분 거주국으로 국적변경을 시도하고 있는 상황이다. 베트남의 경우에는 일종의 개혁개방조치라 할 수 있는 도이모이(Doimoi)정책을 실시함과 동시에 화인정책에도 대폭적인 수정을 가하게 되면서, 화인의 처우도 점차 개선되어나갔다. 베트남정부인사가 발표한 바에 따르면, 현재 베트남의 화인은 100만 명이고, 이 가운데 50여만 명이 호치민(Hochiminh)에 거주하고 있으며 나머지는 주로 남부 평야지대에 위치한 각 도시에 흩어져 살고 있다한다.[22] 라오스는 1984년부터 화교화인정책을 완화하기 시작했다. 이로 인해, 화교화인에 대한 차별도 점차 사라졌고 화교가 라오스국적을 취득하는 것도 비교적 용이해졌다.(국적을 취득하지 않은 자들은 토지구매, 군 입대, 공직참여, 대학 입학 등에서 각종 제한을 받았기 때문에 최근에는 국적취득자가 점차 늘고 있는 추세이다.) 통계에 따르면, 현재 라오스에 거주하는 화인은 1만여 명이다.[23] 캄보디아는 1979년부터 화교화인정책을 완화하기 시작했다. 현재 캄보디아 화교화인의 수는 1960년대 수준을 거의 회복해 대략 40만 명에 달한다. 특기할만한 것은 이들 대부분이 20세 이하의 청소년이고,[24] 그 가운데

---

21) 趙和曼, 『東南亞手冊』, 廣西人民出版社(南寧), 2000, 607쪽.
22) 兪培玲/張加祥, 『越南』, 當代世界出版社(北京), 1998, 90쪽.
23) 郝躍駿, 「老撾華人現狀及社團組織」, 『東南亞』, 1992(1), 50쪽.

대다수가 캄보디아국적자라는 점이다.

　이상의 내용을 종합하면, 제2차 대전 이후 지금까지 동남아국가에 살고 있는 절대다수의 화교들은 중국에서 동남아 각 거주국으로 국적을 변경했음을 알 수 있다.[25] 이러한 급격한 국적변경은 화교화인의 역사에서 매우 보기 드문 현상이다.

(2) 참정의식의 강화

　청나라 말기부터 동남아에서는 정치적 각성이 일어나기 시작했다.[26] 중국민족주의정체성(Chinese nationalism Identity)의 역정도 이때부터 시작되었다. 신해혁명(辛亥革命)의 승리를 기화로, 동남아 화교사회 각계각층에서는 중국민족주의정체성이 대대적으로 촉발되었다. 7・7사변 이후, 동남아 화교들은 남교총회(南僑總會, 南洋華僑籌賑祖國難總의 간칭)를 중심으로 분파, 계층, 지역에 상관없이 일치단결하여 항일구국의 도도한 물결에 동참하게 되었다. 이로써, 중국민족주의정체성은 애국주의 차원으로 승화되기에 이르렀다.[27]

---

24)　許肇林/張天樞, 『柬埔寨』, 廣西人民出版社(南寧), 1995, 221쪽.

25)　브루나이정부는 화교의 귀화를 여전히 엄격하게 통제하고 있다. 브루나이 법률에 따르면, 브루나이에 계속해서 25년을 거주한 영주권자에 한해서 귀화자격이 주어지며, 그것도 귀화시험을 통과해야만 비로소 시민권을 획득할 수 있도록 규정되어 있다. 귀화시험은 매년 한 차례밖에 실시하지 않는데, 과거에는 합격자가 한 자릿수에 불과했으나, 최근 몇 년 동안에는 두 자릿수에 달하고 있다. 현재, 브루나이국적을 취득한 화인은 1만 명 남짓으로, 전체 화교화인인구의 20%에 지나지 않는다. 이에 대한 자세한 내용은, 趙和曼, 『東南亞手冊』, 廣西人民出版社(南寧), 2000, 601쪽 참조.

26)　李 E 威廉斯, 「東南亞華人的過去和現在」, 南洋資料譯叢, 1978(4), 7쪽.

27)　莊國土, 「從民族主義到愛國主義 : 1911~1941年間南洋華僑對中國認同的變化載」, 『中山大學學報』(社會科學版), 2000(4), 110~116쪽.

제2차 대전이 끝나자마자, 동남아 신흥국들은 화교의 거주국 귀화를 장려하거나 압박했다. 그 결과, 50년이란 짧은 기간 안에 화교신분을 가지고 있던 2,000여만 명의 화교들이 거주국국적을 선택했다. 이로써 화교의 절대다수가 거주국 국민이 되었고, 동남아 화교사회는 화인사회로 바뀌게 되었다. 이는 동남아 화인들의 참정의식 면에서도 거대한 변화를 가져왔다. 이제 거주국국민이 된 화인들은 생존과 발전 그리고 자신들의 합법적 권익을 보장받기 위해서는 거주국의 다른 종족들과 마찬가지로 적극적으로 정치에 참여하고 공직에도 진출하는 등, 거주국 정계에서 일정한 지분을 확보하기 위해 노력해야 한다는 것을 인식하기 시작했다. 타이, 싱가포르, 말레이시아, 필리핀 심지어 인도네시아 등지의 화인들은 이미 그러한 방향으로 나아가고 있다.

　동남아국가들 가운데, 참정의식이 가장 강한 자들로는 타이 화인을 꼽을 수 있다. 이는 화인의 동화정도와 결코 무관치 않은 일이다. 타이에는 일찍이 봉건시대부터 화인 출신의 고관(高官)들이 존재했고 이밖에도 중요 요직을 차지하고 있는 이들이 적지 않았다. 제2차 대전 이후 1970년대 초반까지, 화인들의 공민권 행사는 크게 제약을 받았다. 그런데 1973년부터 타이정부는 화인의 정치적 권리에 대한 각종 제한조치를 대대적으로 풀기 시작했다. 1975년 9월 타이 국무원은, 화인은 귀화함과 동시에 선거권 및 피선거권을 포함한 일체의 공민권을 행사할 수 있다고 공표했다. 이로부터 타이국적의 화인과 그 자녀들이 정치에 참여할 수 있는 길이 활짝 열리게 된 것이다. 언론보도에 따르면, 1986년 타이 대선에서 "86명의 타이국적 중국계 부호의 자제들이 기업가 자격으로 중의원에 당선됨으로써, 전체 347석의 중의원 의석 가운데 가장 많은 의석을 차지한 직능단체가 되었음"은 물론, 이들 타이 중국계 "부호 및 거부들의 정치적 투자와 씀씀이는 유례가 없을 정도로 막대한 것이었다. 통계에 의하면, 전년(1986년) 선거에서 이들 부호들이 선거비용으로 사용한 돈의 액수는 총 1억 2,000만 달러로, 타이 선거역사상 최고금액에 달하는 기록적 수치였다."[28] 지방의원선거에서도, 화인을 비롯한 중국계 당선자가 적지 않았다. 이것으로 보아, 타이 화인은 적어도 참정의식이란 면에서는 이미 거주국에 깊이 동화되어있다고 볼 수 있다.

싱가포르는 독립 이후, 정치, 경제, 문화, 사회, 외교 등 전 방면에 걸친 싱가포르화정책을 성공적으로 추진, 관철시켰다. 더불어 참정의식 면에서 거주국 화인들의 싱가포르정체성을 확립했음은 물론이다.

말레이시아의 경우에는 1949년 마화공회(MCA)가 성립되자마자, 자신들의 거주국정체성을 명확하게 보여주었다. 이 단체의 주요 설립취지는 말라야 화인의 단결 및 화인의 말라야정체성을 확립하는 것으로 되어 있다. 즉, "우리를 길러준 이 땅에 나라를 만들고 바로 그 나라에 충성과 사랑과 헌신을 다하며" 나아가 기타 종족과 조화와 우호의 관계를 건설하고 정부와 협력해 말라야공산당에 대적함으로써 국가의 위급상황을 극복하는데 자신의 임무가 있다는 것이다. 결국, 마화공회는 1952년부터 말라야 최대의 화인정당으로 성장해, 시정(市政)은 물론 국회의원 선거에도 적극 참여하기 시작했다. 말라야가 독립한 1957년부터는 말레이민족통일기구(巫統, United Malays National Organization, UMNO) 및 말레이시아인도인의회(國大黨, Malaysian Indian Congress, MIC) 등과 장기적인 협력과 공조를 바탕으로 연맹을 결성해, 말레이시아의 각종 선거 및 정부조직 활동에 참여했다. 이밖에 기타 화인 정당의 설립취지 및 그 활동을 통해서도, 말레이시아 화인들이 참정의식 방면에서 거주국에 완전히 동

---

28) 暨南大學東南亞研究所/廣州華僑研究會, 위의 책(1989), 125쪽.

화되어 있음을 확인할 수 있다. 1966년 3월에 건설된 민주행동당(DAP)과 1968년에 등장한 말레이시아인민운동(Gerakan Pakyat Malaysia) 등이 그 대표적인 예라 할 수 있다.

　필리핀의 경우, 마르코스 정권이 대폭 완화된 귀화정책을 실시하게 되면서 거주국 화인 특히, 신세대 화인들의 정치참여가 활발해지기 시작했다. 여기에는 그동안 필리핀 화인화교와 관련해 적극적이고 깊숙이 관여하고자 했던 타이완 당국과 단교한 이후, 새로운 수교국인 중화인민공화국이 거주국 화인화교에 대해 일종의 불간섭주의 정책을 채택했던 게 크게 작용했다. 화인의 거주국 정치참여와 참정의식이 만개한 것은 1986년 필리핀 대선에서였다. 당시 화인사회는 코라손 아키노와 마르코스 대통령 중에 어느 쪽을 지지할 것인가를 두고 격렬한 논쟁에 휩싸였다. 노인세대 화인들 사이에선 마르코스가 "화인에 대해 줄곧 좋은 정책을 펼쳤다"는 이유로 그를 지지하는 경향이 뚜렷했고 반면, 신세대 화인들은 "마르코스 집권기간 내내 필리핀 국민은 힘들어 했다"는 이유로 그를 강력히 반대했다.[29] 결국, 당시 필리핀 화인사회는 마르코스 대통령을 지지하는 노인층과 코라손 아키노를 지지하는 젊은 세대로 양분되는 기이한 현상이 일어나게 된 것이다.

　정치무대에서 줄곧 고립되고 소외되었던 인도네시아 화인들도 점차 거주국 정치에 참여하고자 하는 참정의식을 발현하기 시작했다. 1998년 5월 종족분규에서 비롯된 화교학살사건이 마무리되고 그 후속조치로 정치활동금지가 해제되면서, 인도네시아 화인들은 정치입지의 확보

---

29)　Teresita Ang See(洪玉華), "Integration and Identity Social Changes in the Post War II Philippine Chinese Community", 郭梁, 『戰後海外華人變化國際學術硏討會論文集』, 中國華僑出版公司(北京), 1990, 363-364쪽.

및 합법적 권익의 보호를 위해 화인 중심의 정당들을 새롭게 창당하기 시작했다. 동화당(同化黨), 중화개혁당(中華改革黨), 대동당(大同黨), 불교민주당(佛教民主黨) 등이 그것이다. 이 가운데 1998년 6월 4일에 창당된 동화당과 같은 해 6월 5일 창당을 선언한 중화개혁당은 창당선언문에 각각 다음과 같이 명기했다. 우선 동화당의 경우에는 "중국계 화인들의 정치적 목소리를 담아내는 통로로서의 역할을 자임하며, 적극적인 동화작업 추진을 통해 원주민과 비원주민(중국계) 간의 소통단절을 극복하는데" 진력할 것이라 했고, 중화개혁당은 "화인의 정치참여를 지지하고 정치적 권리의 쟁취를 지원하며, 기타 종족과 공동 협력하여 평화롭고 조화로운 사회를 건설하는데" 힘쓰겠다고 했다.[30] 또한 1998년 6월 1일 창당된 대동당의 경우에는, 1999년 6월에 치러진 대선에 참여가 허락된 유일한 화인정당이었다. 대동당은 화인을 차별하는 각종 조례와 법령의 폐지를 위해 투쟁하겠다고 밝혔다. 인도네시아 화인사회는 이렇듯 정당을 창당하는 것 외에도, 공민권 쟁취를 위한 각종 단체들을 설립했다. 가령, 한때 인도네시아 국위를 선양한 배드민턴 선수를 비롯한 중국계 엘리트 1만여 명을 중심으로 조직된 종족차별반대위원회(反種族歧視委員會)는 소수종족을 차별하는 모든 행위를 금지하는 합당한 조치를 마련해줄 것을 정부에 촉구하고 청원했다. 또 1999년 4월 10일 설립된 인도네시아화예총회(印尼華裔總會)는 초당파적 민간단체로, 화인에 대한 차별정책을 해소하고 화인과 기타 종족 간의 폭넓은 동화를 실현함으로써, 민주적이고 자연스러운 방식으로 화인문제를 해결하고자 하는데 그 목적을 두고 있었다.

---

30) 葛雷士, 「印尼華裔政黨自救自强」, 中國華僑歷史學會, 中華文化交流與合作促進會, 『華僑華人資料報刊剪輯』, 1998(4), 25-26쪽.

2. 문화정체성

이른바 '문화정체성'이란 문화적 경향성에 대한 인간의 공통된 인식과 인정을 의미한다. 이러한 공감과 수용은 인간의 자연에 대한 인식의 승화로써, 인간의 행위를 지배하는 사상준칙과 가치정향을 형성한다. 문화적 차이에서 비롯된 문화정체성은 인류의 문화발전에 수반되는 동태적 개념이며, 인류문화의 존재와 발전에 없어서는 안 될 핵심요소이다.[31] 동남아 화인들의 문화정체성은 매우 복잡하고 다원적인 특성을 지니고 있다. 아마도 그것은 전통적인 중화문화가 동남아 화인의 문화정체성의 핵심요소의 하나로 작용하고 있기 때문이기도 하고 동시에, 외국에서의 생활로 인해 또 다른 국가(거주국)정체성을 형성하고 있기 때문이기도 할 것이다. 이러한 객관적 환경은 그들의 문화적 선택을 제약하고 영향을 미치기 마련이다. 또한 이것은 동시에 문화적응(acculturation)의 문제를 야기하기도 하고, 이민족문화와의 교류와 융합의 과정 속에서 문화변이의 문제를 초래하기도 한다.[32] 따라서 전후 동남아 화인의 문화정체성을 분석함에 있어서는 두 종류의 문화규범에 입각해 분석을 시도하는 왕경우(王賡武)의 연구방법이 가장 유효하고 타당하다고 생각된다. 하나는 화인으로서 엄수해야 하는 문화규범(중국어학습, 가족관계유지 그리고 화인사회의 단결을 강화하는 종교나 지역 차원의 유사조직에 대한 지지 등)이고, 다른 하나는 유용하고 받아들여야 하는 현대화된 문화규범(화인사회 이외의 교육기준과 직업구조, 외국어능력, 종교귀의를 포함한 이질적 집단의 각종 사회관습 등)이다.[33]

---

31) 鄭曉雲, 『文化認同與文化變遷』, 中國社會科學出版社(北京), 1992, 4쪽.
32) 饒尙東, 위의 논문(1997), 39-41쪽.
33) Wang Gungwu, "The Study of Chinese Identities in Southeast Asia", Jennifer W

(1) 전통중화문화에 대한 깊은 동질감

　이러한 양상은 싱가포르, 말레이시아와 같이 화인의 수가 비교적 많은 동남아국가들에서 주로 나타난다.

　싱가포르는 자치정부가 수립되면서 곧바로 싱가포르화정책을 추진했다. 그 결과, 1970년대 말에 이르면 전통사회는 점차 현대산업화사회로 변모하게 되고, 그에 따라 화인 그 중에서도 젊은 세대의 문화정체성은 서방의 사상과 문화로 급격히 기울게 되었다. 이로 인해 문화적·정신적 위기가 함께 대두하기 시작했다. 당시의 폭력, 마약, 포르노, 자살, 조직폭력, 가정해체 등의 각종 사회문제의 표출은 이러한 위기의 상징적 표현일 것이다. 싱가포르정부는 이러한 위기를 극복하기 위해 유가윤리보급운동과 같은 전통문화를 적극 수호하고 보존하는 전략을 추진했다. 우선, 정부는 1984년부터 중학교 3, 4학년 도덕윤리과정에 유가윤리과정을 증설했다. 또한 후속조치의 일환으로, 친정부적 언론의 협조를 받아 위잉스(余英時), 두웨이밍(杜維明), 쉬줘윈(許倬雲) 등과 같은 저명한 유가학자들의 초청강연이나 특별대담을 개최하기도 했다. 결과적으로 이는 유가윤리의 확산과 보급을 촉진하고 그러한 운동이 건강한 방향으로 진행되는데 일정한 역할을 했다. 사회 각계에서도 유가문화에 대한 연구와 확산운동이 활발하게 진행되었다. 남양학회(南洋學會), 아시아연구회(亞洲研究會), 중화총상회(中華總商會), 싱가포르종친회관연합총회(新加坡宗鄕會館聯合總會) 같은 화인단체나 조직들도 이 과정에서 적극적인 역할을 했다. 이러한 노력들 덕분에, 서방문화에 편향되어 있던 싱가포르 화인들의 인식정향을 말레이문화나 인도문화의 정수까지 아우른 새

　Cushman, Wang Gungwu, *Changing Identities of the Southeast Asian Chinese since World WarII*, Hongkong : Hongkong University Press, 1988, p.14.

로운 유가문화로 이끄는데 성공했다.

제2차 대전 이후 동남아에서, 여전히 전통중화문화에서 자기정체성을 확인하고자 하는 화인들이 많았던 또 다른 국가는 말레이시아였다. 말레이시아정부는 독립 이후, 국적이나 참정의식, 언어교육 등의 방면에서는 화인사회의 변화를 강력히 요구했지만, 전통적인 중화문화 분야에서는 오히려 동화정책을 추진하지 않았다. 이는 말레이시아에서 두 번째로 많은 인구수를 자랑하고 있는 중국계가 문화정체성 측면에서 전통중화문화를 수호하기 위한 투쟁을 일관되게 지속하고 있었기 때문이기도 하고, 당시 연립정부 국민전선(Barisan National, BN)의 한 축이었던 화인정당 마화공회가 정부의 문화정책 추진에 있어 일정한 영향력을 발휘했기 때문이기도 했다. 1970년대에는 정부각료 가운데 한 명이 사자춤을 추는 자는 말레이인일 수 없다는 식의 발언을 한 것을 두고, 화인사회가 즉각 강력한 항의에 들어간 일도 있었다. 이는 당시 화인들에게 "더더욱 사자춤에 관심을 갖는 계기가 되었다. 지금도 화인회관 중에는 사자춤을 전수하는 단체를 보유하고 있는 곳이 많고, 매우 보편화되어 있다."[34] 마하티르가 집권한 이후, 화인문화에 대한 정책은 이전보다 더 완화되었다. 이 역시 화인들의 전통적인 중화문화에 대한 관심과 동질감을 증폭시키는 일정한 계기가 되어주었다. 오늘날에도 "중국계 조직이나 단체를 중심으로 중국의 전통적인 문화나 명절이 매우 이채롭게 펼쳐지고 있다. 특히, 화인의 대표적인 명절인 춘절(春節), 단오절, 중원절(中元節)이 되면, 국가적 차원에서뿐만이 아니라 주(州), 현

---

34) Tan Chee-Beng(陳志明), "Nation-building and being Chinese in a Southeast Asian State : Malaysian", 澳大利亞國立大學, 第二次世界大戰後東南亞華人變化中的認同(*Changing Identities of the Southeast Asian Chinese since World War II*) 國際學術硏討會論文, 1985, 14-15쪽.

(縣) 등 크고 작은 도시나 시골에서도 경축행사가 성황리에 펼쳐지고 있다. 아마도 그 장면이나 정경은 그 근원지라 할 수 있는 중국과 비교해도 결코 손색이 없을 것이다."[35] 그러나 여기서 반드시 짚고 넘어가야 할 점은, 현재 말레이시아 화인들이 전통적인 중화문화 가운데 동질감을 느끼는 것은 주로 통속문화나 공연문화에 한정되어 있다는 것이다. 바꿔 말해, 그들은 보다 고차원적인 전통중화문화와는 아직도 상당한 거리감을 두고 있다는 말이다.

(2) 주류사회문화에 대한 깊은 동질감

이러한 양상은 동화의 정도가 비교적 높다고 할 수 있는 타이, 인도네시아, 필리핀 등에서 주로 나타난다.

타이는 1950년대부터 유화적인 동화정책을 장기간 실시한(피분 송그람 정부가 두 차례 실시한 배화정책 제외) 탓에, 화인의 주류사회문화에 대한 동질감과 타이화는 상당한 정도로 이루어졌다. 이는 두 가지 측면에서 나타난다. 첫째, 언어교육방면이다. 중국어교육을 제한하는 정책을 집행한 결과, 1980년대 이후 사립 화교학교는 학생 수가 갈수록 줄어들어 급기야는 폐교하는 경우도 생겨났다. 뿐만 아니라 각계각층의 화교단체에서 운영하는 공립 화교학교의 경우에도 과거에는 학생 수가 1천여 명에 달했지만, 이즈음에 와서는 불과 수백 명 정도로 줄어들었다. 그러나 중국이나 기타 동남아국가들과의 경제무역관계가 점차 확대됨에 따라, 타이 국내적으로 중국어 인재에 대한 수요가 점증하게 되었다. 이에 타이정부는 1992년 2월 4일부로 중국어교육에 대한 조건부 개방정책을

---

35) 劉文豊, 「推廣華族文化纳入國家主流」, 中國華僑歷史學會, 中華文化交流與合作促進會, 『華僑華人資料報刊剪輯』, 1997(5), 71쪽.

실시하게 되었다. 이로 인해, 중국어교육이 다소나마 발전할 수 있는 전기를 마련하게 되었다. 그러나 타이 경제회복의 수요에는 여전히 미치지 못하는 수준이었다. 둘째, 종교적 출가이다. 이는 타이인의 종교활동 중에서 가장 대표적인 풍속이지만, 화인들의 경우에는 이 출가를 번뇌로 가득한 속세와의 인연을 버리고 구도자로서 봉헌하고 희생하는 것 그 이상으로는 생각하지 않고 있었다. 그러나 1970년대에 들어서면, 이러한 관념에 대한 화인들의 인식에 커다란 변화가 발생하게 된다. 아래의 |표 1|과 |표 2|는 그러한 변화를 잘 보여준다.

|표 1| 출가에 대한 화인의 생각

	저학력자	고학력자	타이정부 공무원
원한다	36.9%	42.3%	40.7%
원하지 않는다	38.6%	28.3%	14.5%
잘 모르겠다	24.5%	29.4%	44.8%
합계	100%	100%	100%

|표 2| 자녀 및 배우자의 출가에 대한 화인의 생각

	저학력자	고학력자	타이정부 공무원
찬성	66.0%	77.0%	94.3%
반대	34.0%	23.0%	5.7%
합계	100%	100%	100%

출처〉 Punyodyna, Boonsanong, "Chinese Thai Differential Assimilation in Bangkok, An Exploratory Study", Cornell Univ. Press, Ithaca, 1971, pp.38-40. 戎撫天, 「泰國華人同化問題硏究」, 李亦園/郭振羽 主編, 『東南亞華人社會硏究』(下), 正中書局(台北), 1985, 18-19쪽 재인용.

이상 두 개의 표를 한마디로 정리하면, 당시 화인들이 출가에 대해 점차 긍정적인 생각을 갖기 시작했다는 것이다.

인도네시아에서는 수하르토 정권이 전국적 단위에서 중화문화를 소멸시키는 정책(중국어사용 금지, 중국어출판물 수입 및 발행 금지, 중국어 영상·음반물 수입 및 유통 금지, 중국문화관습 보존금지, 개명 장려 등)을 매우 체계적이고 계획적으로 시행했다. 그 결과, 화인 특히, 젊은 세대 화인들은 중화문화 및 관습을 점차 망각하게 되었고, 그 대신에 인도네시아 주류사회의 의식주 생활뿐만 아니라 이슬람 문화, 교육, 문학, 예술, 영화, 연극, 음악, 무용, 종교 심지어 통혼까지도 아무렇지 않게 받아들이게 되었다. 화인 출신의 기업가 윌리엄 수리야자야(William Soeryadjaya, 謝建隆)의 아들 에드워드 수리야자야(Edward Seky Soeryadjaya, 謝漢石)의 고백은 그 전형적인 예라 할 수 있다. 그는 이렇게 말했다. "저는 제 중국어 이름을 쓸 줄 몰라요. 전 문화적으로도 화인보다는 인도네시아 사람에 가깝다고 생각해요. 전 제가 태어난 곳에서 인도네시아 말을 하고 인도네시아 음식을 먹는 게 더 편하고 익숙합니다. 제 아내는 자바인이에요. 그리고 저는 중국어도 할 줄 몰라요."[36] 수하르토가 하야하고 새롭게 들어선 하비비(Bacharuddin Jusuf Habibie)정권은 화인에 대한 차별적인 조치 가운데 일부를 폐지했다. 하비비는 자신이 집권하는 기간 동안, 화인신분증에만 있는 특수기호를 없앴고 원주민과 비원주민이란 용어나 표현법도 사용하지 못하도록 했다. 또한 중국어사용에 대해서도 조건부 완화조치를 취했고, 화인들의 조직 및 단체 심지어 정당의 설립까지도 허용했다. 그 뒤를 이어 대통령이 된 와히드(Abdurrahman Wahid) 역시 화인들이 자신들의 명절을 공개적으로 경축하는 것을 제한하기 위해 1967년에 정한

36) 蔡仁龍, 「印尼華僑華人'認同'的轉向」, 『華人月刊』(香港), 1993(4), 36쪽.

〈제14호 대통령령〉을 철회하고 공교(孔敎, 유교)를 합법적인 종교로 인정하겠다는 성명을 발표했다. 또한 화인이 중문 이름을 사용하는 것을 허용하고 중국어출판물 수입금지조치도 철회했다. 이와 같은 변화와 발전은 화인들이 전통중화문화에 동질감을 느끼게 하는데 일정한 역할을 했다. 예를 들어, 인도네시아 화인들은 인도네시아화예총회(印尼華裔總會), 백가협회(百家協會), 신형제협회(新兄弟協會), 객속총회(客屬總會) 등 화인단체를 잇달아 조직하고, 『화평일보(和平日報)』와 같은 중국어신문도 창간했다. 그러나 인도네시아화인들의 전통중화문화에 대한 동질감이 말레이시아나 싱가포르의 그것과 동일한 수준이 되기 위해서는 앞으로도 장기간의 분투와 노력의 과정이 더 필요할 것으로 보인다.

필리핀 화인들은 비교적 성공적으로 거주국 주류사회문화에 동화되었다고 볼 수 있다. 아마도 그 정도와 수준은 타이 화인에 버금간다고 할 수 있을 것이다. 필리핀정부는 독립이후 1974년까지 화교의 거주국 국적 취득을 제한하는 정책을 줄곧 유지해왔다. 이 때문에 필리핀의 어린 화교학생들은 주류사회문화에서 자기정체성을 확인할 수밖에 없었다. 1970년 로버트 틸만(Robert Tilman)의 필리핀학생에 대한 조사에 따르면, 화교학생들은 필리핀인과의 장기적인 교류로 인해 필리핀 주류사회의 풍속습관 및 가치관을 스스럼없이 받아들이게 되었다고 한다. 이뿐만 아니라 이들은 필리핀인의 생활방식에도 깊은 영향을 받았고, 심지어 사유방식이나 행동방식, 패션 등에 있어서도 필리핀인과 전혀 차이가 없을 정도로 매우 닮아있었다.[37] 특히, 마르코스정부가 화교의 귀화를 용이하게 하는 각종 조치들을 발표하게 되면서, 필리핀 화인들의 주류사회문화에 대한 동질감은 훨씬 가속화되었다. 필리핀 화인의 대

---

37) Antonio S Tan, 위의 논문(1985), 19쪽.

다수(50세 이상의 화인 제외)가 필리핀어(타갈로그어)를 할 수 있게 된 것[38])이 그 대표적인 예라 할 수 있다. 그러나 여기서 반드시 지적해야 할 것은, 필리핀 화인들의 전통중화문화에 대한 동질감 역시도 여전히 사라지지 않고 잔존해 있다는 점이다. 현재 필리핀에는 120여개의 화교학교와 200개가 넘는 각종 화교단체 및 조직(지연, 업연, 종친, 종교, 자선, 레크리에이션, 홍문(洪門)조직 등), 다섯 종의 중국어신문, 『신문(新聞)』, 『교(橋)』, 『상총(商總)』, 『필리핀주간(非律賓週刊)』 등의 중국어잡지가 있다는 것이 그 예이다. 이러한 현상은 필시 화인의 주류사회 중심의 문화정체성에 일정정도 자극과 견제가 될 것이라 생각된다.

3. 종족정체성(ethnic identity)

왕경우는 종족정체성은 종족기원의 시각에서 문화정체성을 수정한 것이라 주장했다. 또 그는 종족정체성이란 집단을 분리시키는 통혼(通婚)을 통해 장기적인 체질혼합이 가능해져야만 비로소 줄일 수 있는 차이를 강조하는 것이며, 동시에 그것은 일반적으로 소수종족집단이 자신의 법률적 권리와 정치적 권리를 찾고자 하는(혹은 쟁취라고도 할 수 있겠다.) 정체성으로 간주된다고 했다.[39])

전후, 동남아 화인의 종족정체성은 주로 다음의 세 가지 측면에서 변화가 발생하고 있다. 첫째, 동화를 통한 정치참여. 둘째, 전통중화문화

---

38) 溫廣益, 「菲律賓的華僑政策與華僑華人問題－菲律賓學者在中山大學講學紀要」, 『華僑與華人』, 1990(1), 76쪽.

39) Jennifer. W. Cushman and Wang Gungwu, 위의 책(1998), pp. 9-11.

와 거주국 주류사회문화에 대한 정체성. 셋째, 거주국 기타 종족과의 통혼 증가. 첫 번째 측면과 두 번째 측면에 대해서는 이미 앞에서 논술한 바 있다. 따라서 여기서는 세 번째 측면에 대해서만 논하기로 하겠다.

동남아 화교화인과 거주국 이족 간의 통혼은 이미 오래전부터 있어 왔다. 명청(明清) 시기에 출현한 베트남의 '민흐엉(Minh Huong, 明鄉), 미얀마의 궤치아(Gwe Chia, 桂家), 타일랜드의 룩친(Luk Chin ; Lukjin, 洛眞), 말레이반도의 바바(Baba, 峇峇), 인도네시아의 페라나칸(Peranakan), 필리핀의 차이니즈 메스티조(Chinese Mestizo) 등이 바로 화교와 거주국 토착민의 통혼으로 탄생한 혼혈 2세들이다. 이러한 혼혈인들에게서 종족정체성 차원의 순수 화인의 특징을 발견하기란 매우 어려운 일이다. 그들은 생활습관 면에서도 이미 완전히 현지화 되었다. 20세기에 들어서면서 화교의 민족운동이 흥기하고 화교여성의 이입이 증가되면서, 화교와 이족 간의 통혼은 잠시나마 줄어들었다. 그러나 제2차 대전 이후 동남아 신흥국 정부들이 화교를 배척하고 제한하는 정책을 시행하게 되면서, 화교들은 생존의 필요성 때문에 국적, 정치, 문화 등의 방면에서 거주국에 강제 동화되지 않을 수 없었다. 이족과의 통혼 현상이 증가한 것도 바로 이러한 상황 하에서 빚어진 산물이라 할 수 있다.

특히, 이러한 화인과 거주국 이족 간의 통혼 현상이 빈발한 것은 주로 타이와 필리핀에서였다. 이는 아마도 거주국 내에서 화인의 수적 비중이 상대적으로 낮았던 것도 그 하나의 이유일 것이고, 거주국정부가 화인을 대상으로 비교적 온건한 동화정책을 추진하고 종교적 귀의란 차원에서 화인과 거주국이 상호 유사한 특징을 보였다는 것과도 관련이 있을 것이다.

타이의 경우, 1950년대 이전까지만 해도 남성 화교화인이 타이 여성을 아내로 맞이하는 경우가 매우 많았다. 그렇지만 반대로 여성 화교나 화인이 타이 남성과 결혼하는 예는 극히 드물었다. 그러나 1960년대 이후 특히, 1970년대 중반에 이르게 되면 여성 화인이나 화교가 타이 남성과 결혼하는 경우가 점차 늘어나는 추세를 보이고 있다. 이는 적어도 결혼이란 문제에 있어서는 타이 화인이 종족적 한계를 완전히 뛰어넘고 있다는 것을 보여주는 것이라 할 수 있다. 오늘날 타이에서는 화인과 토착민 사이에서 태어난 혼혈아의 수가 이미 100만 명을 넘어섰다. 현재, 중앙정부의 관료나 지방관원을 역임했거나 역임하고 있는 인사들 중에는 이러한 양자 간의 혼혈인이 상당수 존재한다. 타일랜드 총리를 역임했던 반한(Banharn Silpa-archa)이 그 대표적인 경우라 할 수 있겠다.[40] 타이의 한 내무관료의 말에 따르면, 1970년대부터 매년 전국적으로 개명을 신청하는 건수가 거의 1만 건에 달하는데, 그 가운데 화인 개명 신청자가 90%를 차지하고 그들 대부분은 젊은 화인들이라는 것이다. 반면, 타이인 가운데 개명을 신청하는 경우는 고작 10%에 지나지 않는데 이는 타이인의 경우, 이미 타이 식 이름과 성을 가지고 있어 개명신청자가 적을 수밖에 없기 때문이라는 것이다.[41]

필리핀에서도 화인과 이족 간의 통혼비율은 매우 높은 편이다. 이에 대해서는 1995년 홍위화(洪玉華)의 정체성문제조사에서 잘 드러난다. 홍위화는 무작위로 추출한 510명의 화인을 대상으로 그들의 인종적 기원을 조사했다. 그 결과는 |표 3|과 같다.

---

40) 趙和曼, 위의 책(2000), 611쪽.
41) 卡節派・巫律博/張仲木 譯, 「泰國政府對於華人之同化政策」, 『星暹日報』(曼谷), 1987.3.7(11).

|표 3| 화인의 인종적 기원

	인구수	전체 표본대상에서 차지하는 비율(%)
순수혈통화인	285	55.9
혼혈화인	163	32.0
기타	50	9.8
미응답자	12	2.3
합계	510	100

주) 510명 설문대상자의 연령은 17세~60세까지이다. 이 가운데 80%는 학교, 공공기관, 교우회, 부모협회(父母親協會) 등의 기관 및 단체 출신이다. 지역별로 보면, 대상자의 80%가 마닐라 출신이고, 나머지 20%는 기타 지역 출신이다.

출처〉 Teresita Ang See(洪玉華), "The Ethnic Chinese as Filipinos", Ethnic Chinese as Southeast Asians, edited by Leo Suryadinata, Institute of Southeast Asian Studies, Singapore, 1997, pp 177-179

|표 3|에서 보다시피, 혼혈화인이 전체 화인인구의 3분의 1 이상을 차지한다는 것은 결코 적은 수치가 아니다. 이밖에, 민다나오 화인과 무슬림 간의 통혼 역시도 오늘날 필리핀 화인사회에서는 매우 특이한 현상 중의 하나라 볼 수 있다.

결론적으로 말해, 동남아 화인의 종족정체성 형성은 매우 동태적인 과정이라 할 수 있다. 다시 말해, 화인 스스로 끊임없이 자기정체성을 재구성하는 과정이라 할 수 있겠다. 필자가 생각하기에, 가장 이상적인 종족정체성 형성 방식은 거주국의 신분을 받아들이면서도 동시에 기존의 종족정체성을 잃지 않고 유지하는 것이다.[42] 즉, 융합이야말로 가장 좋은 방법이라는 말이다.

---

42) 居維寧, 「海外華人的種族認同」, 陳文壽, 『華僑華人新論』, 中國華僑出版公司(北京), 1997, 90쪽.

맺음말

　제2차 세계대전 이후, 동남아 화교화인의 정체성은 급격한 변화를 겪었다. 그 가운데 가장 근본적인 변화라 하면 바로 국가(거주국)정체성의 변화일 것이다. 화교화인의 정체성 변화에는 다양한 요소들이 개입되어 있다. 가령, 화교화인이 동남아국가에 거주하는 기간 및 거주국에서 차지하는 수적 비율의 차이 그리고 동남아국가의 화교화인정책과 중국의 총체적 국력의 크기 및 교무정책(僑務政策) 등등이다. 물론 국제적인 정세변화 역시 빼놓을 수 없을 것이다. 중국정부가 교민의 문제를 다룰 때에는 되도록 정치의식을 드러내지 않고 화교화인의 거주국에서의 생존과 발전에 관심의 초점을 두는 것이 필요하다. 또한 랴오젠위(廖建裕)가 지적한 것처럼, 동남아국가의 화인은 기본적으로 이질적인 집단이란 전제 하에서, 보다 체계적인 조사와 깊이 있는 연구를 진행하는 것이 무엇보다 필요하다.[43]

● 원제/출처 : 「二戰後東南亞華僑華人認同的變化」, 『南洋問題硏究』, 第4期, 2001

---

43) Leo Suryadinata, "Ethnic Chinese in Southeast Asia : Overseas Chinese, Chinese Overseas or Southeast Asian?", Leo Suryadinata, Ethnic Chinese as Southeast Asians, Singapore : Institute of Southeast Asian Studies, 1997, p.20.

종교적 신앙이 동남아화인의 문화적응에 미치는 영향

차오윈화(曹雲華)

종교적 신앙은 문화적응에 있어 매우 핵심적인 내용 중의 하나이자, 문화적응의 여타 방면에 있어서도 매우 중요하고 심대한 영향을 끼치는 것이다. 따라서 동남아화인의 문화적응을 고찰하기 위해서는 무엇보다 그들의 종교적 신앙을 연구하지 않으면 안 된다. 이 글에서는 화인무슬림, 화인기독교도, 화인전통종교 신봉자를 중심으로 그들의 문화적응 양상을 분석하고자 한다. 필자는 본 연구를 통해, 이들의 문화적응과 그 방향에 있어 각기 상당한 차이를 보이고 있다는 사실을 발견했다. 구체적으로 말하면, 화인무슬림의 문화적응은 기본적으로 본토화(本土化)에 주안점을 두고 있고, 화인기독교도의 문화적응은 서구화, 화인전통종교 신봉자는 중화화(中華化)를 지향하고 있다.

종교적 신앙이 문화적응에 있어 매우 중요하고 심대한 영향을 끼친다는 사실은 주지하는 바이다. 그러나 종교적 신앙의 차이에 따라 현지 문화에 대한 적응도에는 일정정도 차이가 있음도 부인할 수 없다. 일반적으로 개종자의 문화적응능력이 상대적으로 가장 강한 편이다.[1] 이들은 거주국의 문화나 생활방식 심지어 가치관까지 매우 철저하게 받아들이고 있다. 어쩌면 이들은 이미 현지 문화에 완전히 동화되어 있는지도 모르겠다. 반면, 화인전통종교를 고수하고 있는 자들은 대부분 중화민족의 문화, 생활방식, 가치관을 유지하고 있다. 불교나 도교는 중화문화의 핵심적 운반체이다. 동남아화인들은 화인전통종교에 대한 고수를 통해, 중화문화가 동남아에서 뿌리를 내리고 꽃을 피우고 열매를 맺을 수 있도록 대대손손 전승하고 있다.

1. 화인무슬림

화인무슬림이 주로 분포하는 지역은 인도네시아, 말레이시아, 필리핀 남부 등지이다.

인도네시아에서 이슬람교를 신봉하는 화인은 얼마나 될까? 이에 대해서는 이론이 분분하다. 많게는 40만 명으로 추산하기도 하고, 적게는 2만 명 남짓에 불과하다는 견해도 있다.[2] 인도네시아 문제를 주로 연

---

1) 여기서 말하는 개종자란 도교나 불교와 같은 중화민족의 전통종교를 버리고 다른 종교를 선택하는 화인을 가리킨다. 이들은 주로 거주국에서 유력한 위치를 점하고 있는 종교를 믿는 것이 일반적이다. 가령, 싱가포르에서는 기독교, 필리핀에서는 로마가톨릭을 믿는 경우가 바로 그것이다.
2) Cheu Hock Tong, Chinese Beliefs and Practices in Southeast Asia, Malaysia :

구하는 중국학자 콩웬즈(孔遠志)의 추론에 따르면, 수하르토 집권 시기를 통해 화인무슬림의 숫자가 꾸준히 그리고 급격하게 늘었다고 한다. 그의 표현을 그대로 빌리면, "이슬람교에 귀의하는 화인이 증가했다." 그러나 콩웬즈도 그 구체적인 수치를 제시하지는 못했다. 또 그의 주장대로라면, 2차 대전 이전까지만 해도 화인무슬림은 경제적으로나 사회적으로 지위가 낮은 빈민들이 대부분이었으나, "현재 이슬람교에 귀의하는 화인들 중에는 기업가나 지식인 심지어 청년이나 학생들도 적지 않다."[3)]고 한다.

　말레이시아 그중에서도 특히 말레이반도(西말레이시아) 지역에서는 1960년대 이후 화인무슬림의 숫자가 급격히 늘었다. 학자들 중에는 70년대 말, 말레이반도 지역에서 이슬람교로 개종한 비(非)말레이인이 3만 명이고, 그 가운데 70%(2만 1천 명)가 화인 개종자였다고 주장하는 이도 있다.[4)] 1980년대부터 1990년대 사이에, 화인 이슬람교도는 계속해서 증가추세를 보이고 있다. 말레이시아 인구센서스에 따르면, 1980년 현재 말레이시아의 화인무슬림은 화인 전체 인구의 0.23%인 9,686명에 불과했지만, 1991년에 이르면 그 수치가 화인 전체인구의 0.37%인 17,117명에 달하는 것을 볼 수 있다. 이는 10년 사이에 거의 배가 늘어난 셈이다.[5)]

　그동안 인도네시아 당국은 화인의 이슬람교 개종을 적극 장려해왔다. 이슬람교 신봉을 통해 화인들도 현지 종족과 사회에 보다 더 동화될 수 있도록 하겠다는 것이 그 취지였다. 인도네시아 화인 중에 이른

　　Pelanduk PublicationsSdn, Bhd, 1997, p.74.
　3)　孔遠志,「印度尼西亞華人穆斯林的歷史與現狀」,『華人月刊』(香港), 1993.12, 33쪽.
　4)　Cheu Hock Tong, 위의 책(1997), p.85.
　5)　劉盤石,『馬來西亞華人思想與革論文集』, 馬來西亞中華大會堂, 1998, 226쪽.

바 동화파(同化派)도 화인의 이슬람교 개종이야말로 인도네시아 주류사회에 진정으로 동화되는 첩경이라고 주장했다.

말레이시아의 반(半) 관방기구라 할 수 있는 말레이시아무슬림 사회 복리연합회(PERKIM)는 말레이시아 화인의 개종에 있어 중요한 역할을 하고 있다. 1960년에 건립된 이 기구는 쿠알라룸푸르에 본부를 두고 있고 발기인은 초대 말레이시아 총리를 역임한 바 있는 압둘 라만(Abdul Rahman)이었다. 이 기구의 근본취지는 이슬람교의 광범위한 전파와 말레이인과 비말레이인 간의 통혼을 촉진하는 것이었다. 또한 이 기구는 가난한 무슬림들에게 물적 지원과 원조를 아끼지 않았다. 이 기구의 산하조직이라 할 수 있는 화인무슬림협회도 1970년 페낭에 건립되었다. 이 조직은 이슬람교의 화인 전파와 종교적 교육사업 전개를 그 목적으로 하고 있다. 화인무슬림협회는 현재 빠르게 성장해 다른 도시나 지역에도 여러 개의 지부를 두고 있다.

그럼, 화인은 왜 이슬람교로 개종하려는 것일까? 그 동기는 과연 무엇일까? 일부 학자들의 연구에 따르면, 인도네시아 화인이 이슬람교로 개종하는 주요 동기는 비원주민이라는 자기신분을 바꾸기 위함이라고 한다. 인도네시아정부는 그동안 기회가 있을 때마다 화인과 현지 주민에게 동등한 권리를 부여하겠다고 여러 차례 표명을 해왔다. 그러나 화인들은 여전히 직간접적으로 각종 압력에 시달려오고 있는 게 현실이다. 왜냐하면 그들은 종족도 다르고 피부색도 다르기 때문이다. 대다수 화인들은 종족을 불문하고 모두가 평등하며, 이슬람교에 가입하기만 하면 평등한 대우를 받을 수 있다는 이슬람교의 주장을 믿고 있다. 또한 이를 통해 현지 주류사회와 융합하기도 쉬울 것이고 안전도 담보할 수 있을 것이라 확신한다. 심지어 현지인들과의 연애나 결혼을 통해 이슬람교로 개종하는 화인 젊은이들도 적지 않다.

말레이시아 학자들 중에는 말레이시아 화인 이슬람교도의 개종 동기를 연구한 끝에 다음과 같은 결론을 도출한 이들도 있다. 이들에 따르면, 화인들이 이슬람교로 개종하는 원인은 다음 여섯 가지로 정리할 수 있다. 첫째, 무슬림과의 결혼 때문에. 둘째, 취업과 생계를 위해. 셋째, 말레이시아 시민이 되기 위해. 넷째, 이슬람 교리의 영향을 받고 말레이인의 친구가 되어서. 다섯째, 말레이인과 동등한 권리 획득과 정부가 말레이인에게 제공하는 각종 보호조치를 동일하게 누리고 싶어서. 여섯째, 무슬림 형제와의 우정에 이끌려서.6)

상술한 여섯 가지 원인 중에서 가장 핵심적인 동기는 무엇보다 경제적인 문제일 것이다. 1969년 종족분규 이후에 특히, 신경제정책 실시 이후 이슬람교로 개종하는 말레이시아 화인의 수가 급증했다. 이는 신경제정책이 비말레이인의 불안감을 배가시켰기 때문일 것이다. 실제로 이들의 일자리 대부분이 말레이인에게 넘어갔다. 이슬람교로 개종한 화인 중에서 98%는 월 평균 수입이 100링기트에서 450링기트 사이에 있는 저소득층이었다. 목수, 기계공, 운전기사, 간호사 그리고 육체노동이나 고무채취 등 주로 3D 업종 종사자들이 이에 속한다. 또 개종자의 상당수는 실업자들이었다. 화인 가운데 비교적 고소득층에 속하는 전문가 중에 이슬람교로 개종한 이들은 당시로서는 거의 없었다. 이들 중에 무슬림이 된 사례는 1967년부터 1975년 사이에 단지 다섯 건에 불과했다. 이슬람교 개종으로 얻게 되는 경제적 이득은 다음과 같은 것이다. 우선, 말레이시아 무슬림사회복리연합회와 국가종교사무부로부터 소액의 자금보조(6개월간 지급)를 받을 수 있다. 그리고 무슬림사회복리연합회의 도움을 받아 일자리를 구할 수도 있었다. 이밖에도 면세나

6) Cheu Hock Tong, 위의 책(1997), p.86.

동남아화교화인의 정체성 및 종교

각종 대출, 학자금 보조 등에서 말레이인과 동등한 기회를 얻을 수 있었다. 시오우(Siow)는 다음과 같이 주장한 바 있다. "바로 눈앞에 보이는 이런 이득보다 더 중요한 것은 개종자 자신과 가족의 미래에 대한 안전 특히, 아이들에 대한 안전보장이었다."[7]

린싱푸(Lim Hin Fui, 林興福)라는 학자의 연구결과는 이와는 좀 다르다. 그는 1970년대에 페낭에 거주하는 50명의 개종자들을 상대로 개별분석을 진행한 바 있다. 대상자 중에 화인은 34명이었고, 인도인이 7명 그리고 기타 종족이 9명이었다. 이 연구결과에 따르면, 경제적 이유 때문에 이슬람교로 개종했음을 인정한 이는 단 한 명뿐이었다. 그는 개종 후에, 어느 부유한 말레이인에게서 한 차례 돈을 빌렸고, 아들이 없는 이 말레이인을 양부로 삼았다고 한다. 이를 제외하면, 이슬람 교리의 영향을 받아 개종한 이는 6명, 전도사의 영향으로 개종한 이는 2명, 말레이인 친구의 영향으로 개종한 이는 11명 그리고 나머지 29명은 말레이인과 결혼하기 위해서라고 답했다.[8]

린싱푸는 이들 개종자의 배경에 대해서도 연구를 진행했는데 이에 따르면, 모두가 이민 2세대로 말레이시아에서 교육을 받은 이들이었다. 이들이 교육을 받은 학교를 언어별로 구분하면, 50%는 영어학교, 16%는 말레이어학교, 26%는 중국어학교였다. 또한 그들 중에 대다수는 기초수준의 교육과정을 이수한 사람들이었다. 즉, 72%는 중학교육, 4%는 고등교육을 받았고 나머지 22%는 초등교육만을 이수했다. 그리고 50명의 개종자 모두 학교나 집 근처에서 말레이인 친구를 사귀었다. 이들 개종자의 절대다수는 저소득층에 속했다. 그들의 소득상황을 일별하면,

---

7) Cheu Hock Tong, 위의 책(1997), p.86.
8) Cheu Hock Tong, 위의 책(1997), pp.89-90.

66%는 수입이 없거나 월수입이 400링기트 이하였다. 월평균소득이 491에서 600링기트 사이에 있는 자들은 16%였고, 2,000링기트 이상의 월수입을 받는 이들은 불과 2%에 지나지 않았다.[9] 말레이시아와 인도네시아 외에도 타이 남부지역과 필리핀 남부 술루(Sulu) 일대의 무슬림 집단거주구역에도 이슬람교를 믿는 화인들이 적지 않게 살고 있다.

화인무슬림은 현지 종족에게 동화되는 정도가 비교적 높다고 할 수 있다. 그들의 문화적응 방향은 기본적으로 본토화이다. 또한 다른 종교를 가진 화인과 비교하면 화인무슬림은 현지인과의 관계가 매우 밀접하고 심지어는 현지문화에 완전히 동화된 이들도 적지 않다. 이런 현상은 화인과 현지인이 한데 섞여 살고 있는 상황에서 비교적 쉽게 발생한다. 가령, 인도네시아의 일부 농촌에서는 화인과 현지인이 같은 '캄퐁'(kampong, 마을)에 살면서 어릴 때부터 현지인과 같이 뛰어놀고 함께 학교 다니고 동일한 언어를 사용하기도 한다. 이런 상황에서는 동화 현상이 자연스럽게 발생하기 마련이다. 일부 학자의 조사연구에 따르면, 인도네시아에서 대다수 화인 무슬림은 현지인과 기본적으로 어떠한 차이도 없다고 한다. "이슬람교로 개종한다는 것은 사실상 이름이나 복장뿐만 아니라 기타 방면에서도 완전히 현지화 되었다는 것을 의미한다. 가령, 칼리만탄 바라트(Kalimantan Barat)에서는 무슬림을 모두 말레이인으로 인정한다. 이는 다시 말해 이슬람교로 귀의하면 곧 말레이사회에 완전히 융합된다는 것을 의미하는 것이다."[10]

말레이시아의 말레이인들은 새롭게 이슬람교에 가입한 자들을 "새로운 형제"라고 부른다. 앞서 거론한 바 있는 린싱푸의 고찰에 따르면,

---

9) Cheu Hock Tong, 위의 책(1997), p.91.
10) Cheu Hock Tong, 위의 책(1997), p.72-73.

화인무슬림의 대부분은 결혼과 동시에 본가를 떠나 분가하는 것이 일반적이라고 한다. 왜냐하면 개종하거나 말레이인과 결혼을 하게 되면 더이상 부모와 함께 생활하는 것이 불가능하기 때문이다. 따라서 개종자의 90% 가량은 말레이인 거주구역에서 말레이인 장모나 장인(혹은 시부모)과 함께 살거나 인근에 따로 살고 있다. 또한 린싱푸의 샘플링조사에 참여한 50명의 화인무슬림 중에서, 41명은 이슬람교에 귀의하기 전부터 말레이인 친구와 교류했고 개종한 이후에는 이들의 도움을 받아 무슬림으로서의 각종 관습을 익혔다고 한다. 예를 들어, 기도는 어떻게 하는지 가르쳐주기도 하고, 기도할 장소를 마련해주기도 하고, 심지어는 말레이 여성과의 결혼에도 도움을 준다는 것이다. 이들 화인 개종자들은 일반적으로 말레이인으로 받아들여지는 게 상례이다. 경우에 따라서는 그의 말레이 아버지(친아들이 없는 경우)로부터 재산 일체를 상속받는 경우도 있다. 개종자들은 자신의 말레이인 배우자의 부모와도 비교적 좋은 관계를 유지하고 있는 편이다. 결국 이렇게 되면서 화인 개종자들의 대부분은 화인사회와 자연스럽게 멀어지게 되었다.

린싱푸의 연구결과는 "대다수 개종자는 새로운 말레이 환경에 적응하기 위해 자신들의 사회생활을 신축적으로 조정하며, 말레이인들도 이러한 개종자를 말레이인으로 간주한다."는 사실을 보여준다. 또한 그는 다음과 같이 주장한다. "개인적 차원에서 보면, 말레이사회는 비교적 개방된 사회이다. 만일 개종자가 말레이인의 생활방식을 받아들이고 자신의 거주하는 지역의 사회활동에 적극적으로 참여하고 나아가 무슬림으로서 지켜야 할 계율을 성실하게 준수하는 등 자신의 종교적 책임을 다할 뿐만 아니라 화인사회와의 관계도 단절하게 된다면, 이러한 개종자는 말레이인으로 간주되어 말레이인사회에 의해 완전히 받아들여지게 된다."[11] 린싱푸의 샘플링조사에서 선택된 50명의 개종자 중에,

단 2명만이 배우자가 화인이었고, 기타 33명은 배우자가 말레이인이었다. "그들 중에 11명은 개종한 지 이미 15년이 넘어서 말레이인의 생활방식에 완전히 적응되었을 뿐만 아니라 말레이민족통일기구(The United Malays National Organization, 약칭 巫统, UMNO)의 성원이기도 했다." "90%는 말레이 마을에 거주하고 있고, 이들은 자신들의 말레이 출신 아내나 남편 혹은 그 배우자의 부모나 친구와의 일상적 교류와 접촉을 통해 지속적인 문화적응 과정을 거치고 있다. 그들은 대부분 말레이 이름을 사용하기는 하지만, 개중에는 이러한 말레이 이름 뒤에 여전히 중국식 성을 붙이는 이들도 있다. 또 이러한 개종자들은 항시 말레이 음식을 즐겨먹는다. …… 특히, 말레이 여성을 아내로 둔 개종자들 중에는 화인들의 대표적 명절인 음력설을 지내지 않는 이들도 있다. 물론, 화인 개종자라 할지라도 대부분은 음력설을 쇠는 편이다. 그러나 이들 중에도 다른 화인 명절 가령, 청명절, 단오절, 중추절, 동지 등은 지내지 않는 경우가 많다. 또한 말레이인과 결혼한 개종자의 대다수는 더 이상 화인전통의 관습이나 신앙을 지키지 않고 대신에 말레이인의 습속을 지키거나 말레이인의 명절을 쇠고 있다."[12]

11) Cheu Hock Tong, 위의 책(1997), p.91.
12) Cheu Hock Tong, 위의 책(1997), pp.95-96.

2. 화인기독교도

여기서 말하는 기독교란 가톨릭, 그리스정교, 개신교 등 3대 교파를 모두 아우르는 넓은 의미의 기독교이다. 화인 가운데 기독교도의 수는 많다고는 볼 수 없지만, 주로 싱가포르, 말레이시아, 필리핀(주로 로마가톨릭), 인도네시아, 타이 등지에 일부 분포되어 있다.

말레이시아 인구센서스에 따르면, 1980년 현재 말레이시아 화인기독교도는 241,851명으로 전체 화인 인구의 5.84%였고, 1991년에 이르면 전체 화인인구의 7.76%인 357,751명으로 증가하는 추세를 보이고 있다.[13]

인도네시아의 경우에도 기독교가 화인사회에 일정정도의 영향력을 미치고 있다. 기독교가 인도네시아에 전래된 것은 17세기 네덜란드 식민자들에 의해서였다. 화인기독교도는 전래 당시부터 존재했었다고 한다. 그러나 화인의 기독교 활동이 초보적이나마 규모를 갖추게 된 것은 19세기 중반 무렵이었다. 그리고 화인들이 대거 기독교로 귀의하게 된 것은 1965년 '9·30 사건' 이후 종교적 보호의 필요성을 절감하게 되면서부터였다. 현재, "화인 기독교도는 인도네시아 화인 인구의 약 12%를 점하고 있다. 인도네시아 일부 지역에서는 기독교도가 소수가 아니라 다수를 차지하는 경우도 있다. 술라웨시우타라(Sulawesi Utara)와 말루쿠(Maluku)가 그 대표적인 곳이다. 기독교는 화인에게 안전을 보장해주었고 화인자녀들에게 양질의 학교교육을 받도록 해주었다. 상당수의 화인들이 기독교학교에서 기독교 교리를 받아들이게 된 것도 그 이유에

13) Cheu Hock Tong, 위의 책(1997), p.226.

서이다. 무슬림이 다수를 차지하는 도시지역에서도 기독교학교는 여전히 화인들에게 일정한 흡인력을 발휘하고 있다."14) 콩웬즈는 인도네시아 화인들의 기독교 귀의는 불가피한 측면이 존재한다고 했다. 즉, 늘 불안감에 시달려야 했던 화인들은 기독교 안에서 자신의 안전을 보장받고자 했다는 것이다. "수하르토 정부는 모든 국민에게 신분증 상의 '종교'란에 자신이 신봉하는 종교를 명기하도록 했다. 화인들 대부분은 종교가 없으면 혹시라도 공산주의자로 내몰리지 않을까 하는 걱정을 했다. 그렇지만 화인 중에는 이슬람교에 귀의하는 것을 원치 않는 이들도 있었고 불교의 경우에는 원주민들 사이에 폐쇄적인 '외래종교'라는 시각이 일부 존재해 화인들도 믿는 것을 꺼려했다. 공교(孔敎)는 아예 당국에 의해 인정되지 않았다. 이런 상황에서 화인들의 상당수는 가톨릭이나 개신교로 몰려들었다."15)

싱가포르 화인 중에는 기독교도가 상대적으로 많고, 그 증가세도 다른 어떤 종교보다 빠른 편이다. 싱가포르의 역대 인구센서스에 따르면, 1931년에 기독교도는 싱가포르 전체 화인 인구의 2%에서 3% 정도를 차지했고, 이는 1980년 9.9%, 1990년 14%, 2000년 17%로 계속해서 증가하고 있다.

이렇듯 싱가포르 화인기독교도가 큰 폭으로 증가하게 된 데에는 여러 가지 원인이 있다. 그 중 가장 중요한 사회문화적 원인은 교회야말로 영어교육을 가장 쉽고 편리하게 받을 수 있는 독보적인 장소였다는 점과 아울러 서구적 가치관이 젊은 세대에게 깊이 뿌리내리고 있었기 때문이다. 이밖에 도교나 불교와 같은 화인전통종교는 상대적으로 활

---

14) Cheu Hock Tong, 위의 책(1997), p.81.
15) 孔遠志, 『中國印度尼西亞文化交流』, 北京大學出版社, 1999, 42~43쪽.

력이 떨어져 젊은 층에 큰 반향을 일으키지 못한 것도 하나의 원인이라 할 수 있겠다. 이는 많은 화인 젊은이들이 기독교에 귀의하는데 큰 이유로 작용했다. 근래 싱가포르의 각종 기독교 단체나 조직들은 중국어권 사람들에 대한 포교를 한층 강화하고 있다. 가령, 중국어나 중국 남방의 방언들을 활용해 포교에 나서게 되면서 중국어권 사람들의 기독교 귀의는 갈수록 늘고 있다.

필리핀에서는 로마가톨릭이 신도 수도 가장 많고 영향력도 가장 큰 종교이다. 전체 인구의 80% 이상이 가톨릭신도일 정도로 필리핀은 "아시아 유일의 가톨릭국가"라 할 수 있다. 필리핀 화인의 가톨릭은 유구한 역사를 가지고 있다. 화인들이 가톨릭을 믿기 시작한 것은 스페인이 필리핀을 통치하던 시기부터였다. 스페인 통치세력이 가톨릭 신앙을 대대적으로 장려하기도 했고, 특히 가톨릭을 믿는 화인들에게 특별대우를 해준 탓도 있겠지만, 무엇보다 가톨릭 자체가 화인들에게 상당한 흡인력을 가지고 있었다. 정부 측 인사의 말에 따르면, 현재 화인 가운데 가톨릭신도는 약 3분의 1 내지 절반 정도로 추측되는데, 심지어 절반을 넘을 수도 있다고 한다.16) 필리핀의 화인문제를 연구하는 테레시타 앙 시(Teresita Ang See)는 1980년 말 진행한 설문조사를 근거로, 필리핀 화인기독교도(로마가톨릭신도와 기타 기독교 교파의 교도 모두 포함)는 화인 전체 인구의 약 78%를 차지한다는 결론을 내린 바 있다.17) 이러한 결론은 또 다른 필리핀 화인문제 연구자인 아일린 바비에라(Aileen S. P. Baviera)의 조사결과와 기본적으로 일치한다. 아일린은 1994년 마닐라에 거주하는 346명의 화인을 대상으로 설문조사를 진행했다. 설문조사대상의 연령

---

16) 潘翎·崔貴强, 『海外華人百科全書』, 三聯書店有限公司(香港), 1998, 196쪽.
17) 德里西塔·昂·西, 『融合和認同 : 二次大戰後菲律賓華人社會的社會變化』, 南洋資料譯叢, 1989.3, 59쪽.

은 18세부터 65세 사이였는데, 그 가운데 18세부터 45세가 70%를 차지하고 또 그들 중의 87%는 필리핀 태생이었다. 피조사자의 종교적 배경에 대한 물음에, 62.4%가 로마가톨릭교도라고 대답했고, 14.2%가 개신교 혹은 기타 교파의 기독교도라고 답했다. 양자를 합하면 76.6%가 된다.[18]

타이는 불교국가이지만, 화인 중에 상당수는 기독교로 개종했다. 기독교 선교사들은 19세기 초부터 샴에서 포교활동을 전개했다. 이때 서양 선교사들은 타이 현지인보다 타이 화인이 보다 더 쉽게 기독교를 받아들인다는 사실을 알게 되었다. 1970년대 관련 자료에 따르면, 1973년 현재 타이 전역에 각종 기독교 교구가 12개나 있었고, 기독교도는 총 26,691명이며 그 가운데 화인은 2,927명으로 11%를 차지하고 있음을 알 수 있다. 또한 화인기독교도 중에서 침례교도가 998명으로 가장 많은 수를 차지하고 있다는 사실도 아울러 발견할 수 있다.[19]

기독교를 믿는 화인들의 문화적응 추향은 기본적으로 서구화이다. 동남아국가들은 역사적으로 서구의 식민지(타이 제외)였고, 기독교는 서구 식민자들에 의해 광범위하게 전파되던 통치계급의 종교였다. 따라서 식민통치시기에 기독교를 신봉하던 화인은 일반적으로 고등교육을 받은 자들이었다. 특히, 서양식 교육을 받은 인사들이나 서구 식민통치자와 밀접한 관계를 맺고 있던 부유한 상인들이었다. 동남아 각국이 독립을 획득한 후에도 기독교는 일부 국가에서 여전히 우세한 지위를 점하

---

18) Aileen S. P. Baviera, Contemporary Political Attitudes and Behavior of the Chinese in Metro Manila, from Edited by Ellen Huang Palanca, "China, Taiwan, and the Ethnic Chinese in the Philippine Economy", Published by Philippine Association for Chinese Studies, 1995, P.118.

19) Carl E. Blanford, "Chinese Churches in Thailand", Published by Suriyaban Publishers, Bangkok, 1976, P.35, 47.

동남아화교화인의 정체성 및 종교

고 있었다. 특히, 필리핀에서 기독교(주로 로마가톨릭)는 국가의 정치, 경제, 문화 방면에서 상당한 영향력을 발휘하고 있었다. 상술한 것처럼, 화인들이 기독교를 신봉하게 된 데에는 무엇보다 경제적 이유가 컸다고 할 수 있다. 그러나 일부 화인기독교도는 문화적인 이유로 기독교를 선택하기도 했다. 이러한 화인들은 대부분 동남아 지역에서 몇 대에 걸쳐 살아온 사람들이다. 이들에게 있어 중화문화는 점차 낯설고 생소한 것이 되고 있었고 거주국의 본토문화는 일종의 낙후한 문화로 인식되고 있었다. 따라서 그들이 서양문화를 선택하는 것은 어쩌면 당연한 일이었다. 서양문화를 받아들이는 과정에서 그들은 서양적 가치관과 생활방식, 종교 등에 공감했다. 이런 점에서 싱가포르 화인은 가장 전형적인 존재였다. 싱가포르 화인이 기독교를 선택하고 전통적인 화인종교를 포기한 데에는 싱가포르의 산업화 및 근대화와 밀접한 관련이 있다. "싱가포르는 다른 나라들이 백년 혹은 수백 년이 걸려서야 도달할 수 있는 길을 수십 년이란 단기간에 도달했다. 싱가포르는 급속한 산업화와 근대화를 이룩함으로써, 국민들의 물질적 생활수준도 매우 빠르게 높아졌다. 그러나 급속한 산업화와 근대화는 많은 부작용을 낳기도 했다. 가령, 사람과 사람 간의 관계는 점차 소원해져 갔고, 농업사회 시절의 따뜻한 정과 순박함은 산업사회의 금전만능주의와 분업화 등에 자리를 양보해야 했다. 이러한 급속한 산업화와 근대화 그리고 그에 수반되는 일련의 사회적 변화 속에서 일종의 상실감을 느끼는 이들이 점차 늘어나게 되었다. 결국 그들은 종교 안에서 과거의 것들을 되찾고자 했고, 정신적 위안과 만족을 얻고자 했다. 이런 점에서 기독교는 다른 종교에 비해 사람들을 끌어들이는 흡인력이 있었다."[20]

---

20) 曹雲華, 『新加坡的精神文明』, 廣東人民出版社, 1992, 153쪽.

다른 국가들의 경우에는 화인이 기독교를 선택하게 된 동기에 있어 싱가포르의 그것보다 훨씬 더 복잡했다. 가령, 싱가포르를 제외한 다른 동남아국가의 화인들은 기독교를 선택함에 있어, 문화나 가치관의 원인 외에도 다른 요소들이 개입되어 있었다. 경제적 이익, 안전, 종교적 보호, 후대교육 등등이 그것이다. 그러나 그 동기가 어떻든 간에 기독교를 선택한 후에 화인들의 문화적응 방향은 훨씬 더 서양문화로 기울었다. 반면, 화인의 전통문화와 동남아 본토문화와는 상대적으로 거리를 두게 되었다. 심지어는 매우 철저하게 서양의 가치관과 생활방식을 받아들이기까지 했다. 필자가 조사한 바에 따르면, 기독교를 신봉하는 화인가정의 자녀들은 현지 기독교 교회에서 운영하는 학교에서 초중등 교육을 받고 이후에는 유럽이나 미주 지역으로 유학을 떠나는 경우가 대부분이었다. 이들은 귀국한 후에도 기본적으로 서구적 생활방식을 유지하는 가운데 동남아 본토문화나 화인 전통문화에 대해서는 상대적으로 무관심한 태도를 보이기 일쑤였다. 현재 동남아국가에서 이러한 화인들의 수는 결코 적지 않다.

3. 화인전통종교 신봉자

동남아 각국에 거주하는 화인들은 대부분 중화민족의 전통종교를 신봉하고 있다. 여기에는 도교나 대승불교뿐만 아니라 각종 조상숭배도 포함된다. 동화의 정도가 비교적 높다고 할 수 있는 타이나 필리핀에서도 적지 않은 화인들이 여전히 이와 같은 전통종교를 고수하고 있다.

화인전통종교를 가장 굳건히 견지하고 있는 집단은 아마도 말레이시아 화인일 것이다. 1991년 통계에 따르면, 말레이시아 전체 화인 가운데 68.3%는 불교신도이고, 20%는 도교나 기타 전통종교를 믿고 있는 것으로 나온다.[21] 말레이시아 화인의 전통종교는 각기 전국적인 조직을 갖추고 있다. 불교의 경우에는 전국불교총회, 불교청년총회, 불교승가총회 등이 있다. 이 가운데 불교총회는 각 주(州)에 분회나 지회가 설립되어 있다. 또 불교총회는 페낭에 3층짜리 빌딩을 소유하고 있다. 이 빌딩 안에는 전국 유일의 불교고등학부인 말레이시아 불학원(佛學院)이 위치해 있는데 여기서는 계간지 『무진등(無盡燈)』을 발행하고 있다.

말레이시아 화인 가운데 도교 신도들도 나름의 전국적인 조직을 갖추고 있다. 말레이시아 도교조직연합총회가 그것이다. 이 조직 산하에는 '종교문화연구센터'가 설치되어 있는데 이 조직의 핵심취지는 도교 조직의 이론적 틀을 강화하는 것이다.

말레이시아 그중에서도 말레이반도 지역에서는 화인들의 상당수가 각종 민간의 신을 모시고 있고 사당도 많이 있다. 가령, 황로선사(黃老仙師)를 숭배하는 자충회묘(慈忠會廟)의 경우에는 신도들이 말라카, 셈빌란(Sembilan) 등지에 16개의 사당을 건립했다. 자충회묘는 황로선사 외에도 노자와 제천대성(齊天大聖)도 모시고 있다. 이 종교는 "자선(慈善)을 근본 취지로 하고, 세계의 평화와 안녕에 이바지하는 것을 목표로 하고 있다."[22] 또한 구황대제(九皇大帝)를 숭배하는 화인 신도들도 있는데, 이들의 숫자가 얼마나 되는지는 정확한 통계를 내기 어렵다. 다만, 구황대제를 모시는 사당의 수량을 기준으로 보면, 신도의 수는 적은 편이라고는 할 수 없고 지금도 증가추세에 있다. 체우혹통(Cheu Hock Tong)의 조

---

21) 劉盤石, 위의 책(1998), 226쪽.
22) 何啓良, 『馬來西亞華人史新編』(第3冊), 馬來西亞中華大會堂總會, 1998, 452쪽.

사와 고찰에 따르면, 1984년 현재 동남아에는 총 48개의 구황대제 사당이 있다고 한다. 이를 보다 구체적으로 세분하면, 타이에 4개, 싱가포르에 5개, 말레이시아의 말레이반도 지역에 39개가 분포되어 있다. 1990년이 되면, 이 지역의 구황대제 사당은 64개로 증가한다. 즉, 타이에 6개, 싱가포르에 8개, 말레이반도에 50개이다. 체우흑통의 주장에 따르면, 본래 동(東) 말레이시아 지역에는 구황대제 사당이 없었는데, 1991년 3개의 구황대제 사당이 사바(Sabah) 섬에 새롭게 건립되었고 한다. 즉, 코타키나발루에 2개, 라부안(Labuan)에 1개가 바로 그것이다.23)

이밖에 말레이반도 지역의 화인 민간종교에는 일련정종교(日蓮正宗敎), 일관도교(一貫道敎) 등도 있다.

싱가포르의 2000년 인구센서스 통계에 따르면, 싱가포르 화인 중에서 자칭 불교신도는 54%이다. 이는 1980년의 34%와 1990년의 39%를 훨씬 뛰어넘는 수치이다. 1980년 이후, 불교는 도교를 대신해 화인들이 가장 많이 신봉하는 종교가 되었다. 화인 중에 도교 신도의 비율은 1980년 38%에서 2000년 11%로 감소되었다. 인구센서스 결과에 따르면, 불교도의 수는 꾸준히 증가하고 있는 반면에 기타 일반 전통종교를 신봉하는 수는 현저히 감소하고 있음을 볼 수 있다. 불교와 도교를 신봉하는 화인의 비율은 1980년 73%, 1990년 68%에서 2000년에는 64%로 감소하고 있다. 그런데 특기할 것은, 싱가포르 화인불교도 가운데 청년학생의 비율이 계속해서 증가하고 있다는 점이다. 지난 10년 동안 불교를 신봉하는 대졸자의 수는 갈수록 증가해, 1990년 15%이던 것이

---

23) Edited by Cheu Hock Tong, "Chinese Beliefs and Practices in Southeast Asia", Published by Pelanduk Publications Sdn. Bhd., Malaysia, 2nd printing, 1997, pp.17-18.

2000년에는 24%로 늘어났다. 결과적으로 이는 3배 이상의 증가폭을 보인 것인데, 같은 기간에 동일 학력의 기독교인 수가 약 한 배 정도 증가한 것에 비하면 상대적으로 엄청나게 증가한 것이라 볼 수 있다.[24]

타이에 거주하는 화인들 대다수는 여전히 도교나 기타 조상숭배 등 화인전통종교를 신봉하고 있다. 타이의 특수한 사정 때문에 화인의 종교인구와 관련된 전문적인 통계는 없다. 따라서 이 나라에서 화인전통종교를 신봉하는 수가 얼마나 되는지는 정확하게 파악할 수 없지만, 현재 타이의 중국식 사당의 수나 이 사당들에서 끊임없이 향불이 타오르고 있다는 점을 미루어 볼 때, 타이 화인들의 적지 않은 수가 여전히 화인전통종교를 자신의 신앙으로 삼고 있음을 유추해볼 수 있다. 타이 종교청 관리 장자오룽(張昭榮)의 통계에 따르면, 현재 수도인 방콕과 톤부리(Thonburi)에만 중국식 사당이 129개나 된다고 한다.[25]

필리핀에서는 대부분의 화인들이 가톨릭을 믿고 있지만, 도교나 불교, 기타 민간신앙 같은 중화민족의 전통종교를 아직까지도 유지하고 있는 이들도 적지 않다. 우선, 도교의 경우를 보기로 하자. 통계에 의하면, 필리핀 전역에 설치된 도관(道觀)이나 도단(道壇)은 58개이며, 필리핀 전국도교총회 등 각종 도교단체도 성립되어 있음을 알 수 있다.[26] 필리핀 도교활동의 중심은 마닐라 지역과 남부에 위치한 세부이다. 불교의 경우에는 필리핀 전역에 총 27개의 불교사원이 있는데, 그 중 18곳은 마닐라에 있고 나머지 9개는 각 지역에 흩어져 있다. 그리고 이 불교사원 산하에는 포교, 교육, 자선을 담당하는 단체들이 적지 않게 설치되어 있다.[27] 이외에도 상당수의 필리핀 화인들은 각종 민간의 신

---

24) 聯合早報(新加坡), 2000.11.18.
25) 段立生, 『泰國的中式寺廟』, 泰國華僑崇聖大學出版, 1996.8.
26) 陳衍德, 『現代中的傳統 : 菲律賓華人社會硏究』, 厦門大學出版社, 1998, 234쪽.

을 숭배하고 있다. 필리핀 화인의 조적지(祖籍地)는 대부분 푸젠성(福建省) 민난(閩南) 지역이다. 따라서 1세대 화인 이민자들은 필리핀에 와서도 여전히 고향의 각종 지방신을 숭배했고 그 결과, 이러한 민난 지역 지방신이 지금까지 대대로 필리핀에서 뿌리를 내릴 수 있게 된 것이다.

이렇듯 화인전통종교를 고수하고 있는 사람들은 상대적으로 중화문화를 훨씬 더 많이 보존하고 있다.

화인 중에는 동남아 각국에서 장기간 생활하고 있음에도 불구하고 거주국에 동화되기를 원치 않는 자들이 적지 않다. 이들이 중화민족의 전통종교를 신봉하는 것도 이러한 이유에서이다. 이처럼 대부분의 동남아국가에 거주하는 상당수의 화인들이 여전히 중화민족의 전통종교를 고수하고 있는 데에는 다음의 두 가지 원인을 들 수 있다. 첫째, 종교적 신앙은 임의로 바꿀 수 있는 것이 아니라는 점이다. 다시 말해, 대부분의 화인가정에서 종교는 대대로 유지 전승되고 있다. 둘째, 소수민족으로서의 화인은 거주국의 본토문화와 서방문화의 이중적 포위망 속에 갇혀 있기 마련이다. 따라서 중화문화 역시 일종의 하위문화에 지나지 않는다고 할 수 있다. 이는 달리 말해, 중화문화는 언제든 거주국 문화에 흡수되어 사라질 가능성이 상존한다는 것이다. 결국, 화인들이 자신의 중화문화를 이국타향에서 지속적으로 유지 발전시키기 위해서는 종교적 형식을 채용할 수밖에 없었다. 특히, 2차 대전 이후 동남아 신흥 독립국들이 저마다 민족주의를 강조하게 되면서, 화인문화는 이들 신흥 독립국가의 생존과 발전에 심각한 장애물이자 엄청난 재앙거리로 치부되었고, 후환을 없애기 위해서는 반드시 제거해야 할 대상으로 간주되었다. 따라서 1950년대부터 동남아 각국 정부는 화교학교를

---

27) 陳衍德, 위의 책(1998), 234쪽.

잇달아 폐교조치하고 심지어 화인문화와 관련된 일체의 것을 배제하거나 근절하고자 시도했다. 여기에는 상점의 중국어 간판 설치 금지나 중국어신문 발행 금지, 중화민족 전통명절 쇠기 금지 등등이 포함된다. 이러한 상황에서 화인들이 중화민족의 전통문화를 대대로 전승하기 위해서는 온갖 수단과 방법이 뒤따라야만 했다. 결국 그들이 발견한 것이 바로 종교이다. 그들이 생각하기에 종교야말로 가장 효과적인 방식이었던 것이다. 오늘날 대부분의 동남아국가에서 화인전통종교는 그 역할과 기능에서 중대한 변화를 겪고 있다. 화인전통종교는 이제 더 이상 신앙과 교화의 측면에만 머물지 않고 있다. 오히려 그런 역할에서 벗어나 화인전통문화를 보존하고 발양하는 하나의 중요 도구로서 기능하고 있다. 다시 말해, 전통종교는 중화문화를 동남아 지역에서 지속적으로 발전시킬 수 있는 핵심 담지체로서의 역할을 하고 있는 것이다.

맺음말

종교신앙은 동남아화인의 문화적응에 있어 핵심적인 내용이자 문화적응의 기타 방면에 있어서도 매우 중요하고 심대한 영향을 끼치는 것이다.

동남아화인이 이 지역으로 이주해와 오랜 기간 정착해 살게 되면서, 그들이 신봉하는 종교적 신앙도 거주국 환경에 적응하기 위해 상당한 조정을 거쳐야만 했다. 가령, 타이나 필리핀과 같은 일부 국가에서는 상당한 정도의 종교융합 현상이 나타났다. 인도네시아나 말레이시아에서도 상당수 화인들이 기존의 종교를 포기하고 이슬람교로 개종했다.

일반적으로 보면, 거주국에서 통치적 지위를 점하고 있는 종교로 개종한 사람들의 경우에는 동화의 정도도 비교적 높다. 반면, 화인전통종교를 고수하고 있는 이들은 상대적으로 중화민족의 민족적 특징과 문화적 특징을 보다 많이 간직하고 있다. 이상 두 가지 경우와는 무관하게 무신론자 혹은 중화민족의 종교나 거주국 민족의 종교가 아닌 서방종교를 믿는 자들의 경우에는 문화적응에 있어 이와는 또 다른 특수한 상황에 놓여 있다고 볼 수 있다. 가령, 서방의 종교를 신봉하는 자들은 모국의 문화에서 일체감을 느끼지도 않고 그렇다고 거주국의 문화를 따르지도 않으며 오로지 서양문화에서만 자신의 정체성을 확인하려 하고 있다는 것이다.

필리핀이나 타이의 경우, 거주국 민족과 통혼하는 화인의 비율이나 그들의 동화 정도는 다른 나라들에 비해 상대적으로 높은 편이다. 물론 여기에는 각종 정치경제적 혹은 문화적 원인들이 있겠지만, 무엇보다도 이 두 국가의 종교와 밀접한 관련성이 있다고 볼 수 있다. 구체적으로 말해, 이 두 국가의 절대다수 국민들이 믿고 있는 종교 즉, 로마가톨릭과 불교는 비교적 포용성이 강한 종교이기 때문에 화인들도 비교적 받아들이기 용이한 편이다. 결국 화인들이 이들 종교를 받아들이게 되면서, 다양한 방면에서 거주국 민족과 융합도 자연스럽게 촉진되었다. 스키너(G. William Skinner)는 타이와 인도네시아 자바에 거주하는 화인들의 동화문제에 대해 비교연구를 진행한 바 있다. 그는 이 연구를 통해, 타이 화인들은 제3대에 이르게 되면서 기본적으로 타이 현지사회와 융합되어 완전히 타이인들과 하나가 되었다는 것을 발견했다. 반면, 인도네시아 자바의 화인들은 자바에 이민을 온지 수 대 혹은 10여 대가 지나도록 여전히 현지 사회와 상당한 거리를 유지하고 있으며 심지어는 완전히 별개의 존재처럼 매우 특수한 본토박이 화인사회를 형성하고 있다는 것이다. 즉, 이들은 나중에 온 화인들과도 다르고 현지 주류사회와도 무관한 상당히 특수한 사회집단인 셈이다. 스키너는 이러한 현상이 벌어지게 된 원인은 여러 가지가 있겠지만, 그 중에서도 종교의 역할이 가장 핵심적인 것이었다고 주장했다.[28] 인도네시아와 말레이시아에서 화인이 현지 주류사회에 쉽게 융합되지 못하는 것은 이 두 나라에서 절대적으로 우세를 차지하는 이슬람교와 밀접한 관련이 있다. 무슬림 그 중에서도 특히, 근본주의적이고 보수적인 무슬림의 경우에는 일반적으로 타 종교에 대해 배타적인 태도를 견지하는데, 이러한 배타성은 종종 종교적 충돌 나아가 종족충돌을 야기하기도 한다. 그럼, 왜 이러한 현상이 발생하게 되는 것일까? 사무엘 헌팅턴은 이에 대해 세 가지 원인을 제시하고 있다. 첫째, "이슬람교는 창시될 때부터 매우 상무적인 종교였다." 둘째, 이슬람교는 그 발원지인 아라비아반도에서 세계 각 지역으로 전파되는 과정에서 종종 정복이란 수단을 사용해 피정복민족을 강제로 이슬람교로 개종토록 했다. 셋째, 무슬림의 "비관용적 성격"이다. 이 마지막 세 번째 원인은 앞의 두 가지 원인보다 훨씬 중요하다. "이슬람교는 절대적 신앙이다. 적어도 이 점에 있어서는 기독교보다 훨씬 더 심하다. 이슬람교는 종교와 정치를 일치시킴으로써, 이슬람교 신봉자와 비신봉자를 명확히 구분해낸다. 그 결과, 유교도, 불교도, 힌두교도, 서양기독교도, 그리스정교도들이 상호 어울려 적응하고 생활하는 것은 무슬림과 한데 섞여 적응하며 살아가는 보다 훨씬 쉽다. 가령, 화인은 대다수 동남아국가에서 경제적으로 우월한

---

28) G. William Skinner, "Change and Persistence in Chinese Culture Overseas : A Comparison of Thailand and Java", p.96. 이 논문은 1960년 4월 20일 콜롬비아대학 'Modern East Asia' 세미나에서 발표했던 것을 일부 수정 보완한 것이다.

지위를 확보하고 있는 소수민족이라 할 수 있다. 그들은 불교국가인 타이나 기독교 국가인 필리핀에서는 성공적으로 융합해 살고 있다. 사실, 이 두 나라에서는 다수민족이 화인을 배척하고자 일으키는 폭력적 행위는 거의 발생하지 않는다. 그러나 이와는 반대로 무슬림 사회인 인도네시아나 말레이시아에서는 화인 대상의 폭동이나 그에 준하는 폭력적 사건이 종종 발생한다. 이러한 사회에서 화인의 위상과 역할은 여전히 매우 민감하고 폭발성이 잠재된 문제이다. 타이나 필리핀의 상황과는 정반대인 것이다."[29] 물론 사무엘 헌팅턴의 관점이 전적으로 옳은 것은 아니다. 그러나 그가 동남아화인의 문제가 분명 존재하고 있고, 그것은 단기간에 해결될 수 없는 문제라는 핵심을 적시했음은 명확한 사실이다. 즉, 종교는 동남아화인과 거주국 국민의 관계 속에서 매우 중요한 역할을 하고 있다는 것이다. 과거에 그랬고 현재에도 그렇다.

필리핀에서 가톨릭은 절대적으로 우세한 지위를 차지하고 있는 종교이다. 대부분의 필리핀 화인도 가톨릭을 믿고 있다. 물론 여기에는 여러 가지 다양한 이유가 존재한다. 그럼에도 불구하고 같은 종교를 갖고 있다는 것은 화인들이 필리핀 현지인들과 함께 융합하는데 확실히 유리한 점이 있다. 필리핀 화인문제를 연구하는 홍위화(洪玉華)는 타이 화인의 동화 정도가 높은 것은 화인과 현지인 공히 동일한 종교 즉, 불교를 신봉하고 있기 때문이라고 주장했다. 또 필리핀 화인의 동화과정 속에서의 종교의 역할은 타이 정도의 수준은 아니지만, "……종교는 필리핀에서 융합과 동화를 촉진하는 하나의 조건으로 여전히 매우 중요한 역할을 발휘하고 있다. 이 점은 이 땅에서 나고 자란 본토박이 젊은 세대들의 상당수가 가톨릭을 신봉하는 데에서 그 단초를 엿볼 수 있을

29) 塞繆爾·亨廷頓, 『文明的衝突與世界秩序的重建』, 新華出版社, 1999, 297-298쪽.

뿐만 아니라 화인 외에도 필리핀인들이 가톨릭과 함께 불교와 도교에 이르기까지 특별한 배타심 없이 믿고 있는 데에서도 확인할 수 있다. 특히 흥미로운 점은, 필리핀에서는 각기 다른 종교의 신상(神像)을 동일한 감실에 모셔두는 경우도 종종 볼 수 있다는 것이다. 또 심지어는 동일한 신상에 대해 화인과 필리핀인이 각기 다른 호칭으로 부르기도 하고 서로 다른 종교의식을 한데 혼합하는 방식으로 신을 모시는 기이한 현상까지 나타나기도 한다는 것이다."[30]

● 원제/출처 : 「宗教信仰對東南亞華人文化適應的影響」, 『華僑華人歷史硏究』, 第1期, 2002.3

30) 洪玉華, 『宗敎的融合 : 菲律賓華人』, 菲律賓華裔靑年聯合會, 1990, 235쪽.

동남아 화인의 토지신과 성지 숭배

탄치벵(Tan Chee-beng, 陳志明)

고대 중국문화에서 기원한 토지신 관념은 그동안 많은 변화과정을 거치기는 했지만, 지금도 여전히 화인사회의 전통종교체계를 구성하는 핵심요소 가운데 하나이다. 말레이시아 화인사회의 대백공(大伯公), 나독공(拿督公) 등에 대한 숭배는 바로 이 토지신 관념의 문화적 연속성과 지역적 재구성의 산물이라 할 수 있다. 이러한 연속성과 재구성에 대한 분석은 화인의 중화전통과 비(非)화인의 토착전통 사이에 이루어진 종교 관념상의 상호작용을 파악하는데 도움이 된다. 따라서 오늘날 토지신과 성지에 대한 숭배를 근간으로 하는 동남아화인의 민간신앙을 고찰하기 위해서는 우선적으로, 화인사회 토지신 관념의 발전맥락을 파악하는데 분석의 초점을 두어야 한다. 왜냐하면, 이러한 역사적 맥락에 대한 분석을 소홀히 하게 되면, 자칫 해석상의 오류를 범할 가능성이 높기 때문이다.

고대 중국문화에서 기원한 화인사회의 토지신 관념은 그동안 중국 및 해외 화인커뮤니티의 역사과정 속에서 수많은 변화와 발전을 거쳐 왔지만 여전히 지속되고 있고, 지금도 화인 전통종교체계의 핵심요소 가운데 하나로 자리하고 있다. 토지신 관념이 중국에서 기원한 탓인지, 해외 각 지역 화인의 토지신 숭배는 해당지역이 처한 특수한 환경에 따라 변화를 거듭했음에도 불구하고, 여러 면에서 유사한 점이 많다.

이 글에서는 주로 말레이시아의 대백공(大伯公, 말레이어로 Tua Pek Kong) 숭배를 중심으로, 화인의 토지신과 성지(聖迹) 숭배가 갖는 문화적 연속성과 지역적 재구성에 대해 고찰하고자 한다. 아울러 화인의 중화전통과 비(非)화인의 토착전통 간에 형성된 종교 관념상의 상호작용에 대해서도 살펴보고자 한다. 무엇보다 이 글의 핵심 논점이라고 한다면, 동남아화인의 토지와 성지에 대한 신앙을 파악하기 위해서는 화인의 토지신 관념의 역사적 발전맥락에 분석의 초점을 두어야 한다는 점이다. 이러한 역사적 맥락에 대한 분석을 소홀히 한다면, 자칫 해석상의 오류를 범할 가능성이 농후하기 때문이다.

이 글의 주요 연구대상은 동남아화인들이 화인 토지신의 대명사로 일컫는 대백공이다. 필자는 이 대백공과 중국 토지신의 연속성과 재구성에 대해 고찰해볼 것이다. 대백공 숭배는 동남아에 있는 수많은 화인 커뮤니티의 역사와도 밀접한 관계를 지니고 있다. 다시 말해, 대백공묘(묘廟는 일종의 사당—옮긴이)는 화인커뮤니티에서 중요한 역할을 담당하고 있는 것이다. 이에 대해서도 논의해보도록 하겠다. 마지막으로, 화인들이 숭배하는 각종 토지신과 지방 성지 그리고 토지신과 지방수호신 신앙에 대한 분석을 통해, 화인과 토착민 간의 초문화적(Cross-Cultural) 상호작용에 대해서도 살펴볼 것이다.

1. 중국의 토지신 신앙

중국의 토지신과 관련된 기록이나 저작은 상당히 많은 편이다. 따라서 여기서는 일부 중요 연구서에 대해서만 간략하게 소개하고 넘어가기로 하겠다. 중국의 토지신과 관련된 서구학자들의 대표적인 연구 성과 가운데, 비교적 초기의 저술로는 에두아르 샤반느(E. Edouard Chavannes)의 『Le T'ai Chan』(1910)을 들 수 있고, 최근의 것으로는 존 챔벌레인(John Chamberlayne)의 논문이 있다. 중문저서의 경우에는 류즈완(劉枝萬)의 사직(社稷) 관련 연구가 있는데, 이 역시 참고할 만하다.[1]

하늘, 땅, 자연물(가령, 산)에 대한 숭배는 고대 중국의 신앙에서 매우 중요하다. 땅 즉, 토지를 숭배했다는 점은 누구나 쉽게 이해할 수 있을 것이다. 왜냐하면, 토지는 경작(농업과 식량)과 깊이 관련되어 있기 때문이다. 따라서 토지는 일반적으로 생육, 다산, 번영 그리고 인류의 생존을 상징하기도 한다. 토지숭배는 지역 커뮤니티와도 밀접하게 연관되어 있다. 중국의 고대 기록을 보면, 사(社 즉, 토지신) 혹은 사직(社稷 즉, 토지신과 곡신穀神)이란 말이 자주 등장한다. 『효경(孝經)』에 이르기를, "사(社)란 토지의 주인이다. 토지는 너무도 광활하여 두루 받들 수 없다. 고로, 봉토(封土)의 경우, 사(社)에게 제를 올려 그 공(功)에 보답한다.(社者, 土地之主也, 土地廣博, 不可遍敬, 故封土, 以爲社而祀之, 報功也.)"[2]라고 했다. 이는 토지신을 일컫

---

1) Edouard Chavannes, "Le T'ai Chan : Essai De Monographie D. un Culte Chinois", Appendice : Le Dieu Du Sol Dans La Chinae Antique, Paris : Emest Leroux, Editeur, 1910 ; John H. Chamberlayne, "The Chinese Earth-shine", NVMEN, 1966(13), pp.164-182 ; 劉枝萬, 『國民間信仰論集』, 中央研究院民族學研究所(台北), 1974, 185-206쪽.
2) 孫述山, 『詩經中的民俗資料』, 台東, 1978(42).

는 사(社)나 이를 모시는 사단(社壇)이 커뮤니티 집단이라 할 수 있는 사군(社群)과 밀접한 관련이 있다는 말이다. 또 『주례(周禮)』에는 "스물다섯 집 당 하나의 사를 둔다.(二十五家置一社)"[3]라고 되어 있다. 토지신과 지역 커뮤니티조직과의 관계는 이를 통해 충분히 짐작할 수 있을 것이다. 일반 민중이든 통치자이든 간에 고대 중국인은 모두 사(社)와 직(稷)에 제를 올렸다. 물론 직에 대한 숭배는 훗날 사에 편입되었다. 곡물(百谷)은 모두 땅 위에서 자라는 것이기 때문에, 직신(稷神)의 기능은 사신(社神)에 포함될 수 있었던 것이다.

사회적으로 사(社)나 사신(社神)은 통상 토지신이라고 부른다. 옛날에는 '토(土)' 자체로 토지신을 지칭하기도 했다. 제후들이 토지에 제를 올리는 것은 바로 이 때문이다. 이와 관련된 또 다른 관념으로는 후토(后土)가 있다. 『사해(辭海)』의 해석에 따르면, '후토'란 토지신 혹은 토지신에게 제를 올리기 위한 신단(神壇)을 지칭한다. 본래 후토는 땅을 말하는 것으로, 하늘을 칭하는 '황천(皇天)'에 상대되는 말이다. 이른바 '황천후토(皇天后土)'란 말도 여기서 나왔다.[4] 따라서 토지신은 매우 폭넓은 개념으로 사용되기도 하지만, 종교적 전일성 혹은 지역 커뮤니티와의 관련성이란 측면도 동시에 내포하고 있다 할 수 있다. 이는 오늘날의 토지신을 이해하는데 매우 중요한 대목이다. 사직숭배(즉, 토신과 곡신에 올리는 제사)는 이미 주(周, BC 1027(?)~BC 265)나라 때 존재했지만, 정작 중국에서 크게 유행한 것은 사와 직 가운데 사 즉, 토지신 뿐이었다. 그리하여 한(漢, BC 206~BC 220)나라 때에 이르게 되면, 중국 곳곳에서 사단(社壇)을 볼 수 있었다 한다.[5] 이런 정황은 1949년 이전의 중국대륙과 오늘날의

---

3) 주2)와 동일.
4) 『辭海』, 上海辭書出版社(上海), 1979, 169쪽.
5) C. K. Yang, "Religion in Chinese Society", Berkeley University of California Press,

타이완에까지 지속되고 있다.

　타이완에서 토지신 숭배는 매우 보편화되어 있다. 타이완에 거주하는 사람들은 대부분 민난인(閩南人)인데, 이들은 토지신을 '토지공(土地公)'이라 부른다. 대규모 묘(廟) 외에도 농촌에 가면 들판 같은 곳에서 토지공을 모시는 소사(小祠)나 석붕(石棚)을 자주 볼 수 있다. 일반적으로 토지공은 그 역할과 기능에 따라 다양하게 분류된다. 가령, 산림을 관장하는 토지공, 논밭을 수호하는 토지공, 교량을 수호하는 토지공 등등이 그것이다.6)

　타이완에서는 토지신을 복덕정신(福德正神)이라 부르기도 한다. 이는 동남아화인들도 마찬가지이다. 물론, 이 명칭 또한 중국대륙에서 유래되었다.7) 중국대륙과 타이완에는 토지신과 관련된 몇 가지 전설이 있다. 그 중 몇 개를 예로 들어보기로 하자. 한 전설에 따르면, 토지공은 본래 주나라의 세리(稅吏)였는데 이름이 장복덕(張福德)이었다 한다. 그런데 성품이 워낙 바르고 착한 일도 많이 해서, 사후에는 사람들이 그를 위해 사당을 짓고 제를 올렸다는 것이다. 그리고 그의 이름을 따서 그를 복덕정신이라 불렀다고 한다. 또 다른 전설을 보면, 그는 생전에 의로운 노비였다고 한다.8) 이밖에도 토지공은 요(堯) 임금의 농관(農官)이었던 후곡(后谷)이라는 설9)도 있고, 주나라에 오(吳)씨 성을 가진 청렴한 농관이 있었는데 그가 죽은 후, '복덕정신'으로 봉해졌다는 설도 있다.

　　1961, p.98.
　6)　宋龍飛,『民俗藝術探源』, 藝術家出版社(台北), 1982, 251-268쪽, 258쪽, 254쪽, 256쪽, 257쪽, 258쪽, 263쪽 ;「谷神, 社稷, 土地公, 美濃觀記」, 漢聲, 1982(12), 78-81쪽 ;「客家人的伯公廟」, 漢聲, 1989(23), 65쪽.
　7)　顧頡剛,「泉州的土地神」,『民俗周刊』, 1928, 1-8쪽.
　8)　吳瀛濤,『台灣民俗』, 古亭書屋(台北), 1969, 65-66쪽.
　9)　주6)과 동일.

이러한 전설들은 이외에도 수없이 많다. 그런데 한 가지 분명한 것은, 모두 정의와 덕행의 가치와 관련되어 있어 복덕정신으로 떠받들어졌다는 점이다. 물론, 이러한 전설들은 후세인들이 토지신의 유래를 해석하기 위해 만들어낸 것으로, 토지신의 진정한 기원이라고는 볼 수 없다.

일반적으로 복덕정신의 형상은 오른손에 지팡이를 짚고 있고, 왼손에는 원보(元寶, 옛날 중국 화폐의 일종—옮긴이)를 쥔 자상한 노인의 모습이다. 여기서 복덕정신에 대해 특별히 논의하고자 하는 것은, 그가 동남아 화인사회에서 폭넓은 숭배의 대상이기 때문이다. 따라서 토지신과 관련된 타이완의 저작[10]들은 상호비교의 기회를 제공한다는 점에서 충분히 참고할 만하다. 한 가지 첨언하자면, 대다수 타이완 사람들이 푸젠성(福建省) 출신이듯, 동남아화인의 상당수도 푸젠성에서 왔다는 점이다.

2. 말레이시아 화인의 토지신과 지방수호신

말레이시아 화인이 숭배하는 토지신과 지방수호신 중에는 전통적으로 중국에서 기원한 화인의 신도 있고, 거주국 현지에서 전통의 재구성에 따라 새롭게 창조된 신도 있다. 또 화인이 아닌 토착민의 신도 있다. 아래에서는 이에 대해 간략히 서술하도록 하겠다.

---

10) 타이완에서 토지신에 대한 논문은 매우 많다. 林美容, 『臺灣民間信仰硏究』, 中央硏究院民俗學硏究所(台北), 1991, 29-30쪽, 34-35쪽. 이외에도, 화인의 종교와 명절에 관련된 책들 중에는 많건 적건 토지신에 대해 서술하고 있는 것이 일반적인 현상이다.

(1) 사직(社稷)

앞서도 말했듯이, 사직은 고대 중국인이 숭배하던 것이지만 그 가운데 곡신(穀神) 즉, 직(稷) 대한 숭배는 후에 토지신으로 편입 대체되었다. 그렇지만 사직을 함께 숭배하는 경우도 여전히 남아있다. 휴 베이커(Hugh Baker)는 홍콩의 샹쉐이샹(上水鄉)을 연구한 자신의 보고서에서, 마을에는 토지신 외에도 사직이란 게 따로 있었다고 주장했다.[11] 필자도 말레이시아 사바(Sabah)의 산다칸(Sandakan)에 있는 두 개의 묘(廟)에서 사직단(社稷壇)을 본 적이 있다.[12] 하나는 삼성궁(三聖宮)이었고, 다른 하나는 열성궁(列聖宮)이었다.

삼성궁은 산다칸 시내 중심부에 위치해 있다. 사당 안에 있는 비문에 따르면, 이 사당은 '청나라 광서(光緒) 정해년(丁亥年)' 즉, 1887년에 건립되었고, 문창(文昌), 천후(天后), 관제(關帝) 등 세 성인(三聖)을 모시고 있다고 되어 있다. 사당 왼편은 월동회관(粤東會館)이고, 사당 안으로 들어가려면 왼편 앞쪽에서 들어가야 한다.[13] 계단을 오를 때는 먼저 '본파사직신(本坡社稷之神)'의 신단(神壇)을 지나야 하고, 여기서 조금 더 올라가면 '태산석감당신(泰山石敢當之神)'의 신단이 보인다. 물론, 여기서 말하는 태산(泰山)은 중국 종교에 있어 매우 중요한 산이고, 석감당(石敢當) 신단

---

11) Hugh D. R. Baker, "A Chinese Lineage Village : Sheung Shui", London : Frank Cass & Co. 1968, p.86, p.123.

12) 필자는 1995년 2월 26일, 말레이시아 셀랑고르의 세이킨찬에 있는 화인농촌을 방문했다. 그곳 관제묘(關帝廟)에는 커다란 오곡영황(五谷靈皇) 조각상 한 기가 있었다. 마을사람들은 음력 정월 초파일이 되면, 이 신의 탄생을 경축하는 행사를 벌이는데, 사당 정문 양옆에 내걸린 대련(對聯)에는 "關聖威靈安社稷, 帝君顯赫護"라고 되어 있었다. 물론, 여기서 말하는 사직이란 지역사회를 일컫는 것이다.

13) 본문에서 말한 왼편은 화인이 말하는 왼쪽이다. 즉, 건축물의 왼쪽은 건축물 안쪽에서 밖을 바라보았을 때의 왼쪽을 말한다.

의 주된 역할은 악귀나 액을 쫓는 것이다.[14]

열성궁은 시내에서 약간 떨어진 곳에 있지만, 삼성궁에서 그리 멀지 않다. 이곳에서 모시는 신으로는 관음(觀音), 마조(媽祖), 화타(華陀), 태세(太歲) 등이 있다. 사당 내 석비(石碑) 비문에는 '광서 17년'(1891년)이라고 연대가 기재되어 있다. 삼성궁과 마찬가지로 사당에 들어가려면 역시 왼편 앞쪽 계단을 이용해야 한다. 계단을 올라가면 사직단이 있고, 그 단에는 '본방사직신(本坊社稷之神)'이라고 쓰여 있다. 또 그 양쪽으로는 '풍조우순, 국태민안(風調雨順, 国泰民安)'이란 대련(對聯)이 걸려 있는데, 이는 일반적으로 백성들이 신명(神明)에게 기도하는 내용으로, 말레이시아 묘당(廟堂)에 가면 종종 볼 수 있는 것이다.

(2) 대백공(大伯公)

대백공은 말레이시아나 싱가포르의 화인들이 모시는 대표적인 신이다. 대백공이란 명칭과 그 기원에 대해서는 설이 분분하다. 가령, 일찍이 1939년 한화이준(韓槐準)은 『성주일보(星洲日報)』(12월 9일) 기고를 통해, 이 문제를 거론한 적이 있다.[15] 또 그는 이후에도 『남양학보(南洋學報)』에 이와 관련한 논문을 발표하기도 했다.[16] 이밖에 195, 60년대에도 일부 연구자들이 이에 대한 글을 지면에 싣기도 했다.[17] 그러나 지금까

---

14) 주 10)과 동일.

15) 許雲樵, 「大伯公, 二伯公與本頭公」, 『南洋學報』, 1951, 6-10쪽, 20쪽.

16) 韓槐準, 「大伯公考」, 『南洋學報』, 1940, 18-26쪽.

17) 許雲樵. 「大伯公, 二伯公與本頭公」 ; 許雲樵, 「再谈大伯公研究」, 『南洋學報』, 1952, 19-24쪽 ; 陳育崧, 「Tokong考」, 『南洋學報』, 1951, 38-40쪽 ; 饒宗頤, 「談伯公」, 『南洋學報』. 1952, 27-28쪽. ; 天官賜, 「大伯公是何方神圣?」, 『南洋文摘』, 1963, 25-28쪽.

지도 대백공의 내원과 그것의 정체에 대해서는 여전히 논쟁 중에 있는 게 사실이다.[18] 특히, 논의의 초점은 주로 대백공의 명칭, 기원, 정체에 모아져 있다. 그 가운데 쉬윈차오(許雲樵)와 라오쫑이(饒宗頤)는 중국과 동남아 상황에 대해 비교적 소상히 알고 있는 연구자라 할 수 있는데, 이들은 모두 대백공을 중국에서 말하는 토지신이라 주장했다.

그러나 전체적으로 볼 때, 이들의 논의에는 세 가지 중요한 문제점이 내포되어 있다. 첫째, 지나치게 천다(陳達)의 서술에 의존하고 있다. 둘째, 동남아 본토의 선구자나 선현(先賢)으로부터 그 기원을 찾고 있다. 셋째, 말레이어에서 대백공 명칭의 기원을 추단하고 있다. 특히, 마지막 문제점과 관련해 천위송(陳育嵩)은, 말레이어의 'tokong'에서 화인의 묘당(廟堂)과 신명(神明)을 지칭하는 대백공의 기원을 찾는 것은 근거가 없다고 주장했다. 사실, 말레이어의 tokong, to'kong, topekong, to'pekong은 모두 동의어이다.[19] 그런데 이 단어들은 모두 화인으로부터 기원했을 가능성이 있다. 특히, 이런 말들은 과거 해협식민지(말라카, 페낭, 싱가포르)에서 크게 유행한 적이 있는데, 공교롭게도 이들 지역에는 말레이어로 '바바(BaBa)'라고 불리는 해협화인들이 많이 살고 있었다.

천다(陳達)의 지적에 따르면, 푸젠성 남부와 광동성(廣東省) 동부의 농촌에 토지묘(土地廟)가 아주 많았는데, 그곳에서 모시는 신이 바로 'Ta Pai Kung'이며, 이 'Ta Pai Kung'은 광동과 푸젠의 농촌에서 땅에 대한 호칭으로 불리었다는 것이다. 천다는, Ta Pai Kung(즉, 대백공)이란 명칭은 남양(南洋, 동남아 일대—옮긴이)에서 돌아온 귀국동포들이 가지고 들어온 것

---

18) 黃堯, 「三位一體의 神 : 大伯公, 拿督公, 土地公」, 『文道月刊』, 1981, 16-21쪽 ; 張少寬, 「大伯公, 拿督公與土地公關係의 商榷」, 『文道月刊』, 1982, 14-19쪽 ; 潘正聊, 「古城三年庙」, 『南洋商報』, 1994.4.19(3).

19) 말레이어사전 Kamus Dew an.

이라 했다. 그는 차오저우(潮州) 출신 가이드의 말에 근거해, 이 명칭은 남양 화인들이 최초의 이민 선현(先賢)이라고 부르는 '개산대백(開山大伯)'으로부터 유래한다고 주장했다. 그리고 본래 '개산대백'이란 말은 선구자에 대한 친밀감과 존경이 담긴 칭호인데, 훗날 여기에 존경심을 더하기 위해 '공(公)'이란 글자를 덧붙여 대백공(大伯公)이라 하고 '개산(開山)'이란 두 글자는 사용하지 않게 되었다고 했다.[20] 이러한 주장을 더욱 보편화시키는데 기여한 것은 빅터 퍼셀(Victor Purcell)의 저작이었다. 퍼셀은, 대백공이란 어느 한 인물에 대한 신화화(가령, 정화鄭和를 일컬어 삼보대신三寶大神이라 하는 것과 같은 경우)가 아니라 일반적인 선구(先驅) 신령들을 인격화한 것이라 주장했다.[21] 천다의 해석은 대백공 명칭이 동남아에서 기원했다는 여러 견해 중의 하나로 생각할 수는 있지만, 그것이 이 명칭의 기원에 대한 유일한 견해는 분명 아니다. 더구나 그는 선구 신령으로서의 대백공과 토지신의 관계에 대해서는 아예 분석조차 시도하지 않았다.

대백공의 기원과 관련된 말레이시아에서의 논의는 대부분 페낭(Penang)의 'Tanjong Tokong Tua Pek Kong Temple'에서 모시는 대백공과 연관 짓는 것이 일반적이다. 이 사당의 중문 명칭은 '海珠嶼大伯公廟'이다.[22] 사당 내 비문에 따르면, 대백공은 장(張), 치우(丘), 마(馬)씨 성을 가진 세 명의 학카(Hakka, 客家) 선구자를 신격화한 것으로, 그들은 18세기 중엽에 페낭에 온 것으로 되어 있다. 사당 인근에 그들의 분묘가 있는데, 그 중 장씨(최고 연장자)의 무덤 비문을 보면, '개산지주장공(開

---

20) Chen Ta, "Emigrant Communities in South China", New York : Secretariat, Institute of Pacific Relations, 1940, pp.233-236.

21) Victor Purcell1, "The Chinese in Malaya", London : Oxford University Press, 1967, p.123.

22) 필자는 1981년 11월 25일 처음으로 이 사당에 가보았다. 이 사당과 관련된 설명은, 廣國祥, 『檳城散記』, 星州世界書局(新加坡), 1958, 55-58쪽에 있다.

山地主張公)'이라 되어 있다. 이와 같은 대백공 내원에 대한 기록이 있는 탓인지, 대부분의 사람들은 이를 동남아 대백공이라 받아들이고 있다. 그러나 사실 이는 어느 특수한 지방의 대백공에 관한 기원이지, 전체 동남아 대백공의 기원이라고는 할 수 없다.

중국과 동남아 사정에 밝은 사람들이나 필자 개인의 방문조사 및 현지인터뷰 등을 종합해보면, 말레이시아와 싱가포르 화인이 숭배하는 대백공은 다름 아닌 복덕정신이라는 사실을 알 수 있다. 또한 중국대륙과 타이완에서 모시는 복덕정신은 곧 토지신의 또 다른 호칭임도 알 수 있었다.[23] 말레이시아의 나이 많은 노인들이나 어느 정도 학식을 갖춘 젊은 가이드들이라면, 대개 대백공이 곧 복덕정신 다시 말해 토지신이며, 이는 푸젠인이나 차오저우인이 말하는 Tuā peh kong(토지공)이라는 사실을 인정하고 있다. 필자가 젊었을 때, 중국에서 온 푸젠 출신의 가이드들 역시 마찬가지로 대백공은 중국에서 토지신 혹은 복덕정신을 의미하는 것이라고 말한 적이 있다. 따라서 대백공이 곧 복덕정신임은 의심할 여지없는 사실이라 할 수 있다. 더군다나 말레이시아와 싱가포르의 대백공묘의 신단에도 일반적으로 복덕정신이란 칭호가 쓰여 있다. 대백공의 형상이나 조각상은 일반적으로 오른손엔 지팡이를 짚고 있고 왼손엔 원보를 쥐고 있는 노인의 모습이다. 대백공 신단의 대련에서도 역시 복덕정신이란 글귀를 볼 수 있다. 가령, '福而有德千家敬, 正則为神万世尊(복 있고 덕 있음에 모든 이들이 공경하는 바이고, 품행이 올바르니

---

23) 이에 대해서는 마카오의 마조각(媽祖閣)에 명확하게 표현되어 있다. 이곳에는 토지신을 위한 두 개의 작은 제단이 있는데, 그 중 하나의 석패(石牌)에 '토지복덕정신(土地福德正神)'이라 쓰여 있고, 다른 석패에는 '토지재신(土地財神)'이라 적혀 있다. 필자는 1993년 11월 7일, 이 유구한 역사를 자랑하는 마조사당(媽祖廟)을 방문한 적이 있다.

동남아 화교화인의 정체성 및 종교

신으로 모시어 만세에 기리는 바이다.)'이 그 예이다.

이렇게 볼 때, 페낭의 Tanjong Tokong Tua Pek Kong Temple의 'Tua Pek Kong'은 지역성을 띤 특수한 대백공이지, 중국이나 동남아화인들이 널리 숭배하는 복덕정신은 아닌 것이다. 사실, '대백공'이란 칭호 자체도 전적으로 동남아에서 기원했다고는 볼 수 없다. 쉬원차오의 주장에 따르면, 중국에서 토지공을 '백공(伯公)'이라 부르는 이들은 대부분 학카인들이지만, 차오저우에서도 일부 사람들이 '백공'이란 명칭을 사용하기도 했고, 푸젠성 훼이안(惠安)의 농촌에서도 조현단(趙玄壇)을 '대백공'이라 부르기도 했다고 한다.[24] 차오저우 출신의 걸출한 학자 라오종이도, '백공'이란 명칭은 광동성 동부(粤東) 지역의 민간에서도 유행했고 차오저우에 있는 토지신 사당을 '백공묘(伯公廟)'라 칭하는 이들도 있다고 주장했다.[25] 송저메이(宋哲美) 또한 중국 차오저우인과 학카인들이 사는 지역에서 토지신은 종종 '백공'이라 불리기도 한다고 했다.[26] 라오종이는 대백공의 '대(大)'는 연장자에 대한 존칭이라고도 했다.[27] 사실, 차오저우인과 푸젠인들은 아버지의 형을 백(伯)이라고 한다. 따라서 대백이란 아버지의 큰형을 일컫는 것이라 할 수 있다. 한편, '공(公)'은 일반적으로 이미 죽은 사람이나 신에 대한 존칭이다. 이렇게 보면, '대백공'이란 차오저우인이나 푸젠인이 친족에 대한 칭호를 신에게까지 확장해 사용한 것으로 볼 수 있다. 아울러 말레이시아에서 대백공 숭배는 주로 차오저우인, 푸젠인, 학카인들이 많이 거주하는 지역에서 특히 유행하고 있다.

---

24) 주15)와 동일.
25) 饒宗頤, 「談伯公」.
26) 宋哲美, 『華僑志』, 台北, 1963.
27) 주25)와 동일.

학카인들이 토지를 '백공'이라 칭한다는 사실은 매우 중요하다. 타이완에서 민난인들은 토지신을 '토지공'(즉, 복덕정신)이라 부르고 학카인들은 '백공'이라 부른다. 또 푸젠인은 토지묘를 '토지공묘자(土地公廟仔)' 혹은 '복덕사(福德祠)'라고 하고, 학카인은 '대백공사(大伯公祠)'라 한다. 이로 보아, 타이완에서도 학카인들은 '백공'과 '대백공'을 토지신으로 부른다는 것을 알 수 있다.[28]

다시 말해, 토지신은 '백공' 혹은 '대백공'이라 불리는데, 이는 중국의 학카인과 차오저우인이 이미 이렇게 사용했으며, 말레이시아의 학카인이나 차오저우인이 그대로 따라 차용함으로써 이 명칭은 더욱 더 널리 보급되어 종국에는 푸젠인들조차 사용하게 되었다고 볼 수 있다. 푸젠인은 자신의 친척을 일컫는 칭호가 공교롭게도 차오저우인의 '백'이나 '대백'이란 칭호와 같기 때문에 '대백공'이란 명칭을 쉽게 받아들일 수 있었던 것이다. 필자의 외조모(1989년 사망)는 중국에서 출생했는데 할머니의 말에 따르면, 자신의 고향인 용춘(永春)에서는 '대백공'이란 말은 없고, 대신 토지신을 '토지공' 혹은 '복덕정신'이라 했다 한다. 외할머니는 복덕정신의 '복(福)'이란 글자는 푸젠인(福建人)의 '복'자와 동일해서 학카인들이 이를 달가워하지 않아 대신 '대백공'이란 말을 사용했을 것이라고도 했다. 이는 물론 외조모 개인의 추측이고 다분히 푸젠인들의 생각이리라. 필자나 다른 중국 출생의 말레이시아 화인들은, 중국 푸젠성에서는 본래 '대백공'이란 말을 사용하지 않았다고 확신한다. 따라서 필자의 생각에는 말레이시아 푸젠인들이 사용하는 '대백공'은 학카인이나 차오저우인으로부터 왔을 것으로 보인다. 즉, 대백공이란 호칭의 보급은 푸젠인, 차오저우인, 학카인들이 말레이반도에서 상호 교류한 결과

---

28) 주6)과 동일.

의 산물이라 할 수 있다. 이러한 방언집단이나 광푸인(廣府人, 廣東人)은 지금까지도 말레이시아의 주요한 화인 방언집단이다.

대백공 기원에 관해 저마다 자신의 주장을 펼치고 있는 화인 평론가들은 일반적으로 대백공이 선구자에 대한 신격화라는 설에만 이끌려, 페낭의 장, 치우, 마 3인의 신격화를 동남아 대백공의 기원으로 설정하고 있다. 그러나 이들은 이것이 어떻게 토지신의 숭배와 관련성을 맺고 있는지에 대해선 설명하지 않고 있다. 또 다른 평자들의 경우에는, 서(西)보르네오 란팡공사(蘭芳公司)의 창시자 뤄팡보(羅芳伯)가 '대백공'으로 모셔지고 있다고 주장했다.29) 심지어 이 선구자들을 반청복명(反淸復明)을 주장하는 중국의 사회당(私會黨, 일종의 민간비밀결사단체)과 연관시키는 이들도 있다. 학카인은 항시 화인커뮤니타나 형제회(兄弟會)의 선구자를 '백(伯)'이라고 부른다고 해석한 왕타이펑(Wang Tai Peng)이 바로 그런 경우이다. 그는 그루트(J. J. M. de Groot)의 견해를 인용해, 란팡공사의 발기인이 뤄대백(羅大伯) 혹은 뤄백공(羅伯公)이라 불린다고 주장했다.30) 그러나 뤄팡보 연구의 전문가라고 할 수 있는 뤄샹린(羅香林)은 매우 분명하게 지적한 바 있다. 그의 지적에 따르면, 폰티아낙(Pontianak)에 있는 대백공묘를 뤄팡보 부청(副廳)으로 잘못 생각하는 경향이 있는데 사실 이곳은 복덕정신을 모시는 복덕사(福德祠)로, 뤄팡보를 기념하는 부청과 혼동해서는 안 된다는 것이다. 그는 또 광동과 푸젠의 복덕사 역시 백공단(伯公壇)으로 불린다고도 했다. 아울러 뤄샹린은, 멤파와(Mempawah)의 벵카양(Bengkajang)에 사는 다약(Dayak) 사람들은 오랫동안 지속적으로 화인과 내왕했기 때문에 그들이 모시는 신(神祗) 또한 '백공'이라 불렀다고도 했

---

29) 黃堯, 『星馬華人志』, 明監出版社(香港), 1967, 223-224쪽.

30) Tai Peng Wang, "The Origins of Chinese Kongsi", Petaling Jaya : Pelanduk Publications, 1994, p.73.

다.[31] 그런데 여기서 유의해야 할 것은, 동남아 대백공의 내원으로 간주되는 선구자들 모두 학카인이라는 점이다. 이는 학카인들이 토지신을 대백공이라 칭하는 것에 대한 연구를 보다 심화시켰다.

페낭의 Tanjong Tokong Tua Pek Kong Temple의 신단에는 '대백공신위(大伯公之神位)'라는 석패가 있는데 그 위에 '복덕정신'이란 네 글자가 있다. 이 석패는 페낭의 응슉(Ng shook) 출신 학카 조직이 선통(宣統) 원년 즉, 1909년에 세운 것이다. 따라서 이 사당이 응슉 출신 학카인 조직이 주장하는 것처럼 세 명의 학카 선구자에 대한 경배를 위해 세워진 것이라고 한다면, 20세기 초에 이르러 이러한 숭배는 이미 대백공(복덕정신) 숭배와 상호 관련되어 있다고 볼 수 있다. 학카인들은 이미 세상을 떠난 선구자를 '백공'이라고 부르기도 하지만, 토지신을 '백공'이라 칭하기도 했다. 이는 필시 이러한 병합과 이중적 해석을 가능케 하는 것이다. 사실, 중국에서 이미 고인이 된 영웅인물을 토지신으로 모시는 것은 드문 일이 아니다. 그리고 말레이시아에서는 이미 세상을 떠난 선구자를 나독(拏督) 즉, 말레이시아화된 지역신으로 모시고 있다. 말레이시아 페라크(Perak)의 쿠알라쿠라우(Kuala Krau)에 있는 차오저우인 커뮤니티의 경우가 바로 그러하다.(이에 대해서는 아래 글에서 자세히 설명하도록 하겠다.) 따라서 남양의 민(閩), 차오(潮), 학(客)이 선구자로 모시는 '백공'과 토지신으로 숭배하는 '대백공', 이 양자를 혼동하지 말아야 한다. 인도네시아 수마트라의 탄중모라와(Tannjung Morawa)에 있는 오조묘(五祖廟)는 인도네시아말로 '위하라페콩리마(Wihara Pekong Lima)'라 하고, 그 뜻은 오백공묘(五伯公廟)이다. 전하는 말에 따르면, 사당 안에 모시는 신은 다섯 명의 차오저

---

31) 羅香林, 『西婆羅州羅芳伯等所建共和國考』, 中國學社(香港), 1961, 89쪽, 110쪽, 사진 27.

우인이라 한다. 그들은 화공(華工)을 탄압하는 네덜란드 출신의 작업반장을 죽인 죄로 교수형을 당한 사람들이다.[32] 이것으로 보아 차오저우인들은 이미 고인이 된 영웅을 '백공'으로 숭배하고 있었음을 알 수 있다.

'백공'으로 모셔지는 선구자들은 필시 토지신으로 전화되었을 것이다. 사실, 토지신 관념은 어느 하나의 고정적인 신만을 가리키는 것으로 한정되어서는 안 된다. 왜냐하면, 어느 한 지방의 토지신은 하나의 신명 혹은 한 명의 신격화된 인물이 갖는 직위와도 같기 때문이다. 화인종교에서는 악비(岳飛, 1103~1142) 나 한유(韓愈, 韓昌黎, 768~824) 등과 같은 유명한 역사적 인물은 모두 토지신으로 받들어지고 있다.[33] 볼프강 프랑크(Wolfgang Franke) 교수 등이 수집한 비문자료 중에는 수마트라 탄중모라와의 '백공묘' 사진이 있다. 이 사당이 숭배하는 신은 한문공(韓文公) 즉, 유학자 한유(韓愈)이다. 신상(神像) 양쪽에 있는 대련에는 '복덕'이란 두 글자가 있다.[34]

직위에 따라 지방신을 구상하는 것은 토지신 관념의 진화에 있어 매우 중요하다. 성황(城隍)의 관념 또한 마찬가지이다. 그런 점에서 『요재지이(聊齋志異)』의 「고성황(考城隍)」은 매우 흥미롭다. 이는 성황을 선발하는 것과 관련된 이야기이다. 옛날 송공(宋公)이란 자가 있었다. 하루는 그가 병석에 누워있는데, 관리가 공문을 들고 와 시험을 보러 갈 것을 청했다. 송공이 시험을 잘 치르자, 뭇 신들이 그를 불러 명을 내렸다. "하남(河南) 땅에 성황 한 자리가 비어 있으니, 그대가 그 직을 맡도록

---

32) Wolfgang Franke, Claudine Salmon and Anthony Siu, eds., "Chinese Epigraphic Materials in Indonesia", Singapore : South Seas Society, 1988, pp.274-275, p.276, p.346, p.232.
33) 주6)과 동일.
34) 주32)와 동일.

하게." 그때서야 비로소 송공은 자신의 노모를 봉양할 사람이 없음을 깨달았다. 그리하여 임명을 잠시 늦춰줄 것을 요구했다. 뭇 신들은 그의 어진 성품과 효성에 감복해 9년의 말미를 주고, 대신 장산(長山)에 사는 장(張) 아무개로 하여금 그 직을 수행케 했다. 그런데 사실 송공은 이미 죽은 지 사흘이 지난 참이었다. 그는 관 속에서 깨어나자마자 장산에 장 아무개란 자가 있는지 수소문을 했다. 과연 그러한 사람이 있긴 한데 이미 죽었다는 것이었다. 그런데 그가 죽은 날은 공교롭게도 송공이 죽은 바로 그날이었다.[35]

마찬가지로 토지신의 관념은 화인의 사고체계 속에서도 직위에 따라 설정된다. 즉, 토지신은 각기 다른 신명이 각기 다른 지역에서 그 직을 수행한다. 그가 곧 복덕정신이다. 이는 토지신에 대한 일종의 집단적 상상이라 할 수 있다.

말레이시아의 끌란딴(Kelantan)에서 대백공은 '본두공(本頭公)'이라 불리기도 한다. '본두'는 민난어나 차오저우 말에서 모두 본토(本土)란 뜻이다. 따라서 '본두공'이란 해당 지역의 신명이라는 의미이다. 이 명칭은 타이에서 비롯되었다. 타이의 화인들은 대부분 차오저우인이다. 그들은 대백공을 본두공이라 부른다. 베트남과 캄보디아 일대의 화인들 역시 '본두공'이란 명칭을 사용한다. 또 그곳에서 미국으로 이민을 떠난 화인들 역시 이 명칭을 그대로 가져가 사용하고 있다. 그래서 샌프란시스코 푸젠회관(福建會館)의 사당에 '본두공'이 있는 것이다.[36] 인도네시아

---

35) 蒲松齡, 『聊齋志異』, 商務印書館(香港), 1963, 1-2쪽.
36) Him Mark Lai, "Development of Organizations among Chinese in America since World War II", peper presented at the International Conference Luodi-Shenggen : The Legal, Political and Economic Status of Chinese in the Disapora, Miyako Hotel, San Francisco, 1992.11.26~29, p.25.

동남아 화교화인의 정체성 및 종교

343

에서도 대백공 혹은 복덕정신에 대한 숭배가 매우 유행하고 있다. 이에 대해서는 찬우캉(傳吾康) 교수가 수집한 비문자료에서 어렵지 않게 볼 수 있다. 가령, 키장(Kijang)에 있는 복덕사의 대백공 신상과 말레이시아 대백공 신상은 아주 비슷하다.[37]

　오늘날 대백공은 이미 가정과 공묘(公廟)의 주신(主神)이 되어 있다. 특히, 푸젠과 차오저우 사람들이 많이 사는 지역에서는 더욱 그렇다. 다른 신명을 주신으로 모시는 사당에서도 대백공 신단은 항상 볼 수 있다. 집이나 묘당(廟堂)에서 숭배하는 대백공은 복덕정신의 상(像)으로 되어 있다. 조각상을 세워놓은 묘당도 있다. 신도들 가운데 토지파(土地婆)가 있다는 말을 들은 이들은 많지만, 그녀에게 절을 한 이들은 극히 드물다. 말레이시아 파항(Pahang)의 쿠알라리피스(Kuala Lipis)에 있는 천후궁(天后宮)에는 토지공과 토지파를 모시는 신단이 있다. 그들의 조각상은 노인과 노파의 모습으로 되어 있다. 신단 위에 있는 토지공 조각상은 오른손에 금으로 된 원보를 쥐고 있고 왼손에는 지팡이를 짚고 있다. 반면, 토지파의 경우에는 오른손에 지팡이를 짚고 있다. 내가 본 또 다른 토지파 신단은 사라와크(Sarawak) 투렌이란 마을에 있는 관제묘에 있었다. 사당 내의 토지공 신단은 화상(畵像)으로 되어 있는데, 일반적인 토지공의 상과는 아주 다르다. 이곳에는 토지낭낭(土地娘娘)의 신단도 있는데, 상(像)은 없고 패(牌)만 있다. 패에는 '토지낭낭신위(土地娘娘之神位)'라고 쓰여 있다.

37) 주32)와 동일.

(3) 후토(后土)

기타 화인 지역(가령, 타이완)에서와 마찬가지로, 말레이시아에서도 후토는 분묘 앞의 신위(神位)로 모셔져 있는 신을 일컫는다. 일반적으로 이 신위에는 '후토' 두 글자만 적혀 있는 게 보통이다. 그러나 개중에는 문장과 그림으로 표시한 것도 있다. 말레이시아와 싱가포르 두 지역에 거주하는 푸젠인과 차오저우인은 무덤의 후토를 '대백공'이라 부른다. 무덤에는 통상 복덕사를 설치하는데, 이 안에 모셔져 있는 주신은 대백공이다. 그런데 이를 복덕정신이라고 부르지, 후토라 부르지는 않는다. 묘지의 복덕사에 있는 대백공 상은 가정이나 공묘의 대백공 상과 동일하다.

필자는 말레이시아의 여러 사당(廟宇)을 찾아가보았는데, 이 중 후토의 제단을 본 것은 단 한 곳뿐이었다. 이곳은 사라와크 투렌의 '화인촌(華人村)'에 있는 어느 개인 사당이었다. 사당 안 관음보살을 모시는 주단(主壇) 아래에는 토지신을 모시는 제단 하나가 더 있었다. 여기에는 그림과 '후토'라는 두 글자만 적혀 있었다. 말레이시아와 싱가포르에서 후토는 묘지에 있는 토지신을 가리킨다. 그러나 앞서도 말했듯이, 고대 중국에서 후토는 본래 지방의 토지신을 가리키는 것이다. 가령, 『사기(史記)』「봉선서(封禪書)」에 나오는 후토는 일반적인 토지신을 지칭한다.

(4) 지주(地主)

신을 모시는 말레이시아 화인들의 집을 가보면, 거실에 대백공, 관음보살, 관성제군(關聖帝君, 關帝爺) 혹은 기타 주신(主神)을 모시는 신단을 볼 수 있다. 그리고 언제나 신단 아래 바닥에는 지주단(地主壇)을 마련해 놓는다. 상점의 경우에는 혹여 자리가 마땅치 않다고 생각되면 적당한 곳에 별도로 지주단을 설치해놓기도 한다. 이렇듯 반드시 주단(主壇) 아래에 지주단을 놓아야 하는 것은 아니다. 그러나 지주단은 항시 바닥에 설치하지 단 위에 설치하지는 않는다. 필자의 가이드들은 하나같이 지주 역시 토지신이라 생각하고 있었다. 그러나 집안에 이미 대백공을 모시고 있으면서 왜 또 지주를 따로 모시고 있는 거냐고 물으면, 그들은 명확한 답변을 내놓지 못했다. 지주는 집안을 관장하고 책임지는 수호신령이고, 나독공(拿督公, 아래에서 다시 설명하기로 하겠다.)은 주로 들판이나 집 밖의 영역을 책임지는 존재로 생각하는 것이 일반적이다.

지주는 재부(財富)와 관련이 있다. 그래서 많은 사람들은 집안이나 점포 안에 지주를 모신다. 지주단은 통상 취보당(聚寶堂)이라 부르기도 하지만, 일부 대백공을 모시는 주단을 취보당이라 하기도 한다. 지주단 위에는 항시 이런 대련이 내걸려있다. '오방오토용신, 호택지주재신(五方五土龍神, 護宅地主財神)'38) 이 중 두 번째 행은 지주가 집을 보호하는 기능과 재신의 역할을 수행하고 있음을 명확히 설명하고 있다. 이러한 지주단은 언제 어디서든 항시 볼 수 있지만 대련은 경우에 따라 다를 수 있다. 그러나 지주가 재신이라는 사실에 있어서는 동일하다. 가령, '지주재신, 시초만리재(地主財神, 時招萬里財)'가 그 예이다.

이밖에도 '오방오토용신, 당번지주재신(五方五土龍神, 唐番地主財神)'이라 적힌 지주단도 자주 볼 수 있다. '번(番)'은 비(非)화인 즉, 말레이시아인과 해당지역에 거주하는 다른 종족을 의미한다. 화인과 비화인이 모시는

---

38) 오토용신(五土龍神)은 오토의 토지신이다. 통전(通典)에는 "사(社)란 오토의 신'이라 기록되어 있다. 杜佑, 『通典』, 新興書局(台北), 1959, 261쪽. 그리고 오토는 산림(山林), 천택(川澤), 구릉(丘陵), 분연(墳衍), 원조(原照)를 일컫는다.

지역신은 나독공 숭배와 서로 관련되어 있다.(이에 대해서는 아래에서 다시 설명하겠다.) 그러나 이러한 신단이 집안이나 점포 안에 지주를 모시기 위해 설치될 경우에는 일반적으로 나독공이라 칭하지 않는다. 신도들은 통상 집안의 수호신은 지주라고 생각하기 때문이다.

물론, 지주에 대한 해석에는 몇 가지 측면에서 명확하지 않은 점이 있다. 가령, 지주가 재신으로 모셔지기도 하지만, 주단 위의 대백공 역시 재신이다. 가이드들에게 동시에 두 명의 재신을 모시는 이유가 무엇이냐고 물으면, 보통 "대백공은 대백공이고, 지주는 지주이다."라는 뻔한 대답만이 돌아오기 일쑤다. 결국, 주단 위의 대백공은 비교적 광범위한 신명인 반면, 지주의 역할은 비교적 특정한 집안의 수호신인 셈이다.

보다 엄밀히 말하면, 지주는 땅의 주인이다. 이를 통상 사(社)는 '토지의 주인'이라고 말하기도 한다. 『사기』에 등장하는 여덟 명의 신 가운데 두 번째가 지주이다.[39] 다시 말해, 말레이시아의 지주는 분명 토지신이지만, 단지 집안의 수호신으로만 비쳐질 뿐인 것이다. 사라와크 투렌에 있는 대백공묘 안에는 '토주공(土主公)'이라 쓰인 신위가 있는데, 이것 역시 실은 지주공을 일컫는 것이다.

(5) 나독공(拿督公)

동남아(특히, 말레이시아와 싱가포르)의 나독공(말레이어로 Na Tok Kong) 숭배는 매우 독특하다. 과거 말레이시아, 싱가포르의 화인사회를 연구하는 학자들 중에, 나독공과 끄라맛(Keramat)이라 불리는 말레이인의 지방수호신에 대해 언급했던 이들이 있다. 최근에도 이러한 숭배에 대해 비교적

39) 司馬遷, 『史記』, 中華書局(香港), 卷28, 1969, 1367쪽.

상세한 분석을 진행한 연구들이 나오고 있다.[40]

간단히 말해, 나독공은 본토의 정체성을 띤 수호신으로 간주된다. 여기서 말하는 정체성은 일반적으로 말레이 정체성으로 받아들여지고 있으나 그렇다고 모두 말레이만의 정체성이라고만은 할 수 없다. 따라서 그들의 조각상의 모습은 대부분 무슬림(말레이인 혹은 인도계 혈통의 무슬림)으로 표현된다. 가령, 말레이인과 무슬림의 모자를 쓰고(말레이인은 이를 songkok이라 한다.) 있는 것이 그런 예이다. 그럼에도 불구하고 '나독'은 지방적 정체성을 띠고 있기도 하고, 다른 본토적 정체성을 띤 나독을 가리키기도 한다. 가령, 샴(타일랜드)의 나독이 그에 해당한다고 볼 수 있다.

이슬람교가 전래되기 이전의 말레이인들은 끄라맛이라고 부르는 지방수호신을 믿었다.[41] 끄라맛 신앙은 지금까지도 유전되고 있다. 끄라맛은 성지 특히, 이슬람교 성자들의 무덤이나 매우 독특한 특징을 지닌 성소를 가리킨다. 가령, 수호신이 거처하는 곳이라 여겨지는 개미언덕(蟻丘)이 그 대표적인 예이다. 비(非)이슬람교적 말레이 전통에서는 황야에 수호신이 있다고 믿었다. 그래서 정글 속으로 들어가기 전에는 수호신(이를 '나독'이라 하는데, 할아버지란 뜻이다.)을 소리쳐 불러내어 그의 허락을 받고 들어갔다.[42] 말레이반도 각지에는 말레이인이나 화인들 공히 가는

---

40) Cheu Hock Tong, "The Datuk Kong Spirit Cult Movement in Penang : Being and Belonging in Multi-ethnic Malaysia", Journal of Southeast Asian Studies, 1992, 23(2) : pp.381-404 ; Tan Chee- Beng. "Chinese Religion : Continuity, Transformation and Identity with Special Reference to Malaysia," in Roberto Cipriani ed., Religiows Sans Frontieres? Present and Future Trends of Migration, Culture and Communication °Rome : Instituto Poligragfico E. Zecca Della Stato, 1994.

41) Mohd Taib Osman, Malay Folk Beliefs : Am Integration of Disparate Elements, KualaLumpur : Dew an Bahasa dan Pustaka, 1989.

42) S. Husin Ali, Malay Peasant Society and Leadership. KualaLumpur : Oxford

이슬람 성도(聖徒)의 무덤들이 있다. 말라카에도 이러한 무덤들이 있는데, 풀란 베라르(Pulan Berar, 大島)에 있는 끄라맛(최근 정부에 의해 철거), 마캅(Macap)의 '다툭 마캅(Datuk Macap, 拿督馬雅)', 니얄라스(Nyals)의 '다툭 구바(Datuk Gubah, 拿督谷巴)' 등이 그것이다. 이러한 '나독'들은 모두 바바(Baba, 화인의 말레이어 발음)들이 매우 숭배하는 존재였다.[43] 개중의 몇몇 나독들은 매우 유명했다. 심지어 일부 화인들은 외지에도 사당(祠)을 지어 경배하기도 했다. 가령, 싱가포르에 있는 '나독마치(拿督馬稚)'가 대표적이다.[44] 페낭(이 지역 화인의 대부분은 민난인閩南人이다.)과 연해의 페라크(이 지역 화인의 대부분은 차오저우인과 민난인이다.)에서는, 말레이 성자의 나독을 숭배하는 화인들이 매우 많다. 이슬람 성자에 대한 숭배는 페라크의 안순(安順)에서 제일 활발하게 진행되고 있다. 심지어 이 지역에 사는 화인들 중에는 자신들의 집 앞에 나독을 모시는 감실(龕)을 만들어놓는 경우도 아주 많다. 이는 매우 특별한 것이다. 왜냐하면, 일반적으로 말레이시아 화인들은 집 앞에 나독을 모시는 신감(神龕)이나 소사(小祠)를 만들지 않기 때문이다. 이밖에도 필자는 집 앞에 나독 신감을 세워놓은 곳을 본 적이 있다. 셀랑고르 끌랑(Kelang)항에서 배로 얼마 떨어져 있지 않은 지잔섬(吉詹島)이란 곳에서다. 이곳은 차오저우 사람들이 주로 사는 마을이다. 그러나 이곳의 나독 신감은 말레이 성자를 대상으로 한 것이 아니라 화인이 새롭게 만든 나독(이에 대해서는 아래에서 설명하기로 하겠다.)이다. 기타 다른 지방의 화인들은 대부분 집 앞에 나독 신단을 설치하지 않는

University Press, 1975. 63.
43) Tan Chee-Beng. The Baba of Melaka : Culture and Identity of a Chinese Peranakan Community in Malaysia. Petaling Jaya : Pelanduk Publication, 1988. 161-162.
44) Alan J. A. Elliot. Chinese Spirit-Medium Cults in Singapore. London : Department of Anthropology, LSE, 1955. 115.

다. 심지어 안순에 있는 화인들은 시내에서 작은 액자로 된 다양한 말레이 성자들의 그림들을 살 수 있다. 필자도 1981년에 한 장의 사진을 산 적이 있는데, 그것은 많은 사람들이 숭배하는 '다툭하지투아(Datuk Haji Tua, 즉, 老拿督)'의 사진이었다. '하지'란 호칭은 신격화된 자가 일찍이 메카 성지순례를 다녀온 적이 있다는 것을 말해주는 것이다. 물론, 그 형상은 그림을 다시 사진으로 찍은 것이다.

그러나 화인이 모시는 나독을 가장 자주 볼 수 있는 곳은 들판, 길가, 건축물이나 사당 밖 심지어 일부 화인들이 경영하는 백화점 밖의 나독공 감실이나 작은 사당 등에서이다. 이러한 신단은 화인들이 거주하는 농촌이나 도시에서 자주 볼 수 있다. 특히, 말레이반도나 싱가포르에서 그렇다. 동(東) 말레이시아(즉, 사라와크나 사바)에는 비교적 적은 편이다. 일반적으로 나독의 신단 위에는 '당번나독(唐番拿督)' 혹은 당번나독신위(唐番拿督神位)라고 적힌 위패가 있는 게 보통이다. 그 위패 양 옆에는 보통 대련이 있기 마련인데, '나부가가호(拿扶家家好, 나는 가족 간의 정을 도탑게 하고), 독비호호안(督庇戶戶安, 독은 가정의 편안을 보호한다)' 등이 그 예이다.

말레이 성자에 대한 숭배는 말레이인의 비(非) 이슬람교적 전통에서 비롯되었다. 그러나 당번나독(唐番拿督)의 나독 숭배의 경우에는 화인들이 새로 만든 것이다. 이러한 숭배가 타이완 곳곳에서 볼 수 있는 토지공을 대체했다. 따라서 말레이인의 끄라맛 숭배를 화인들의 나독신앙의 내원으로 보는 것보다는 오히려 그것을 화인 고유의 토지신이나 지방신 신앙을 강화하고 그것에 영향을 준 것으로 보는 게 보다 타당하다. 또 화인의 전통신앙에서는 토지신 숭배와 성지(큰 바위나 큰 나무 등)를 서로 연관시키는 경우도 있다.[45] 사실, 중국 민간신앙에서 나무 신(樹神)

45) 주6)과 동일.

을 숭배하는 전통은 매우 중요하다. 특히, 보리수(榕樹)는 매우 중요한 지위를 차지하고 있다.[46] 말레이시아에서 화인들의 나독 신단이나 사당은 대부분 나무 그 중에서도 보리수 밑에 지어져 있다.

여기서 강조해야 할 것은, 말레이 성자에 대한 숭배를 제외한 일반적인 나독 숭배는 말레이인의 끄라맛 숭배에서 기원했다고 보아서는 안 된다는 점이다. 물론, 나독이란 명칭이 말레이어인 다툭(datuk) 즉, 조부(祖父)와 선인(先人)에 대한 호칭에서 온 것이고 또 그것을 끄라맛이라고 부른다고 하더라도 말이다. 따라서 나독공이란 칭호는 말레이어인 '다툭'과 화인의 '공'에서 내원한 것이라 볼 수 있다. 다시 말해, 말레이인이과 화인들이 조부를 칭하는 말 또한 신명에 대한 존칭인 것이다. 말레이어로 '다툭(Datuk)'은 모든 신을 가리킨다. 여기에는 기독교의 예수도 포함된다. 필자의 농촌 가이드들은 예수를 기독나독(基督拿督, Datuk Kristian)이라 부른다. 필자는 일찍이 '나독'이란 칭호가 말레이어로 신명을 가리키는 말로도 사용되었을 가능성에 대해 언급한 바 있다.[47] 나독이 말레이어를 번역하는 과정에서 나온 탓인지, 푸젠 말과 차오저우 말에서는 여러 가지로 표기되고 있다. 즉, 나독(拿督), 나탁(那卓), 나독(哪督), 남독(藍督), 남탁(藍桌) 등이 그 예이다. 나독공은 일반적으로 남성으로 인식되고 있다. 그러나 페낭 일대에서는 '네넥(Nenek, 內內)'이라 불리는 여성 나독도 있다. '네넥'은 말레이어로, 조모(祖母)의 뜻이다.

화인과 토착민(특히, 말레이인)의 정체성을 동시에 가지고 있는 토지와 성지의 수호신 관념은 화인 이민자들이 신명의 보우와 가호를 필요로

---

46) David Crockett Graham, "Tree Gods in Szechwan Province", Journal of the West China Border Research Society, 1936, (8) : 59-61.

47) Tan Chee-Beng, "Baba Malay Dialect", Journal of the Malaysian Branch of the Royal Asiatic Society, 1980, (53) : 150-166.

한다는 생각과 관련되어 있다. 말레이시아 화인은 전통적인 화인의 토지신 관념도 갖고 있었지만, 비(非)화인의 본토수호신 존재도 의식하고 있었다. 이슬람교를 신봉하는 말레이인 역시 본토의 주요한 에스닉(ehtnic, 族群)이기 때문에 이들이 거주하는 곳의 수호신 대부분도 말레이 정체성과 연관되어 있다. 말레이인의 꺼라맛 신앙은 본토의 비(非)화인들로부터 기원한 토지신과 수호신령을 숭배하는 의식을 필요로 했고 또 그것을 더욱 강조했다. 오늘날에 이르러 나독공 숭배는 황무지개간(즉, 삼림개발이나 토지를 이용한 건축)에 특히 중요하다. 가령, 공사가 완료된 후에라도 업주나 거주민 대부분이 화인일 경우에는 공사 전에 있던 나독공 신단은 없애지 않고 그대로 놔두는 게 보통이다. 따라서 나독공 신단은 여전히 곳곳에서 아주 많이 볼 수 있다. 연해에 위치한 페라크나 팡코르섬(Pangkor Island)의 경우에는, 차오저우인이나 푸젠인이 나독공에 대해 숭배하는 것이 매우 보편화되어 있다. 특히, 이러한 숭배에 대한 중요성은 척식시기(拓植時期)에 이 험난한 지역에 적응하는데 큰 도움이 되었다. 현재, 이 지역의 주민들은 여전히 바다에 나가 고기를 잡는 생활과 밀접하게 관련되어 있다.

또한 이상과 다른 본토정체성을 지니고 있는 나독들도 있다. 페낭의 화인들은 과거 타이계 거주민들과 교류가 많았다. 경우에 따라서는 통혼을 하는 경우까지 있었다. 이 때문에 그들 중에는 샴·나독 즉, 타이 인정체성을 지닌 나독을 숭배하는 이들도 있었다. 타이인들은 이슬람교도가 아니기 때문에, 제물로 돼지고기를 올릴 수 있었다.[48] 이슬람교

---

48) 페낭의 북해정신원(北海頂新園)에 있는 나독공 사당에는 다양한 나독이 있다. 개중에 일부는 샴 나독(태국인 나독)인 듯 보이는 것들도 있다. 필자의 제자 한 명(Ooi)이 이 사당에 대해 연구한 적이 있다. 보다 상세한 내용은 Hui Cheng Ooi, "Satu Kajian kes di Butterworth, Pulau Pinang(Nadugong Worship : A Case Study

를 신봉하는 말레이인들이 말레이 나독공에 제를 올릴 때, 돼지고기나 돼지기름을 쓸 수 없는 것과는 그 경우가 달랐던 것이다. 페라크의 쿠알라쿠라우에도 화인 나독이 있는데, 이러한 이유로 돼지고기로 제를 올릴 수 있었다. 이곳의 나독은 '린텐라이공(林天來公)'이라 한다. 린텐라이는 이 지역 화인선구자 중의 한 명이다.(1981년 11월 21일 조사) 따라서 본래 화인의 토지신 관념은 말레이시아에서 나독공으로 변화 발전된 것이다. 또한 본토정체성(특히, 말레이정체성)과 관련된 나독 관념은 순수 화인의 정체성 관념에서의 수호신으로 재해석될 수 있는 것이다. 가령, 화인 선구자의 신령이 그러한 경우라 할 수 있다. 푸제인과 차오저우인은 화인나독을 '당인나독(唐人拿督)'이라 했다. 그래서인지 제를 지낼 때, 제수음식에 대한 특별한 금기조항이 없다.

나독공의 신단은 일반적으로 아주 작은 감실과 사당(祠) 안에 설치된다. 그러나 큰 나독묘(拿督廟)들도 있다. 조호르(Johor)의 작은 항구도시 메르싱(Mersing)에서, 필자는 1981년 5월 13일 임시로 설치된 나독사당(당시 새로운 사당이 중건되고 있었다.)을 방문한 적이 있었다. 사당 안에는 두 개의 석패가 있었는데, 그 중 한 석패에는 '나독공'이라 쓰여 있었고, 다른

in Butterworth, Penang)", 1995, BA Academic Exercise, Dept. of Anthropology and Sociology, University of Malaya.를 참고하기 바란다. 페낭 일대의 나독공 숭배는 태국인의 정체성과 관련되어 있다. 예를 들면, 나독공 탄생 경축일에는 '메노라(menora)'라고 하는 태국 희극(泰戱)이 상연된다. 필자도 일찍이 페낭 '탄종 토콩(Tanjong Tokong)'의 '다툭 무상(Datuk Musang)'이 공연하는 메노라에 관해 글을 쓴 적이 있다. 이에 대해서는 Tan Chee-Beng, The Baba of Melaka : Culture and Identity of a Chinese Peranakan Community in Malaysia.를 참고하기 바란다. 이외에도 페낭의 신도들은 나독공 탄신일에 항시 롱경(ronggeng)이라고 하는 말레이 춤을 추기도 한다. 메노라와 롱경을 통해 나독공 탄신을 경축하는 것은 페낭의 다독공 숭배의 특색이다. 이는 화인과 말레이인, 태국인이 오랫동안 교류해왔음을 보여주는 것이다.

하나에는 '당번토지신(唐番土地神)'이라 적혀 있었다. 이것으로 보아 나독공 숭배는 토지신 숭배와 관련이 있음을 알 수 있다. 또한 이 토지신은 당번(唐番)으로 인식되고 있음도 확인할 수 있었다. 즉, 화인과 말레이인(혹은 기타 비화인)의 다양한 정체성이 융합되어 있는 것이다.

나독 숭배는 동 말레이시아보다 서 말레이시아나 싱가포르에서 더 보편화되어 있다. 말레이반도(서 말레이시아)에서, 끌란딴과 테렝가누(Terengganu)에 사는 화인들의 나독 숭배 역시 다른 지역에 비하면 그다지 보편화되어 있지 않다. 왜냐하면, 이 두 개의 주(州)에 사는 화인들의 수가 너무 적을뿐더러 이들 대부분은 주류 종족인 말레이인에 상당 정도로 동화되어 있었기 때문이다. 최근 2, 30년 동안, 사라와크와 사바(동 말레이시아)의 나독 신단은 증가 추세에 있다. 이는 말레이반도에서 이민을 와 주로 벌목업과 농업에 종사하는 화인들의 인구가 증가했기 때문이다.[49] 사실, 건축업과 벌목업의 발전은 말레이시아 전역에 나독 신단을 증가시키는데 일조했다.

사라와크 시부(Sibu)에는 중요한 대백공 사당이 하나 있다. 그것은 바로 19세기 말 라잔 강변에 건립된 영안정대백공묘(永安亭大伯公廟)이다. 현재는 시부 시민들의 공묘로 사용되고 있다. 필자가 처음 이 사당을 찾은 것은 1981년이었다. 당시 사당 앞 왼편(강이 내다보이는 방향)의 큰 나무 밑에 나독공 신단이 있었다. 단 위에는 세 개의 조각상이 있었는데, 그

---

49) 사바의 라나우(Ranau)에 사는 린즈칭(林子卿) 선생의 주장에 따르면, 사바의 나독공 신단 증가는 서 말레이시아 화인 출신의 상인(商人), 청부업자(承包商), 노동자(工人) 등의 이입과 관계가 있다고 한다. 라나우 화인 인구의 증가는 서 말레이시아 화인이 인근의 벌목장과 구리광산에서 일하게 된 것과 확실히 관련이 있다. 따라서 결과적으로 라나우 지역 화인사당의 나독공 신단은 서 말레이시아 화인들이 가지고 들어온 것이라 할 수 있다. 이 자리를 빌려 린(林) 선생께 감사를 드리는 바이다.

중 말레이인 형상을 하고 있는 것이 정중앙에 있었고, 그 양쪽으로 화인 형상의 상과 인도계 무슬림 형상이 자리하고 있었다. 이는 당번 토지관념의 매우 흥미롭고 구체적인 표현이라 할 수 있다. 필자가 1989년 6월 다시 그곳을 찾았을 때는, 나독 신단 위에 있던 이 조각상은 더 이상 그 자리에 없었다. 듣자하니, 누군가 이 나독단을 파괴하려는 시도가 있어서 1987년 무렵에 이 사당의 향촉(香燭)을 관리하는 사람의 집으로 옮겨졌다 한다.

싱가포르에도 유명한 나독묘들이 몇 곳 있다. 특히, 이슬람교 성자에서 비롯된 나독들이다. 그 중에서도 명승지로 유명한 쿠수섬(Kusu Island)의 나독은 특히 유명하다. Saint Michael Estate 주택가 안에도 나독공묘가 있다. 필자는 1983년 5월 6일 처음으로 이 사당을 방문했다. 볼프강 프랑크 교수 등이 수집한 비문 자료 중에는, 인도네시아의 '나탁공사(拿卓公祠)' 사진이 한 장 있다.[50] 나독공이란 명칭이 말레이시아나 싱가포르에서 인도네시아로 전래되었는지는 알 수 없으나 보고서에 따르면, 자바의 화인들도 끄라맛을 숭배했다고 한다.[51]

3. 말레이시아 대백공—커뮤니티 역할과 화인취락

대백공은 말레이시아 화인들에게 널리 숭배를 받는 존재이다. 특히, 푸젠인, 차오저우인, 학카인들이 많이 모여 사는 마을이라면 도처에서

---

50) 주32)와 동일.
51) Claudine Salmon1 "Cults Peculiar to the Chinese of Jawa", Asian Cultures, 1991(15) : 7-23.

대백공묘를 볼 수 있다. 그런데 대부분의 대백공묘는 공묘로서의 기능도 아울러 지니고 있다. 여러 방언집단 공동으로 혹은 어느 하나의 방언집단 단독으로 이 사당의 관리에 참여하고 있는 것도 바로 이 때문이다. 그리고 이러한 공묘는 종교적 혹은 비종교적 커뮤니티 역할을 하고 있다. 필자는 박사과정을 밟던 1977년, 말라카에 있는 부킷 람바이(Bukit Ramabi)란 곳에서 현지조사를 진행한 적이 있다. 그때 필자는 그 지역 대백공묘의 중요성에 대해서 글을 발표했다.[52] 일반 사람들이 부킷 람바이의 대백공묘에서 숭배하는 곳은 세 군데이다. 즉, 나무 아래에 노천에 있는 본래의 대백공 제단과 그 오른편 앞쪽 나무 아래에 있는 나독공 신위 그리고 왼편 뒤쪽에 있는 새로 지은 대백공묘. 원래 있던 대백공 신단 위에는 '대백공신위(大伯公神位)'라는 글자가 아로새겨져 있다.

사당 안 대백공 신단에는 복덕정신의 상이 있다. 그러나 대백공을 숭배하는 주요 활동은 여전히 사당 밖 노천에 있는 대백공 신단에서 이루어진다. 나무나 돌로 토지단(土地壇)을 상징하는 것은 중국에서는 아주 오래 역사를 가지고 있다. 예를 들어, 『통전(通典)』에는 나무로 토지신(社)을 상징한다고 되어 있다.[53] 이 때문인지 부킷 람바이에는 나무 아래 노천에 대백공 신단이 있고, 나무로 상징되는 나독단도 있고, 현

---

52) Tan Chee-Beng. "Chinese Religion and Local Chinese Communities in Malaysia", in Tan Chee-Beng ed., The Preservation and Adapt at ion of Tradition ; Studies of Chinese Religious Express ion in Southeast Asia. 1990. 5-27.

53) 천자(天子)의 사(社)는 각기 방색(方色)에 따라 오색토(五色土)로 단(壇)을 만드니, 그 넓이가 오장(五丈)에 이른다. 제후의 경우에는 단지 당방(當方)의 색(色)으로 단을 만들고, 모두 나무를 심어 그곳을 표시하고 별도로 그 신(神)의 상(像)을 세운다. 대부(大夫) 이하는 각기 그 땅에 적당한 나무를 심는다.(天子之社則以五色土, 各依方色爲壇, 廣五丈 °諸侯則但用當方之色爲壇, 皆立樹以表其處, 又別爲主以象其神 °大夫以下, 但各以地所宜之木立之.) ; 杜佑. 通典, 261쪽.

대적인 대백공묘도 있다. 이는 매우 흥미로운 점이다. 한마디로, 토지신 관념의 역사적 연속성과 그것의 현대적 재구성을 보여주는 것이라 할 수 있다. 사실, 지금은 말레이시아나 싱가포르에서 나무 아래에 설치된 노천 토지공 신단을 보기란 거의 힘들다. 어쨌든 이 지역에서 나독을 숭배하는 것은 화인관념의 역사적 연속성과 이 관념의 본토화(localization)를 드러내는 것이라 볼 수 있다.

나독공 신단이 항시 나무나 돌이 있는 곳에 설치된다는 것은 토지에 대한 화인들의 상상을 따른 것이기도 하고, 말레이인의 끄라맛 신앙에 대한 상상의 결과이기도 하다. 그러나 무엇보다 여기서 강조하고 싶은 것은, 이처럼 화인들의 사당이나 신단 부근에 나독단을 설치하는 것은 그 지방에 거주하는 화인들의 지적산물이지 말레이인으로부터 직접 차용해온 것이 아니라는 점이다.

각 화인방언집단, 부킷 람바이 그리고 비화인의 종교적 제례의 통일성(ritual unity)이 가장 잘 표현되는 것은 음력 2월 초이튿날 공동으로 거행하는 대백공 탄신 경축행사이다.[54] 사실, 부킷 람바이의 사람들은 일반적으로 주요 명절날이 되면, 집에서 제를 올리기 전날 밤에 노천에 있는 대백공 신단에 가서 대백공에게 절을 하곤 하는데, 이는 커뮤니티 내에서 대백공 신단의 중요성을 보여주는 일례라 할 수 있다. 필자의

---

54) 음력 2월 초이튿날의 토지공 탄신일은 중국에서 유래했다. 타이완에서도 토지공의 탄신일은 2월 초이튿날이다. 이외에도 전통적으로 상인들은 정월을 제외하고 매월 초이틀과 16일에 토지공을 위한 제를 올린다. 정월에 제를 올리지 않는 것은 새해를 경축하기 때문이다. 이 제사는 통칭해서 '주어야(做牙)'라고 하는데, 그 중에서도 2월 초이틀에 올리는 제사는 터우야(頭牙)라 하고, 12월 16일의 제사는 모야(末牙)라 한다.; 劉浚泉, 『節日記實』, 國家出版社(台北), 1983. 187쪽; 宋龍飛, 『民俗藝術探源』, 260쪽; 陳瑞隆. 『台灣年節習俗』, 興台文化出版社(台北), 1980. 83-85쪽. 오늘날에는 일반적으로 '터우야'와 '모야'만을 중시하고 있다. 페낭의 탄중토콩대백공의 성탄은 매년 음력 2월 16일에 경축한다.

가이드들 말에 따르면, 대백공은 매우 영험해서 커뮤니티의 안녕을 지켜준다는 것이다. 그들 말로는, 심지어 제2차 세계대전 때나 1969년 5월 13일의 말레이시아 인종폭동 당시에도 부킷 람바이는 무사했다는 것이다. 또 그들 중에 한 사람(저우周씨, 그는 1994년에 세상을 떠났다.)은 만약 누군가 대백공의 호랑이를 보았다면 그것은 좋은 징조이니 필시 복권을 사면 1등에 당첨될 것이라고도 했다.(1977년 2월의 현지조사기록) 동남아에는 호랑이가 있다. 그러나 그렇다고 호랑이를 토지신의 차사(差使)로 여기는 관념이 동남아에서 기원했다고 가정할 수는 없다. 사실, 이것은 화인의 전통이다. 우루타오(吳瀧燾)에 따르면, 타이난(台南, 타이완 남부도시—옮긴이)에도 토지공이 호랑이를 타고 있는 신상이 있다고 한다.[55] 말레이시아 화인사당에서도 땅에 엎드려 호랑이에게 절을 올리는 모습을 자주 볼 수 있다. 또 신선에 관한 화인들의 전해 내려오는 기록들에서도 호랑이를 토지신의 호위무사로 묘사하는 경우가 더러 있다.

대백공 숭배는 말레이시아·싱가포르 화인(특히, 푸젠인, 차오저우인, 학카인)의 취락 형성과도 밀접한 관련이 있다. 말레이시아에 최초로 정착한 이들은 푸젠인(민난인)이었다. 사라와크에 가면 그것을 명확하게 입증할 수 있는 근거가 있다. 즉, 각 지방에 있는 사당 가운데 최초의 사당은 대개 푸젠인이 세운 것들이다. 심지어 갈수록 푸저우인(福州人)들이 증가하고 있는 시부나 카핏(Bahagian Kapit)[56]에 서는 대백공묘가 여전히 중요한 공묘로써의 역할을 하고 있다. 필자는 사라와크 각 지역에 있는 대백공묘를 가 본 적이 있다. 그것들 대부분은 민난 출신의 선구자에 의해 세워진 것으로 대개가 강을 바라보고 있다. 이는 옛날(심지어 현재의 일부 지역)

---

55) 주8)과 동일.
56) 사실, 푸저우인(福州人)도 푸젠성 사람들이다. 그러나 말레이시아에서는 일반적으로 민난인만을 일컬어 푸젠인이라고 한다.

동남아화교화인과 트랜스내셔널리즘

에 사람들이 강을 통해 이곳에 들어와 취락을 형성했기 때문일 것이다. 이 지역에서 강은 여전히 중요한 운송경로이다. 마루디(Marudi)에는 고색이 창연한 대백공묘가 하나 있는데 이 또한 그 유명한 바람강(Baram river)을 향해 있다. 사당 입구에는 '광서 임진년'(1892)이란 날짜와 함께 '위진남방(威鎭南邦)'이라고 적힌 편액이 걸려 있다. 결국, 옛 사당과 분묘에 대한 연구는 지방 마을의 역사에 대한 연구에 있어 매우 중요한 항목이라 할 수 있다. 또 성지숭배와 성자숭배에 대한 연구 역시 지방 화인부락의 역사를 연구하는데 있어 매우 핵심적인 부분이라 할 수 있다.[57]

필자는 이 글을 통해 대백공숭배와 관련된 다른 신앙이나 이와 유관한 산신숭배 같은 것에 대해 모두 서술할 수는 없었다. 가령, 카메론고원(Cameron highlands)의 브린창(Brinchang)에 있는 산신묘(山神廟)의 주신 역시 복덕정신이다. 그 조각상 양쪽에는 붉은 종이에 검은 글씨로 '본산대산신(本山大山神)'(왼편), '본산대나독(本山大拿督)'(오른편)이라 쓰여 있다. 이는 토지신의 다른 표현과 관념을 보여주는 것이라 볼 수 있다. 부르는 이름이 다르다고 해서 그것이 반드시 명백한 차이를 보여주는 것은 아니다. 사실, 일반 신도들도 그것을 명확하게 구별하는데 별 관심이 없다.

토지신은 화인들이 모시는 여러 신들 가운데 비교적 그 지위가 낮은 신이다. 『서유기(西遊記)』를 읽어본 사람이라면, 손오공이 각지의 토지신을 불러들여 해당 지역의 상황을 보고받는 장면을 기억할 것이다. 그러나 토지신과 지방수호신의 역할은 사람들의 일상생활과 매우 긴밀하게 연관되어 있다. 즉, 이러한 신들은 논밭을 보호하고 인민에게 평안과 번영을 가져다주는 초자연적인 역할을 한다. 또 대백공은 재신으로도

---

57) 여기서 필자는 사라와크의 대백공과 화인부락에 관해 다 얘기할 수는 없었다. 아마도 이를 위해서는 논문 한 편이 더 필요할 것이다.

추앙을 받는다. 많은 상인들이 그것을 숭배하는 이유이다. 따라서 토지
신은 각계각층의 화인 신도들 속에서 매우 중요한 지위를 차지하고 있
다 할 수 있다.

맺음말

이상으로, 화인의 토지신 관념이 동남아의 말레이시아에서 연속되고
변화되고 발전되는 양상에 대해 살펴보았다. 아울러 이러한 토지신 관
념에서 비롯된 각종 지역성(속지성)을 띤 신들 즉, 복덕정신이라 불리는
대백공, 분묘의 토지신이라 할 수 있는 후토 그리고 집안의 신인 지주
및 집밖과 들판의 신인 나독공에 대해서도 고찰해 보았다. 복덕정신으
로 일컬어지는 대백공은 그 역할에 있어 일부 변화가 있기는 하지만,
중국대륙과 타이완에서 숭배하는 토지신과 동일한 것이라 볼 수 있다.
그러나 대백공은 페낭의 Tanjong Tokong Tua Pek Kong Temple에 있
는 대백공처럼 신격화된 선구자를 가리키기도 한다. 따라서 필자는 이
러한 신들이 이미 토지신의 직위를 가지고 있는 것으로 생각된다 하더
라도 전통적인 토지신과는 차이가 있으니 양자를 구별할 것을 제안했
다. 복덕정신이라 칭해지는 대백공이 이러한 선구자들로부터 기원했다
고는 단정할 수 없기 때문이다. 동남아에서 대백공이란 칭호가 보편적
으로 사용되는 것은 학카인이 토지신을 '백공'이라 불렀던 것과도 관계
가 있고, 학카인, 푸젠인, 차오저우인 간의 상호교류와도 관련이 있다.
또한 학카인, 푸젠인, 차오저우인은 이미 고인이 된 조상에 대한 존칭
으로 '백공'을 사용하기도 했다. 이러한 관념상의 상호작용(interaction)—

학카인들이 토지신을 부르는 칭호와 푸젠인이나 차오저우인이 친족에 붙이는 호칭—은 필시 동남아에서 토지신을 일컬어 백공이라 칭하는 것에 상당한 영향을 끼쳤을 것이다. 또 '대백공'은 존경을 표하기 위해 '백공'이란 호칭에 '대(大)'자를 붙인 것이다.

화인의 전통적인 토지신 관념은 변화와 발전을 거쳐 결국 비화인의 본토 토지신 및 지방수호신과 통합이 되었다. 말레이시아의 교외지역과 화인취락 혹은 화인취락으로 발전하고 있는 곳이라면 어디에서든 나독공(일반적으로 당번나독이라 부른다.) 신단을 볼 수 있다. 물론 이것은 타이완 도처에서 볼 수 있는 토지공 신단을 대체한 것이다. 나독에는 세 가지 유형이 있다. 첫째, 당번나독이다. 이는 말레이반도에 거주하는 화인들에 의해 토지신으로 재개념화된 산물로써, 본토의 화인숭배이지 말레이인으로부터 받아들인 것이 아니다. 따라서 숭배에 참여하는 이들은 모두 화인이다. 둘째, 말레이 성자를 숭배하는 끄라맛 숭배이다. 이는 말레이인으로부터 비롯된 것이다. 화인들이 말레인을 숭배하는 이러한 경향은 과거 해협식민지(영국이 통치하던 말라카, 싱가포르, 페낭)에서 매우 유행했다. 해협식민지 특히 말라카는 화인취락의 중심지였다. 그러나 필자는 동시에 페라크 안순의 화인들 상당수가 끄라맛을 숭배하고 있다는 사실에 대해서도 언급했다. 셋째, 일부 유명한 말레이 성자에 대한 숭배도 이미 지방의 화인종교에 병합되었다. 이러한 성자들을 경배하기 위해 화인들은 스스로 신단과 사당을 만들었다. 화인사회에서 이들도 나독이라 불렸다. 둘째와 셋째의 차이라면, 셋째의 나독숭배는 화인종교에 병합되지 못한 채, 단지 화인들이 말레이인 숭배에 참여했을 뿐이라는 것이다. 그러나 이 경우에 말레이인들은 화인들이 독자적으로 만들어낸 이러한 숭배에 참여하지 않는다.

토지신과 지방수호신은 그 표현은 다르지만 모두 동일한 역할을 맡고 있었다. 즉, 보호와 강복(降福)으로 대표되는 수호신의 역할이 그것이다. 한편, 후토는 무덤과 관련이 있다. 복덕정신은 비교적 폭이 넓은 신이라 볼 수 있다. 푸젠 출신의 가이드 말에 따르면, 이는 한마디로 '총체적'인 신이다. 지주와 나독공의 경우에는 비교적 그 범위가 특정되어 있다. 지주는 집안으로 그 범위가 한정되고, 나독공이 관장하는 범위는 집밖이다. 따라서 지주에 비해 나독의 영역은 비교적 넓다고 할 수 있다. 또 나독은 비교적 다양한(혹은 복잡한) 수호신의 역할을 맡고 있다. 앞서도 말한 바와 같이, 말레이시아와 싱가포르의 나독공 신단은 중국대륙(1949년 이전)과 타이완의 토지신 신단을 대체한 것이다.

이밖에 복덕정신, 지주, 나독공은 모두 재부와 관련되어 있다. 토지를 재신으로 여기는 경향은 이미 중국에서도 있었다. 타이완에서는 이러한 경향이 여전히 중요하다.[58] 토지신을 재신으로 생각하는 경향은 동남아 화인사회에서도 매우 중요하다. 왜냐하면, 장사를 해서 돈을 버는 일은 초창기 화인 이민자들이라면 누구나 갈구했던 것이기 때문이다. 재부에 대한 갈망과 지역성을 띤 신을 재신으로 여기는 경향은 이러한 신들을 모신 신단이 아주 많다는 데에서 잘 알 수 있다. 필자는 앞서 대백공의 주단과 지주단을 모두 '취보당'이라 부른다는 점을 지적한 바 있다. 페낭의 Tanjong Tokong Tua Pek Kong Temple 내 대백공 신단 왼쪽에는 '재(財)'라고 쓰인 신단이 있다. 나독공의 수호신 겸 재신의 역할은 과거 선구자들뿐만 아니라 오늘날의 개발업자에게도 매우 중요하다. 그러나 나독공이 도처에서 숭배되는 것은 행운의 숫자(복권번호)를 원하는 신도들의 마음과 연관되어 있기도 하다. 행운을 바라는 숭배자들이 복권에 당첨된 후에 숫자를 하사한 나독의 신단을 세웠을 수

58) 陳瑞隆, 『台灣年節習俗』, 81쪽 ; 宋龍飛, 『民俗藝術探源』, 260쪽.

동남아화교화인과 트랜스내셔널리즘

도 있다는 말이다. 심지어 아예 새로운 사당을 지었을 수도 있다. 그리고 이러한 소문이 널리 퍼지면서 나독의 명성도 더불어 높아졌을 것이다. 결국 이렇듯 토지신이나 지역신은 다양한 역할을 맡고 있다. 경우에 따라서는 수호신이 되기도 하고, 평화지킴이가 되기도 하고 재부와 번영을 내리는 신이기도 했던 것이다. 한마디로 이들은 일반민중의 신이었던 셈이다.

이 글에서 필자는 화인민간종교(화인종교)의 종교적 변천에 대해 고찰했다. 화인종교의 다신교적 관념은 새로운 요소의 병합(incorporation)과 신앙의 재구성(reshaping)에 유리한 조건을 제공했다. 이러한 재구성과 병합의 과정은 직접적인 문화차용에서 비롯된 것이라기보다는 하나의 종교 관념이 새로운 환경 혹은 변화된 환경 속에서 재인식되고 재조정되는 것이라 볼 수 있다. 이는 지주와 나독공 고찰에 있어 핵심논점이기도 하다. 즉, 문화차용을 통해 흡수한 새로운 관념도 연속된 문화원칙에 영향을 받아 재구성되는 것이다. 여기서는 화인의 토지신과 지방 수호신에 대한 숭배관념이 본래는 화인이 숭배하던 것이 아니었던 것 (가령, 이슬람 성자에 대한 숭배)도 화인의 종교전통으로 승화시키는 것을 가리킨다. 물론 종족과 문화 간의 교류가 화인종교에 영향을 주었음은 주지의 사실이다. 이러한 교류의 맥락을 제대로 이해하기 위해서는 기존의 사상을 재고(rethink)하고 재해석(elaborate)할 필요가 있다. 나아가 이를 통해 다른 종족의 의미 있는 문화요소를 받아들여야 한다. 푸젠성과 광동성의 방언집단에서 시작된 혼융(intermixing)도 동남아 화인들이 '새로운' 차원에서 복덕정신을 '대백공'이라 칭하게 된 데에 영향을 주었다.

한마디로 말해, 문화변천은 역사적 연속성(historical continuity)과 현실적 재구성(transformation)이란 차원에서 연구될 필요가 있다. 마찬가지로 종교변천에 대한 분석도 이러한 연속성(물론, 지금도 재구성되는 과정에 있다.)과 재구성이란 일련의 원칙 하에서 이루어져야 함은 당연하다. 아울러 이러한 인식상의 잠재적 원칙은 그에 상응하는 하나의 잠재적 어법(語法)을 갖기 마련이다. 필자가 이 글을 통해, 말레이시아 화인의 토지신 숭배(말레이인에게서 유래된 지방수호신 포함)를 상기한 원칙을 전제로 고찰하게 된 것도 동일한 맥락이라 할 수 있다. 결국, 필자가 얻어낸 결론은 말레이 성자에 대한 숭배를 화인에 대한 숭배로 바꾸어냄으로써, 지방 화인종교의 일부분으로 승화시킬 수 있었다는 것이다.

● 원제/출처 : 「東南亞華人的土地神與聖迹崇拜」, 『廣西民族學院學報』(哲學社會科學版), 第23卷 第1期, 2001.1

공저자 (가나다순)

리궈량 李國梁, 李国梁, 중국
필명은 궈량(郭梁). 일본의 나가사키대학 경제학부, 나고야대학 경제학부, 아시아경제연구소 등에서 초빙연구원으로 있었고, 현재 샤먼대학(厦門大學) 남양연구원(南洋研究院, 東南亞研究中心) 교수(박사지도교수)로 재직 중이다. 주로 화교화인의 역사 및 동남아화인경제를 연구하고 있다. 저서로는『東南亞華僑華人經濟簡史』,『東南亞華僑通史』,『華僑華人與中國革命和建設』등이 있다.

리안산 李安山, 중국
캐나다 토론토대학에서 철학박사 학위를 받았다. 현재, 베이징대학(北京大學) 국제관계학원(國際關係學院) 교수 겸 아시아·아프리카연구소 소장으로 재직 중이다. 또한 중국아프리카역사연구회와 중국아프리카문제연구회 부회장이다. 저서로는『非洲華僑華人社會史資料選輯』,『非洲華僑華人史』등이 있다.

류홍 劉宏, Liu Hong, 싱가포르
미국 오하이오대학에서 박사학위를 받았다. 영국 맨체스터대학 동아시아학과 교수 겸 중국연구센터 주임 그리고 동 대학 공자학원(Confucius Institute) 원장(2006~2010)을 역임했다. 현재, 싱가포르 남양이공대학(南洋理工大學) 인문·사회과학학원 원장 겸 남양공공관리대학원 원장으로 재직 중이다. 또한 중국교육부 창장학자(長江學者) 석좌교수이며 중국국무원 화교판공실(僑辦) 전문가자문위원회 위원이다. 저서로는『China and the Shaping of Indonesia, 1949-1965』,『The Cold War in Asia : The Battle for Hearts and Minds』,『The Chinese Overseas』,『新加坡的人才戰略與實踐』,『跨界亞洲的理念與實踐 : 中國模式, 華人網絡, 國際關係』등이 있다.

왕푸빙 王付兵, 중국
샤먼대학 남양연구원 역사학 박사학위를 받았다. 현재, 샤먼대학 남양연구원 부교수로 재직 중이다. 주로 동남아화교화인역사와 중국·동남아 관계사 등을 연구하고 있다. 저서로는『馬來西亞華人的方言群分布和職業結構 : 1800~1911』,『福建僑鄉的社會變遷』(공저) 등이 있다.

왕하오윈 王浩雲, 王浩云, 중국
1977년 생으로, 국립화교대학(國立華僑大學) 법학원에서 경제법 석사학위를 받았다. 현재, 푸저우대학(福州大學) 양광학원(陽光學院) 법학과 부교수로 재직 중이다.

자오즈용 趙自勇, 赵自勇, 중국

베이징대학에서 역사학 박사학위를 받았다. 현재, 광저우(廣州) 화난사범대학(華南師範大學) 역사 문화학원 교수(석사지도교수)로 재직 중이다. 주요 연구 분야는 제2차 세계대전 이후 동남아 정치 경제이다. 저서로는 『東亞社會運動』(공저), 『透視東亞"奇迹"』(공저) 등이 있다.

저우민 周敏, Zhou Min, 미국

미국 뉴욕주립대학에서 사회학 박사학위를 받았다. 현재, 미국 UCLA 사회학과 교수 겸 Asian American 연구학과 수석주임교수이자 싱가포르 남양이공대학 Tan Lark Sye 석좌교수 겸 사회학과 주임교수 그리고 차이니즈 헤리티지 센터(華裔館) 관장이기도 하다. 또한 2009년부터 2013년까지 중산대학(中山大學)에서 창장학자(長江學者) 석좌교수를 역임했다. 이밖에 미국 사회학학회 국제 이민분회 회장이며, 중국국무원 화교판공실 전문가자문위원회 위원이다. 주요 연구 분야는 국제이 민 사회학, 화교디아스포라 등이다. 저서로는 『Contemporary Chinese America : Immigration, Ethnicity, and Community Transformation』, 『The Accidental Sociologist in Asian American Studies』, 『美國社會學與亞美研究學的跨學科構建 : 一個華裔學者的機緣, 挑戰和經驗』 등이 있다.

좡궈투 莊國土, 庄国土, 중국

샤먼대학에서 역사학 박사학위를 받았다. 현재, 샤먼대학 교수 겸 화교대학(華僑大學) 석좌교수 그리고 샤먼대학 국제관계학원 원장 겸 남양연구원 원장으로 재직 중이다. 또한 중국교육부 인문 사회과학위원회 위원 겸 국무원 화교판공실 전문가자문위원회 위원이고, 중국동남아학회 회장, 중 국중외관계사학회 부회장, 중국아시아·태평양학회 부회장, 중국세계민족학회 부회장, 중국화교화인 연구학회 부회장, 중국해외통사학회 부회장이다. 저서로는 『二戰以後東南亞華族社會地位的變化』, 『當代華商網絡與華人移民 : 起源, 興起與發展』, 『東亞華人社會形成和發展 : 華商網絡, 移民和一 體化』 등이 있다.

차오윈화 曹雲華, 曹云华, 중국

싱가포르 동남아연구소, 타이 출라롱콘대학 아시아연구소, 타이완사범대학 정치학연구소 등에서 방문학자로 있었다. 현재 지난대학(暨南大學) 국제관계학원 원장 겸 화교화인연구원 집행위원장으 로 재직 중이다. 격월간 잡지 〈동남아연구〉의 사장이기도 하다. 주로 동남아화교화인문제에 대해 연구하고 있다. 저서로는 『變異與保持─東南亞華人的文化適應』, 『探究亞太新秩序』, 『東南亞華人 政治參與』(공저), 『新中國─東盟關係論』(공저) 등이 있다.

탄치벵 陳志明, Tan Chee-Beng, 말레이시아

미국 코넬대학에서 박사학위를 받았다. 싱가포르대학, 말라야(Malaya)대학, 홍콩중산대학 등에서 강사 및 교수를 역임했다. 현재, 중산대학 인류학과 석좌교수로 재직 중이며 세계해외화인학회 회장이다. 주요 연구 분야는 중국과 동남아, 해외화인, 종족관계와 정체성, 문화변천과 정체성, 화인 종교, 음식인류학 등이다. 저서로는 『Chinese Minority in a Malay State : The Case of Terengganu in Malaysia』, 『Chinese Overseas : Comparative Cultural Issues』, 『遷徙, 家鄉與認同 : 文化比較視野下的海外華人研究』 등이 있다.

펑자오룽 彭兆榮, 彭兆荣, 중국

프랑스 니스대학 인류학과, 프랑스 국가과학원 화남(華南) · 인도차이나반도 인류학연구센터에서 수학하고 연구했다. 프랑스 파리대학(제10대학) 초빙교수와 파리대학(소르본) 고급방문학자 그리고 미국 UC 버클리 인류학과 고급방문교수로 있었다. 현재 샤먼대학 인류학연구소 소장 겸 관광인류학연구센터(旅游人類學研究中心) 주임교수(박사지도교수)로 재직 중이다. 또 중국인류학회 부(副) 비서장. 중국문학인류학회 부회장. 중국예술인류학연구회 부회장으로 있다. 저서로는 『旅遊人類學』, 『遺産 : 反思旅闡釋』, 『文化遺産學十講』, 『人類學儀式理論與實踐』, 『文學與儀式』, 『飮食人類學』 등이 있다.

편역자

송승석 宋承錫

• 1966년 인천 출생.

• 연세대학교 중어중문학과 졸업.

• 동 대학교 대학원에서 석사 · 박사 졸업.

• 인천대학교 중국학술원 조교수.

• 주요 연구분야는 타이완문학, 화교문화.

중국관행연구총서 04

동남아화교화인과 트랜스내셔널리즘

초판 인쇄 2014년 10월 27일
초판 발행 2014년 11월 05일

중국관행연구총서·중국관행자료총서 편찬위원회
위 원 장ㅣ장정아
부위원장ㅣ안치영
위   원ㅣ김지환, 박경석, 이정희, 송승석

공 저 자ㅣ리궈량·리안산·류훙·왕푸빙·왕하오원·자오즈융·
          저우민·짱궈투·차오윈화·탄치벵·펑자오룽
편 역 자ㅣ송승석
펴 낸 이ㅣ하운근
펴 낸 곳ㅣ學古房

주   소ㅣ서울시 은평구 대조동 213-5 우편번호 122-843
전   화ㅣ(02)353-9907 편집부(02)353-9908
팩   스ㅣ(02)386-8308
홈페이지ㅣhttp://hakgobang.co.kr/
전자우편ㅣhakgobang@naver.com, hakgobang@chol.com
등록번호ㅣ제311-1994-000001호

ISBN   978-89-6071-404-5 94910
          978-89-6071-320-8 (세트)

값 : 27,000원